함께 배우기

일터학습

장원섭·장지현·김민영 편저

교문사

일터학습

함께 배우기

2015년 8월 6일 초판 인쇄 | 2015년 8월 12일 초판 발행

지은이 장원섭 · 장지현 · 김민영 | **펴낸이** 류제동 | **펴낸곳 교문사**

편집부장 모은영 | **책임진행** 김선형 | **표지디자인** 김재은
영업 이진석 · 정용섭 · 진경민 | **홍보** 김미선 | **출력 · 인쇄** 교보피앤비 | **제본** 한진제본

우편번호 413-756 | **주소** 경기도 파주시 문발로 116 (문발동)
전화 031-955-6111(代) | **팩스** 031-955-0955
등록 1960. 10. 28. 제406-2006-000035호

홈페이지 www.kyomunsa.co.kr | **E-mail** webmaster@kyomunsa.co.kr

ISBN 978-89-363-1513-9(93370) | **값** 25,000원

* 저자와의 협의하에 인지는 생략합니다. * 잘못된 책은 바꿔 드립니다.

일터에서 함께 배우기 — 교육학적 관계론[1]

열린 정체성과 교육

'나'는 정말 '나'인가? 오늘의 내가 어제의 '나'와 같은 존재인가? 지금 이 순간에도 '나'는 변화하고 있지 않은가?

인간은 메타모르포시스(Metamorphoses),[2] 즉 변신하는 존재다. 앞의 질문들은 인간의 정체성이 변화에 열려 있음을 성찰하게 한다. '나'의 정체성이 끊임없이 변하여 왔고, 앞으로도 계속 변화할 것이라는 사실을 의미한다. 한마디로, '나'는 언제나 새롭게 형성되어 간다.

인간의 열린 정체성은 인간의 형성 가능성에 전제한다. 그것은 불확정적인 열린 가능성을 말한다. 이런 점에서 Mollenhauer(1983)는 "정체성은 허구이다. 왜냐하면 자기상에 대한 '나'의 관계가 미래를 향해 열려 있기 때문에, 또 자기상은 '나' 자신이 행하는 위험스런 기투(企投)이기 때문"이라고 주장하였다. 인간은 항상 새롭게 기획하고 또 변화시켜 나가는 모습으로서 자유의 구조를 갖는다. 따라서 인간의 정체성은 사실로서가 아니라 문제로서만 존재한다.

인간의 형성 가능성을 기반으로 하는 교육 또는 가르침은 언제나 기투 또는 위험한 실험일 뿐이다. 학습의 열린 양상으로 인해 그것은 성공과 실패를 불확실하게 한다. 교육활동은 의도하지 않은 또는 예기치 않은 제3의 가능성을 항상 내포하고 있는 것이다. 이 문제에 대해 좀 더 살펴보자.

먼저, 교육은 미래를 향해 열린 활동이다. 어린 아이들은 두말할 나위 없고 어른들에게조차 마찬가지다. 사람이 새로운 기회와 가능성을 찾아가도록 돕는 활동이 바로 교육이다. 따라서 교육은 언제나 가능성의 언어와 희망의 시각을 갖게 된다(Freire, 1995).

그러나, 교육은 매우 위험스러운 활동이다. 아무리 좋은 의도를 가지고 철저한 사전 계획을 세우더라도 교육의 과정과 결과는 항상 열려 있다. 사람들 사이의 관계는 본질적으로 비결정적인 특징을 갖듯이,[3] 교육적 관계맺음 역시 마찬가지이기 때문이다. 이런 이유 때문에 교육은 배움을 위한 끊임없는 반추이어야 할 뿐이다.

닫힌 교육은 그런 위험한 열린 가능성을 최소화하고자 한다. 훈련은 닫힌 교육의 전형이다. 모두를 정해진 기준에 맞추어 똑같게 만들려고 하기 때문이다. 또한 '이기적 유전자'의 자기 보존을 위한 복제성의 욕구는 가르침을 통해 인간의 본능을 실현하려고 한다(Dawkins, 1989). 자신과 동일한 또는 닮은 존재들을 만들어 내고자 한다. 훈련을 지향하는 교육은 그런 닫힌 욕구의 실현을 위해 봉사할 뿐이다.

그러나 가르침의 문제는 학습의 열린 양상으로 인해 언제나 불확실한 결과만을 초래한다.[4] 교실에서든 일상 속에서든 교수자와 학습자는 항상 상호작용하지만 교수자의 의도와 기대는 언제나 학습자의 이전 경험 상태와 현재 살아가고 있는 삶의 상황, 그리고 더욱더 중요하게, 교수자와의 관계의 열림 정도에 따라 교육에 대한 서로 다른 수용 가능성을 가질 뿐이다. 이런 이유 때문에 집단학습조차도 언제나 개별학습의 양상만을 나타낼 수밖에 없다.

한 마디로, 교육은 언제나 이미 열린 가능성을 가진 주체들 사이의 관계 맺음을 통해 이루어진다. 가르치는 사람과 배우는 사람들 사이의 관계를 통해 발현한다. 그러나 그런 관계 맺음은 결코 완벽하게 맞닿아 있지 않고, 항상 틈새를 가지고 있다. 따라서 주체들 사이의 불명확한 의미창조를 하게 만든다.[5]

다시 말해서, 교육은 Jonas가 생명공학의 인간 복제에 대해 자신의 미래를 모를 권리, 즉 "무지에 대한 권리"를 주장했던 것과 마찬가지 양상으로 드러난다(이진우 외, 2004). 인간 교육은 훈련을 통한 복제와는 달리, 미래를 향해 열린 활동이다. 언제나 변신하는 열린 주체들 사이의 불확정적인 관계들 속에서 이루어지는 가르침과 배움의 기능적 또는 갈등적 양상이야말로 교육의 본질인 것이다.

관계 맺는 존재로서의 인간

'나'는 '나'일 뿐인가? '나'와 관계 맺는 수많은 다른 사람들이 있기에 '나'의 존재가 가능한 것은 아닌가? 그런 '나'들이 모여 '우리'를 형성하고 있지 않은가?

인간은 관계 맺는 존재다. 관계 맺음은 인간의 조건이다. 인간은 다른 사람들과 함께 함으로써 비로소 인간인 것이다. 이런 인간의 공동체성 또는 간주관성은 '나' 대신 '우리'라고 하는 관계 맺음의 현상으로 발현된다.

'우리'라고 하는 정신과 관점, 의식이 형성되기 위해서는 물적 토대와 경험의 공유가 전제되어야 한다. 물적 토대가 의식을 형성하고 그 의식은 다시 현실을 구성한다.[6] 따라서 '우리'를 형성하는 관계 맺음은 그런 시간을 필요로 한다. 시간의 경과를 통해 관계는 발아하고 배양된다. 그러나 그런 과정은 순탄하게만 이루어지지는 않는다. 사람들 사이의 관계는 항상 갈등과 경쟁, 권력과 정치, 그리고 감정과 정서적 역학도 포함한다(Kasl, Marsick &

Dechant, 2000). 따라서 하나의 최선의 관계 맺는 방식은 존재하지 않는다. 사람들 사이의 관계 속에 놓여 있는 문화, 역사, 과업의 성격에 따라 서로 다른 방식들만이 존재할 뿐이다.

인간의 삶은 '우리'라고 하는 공동체에의 참여가 필수불가결하다. ≪투명인간≫에서 잘 볼 수 있는 바와 같이, 사회적 관계를 잃은 자는 결국 자기 자신마저 잃게 된다.[7] 그러나 심각하게 고려할 점은, 그런 공동체성이 피치 못할 인간 또는 인간 형성의 조건이기는 하지만, 그것에도 언제나 '우리'로서의 득과 실이 있다는 점이다.[8]

공동체성의 득은 자명하다. 상호주관적 가능성이 그것이다. 다산 정약용의 글자 풀이대로 "사람(人)이란 두 사람이 서로 의존해야만 사람의 구실을 하는 것이지 혼자서는 아무것도 이룩될 수 없다"(박석무, 2008). 더 실용적으로, 화가인 르네 마그리트도 믿었듯이, "혼자 꿈을 꾸면 그것은 한낱 꿈일 뿐이지만, 모두가 함께 꿈을 꾸면 그것은 새로운 현실의 출발이다." 혼자서는 이룰 수 없는 큰 가치를 '우리'는 함께 이루어 나갈 수 있다.

반면, 집단화의 실을 초래할 수 있다. 그것은 '우리'가 '나'들의 외재성의 영역이라는 특징 그 자체에 기인한다.[9] 따라서 '우리'는 Arendt(1951)가 경고한 전체주의로 나타날 수 있다. 외재적으로 실체화된 전체가 오히려 그 전체를 창조한 개인의 가능성을 억누를 수 있기 때문이다. '파도'에 휩쓸리듯, 사람들은 자신의 주체성을 잃고 전체의 일원으로만 기능할 수 있기 때문이다.[10] 이런 점에서 일상적으로 나타나는 '부족적 사고' 또한 '우리'라고 하는 집단화의 결과이다. 사람들은 개인적으로는 알지 못하는 누군가를 자신의 어렴풋한 생각으로 재단하고 분류하여 그가 어떤 사람이고 어떻게 행동할 것이라고 무조건 범주화하는 오류를 범하기 쉽다(Berreby, 2005). 한 마디로 '우리'는, 그것이 집단이라고 불리든 또는 공동체라고 불리든 상관없이, 멤버십의 제한으로 인한 귀속 의식과 구속, 그리고 권력과 관련된다.

근대사회에서 '개인의 발견'(Dülmen, 1997)과 현대사회에서 정보통신의 급속한 발달은 이런 강제적인 집단이나 규범적인 공동체 대신에 멤버십의 경계를 허물고 사람들 사이의 의미 있는 상호작용을 강조하는 대안적 개념들을 제시한다. 예를 들어, Shirky(2008)는 조직되어 있지 않은 사람들이 관심 사안에 따라 소통하면서 '끌리고 쏠리고 들끓기'를 반복하는 새로운 대중 조직화의 현상을 그린다. Engeström(2008)은 안정된, 그러나 상호 감시와 압력을 행사하는 팀(team) 대신 임시적인, 그러나 일련의 유동적이고 분산된 협력을 가능하게 하는 '놋(knot)'이라는 개념을 제안하였다. 그리고 Gee(2005)는 하나의 물리적인 장소에 모인 집단이 아니라 의미 있고 친밀한 관계를 통해 상호 교류하고 학습을 공유하는 '동호 공간(affinity space)'을 제시하였다.

결국, '우리'가 함께한다는 것은 한 장소에 동시에 모여 있는 것이 중요한 것이 아니라 얼마나 서로 공유하고 친밀한 관계에 있는가에 달려 있다. 더군다나 공간은 집단이나 물리적 장소 또는 위치(location)가 아니라 끊임없는 전위(dislocation) 속에 하나의 멤버십이 아니라 복수의 정체성들(plural identities)을 갖도록 제공되는 장들을 제공한다. 새로운 일의 세계에서 개인은 고유한 취향에 따라 소수자집단인 '디아스포라(diaspora)'를 동시다발적으로 형성하면서, 한 시점에서도 다양한 일 또는 역할을 수행하고 있다. 이에 따라 복수의 자아와 사회적 정체성을 형성하게 된다(Edwards & Usher, 2008).

이런 새로운 패러다임의 무리 짓기 현상은 웹2.0 방식의 사회적 미디어를 통해 촉발되었다고 할 수 있다. 사회적 미디어는 광범위한 개방과 공유, 그리고 참여를 가능하게 하기 때문이다. 그러나 첨단매체와 차가운 연결망(cool connections)의 시대에 따뜻한 만남을 어떻게 이루어 나갈 수 있을지는 의문이다. 진정한 배움의 공동체는 여전히 인간이 가진 고유한 감성적 기초, 즉 따뜻하고 진실한 만남과 접촉을 통해 형성될 수 있기 때문이다. 더군다나, 인간으로서 포기할 수 없는 가치를 지켜냄으로써 난무하는 표피적 정보들을 더 깊고 비판적으로 성찰할 수 있어야 한다(장원섭, 2011). 한 마디로 공동체성을 포기하고 난 후의 대가는 어떨지, 소속감 없이 학습은 얼마나 가능할지의 문제를 더 고민해야 한다.

동서고금을 막론하고, 인간이 비로소 인간이 되기 위한 관계 맺음은 전인격적인 관계로 나타나는 것이 가장 이상적이다. Buber(1954)에 의하면, '나' 그 자체란 없으며 오직 근원어 '나와 너'의 '나'와 또 다른 근원어 '나와 그것'의 '나'가 있을 뿐이다. 전자가 '나와 너'의 전인격적 관계를 의미하는 반면, 후자는 '나와 그것'의 도구적이고 수단적인 관계를 말한다.

지금의 현실은 '나와 너'의 관계보다는 '나와 그것'의 관계가 더 두드러지고 있다. 수단적 관계가 형성되는 일이 허다하다. '나와 그것'의 수단적 관계의 현실성을 인정할 수밖에 없고, 그런 관계조차 인간의 도구적 지식이나 기술의 습득에는 도움이 된다고 볼 수도 있다.

그럼에도 불구하고, 앞서도 언급했듯이, 이런 도구적인 관계 맺음을 경계해야 한다. 전인격적인 관계 맺음이야말로 인간이 되기 위한 더 근본적인 조건이다. 이런 점에서 교육적 관계는 더 윤리적이고 당위적인 전제를 갖는다(Kofman & Senge, 1993).

그런 공동체적 관계 맺음을 괴테가 말한 '즐거움에의 동참'이라고 할 수도 있다.[11] Cicero(44BC)의 '우정'이라고 보아도 좋다. '우리'는 전인격적인 동반자 관계를 통해 함께 미덕에 도달할 수 있다.[12] 한 마디로, '우리'는 인간됨의 가장 중요한 기반이다.[13]

'나와 너' 또는 '우정'의 관계, 그리고 '즐거움에의 동참'은 '나'를 넘어선 '우리'가 인간을 해하는 전체주의가 아니라 인간됨을 더욱더 부추기게 한다. 그것은 열린 대화와 인격적 만남 속에서의 관계 맺음이다. '나'는 단지 '나'일 뿐이라기보다는 다른 사람들과 유의미한 관계를 맺는, 그럼으로써 더욱더 자유로우며 가치로운 '우리'의 공동체성을 형성해 나가는 인간으로 존재할 수 있게 된다.[14]

가르치고 배우는 관계

또 다시 '나'는 '나'일 뿐인가? 내 안에는 온전히 '나'라는 정체성밖에 없는 것인가? 오히려 '나'와 관계 맺은 수많은 다른 사람들이 내 속에 들어와서 '나'의 정체성을 구성하고 있는 것은 아닌가? 내가 다른 사람들과 관계 맺는 존재이고 끊임없이 변신하는 존재라면, 결국 다른 사람들과 영향을 주고받으며 매일 새롭게 형성되는 내가 있을 뿐이지 않은가?

사람들 사이의 관계 맺음의 핵심은 교육적 관계다. 교육은 사람의 성장을 가능하게 하는 인간 본연의 관계 맺음 활동이다. 서로 배우고 성장하도록 돕는 교육적 만남은 인간을 인간 되게 한다. 실제로, 교육은 사람과 사람의 가르치고 배우는 관계를 통해 이루어진다. 따라서, 교육학적 관계론은 가르치고 배우는 존재로서 인간을 상정한다.

인간의 발달은 어머니의 태중에서 어머니를 통해 영양분을 받으면서부터 시작한다. 세상에 태어나서는 다른 사람들과의 관계를 넓혀 간다. '나'는 '나'와 직접 또는 간접적으로 관계를 맺은 수많은 다른 사람들로부터 영향을 받으면서 커간다.

인간은 수많은 경험들을 통해 배운다(Dewey, 1938). 그런 경험들은 다른 사람들과 더불어 살면서 이루어진다. 다른 사람들과 직접 접촉하고 대화하면서 배운다. 다른 사람들이 만들어 놓은 결과물들을 읽고, 보고, 들으면서 감동하기도 한다.

사람들의 관계는 언제나 가르치고 배우는 관계를 형성한다. 공자는 ≪논어≫에서 "세 사람이 길을 가면 반드시 나의 스승이 있다(三人行 必有我師)"고 하였다. 사람들은 필연적으로 누군가가 누군가를 이끌고 가르치며 따르고 배우는 관계를 맺는다. 그것은 반드시 일방적이고 고정적인 사제 관계만으로 나타나지는 않는다. 서로의 역할은 상황에 따라 얼마든지 바뀔 수 있고, 공식적으로 선생이라고 명명된 경우조차 그의 학생으로부터 언제나 이미 배우고 있다.

이처럼 '나'는 다른 사람들의 영향을 받고 배우며, 그들과의 관계 속에서 많은 경험들을 겪으면서 지금의 내가 되었고, 되어 간다. '나'는 새로운 열린 가능성 속에서 또 다른 '나'로 변해 가고 있는 것이다. 이런 점에서 '나'는 온전히 '나'이기보다는 다른 사람과의 관계를 맺는, 그리고 그들의 자아가 '나'의 자아를 형성하는 '나'의 정체성으로 존재할 뿐이다. 한 마디로, '나'의 정체성은 온전히 '나'의 것만은 아니다. 오히려 그것은 '나'와 관계를 맺은 수많은 다른 사람들로 구성된다.

결국, '우리'가 '나'들이 외재화된 영역이라고 한다면, '나'는 그런 '우리'들이 서로 가르치고 배우는 관계 맺음을 통해 구축한 내재화의 영역인 것이다. 이런 점에서, 이 책의 1부에서 다루는 조직학습(organizational learning)은 '우리'라는 공동체성을 형성하는 외재화를, 조직사회화(organizational socialization)는 '나'라는 정체성을 구성하는 내재화를 중심으로 일터에서 함께 배우기를 접근한다.

이제, 가르치고 배우는 행위에 대해 더 구체적으로 살펴보자. 배우기의 문제부터 시작한다.

인간은 배움으로써 비로소 인간이 된다. 배움은 인간의 본능이자 본성이다. 배우는 존재, 즉 '호모 에루디티오(Homo Eruditio)'로서 인간은 다른 사람들과의 배움의 공동체를 형성하고 공유된 믿음을 만들어 간다. 그럼으로써 삶의 의미와 유용성을 더해 간다(한준상, 2001).

배움은 삶의 유용성을 획득하기 위한 도구적인 활동을 포함한다. 동시에, 그것은 인간 존재의 실현을 위한 전인격적인 만남의 과정이다. 존재론적 배움의 과정은 생텍쥐페리(Saint-Exupery)가 쓴 ≪어린 왕자≫에서 여우와 어린 왕자의 상호 길들이기 과정에서 잘 드러난다.[15] 어린 왕자는 끊임없이 질문하고 여우는 계속 조언해 주지만, 그들의 길들이기는 '나와 너'의 만남 속에서 배움을 이루어 간다. 두 존재 사이에 어떤 매개체도 끼어들지 않는 즉각적이고 비매개적(im-mediate)인 이상적 배움의 관계를 형성한다.

근래 들어, 공급자 중심의 교육 패러다임이 수요자 중심의 학습 패러다임으로 전환하였다. 학습 패러다임은 기존의 교육학이 간과해 왔던 학습(learning)에 주목했다. 기존의 패러다임이 비록 학습자를 전제하였지만 그 주도권을 교육자에 두었다는 점에 의문을 제기하였다. 학습 패러다임은 가르침보다 더 우선적인 배움의 중요성을 발견해냈다.

그러나 학습주의의 과잉의미화를 경계해야 한다. 인간은 배우는 존재인 동시에 가르치는 존재이기 때문이다. 배움의 본능을 가지고 있지만, 이와 동시에 가르치는 또는 가르치고자 하는 욕구도 가지고 있다. 사람들은 다른 사람이 성장하도록 돕는 이타적인 마음을 갖는다. 또는 정반대로 그 욕구가 '이기적 유전자'의 자기 복제성의 표출일 수도 있다(Dawkins, 1989). 이타적이든 혹은 이기적이든 그것은 사람들로 하여금 가르침의 본능을 실현하도록 강요한다.

학습으로만 경도된 패러다임은 이런 가르침의 본능을 간과하는 오류를 범함으로써 이전의 교육학이 가진 가르침과 배움의 분리의 문제를 되풀이할 수 있다. 실제로 학습이 강조되는 패러다임은 방임주의적 반교육(反教育)이 될 수 있다. 자유주의적 학습 패러다임은 선생은 지식 서비스의 공급자이고 학생은 소비자가 되어버리게 만든다. 이 경우에 그들의 관계는 단지 지식을 팔고 사는 상업적 관계, 즉 '나와 그것'의 수단적이고 도구적인 관계로만 형성된다. 더군다나 학습만을 강조하다 보면 개인주의, 심리학적 환원주의, 또는 상대주의에 빠져들 위험마저 있다.

학습의 패러다임은 교육의 사사화(私事化)를 전제한다(장원섭, 2006). 교육 활동을 개인이 학습하는 활동으로만 여기는 현상이 발생한다. 학습은 개인의 일이고 따라서 개인의 책임일 뿐이라는 인식을 강화한다. 특히, 무한경쟁시대에 개인은 학습을 통한 경쟁력의 책임을 감수한다. 그 결과, 인간의 성장은 모두 개인의 책임으로 치부되는 문제를 낳는다.

교육에서 학습으로 패러다임이 전환하였다고 하지만 이제 다시 가르치고 배우는 활동을 함께 인식하는 교육학이 필요하다.[16] 가르치고 배우는 일을 일상의 삶 속에서 발견해내고 그 동등한 가치를 인정하여야 한다. 교육적 관계 맺음은 인간의 배움에의 본능뿐만 아니라 가르치고자 하는 본능이 동시에 실현되는 일상적 현상이기 때문이다.

이제는 다시 학습에 가려 간과되었던, 가르침의 문제를 좀 더 주목해 보자. 물론 가르침의 강조는 배움의 상대주의적 문제처럼, 절대주의의 오류에 빠질 수 있다. 그럼에도 불구하고 실용적인 차원에서조차 가르침은 중요하다. 만약, 정답 또는 적어도 임시적인 정답이 있다면, 또는 간주관적 가치가 존재하는 것이라면, 학습주의는 '잘못된' 습관의 형성 가능성을 방치하는 문제를 야기할 수 있다(Fuller & Unwin, 2002).

실제로 배우려는 의지가 발생하는 순간 누군가의 도움 또는 가르침은 학습을 극대화할 수 있다. 일터에서 직접 또는 간접적인 가르침의 증거는 많다(Fuller & Unwin, 2002). 멘토링, 코칭, OJT 같은 무형식적인 것에서부터 강의, 세미나 등 형식교육 프로그램까지 가르침의 방식은 다양하게 존재한다.

'소여(affordance)'는 '일터에서의 교육(workplace pedagogy)'을 설명하는 또 다른 개념이다(Billett, 2002). 소여란 유기체와 생태계 사이의 관계로서 유기체를 행동하도록 만드는 환경들을 말한다.[17] 일터에서 그것은 상사, 선배, 멘토 같은 사람과 성과기준, 규칙, 업무범위, 프로젝트, 직위, 역할, 학습기회, 학습동아리, 프로그램 같이 사람이 만들어낸 사물이 될 수도 있다. 그것들이 비록 긍정적 강화 또는 부정적 제약요인이 될 수도 있지만, 의도했든 의도하지 않았든 사람들은 그런 소여에의 참여를 통해 소여를 발견, 해석, 의미화할 수 있는 가능성을 갖는다. 따라서 소여를 통한 가르침은 '안내된 학습(guided learning)'으로 나타난다(Billett, 2001).

'뮌히 하우젠 효과'[18]는 존재하지 않는다. 비고츠키가 말하는 비계 설정(scaffolding)으로서 가르침은 배움을 더욱더 드높인다(Moll, 1990). 교육적 관계는 서로가 서로에게 디딤판의 구실을 함으로써 더 잘 배우고 더 크게 성장

할 수 있게 한다. 교육은 적어도 '호밀밭의 파수꾼' 노릇은 해야 하는 것이다.[19]

결국, 모든 교육적 관계 맺음 활동은 사람들 사이의 가르치고 배우는 상호의존적(interdependent) 과정이다. 서로가 서로에 대한 지원과 도움의 관계를 통해 구현된다. 이 책의 3부에서 다루는 멘토링과 개발지원관계망(developmental networks)은 이런 가르침과 배움의 동시적 도움 관계를 잘 보여준다.

교육적 관계 맺음은 가르치고 배우는 공동체로 발현된다(French & Bazalgette, 1996). 그러나 그 공동체성을 유지하고 서로간의 가르침과 배움이 지속적으로 이루어지기 위해서는 공동체의 조건들을 갖추고 이를 더 잘 유지하기 위한 전략이 필요하다.[20] 현실적으로 그런 배움의 공동체는, 2부의 실행공동체에서 살펴볼 수 있듯이, 주기적인 변화를 겪게 마련이기 때문이다(Wenger, McDermott & Snyder, 2002). 현대사회에서 공동체의 생명력을 너무 길게 계획하기보다는 짧은 생명의 연속으로 계획하고 지속적으로 변경시키는 것, 그러면서도 그 기저는 계속되도록 하는 것이 좋은, 현실적 전략일 수 있다. 그것은 결국은 4부에서 살펴볼 유동적이고 일시적인 무리 짓기로서 '놋워킹(knotworking)'과 지속적으로 넓혀가는 '확장학습(expansive learning)'일 수 있다(Engeström, 2008).

결론적으로, 가르침과 배움의 동시적 관계 맺음을 인식해야 한다. 이를 위해 교육주의뿐만 아니라 학습주의도 탈피하여야 한다. 더 구체적으로 닫힌 훈련도 방임적 학습도 배제하여야 한다. 교육적 관계의 관점에서 개인의 형성 가능성과 사람들의 관계를 통한 함께 배우기에 대한 믿음은 가공이나 변형 같은 '제작'의 관점도, 감상적이고 무책임한 '반교육학'도 아니다. 그것은 '스스로 발전하는 힘에 대한 지원, 대화적 관계, 호출과 응답'으로 나타난다(Mollenhauer, 1983).[21]

그럼에도 불구하고, 그 어떤 가르침과 배움의 관계라 할지라도 그것은 미래를 향해 열려 있다. 교육적 관계 속에서는 항상 가르침과 배움의 현상이

동시에 발생한다. 가르침은 배움의 열린 양상으로 인해 언제나 실패와 성공을 불확실하게 만든다. 그 두 현상들을 합치시키려는 의도가 있지만, 항상 틈새가 존재하기 마련이다.[22] 따라서 가르침과 배움은 기능적 관계로 나타날 수 있으나, 이 책의 4부에서 살펴볼 문화역사적 활동이론이 전제하듯이, 긴장적 또는 모순적 관계의 양상을 띨 수밖에 없다(Engeström, 2008). 그런 열린 양상이야말로 교육적 관계 맺음의 본질인 것이다.

일터에서 함께 배우기

교육학적 관계론은 함께 배우기다. 함께 배우기는 '함께'라는 단어와 '배우기'라는 단어가 결합한 개념이다. '함께'란 우리 됨을 의미한다. '우리'는 조직, 집단, 팀, 공동체 등으로 구체화된다. '배우기'는 삶의 의미와 유용성을 더해 가는 과정이다(한준상, 2001).

배움은 필연적으로 '…로부터' 배운다는 말이다. 가르치는 사람이 공식적으로 정해져 있지 않고 스스로 인식하지 못하더라도 배우는 사람은 아무튼 그로부터 배운다. 그 사람의 주요한 역할이나 기능이 배우는 자로 정해진 사람뿐만 아니라 가르치는 사람도 가르침을 통해 배운다. 한 마디로 배움은 관계 맺음을 하는 사람들 사이의 가르치고 배우는 활동을 통해서 나타난다.

결국, 함께 배우기란 가르치고 배우는 관계에 참여한 사람들 사이의 관계 맺음 활동을 의미한다. 그럼으로써 교육적 관계 맺음은 '나'가 외재화된 '우리'의 공동체성 형성과 다시 '우리'가 내재화된 '나'의 정체성 구성이 순환 반복적으로 이루어지는 과정이다.

가르치고 배우는 인간의 공동체는 기본적으로는 개인들로 구성된다. 물론 공동체는 개인들의 합이 그 이상이 된 경우를 일컫지만, 그 개인들이 자아를 불확정적인 열린 가능성으로 가지고 있을 때 비로소 전체주의가 아닌

공동체성, 특히 배움의 공동체성을 형성할 수 있다. 이런 점에서, 함께 배우기는 서로가 영향을 주고받으면서 공동의 학습을 하지만, 그와 동시에 각자 고유한 배움의 과정을 갖는 것을 일컫는다.

교육적 관계는 함께 배우기를 가능하게 한다. 그 기본적인 전제는 인간의 형성 가능성에 있다. 이것은 교육학적 신뢰 개념이다. 신뢰란 아직 구체화되어 눈에 보이지는 않지만 미래에 실현될 것이라고 믿는 기대를 의미한다. 개인에 대한 교육적 신뢰가 형성 가능성이라면, 그런 형성 가능성의 구체적이고 직접적인 공동체적 결과는 교육적 자본이다. 교육적 자본은 함께 배우기를 통해 눈덩이처럼 축적된다. 만약 교육적 신뢰 관계가 구축되지 않은 사람들 사이의 인위적이고 형식적인 모임으로서 집합은 사실상 학습공동체가 아니다. 따라서 진정한 함께 배우기가 일어나기 어렵다. 르네 마그리트의 '이것은 파이프가 아니다'라는 그림처럼 함께 배우기를 겉으로 흉내 내고 있을 뿐이다.

사람들이 함께 배우는 모습은 어디서나 흔하게 발견된다. 사람들은 모여서 서로 이야기를 나누고, 그러면서 경험과 정보를 공유한다. 이러한 만남과 상호작용을 통해 개개인은 앎의 영역을 확장하고, 그렇게 획득한 지식을 통해 실제 행동과 삶의 변화도 이룬다. 자기 자신의 정체성과 그들이 속한 집단 전체의 변화까지도 이끌 수 있다. 이런 점에서, 함께 배우기는 일터에서만 이루어지는 활동은 아니다. 삶의 모든 현장과 과정에서 일어난다.

그럼에도 불구하고, 일터는 함께 배우기의 중심에 있다. 일이 여전히 삶의 중심성(centrality of work)을 갖기 때문이다(장원섭 2006). 실제로, 사람들은 일터에서 일함으로써 생계를 유지하고, 공동체에 참여하며, 삶의 의미를 갖는다. 특히, 현대사회에서 일과 일터의 변화는 협업과 집단지성 등을 통하여 사람들로 하여금 더, 또는 적어도 이전과는 다른 방식으로 함께 일하고 배우도록 요구하고 있다.

일터에서 함께 배우기는 다양한 현상과 여러 가지 방식으로 나타난다. 집단학습, 팀학습, 학습조직, 실행공동체, 그리고 최근의 '새로운 사회적 학습(new social learning)[23] 등은 모두 일터에서 함께 배우는 현상을 이해하기 위해 사용된 용어들이다(Bingham & Conner, 2010; Kasl, Marsick & Dechant, 2000; Lave & Wenger, 2000; Wilson, et al., 2007). 이 개념들은 앞서 언급했듯이, '함께'를 구체화한 조직, 집단, 팀 또는 공동체라는 단어와 '배우기'를 의미하는 학습이라는 단어가 결합되어 있다. 어떤 용어를 통해 표현하든, 그것은 본질적으로 사람들이 함께 배우는 현상이자 실천방식이다. 집단학습은 집단의 구성원들이 하나의 사고체계를 형성하는 과정을, 공동체학습은 공공성의 체득을 강조한다. 반면, 함께 배우기는 서로가 영향을 주고받으면서 공동의 학습을 하지만 동시에 각자의 고유한 배움의 과정을 의미한다. 또한 그것은 집단학습이나 공동체학습을 모두 포괄할 수 있는 광의의 개념이다.

일터에서 함께 배우기는 각자 자신의 업무와 개별 학습에만 집중하는 '파편적 방식(fragmented mode)'이 아니다. 개인들 사이의 정보와 지식 교류의 양적 변화를 추구하는 '짜깁기 방식(patchwork or mosaic mode)'도 넘어서고자 한다. 궁극적으로는 여러 색들을 섞어 완전히 새로운 색깔을 만들어내는, 즉 질적 변화를 창조하는 '시너지 방식(synergistic mode)'을 지향한다. 그럼으로써 공동체적 정체성과 우리 의식(we-ness), 그리고 집단적 깨달음(group aha!)을 얻고자 한다(Kasl, Marsick & Dechant, 2000).

이를 위해서는 무엇보다 시간의 역할이 중요하다. 시간의 공유를 통한 경험과 역사의 공유는 함께 배우기의 필요조건이다. 그런 가운데, 합리적, 인지적 측면뿐만 아니라 대인관계, 갈등, 권력, 감정 등의 정서적 역학 측면도 고려해야 한다. 즉, 하나의 최선의 길은 없다(no one best way). 교육적 관계에 참여하는 사람들과 그들의 공동체가 갖는 문화, 역사, 과업의 성격에 따라 서로 다른 방식과 방법, 전략만이 있을 뿐이다(Kasl, Marsick & Dechant, 2000).

함께 배우기에 관한 기존의 논의들은 '함께'와 '배우기'를 바라보는 서로 다른 입장에 따라 다양한 접근법들로 구분된다(장원섭, 2011; Barton & Tusting,

2005; Huysman, 1999; Patriotta, 2006).

먼저, 함께 배우기의 효율성을 강조하는 기능주의적 관점이 있다. 이 관점에서는 조직이나 집단의 목적을 달성하기 위한 더 효율적이고 효과적인 수단으로서 집단적 학습을 강조한다. 경영관리적 관점을 취하여, 조직 내에서 개인들이 조직의 과제들을 경험하고 조직을 위해 그 상황을 탐구함으로써 조직 생산성을 높여 나가는 과정을 강조한다. 결국 함께 배우기는 더 효과적이고 효율적으로 지식을 획득하고 업무성과를 달성하기 위한 하나의 수단인 것이다(Argyris & Schön, 1996; Wenger, McDermott & Snyder, 2006; Wilson, 2007).

둘째, 함께 배우기의 공동체성을 강조하는 해석적 관점이 있다. 이 관점은 사회적 과정으로서 함께 배우기의 과정과 그를 통한 공동체적 정체성 형성에 초점을 맞춘다. 구성원 각자의 성장을 우선시하는 동시에 그를 통한 공공적 가치의 달성을 이루고자 한다. 학습은 사회적 과정이므로 그 자체로 필연적인 공동체적 속성을 가지고 있기 때문에, 학습은 곧 함께 배우기의 과정으로 간주한다(Brown, 2002; Lave & Wenger, 2000).

마지막으로, 함께 배우기의 갈등과 모순을 강조하는 입장이 있다. 이 입장에서는 함께 배우기의 과정이 순조롭고 평화롭게 이루어지는 것만은 아니라는 점에 주목한다. 함께 배우는 과정에서 나타나는 구성원들 사이의 상호 감시와 경쟁, 그리고 갈등의 문제를 제기한다. 실제로 학습팀은 서로를 감시하는 하나의 '철창(iron cage)'이 될 수 있다. 단순한 통제, 기술적 통제, 관료적 통제를 넘어선 제4의 통제방식으로서, 실체가 없는 억압의 기제가 될 수 있다. '원형감옥'처럼 동료 간의 압력과 상호 감시를 하는 '총화적 통제(concertive control)'의 도구가 될 수 있는 것이다(Barker, 1993; Elkjaer, 2001).

실제로, 함께 배운다는 것은 사람들 사이의 관계 맺음의 현상이기 때문에 그 안에서는 언제나 이미 권력관계를 통한 정치적 협상의 과정이 존재한다(Coopey & Burgoyne, 2000; Dovey, 1997). 결국 함께 배우기의 활동은 서로 다른 입장을 가진 사람들 사이의 상호작용을 통한 관계 맺음의 과정이며 그 활동이 이루어지는 상황 속에서 발생하는 모순과 갈등, 그리고 그것의 해소과정이다(Engeström, 2001; 2008).

여러 관점들이 일터에서 함께 배우기의 실천적 현상들을 타당하게 설명하고 있음에도 불구하고, 어느 하나의 관점이 함께 배우기를 전부 다 설명할 수는 없다. 앞서 언급했듯이, 일터에서 함께 배우기는 참여하는 개인들과 그들이 이루고자 하는 목적, 그리고 그들이 함께 배우는 상황과 맥락 등에 따라 다양한 양상들로 나타날 뿐이다.

열린 맺음말

현대로 올수록 인간은 개인이 된다. 집단으로서의 인간으로부터 '개인의 발견'은 그리 역사가 길지 않다. Dülmen(1997, p. 21)에 의하면, "중세에도 개인은 있었고, 자기 스스로 결정한 인생을 살겠다는 사람들도 점차 늘어났다." 그러나 "대부분의 사람들은 자신을 우선적으로 기독교인 그리고 가정 혹은 계층의 구성원이라고 생각"했다.

그렇다고 현대사회에서는 홀로 존재하는 개인만이 있다고 보아서는 곤란하다. 다른 사람들과 관계를 맺는 일은, 곤충이나 다른 동물들의 세계에서도 보듯이, 생존을 위한 어쩔 수 없는 본능이기 때문이다. 다만, 그 양상은 달라졌다. 개인화된 현대사회에서는 그 관계성이 개인은 없는 또는 일방적으로 집단에 희생하는 과거의 집단적 관계성과는 다른 양상으로 전개된다. 개인이 있는, 그리고 장기적이든 단기적이든 개인의 이익을 전제하는 가운데 서로 조화하고 협력하고 소통하는 방식으로 나타날 뿐이다.[24]

이에 따라 집단 또는 공동체를 생각할 때 우리는 항상 개인과 집단의 우선성의 문제에 당면하게 된다. 인적자원개발은 조직과 그 조직의 구성원인 개인 사이의 관계에 기반하고 있다(장원섭, 2011). 일터학습, 특히 일터에서 함께 배우기는 바로 이런 딜레마 상황을 언제나 내포하고 있다.

그럼에도 불구하고, 개인과 집단은 둘 다 포기할 수 없는 가치이다. 따라서 Buber(1947)는 이미 오래 전에 "개인주의는 인간을 자기 자신에 대한 관계에서만 보고 집단주의는 인간 일반을 보지 못하고 단지 사회만을 볼 뿐이다. 전자에서 인간의 얼굴은 일그러지고 후자에서 인간의 얼굴은 가려져 있다."고 설파했다.

앞서 언급했듯이, 배운다는 말은 '…로부터 배운다'는 말일 뿐이다. 타자를 전제하지 않은 배움은 없다. 그 타자는 사물이나 역사일 수도 있다.[25] 그러나 그것 역시 인간의, 타인 또는 자신의 타자화로부터 나온 것일 뿐이다. 결국, 타자와의 관계성은 학습의, 그리고 교육의 필연적인 전제이다. 그리고, 그런 함께 배우기를 위한 가장 중요한 기반은 사람들 사이의 만남과 대화이어야 한다. 그것은 언제나 이미 미래를 향해 열려 있다. 이것이 교육학적 관계론의 근본 가정이고 방식이다.

이 책은 교육학적 관계론에 기초하여 일터에서 함께 배우기를 다룬다. 교육적 관계 맺음이 일터에서 어떤 방식으로 이루어지는지, 그 결과는 무엇인지, 그래서 일터학습은 어떠해야 하는지를 다룬 글들을 싣고 있다.[26]

이 책의 1부는 조직학습과 조직사회화이다. 앞서도 언급했듯이, 조직학습(organizational learning)이 '우리'라고 하는 외재성의 영역에서 이루어지는 함께 배우기에 가까운 반면, 조직사회화(organizational socialization)는 '나'의 정체성을 구성하는 내재성의 영역에서 발생하는 함께 배우기이다.

1장은 기업의 배움 공동체적 가능성을 조직학습의 관점에서 논의한다. 조직학습은 개인들의 학습의 합 이상이다. 그럼에도 불구하고, 조직학습의 과정에는 배움의 요소들이 배어 있다. 기업은 조직학습의 과정에서 배움력을 극대화함으로써 실천적 배움의 공동체가 될 수 있다.

2장은 초기 경력자를 중심으로 조직사회화의 과정에 대해 다룬다. 외부자가 조직의 완전한 구성원으로 변화하기 위해서는 공식적 또는 비공식적 배움의 과정이 필수적이다. 그 배움이란 다름 아닌 일터에서 함께 배우기의 과정이다.

1부의 조직학습과 조직사회화는 2부부터 살펴볼 다양한 방식의 일터에서 함께 배우기의 주요한 결과로서도 이해될 수 있다. 즉, 실행공동체, 멘토링과 개발지원관계망, 그리고 활동체계를 통한 학습과정은 조직학습 또는 조직사회화에 여러 가지 양상으로 영향을 미치게 된다.

2부부터 4부는 일터에서 함께 배우기의 여러 실천 현상들을 다룬다. 이를 통해 일터에서 함께 배우기에 대한 독자들의 이해도를 높이고자 한다. 또한, 그 실천 현상들을 양적 또는 질적 연구방법을 통해 경험적으로 연구한 결과들을 여러 장에 걸쳐서 실었다.

2부는 '참여의 학습'으로서 실행공동체에 관한 이론과 연구들을 다룬다. 3장은 실행공동체(Community of Practice, CoP)의 개념과 이론을 살펴본다. 실행공동체는 일터학습의 상황성에 대한 강조와 공동체에의 '합법적 주변 참여' 현상의 발견으로부터 시작하였다. 그 이후에 실행공동체의 효과성에 대해 주목하면서 조직들은 이를 공식화하고 활성화하고 있다. 또한, 인적자원개발 분야에서 지식경영과 온라인 공동체 등으로 확장하고 있다.

4장과 5장은 실행공동체에 관한 경험적 연구 결과들이다. 4장은 많은 기업들이 전략적으로 실행공동체를 공식화하는 것이 조직학습에 어떤 영향을 미치는지를 실증적으로 검토하였다. 그 결과, 실행공동체의 공식화가 조직학습의 여러 측면에서 긍정적인 효과가 있음을 밝히고 있다. 5장은 질적 연구를 통해 비정규직 초기 경력자가 일터에서 합법적 주변 참여를 제한받고 임시적 정체성만을 획득하고 있음을 밝힌다. 그러나, 동시에 조직 구성원들 간의 호혜성과 신뢰에 기초하여 관행과 실천의 변화 가능성의 단초를 발견하기도 한다.

3부에서 다루는 또 다른 일터에서 함께 배우는 모습은 '관계의 학습'으로서 개발지원관계망(developmental networks)이다. 2부에서 다룬 실행공동체는 공동체의 부담을 갖는 개념이다. 조직에서 실행이 성과로 이어져야 한다는 어려움도 상존한다(Contu & Willmott, 2003). 그것은 실행공동체를 현실에서 실패하게 만드는 요인이 된다. 더군다나, 실행공동체의 경계는 멤버십의 문제를 갖는다. 개발지원관계망은 실행공동체의 한계를, 적어도 이론적으로는 무한한 배움의 관계로 확장시킨다. 개발지원관계망은 전통적인 멘토링(mentoring)의 가르치고 배우는 1대1의 관계를 다대다의 관계로 확대한 개념이다. 그런 관계는 사회관계망의 관점에서 설명된다. 이런 점에서 개발지원관계망은 멘토링과 사회관계망이 결합한 개념이고 이론이다. 한 마디로, 멘토링의 사회적 자본이라는 가치가 스며들어 있는 사회관계망의 한 형태이다. 6장에서 이러한 멘토링과 개발지원관계망에 대한 상세한 개념과 측정방식까지 설명한다.

7장부터 10장까지는 개발지원관계망의 효과에 대한 실증연구들이다. 7장은 조직에서 멘토링을 공식화하는 것과 조직 구성원들이 멘토링에 참여한 정도가 여러 가지 방식으로 조직의 비재무적 성과에 영향을 미치고 있음을 밝히고 있다. 8장은 초기 경력자의 멘토링 관계 강도 등의 특성이 멘토링 기능에 영향을 미치고 있음을 실증적으로 증명하였다. 9장은 개발지원관계망이 조직사회화에 미치는 영향을 검토하였다. 그 결과, 개발지원관계망이 학습과 태도 결과에 유의미한 효과를 가지고 있음을 밝혔다. 10장은 성별에 따른 초기 경력자의 관계 학습과 적응의 차이를 검토한다. 그 결과 여성과 남성의 관계망이 상이한 효과를 나타내고 있음을 밝힌다. 이러한 연구들을 통해서 우리는 일터에서 개발지원관계망이 다양한 방식과 형태로 함께 배우는 데 영향을 미치고 있음을 알 수 있다.

개발지원관계망이 일터에서 사람들이 서로 배움을 주고받으며 서로의 성장을 돕는 자연스러운 관계를 상정하지만, 현실에서는 그것이 순조롭게 이루어지는 것만은 아니다. 사람들 사이의 관계는 그 안에 경쟁과 갈등, 모순이 언제나 함께 존재한다. 또한, 사람들 사이의 관계에는 여러 매개체가 개입되어 있고, 그들이 관계 맺는 활동은 목표와 규칙, 역할분담에 기초하여 그 공동체가 갖는 역사적, 문화적 맥락 속에서 이루어진다. 4부에서 다루는 문화역사적 활동이론은 이런 점들에 기초하여 활동체계 속에서 사람들이 함께 배우고 지식을 창출하는 과정을 '확장의 학습' 개념으로 설명한다.

11장부터 14장까지는 문화역사적 활동이론에 기초한 경험적 연구들이다. 11장은 확장학습모형에 기초하여 공동육아에 참여한 부모들의 공동체적 학습으로서 함께 배우기에 대한 질적 연구이다. 사례연구를 통해, 비록 서로 간에 갈등이 있더라도 상호 배려와 공동체적 관계 맺음을 통해 공동체적 정체성을 형성하고 있음을 밝힌다. 12장은 일터에서 지식창출 활동에 대한 한 기업의 팀의 사례연구이다. 질적 연구를 통해 지식창출의 과정이 순환적으로 확장하는 방식으로 나타나고 있음을 보여준다. 13장은 한 국내 기업의 팀학습 변천과정을 문화역사적 활동이론 모형에 기초하여 분석한 연구이다. 연구 결과, 경제사회적 변화에 따라 개별학습이 벤치마킹, 문제해결, 체험중심 팀학습으로 변천하고 있음을 밝힌다. 14장은 의도적으로 통합된 신생팀에서 이루어지는 학습을 문화역사적 활동이론의 틀로 살펴보았다. 이를 통해 팀과 그 구성원들의 활동체계가 어떻게 업무실행 절차와 방식으로 구축되어 나가는지를 분석한다.

이 책은 함께 배우기의 산물이다. 나 홀로 쓴 책이 아니다. 나의 동료 또는 제자들이 지난 10여 년간 함께 공부하고 연구한 결과들을 이 책에 담았다. 우리는 강의실이나 연구실에서뿐만 아니라 음식점에서, 카페에서, 산에서, 여행 가서, 또는 이메일로, 페이스북으로 함께 읽고, 쓰고, 토론하였다. 우리 가운데 일부는 이 책에 편저자 또는 공저자로 이름이 나오기도 했지만, 이름이 들어가지 않은 이가 더 많다. 그들은 강예지, 고영준, 곽계요, 구유정, 권재현, 기유리, 김가영, 김경선, 김근호, 김민영, 김성길, 김성덕, 김성열, 김소영, 김영실, 김윤희, 김은성, 김재순, 김정아, 김정환, 김지영, 김지하, 노은지, 다와수릉, 문진수, 민선향, 민원표, 바트토야, 박명식, 박상욱, 박지혜, 박혜원, 서영근, 신은하, 신지아, 신춘화, 심우정, 심혜영, 오석영, 유지은, 윤애란, 윤지혜, 윤태경, 이군, 이덕현, 이수연, 이수용, 이슬기, 이승준, 이은주, 이이정, 이종원, 이지연, 이지현, 임정현, 임현민, 장시준, 장인온, 장주희, 장지현, 정윤경, 정해욱, 조상희, 조한주, 차민영, 최민성, 최은정, 추현주, 하지영, 한진상, 황샛별이다. 이보다 더 많은 사람들의 아이디어와 노고가 이 책에 담겨 있음을 나는 기억한다. 나의 함께 배우기는 더 느슨한 관계망과 각자의 고유한 배움을 원한다. 모든 나의 동료와 제자들이 학문공동체로서 이런 함께 배우기를 실천해 왔고 앞으로도 계속 실천해 나가리라 기대한다. 그럼으로써 이 책에서 다루지 못한 또 다른 함께 배우기를 이어가고 이 책의 더 나아간 확장이 이루어지기를 바라면서, 아쉽지만 여기서 일단은 우리의 결실을 세상에 내보내려 한다. 우리 모두에게 감사한다. 끝으로, 책을 잘 만들어 주신 교문사 류제동 사장님께 고마움을 전한다.

| **미주** |

1 이 장은 장원섭(2011). '일터에서 함께 배우기: 교육학적 관계론.' 〈배움학연구〉 3권 3호 논문을 수정 보완한 글이다.

2 기원전 43년에 태어난 오비디우스(Ovidius)가 쓴 그리스로마신화인 ≪변신이야기(Metamorphoses)≫에서 그는 퓌타고라스의 입을 빌려 다음과 같이 신화 속 변신들에 대해 정당화한다. "이 세상에 변하지 않는 것은 아무 것도 없습니다. 모든 것은 끊임없이 변합니다. 드러난 것은 단지 찰나적인 형상으로 존재하는 것일 뿐입니다. 내일의 우리는, 과거의 우리, 혹은 오늘의 우리가 아닙니다. 나는, 같은 형상을 영원히 그대로 간직하는 것은 이 세상에 없다고 생각하는 사람입니다."

3 물리학자 하이젠베르크는 ≪물리학과 철학≫에서 다음과 같이 말한다. "관계의 철학은 절대가 없음을 알려주고, 절대적일 수 없는 우리가 '옮'을 행하라고 가르친다."

4 《빌헬름 마이스터의 수업시대》에서 괴테(Goethe)는 다음과 같이 닫힌 교육과 열린 가능성의 모순을 통찰하였다. "인간은 누구나 편협하기 짝이 없는 존재여서, 다른 사람을 자기와 꼭 같은 사람으로 교육시키고 싶어하거든요. 그 때문에 운명에 인생을 맡기고 있는 사람들은 행복한 법입니다. 운명은 자기의 독특한 방식으로 만인을 교육해 내니까요." (p. 183)

5 제임스 조이스(James Joyce)는 열린 문학의 선구자다. 그는 '틈의 기법'에 기초하여 글을 썼다. 그것은 열린 텍스트를 위한 것이다. 움베르토 에코(Umberto Eco)는 닫힌 텍스트와 열린 텍스트를 구분하였다. 닫힌 텍스트는 더 이상 설명이 필요없을 정도로 의미가 명료한 반면, 열린 텍스트는 의미를 포착하기 어려워서 아무리 노력해도 독자들 간의 해석상의 일치를 기대하기 어려운 작품이다. 틈의 기법은 문맥상 있어야 할 곳에 무엇인가 빠지거나 비어 있고, 그 틈과 공백이 명확한 것이 아니어서 독자마다 그 착안점이 다를 수 있다. 이에 따라 독자가 텍스트의 의미창조에 뛰어들지 않고는 배기지 못하게 한다(진선주, 2010).

6 키케로(Cicero)가 말한 대로, "우리는 공적인 생활에서나 사생활에서나 관심사가 같았고, 같은 집에 살았으며, 전장에서 군복무도 함께 했다네. 우리는 취향과 목표와 의견도 완전 일치했는데, 바로 이것이 우정의 요체라네."

7 웰스(Wells)의 《투명인간》은 관계를 잃은 보이지 않는 자의 비참함을 보여준다. 타인의 눈에 보이지 않는 사람이 갖는 전지전능함. 그러나 나는 볼 수 있는데 다른 사람은 나를 볼 수 없는 것이 갖는 불행한 결과는 '관계 맺음'의 상실로 나타난다. 다른 사람에게 타자가 될 수 없는 일방적 자아는 관계를 형성하지 못하는 비극이다. 타자성은 상호 노출을 전제로 하고, 이를 통해 관계 맺음이 가능하다. 자기 노출과 타자성의 함수는 내가 노출하는 만큼 타인도 나에게 자신을 내보인다는 것이다.

8 베르나르 베르베르(Verber)는 《개미》에서 "한 개미 군체의 지력의 총화는 그 군체를 구성하는 개미들의 지력을 단순히 합해 놓은 것을 능가하기 때문이라는 것이었다. 그는 개미 세계에서는 〈1+1=3〉이라고 확신했다. 사람의 몸에서 여러 기관이 한 가지 기능을 수행하기 위해 공동작용을 하듯이, 개미 군체에서는 사회적인 공동작용이 이루어진다."(〈개미의 날〉, p. 504)고 말한다. 반면, "군중을 조심하라. 군중은 각각의 사람들이 지닌 자질을 넘어서기보다는 그 자질을 약화시키는 경향이 있다. 군중의 지능지수는 그것을 구성하는 개인들의 지능지수를 합친 것보다 못하다. 개인이 모여 군중을 이루면, 1+1=3이 아니라 1+1=0.5이다." (〈개미 혁명〉, p. 447)라고 경고한다.

9 Mollenhauer(1983)에 의하면, "이러한 많은 '나'들은 육체와 내면의 세계에서 모두 상이하지만, 그럼에도 단지 (또는 적어도) 관점들이라는 점에서 공통된다. 그러므로 그들을 이제 '우리'라고 말할 수 있다... 그러므로 '우리'의 영역은 여러 '나'의 공통적인 외재성의 영역이다."(p. 47)

10 토드 스트라써(Strasser)는 ≪파도≫에서 한 교사가 학생들에게 나치시대를 느껴보도록 한 너무 멀리 나간 전체주의 교실실험을 다음과 같이 그린다. "요 며칠 벤 로스는 아이들이 '명령'이라는 용어를 부쩍 많이 쓴다는 사실에 깜짝 놀랐다... 정작 최고 지도자인 벤 로스는 그러나 이런 표현을 사용한 적이 한 번도 없다. 훌륭한 조직을 만들어 보겠다는 아이들의 상상력이 자꾸 부풀려지다 보니 이런 용어가 활개 치게 된 것인데, 며칠 사이에 그만 지도자의 지시인 양 모두의 말버릇으로 자리를 잡은 것이다. '파도'는 이제 스스로 생명을 지닌 듯 더 이상 누구의 힘도 빌리지 않고 부쩍부쩍 자라고 있었다."(p. 159) "어딘가로 '파도'에 떠밀리는 느낌이었다."(p. 107)

11 괴테(Goethe)는 ≪빌헬름마이스터의 수업시대≫에서 다음과 같이 공동체적 삶을 말했다. "제가 여러분과 함께하게 된 것은 우연이었고, 여러분과 함께 머물게 된 것은 여러 가지 사정과 어떤 은밀한 애정 때문이었습니다. 저는 여러분의 일과 여러분의 즐거움에 동참했습니다... (p. 351)

12 키케로(Cicero)는 "자연이 우리에게 우정을 준 것은 악덕의 동반자가 아니라 미덕의 조력자가 되라는 것이었네. 미덕은 혼자서는 최고 목표에 이를 수 없고, 다른 동반자와 결합할 때 이 목표에 도달할 수 있기 때문이네."라고 말했다.

13 진은영은 '나의 친구'라는 시에서 다음과 같이 노래한다. "그것을 믿자, 숱한 의심의 순간에도 / 내가 곁에 선 너의 존재를 유일하게 확신하듯 / 친구, 이것이 나의 선물 / 새로 정의된 데카르트 철학의 제일원리다."

14 베르나르 베르베르는 ≪개미≫에서 다음과 같은 공동체를 꿈꾼다. "그대는 새로운 인간관계에 바탕을 둔 새로운 공동체를 꿈꾼 적이 없는가? 성공하느냐 실패하느냐는 더 이상 중요하지 않고, 누구도 감히 나를 심판하려 들지 않으며, 저마다 자유롭게 행동하되 모두의 성취를 항상 염두에 두는 공동체를." (〈개미혁명〉, p. 259)

15 "〈길들인다〉는 게 뭐지?" 어린 왕자가 말했다. "그건 너무 잘 잊혀지고 있는 거지. 그건 〈관계를 만든다...〉는 뜻이야." 여우가 말했다. "관계를 만든다고?" "그래." 여우가 말했다. "넌 아직 나에겐 수많은 다른 소년들과 다를 바 없는 한 소년에 지나지 않아. 그래서 난 너를 필요로 하지 않고. 난 너에겐 수많은 다른

여우와 똑같은 한 마리 여우에 지나지 않아. 하지만 네가 나를 길들인다면 나는 너에겐 이 세상에 오직 하나밖에 없는 존재가 될 거야..."

16 그것은 배움의 인문학적 토대 위에, 가르치고 배우는 사람들 사이의 관계와 상호작용 현상을 포착하는 사회과학으로서의 교육학을 의미한다.

17 소여(affordance)는 행동을 유도한다는 의미의 행동유도성으로도 번역된다. 대상의 어떤 속성이 유기체로 하여금 특정한 행동을 하게끔 유도하거나 특정 행동을 쉽게 하도록 촉진하는 성질을 의미한다.

18 뮌히 하우젠은 동화 속의 거짓말쟁이이다. 그는 바닥이 없는 늪에서도 자신의 손으로 머리채를 끌어당겨 올려서 스스로 빠져 나올 수 있었다고 한다(Mollenhauer, 1983, p. 159).

19 "나는 늘 넓은 호밀밭에서 꼬마들이 재미있게 놀고 있는 모습을 상상하곤 했어. 어린애들만 수천 명이 있을 뿐 주위에 어른이라고는 나밖에 없는 거야. 그리고 난 아득한 절벽 옆에 서 있어. 내가 할 일은 아이들이 절벽으로 떨어질 것 같으면 재빨리 붙잡아주는 거야. 애들이란 앞뒤 생각 없이 마구 달리는 법이니까 말이야. 그럴 때 어딘가에서 내가 나타나서는 꼬마가 떨어지지 않도록 붙잡아주는 거지. 온종일 그 일만 하는 거야. 말하자면 호밀밭의 파수꾼이 되고 싶다고나 할까. (샐린저(Salinger)의 ≪호밀밭의 파수꾼≫, pp. 229-230)

20 조지 오웰(George Orwell)의 ≪카탈로니아 찬가≫에서 발견할 수 있는 공동체의 조건을 정리하면 다음과 같다(pp. 139-154). 그것은 바깥세계와의 단절, 평등한 관계, 진정한 동지적 의식, 혁명적 희망, 열광적 분위기, 외부 위협과 공통의 전선, 개인적 기질 등이다. 결국, 이런 조건을 지속적으로 유지하면 그 집단은 무너지지 않고 있을 수도 있다. 그러나, 그런 강력한 강제가 사실상 불가능한 지구에서 공동체는 있더라도 결국 단기적일 수밖에 없는 하나의 해방구로서의 현상에 불과한 것일 수 있다.

21 Mollenhauer(1983)의 말대로, "교육의 과제는 인간의 가능성의 실현에 의해, 또는 사실적 관계들의 강제에 의해 질식당하지 않도록 하는 동시에 그렇다고 주관적 망상에 빠지지 않도록 하는 데 있다. 모든 교육과 도야 과정에 놓여 있는 월권은 단지 이런 측면에서만 정당화될 수 있다."

22 인간은 베르나르 베르베르가 그리듯이 더듬이를 맞댄 ≪개미≫처럼 완전소통을 할 수는 없다. "〈두 개의 뇌 사이에는 늘 갖가지 오해와 거짓이 생기게 마련이니라. 그 오해와 거짓은 쓸데없는 냄새가 끼여든다든지, 공기의 흐름 때문에 방해를 받는다든지, 냄새를 발산하고 수신하는 방법이 좋지 않다든지 해서 생기는

것이니라.〉 그런 불상사를 막는 유일한 방법이 바로 완전소통, 즉 더듬이와 더듬이를 직접 맞대는 방식이다. 아무런 장애 없이 한쪽 뇌의 신경전달물질과 다른 쪽 뇌의 신경전달물질이 교류하는 것이다... 비로소 완전소통이 시작되었다... 이제 그들은, 머리와 몸은 둘이로되, 오로지 한 쌍의 더듬이를 가진 하나의 존재일 뿐이다."(≪개미≫, pp. 126-127).

23 새로운 사회적 학습(social learning)은 웹2.0 기반의 사회적 미디어를 통해 언제 어디서나 누구나 참여하여 지식과 정보를 공유하는 현상을 일컫는다(장원섭, 2011). 비록 새롭게 부상하는 일터에서 함께 배우기의 주목할 만한 현상이기는 하지만, 아직 충분한 연구와 검토가 이루어지지는 못하였기 때문에 이 책에서는 다루지 않는다.

24 물론 개인화는 Foucault(1975)의 주장대로 개인 내면의 규율화 과정으로 이해할 수도 있다. 그럴 경우 여전히 개인이라는 전제는 성립하지 않거나 성립하더라도 그 기반이 상당히 약화된다. 그러나 Dülmen(1997)의 말대로 개인화는 분명 근대적 심성 형성의 과정이고 자기성찰과 기획의 과정으로 이해할 수 있는 측면이 있다.

25 행위자 네트워크이론(Actor-Network Theory)은 인간뿐만 아니라 비인간(non-human)의 영향력을 대등하게 강조한다(홍성욱, 2010). 그 대등함에 대해서는 논란의 여지가 있지만(Miettinen, 1999), 사물이 인간의 학습에 영향을 미치는 것은 분명하다. 이런 점에서, 이 책에서는 다루지 않았지만, 행위자 네트워크이론은 일터학습에서 향후에 탐구해야 할 중요한 관점을 제공한다.

26 이 책의 접근법은 기존의 심리학적 관점의 협동학습도 아니고, 사회학적 관점의 가치중립적인 연결망적 접근도 아니다.

| 참고문헌 |

박석무(2008). 퇴계와 율곡. 풀어쓰는 다산 이야기 480. http://www.edasan.org

이진우 · 이유택 · 권의섭 · 박미애(2004). 인간 복제에 관한 철학적 성찰. 서울: 문예출판사.

장원섭(2006). 일의 교육학. 서울: 학지사.

장원섭(2011). 인적자원개발: 이론과 실천. 서울: 학지사.

진선주(2010). 조이스의 열린 문학과 『더블린 사람들』. 더블린 사람들. 파주: 문학동네. pp. 391-444.

한준상(2001). 학습학. 서울: 학지사.

홍성욱(2010). 인간 · 사물 · 동맹. 서울: 이음.

Arendt, H. (1951). 전체주의의 기원 (이진우 · 박미애 역, 2006). 서울: 한길사.

Argyris, C. & Schön, D. (1996). *Organizational Learning II*. Massachusetts: Addison Wesley, Reading.

Barker, J. R. (1993). Tightening the Iron Cage: Concertive Control in Self-Managing Teams. *Administrative Science Quarterly, 38,* 408-437.

Barton, D. & K. Tusting (2005). *Beyond Community of Practice: Language, Power, and Social Context.* Cambridge: Cambridge University Press.

Berreby, D. (2005). 우리와 그들, 무리 짓기에 대한 착각 (정준형 역, 2007). 서울: 에코리브르.

Billett S. (2001). Co-Participation: Affordance and Engagement at Work. in *Sociocultural Perspectives on Learning Through Work.* Edited by T. Fenwick. San Francisco: Jossey-Bass.

Billett, S. (2002). Toward a Workplace Pedagogy: Guidance, Participation, and Engagement. *Adult Education Quarterly, 53*(1), 27-43.

Bingham, T. & Conner, M. (2010). *The New Social Learning.* San Francisco: BK.

Brown, J. S. & P. Duguid (2000). Organizational Learning and Communities-of-Practice: Toward a Unified View of Working, Learning, and Innovation. in *Strategic Learning in Knowledge Economy: Individual, Collective, and Organizational Learning Process.* Edited by R. Cross & S. Israelit. Boston: Butterworth Heinemann. pp. 143-166.

Buber, M. (1947). 인간의 문제 (윤석빈 역, 2007). 서울: 길.

Buber. M. (1954). 나와 너 (표재명 역, 1986). 서울: 문예출판사.

Cicero, M. T. (44BC) 노년에 관하여 · 우정에 관하여 (천병희 역, 2005). 고양: 숲.

Contu, A. & H. Willmott (2003). Re-Embedding Situatedness: The Importance of Power Relations in Learning Theory. *Organization Science, 14*(3), 238-296.

Coopey, J. & Burgoyne, J. (2000). Politics and Organizational Learning. *Journal of Management Studies, 37*(6), 869-885.

Dawkins, R. (1989) 이기적 유전자 (홍영남 역, 1993). 서울: 을유문화사.

Dewey, J. (1938). *Experience and Education*. New York: Macmillan Co.

Dovey, K. (1997). The Learning Organization and the Organization of Learning: Power, Transformation and the Search for Form in Learning Organizations. *Management Learning, 28*(3), 331-349.

Dülmen, R. (1997). 개인의 발견 (최윤영 역, 2005). 서울: 현실문화연구.

Edwards, R. & R. Usher (2008). *Globalisation & Pedagogy: Space, Place and Identity* (2nd Ed.). London: Routledge.

Elkjaer, B. (2001). The Learning Organization: an Undelivered Promise. Management Learning, 32(4), 437-452.

Engeström, Y. (2001). Expansive Learning at Work: Toward an Activity Theoretical Reconceptualization. *Journal of Education and Work, 14*(1), 133-156.

Engeström, Y. (2008). *From Teams to Knots: Activity-Theoretical Studies of Collaboration and Learning at Work*. Cambridge: Cambridge University Press.

Foucault, M. (1975). 감시와 처벌 (박홍규 역, 1989). 춘천: 강원대학교출판부.

Freire, P. (1995). 희망의 교육학 (교육문화연구회 역, 2002). 서울: 아침이슬.

French, R. & J. Bazalgette (1996). From 'Learning Organization' to 'Teaching- Learning Organization'? *Management Learning, 27*(1), 113-128.

Fuller, A. and L. Unwin (2002). Developing Pedagogies for the Contemporary Workplace. in *Working to Learn: Transforming Learning in the Workplace*. edited by K. Evans, P. Hodkinson and L. Unwin. London: Kogan Page. pp. 95-111.

Gee, J. P. (2005). Semiotic Social Spaces and Affinity Spaces: from The Age of Mythology to Today's Schools. in *Beyond Community of Practice: Language, Power, and Social Context*. edited by Barton, D. and K. Tusting. Cambridge: Cambridge University Press. pp. 214-232.

Goethe, J. W. (1821). 빌헬름 마이스터의 수업시대 1, 2 (안삼환 역, 1999). 서울: 민음사.

Higgins, M. C., & Kram, K. E. (2001). Re-conceptualizing Mentoring at Work: a

Developmental Network Perspective. *Academy of Management Review, 26*(2), 264-288.

Huysman, M. (1999). Balancing Biases: a Critical Review of the Literature on Organizational Learning. in *Organizational Learning and Learning Organization: Developments in Theory and Practice.* Edited by Easterby-Smith, M., L. Araujo and J. Burgoyne. London: Sage. pp. 59-74.

Kasl, E., V. J. Marsick, and K. Dechant (2000). Teams as Learners in *Strategic Learning in Knowledge Economy: Individual, Collective, and Organizational Learning Process.* Edited by R. Cross & S. Israelit. Boston: Butterworth Heinemann. pp. 253-276.

Kofman, F., & P. M. Senge (1993). Communities of Commitment: the Heart of Learning Organizations. *Organizational Dynamics, 22*(2), 5-23.

Lave, J., & E. Wenger (1998). 상황학습 (전평국, 박성선 역). 서울: 교우사.

Miettinen, R. (1999). The Riddle of Things: Activity Theory and Actor-Network Theory as Approaches to Studying Innovations. *Mind, Culture, and Activity 6*(3), 170-195.

Moll, L. L. (1990). *Vygotsky and Education: Instructional Implications and Applications of Sociohistorical Psychology.* Cambridge: Cambridge University Press.

Mollenhauer, K. (1983). 가르치기 힘든 시대의 교육 (정창호 역, 2005). 서울: 삼우반.

Orwell, G. (1938). 카탈로니아 찬가 (정영목 역, 2001). 서울: 민음사.

Ovidius(기원전). 변신이야기 2 (이윤기 역, 1998). 서울: 민음사.

Patriotta, G. (2006). Knowledge-in-the-Making: The 'Construction' of Fiat's Melfi Factory. in *Knowledge Management and Organizational Learning: a Reader.* Edited by L. Prusak & E. Matson. Oxford: Oxford University Press. 70-93

Saint-Exupery, A. D. (1943). *The Little Prince.*

Salinger, J. D. (1951). 호밀밭의 파수꾼 (공경희 역, 2001). 서울: 민음사.

Shirky, C. (2008). 끌리고 쏠리고 들끓다 (송연석 역, 2008). 서울: 갤리온.

Strasser, T. (1981). 파도 (김재희 역, 2006). 서울: 이프.

Verber, B. (1991, 1992, 1996). 개미 1~5 (이세욱 역, 2001). 서울: 열린책들.

Wells, H. G. (1897). 투명인간 (임종기 역, 2008). 서울: 문예출판사.

Wenger, E., McDermott, R., & Snyder, W. (2002). *Cultivating Communities of Practice: a Guide to Managing Knowledge.* Boston, Mass.: Harvard Business School Press.

Wilson, J. M. et al. (2007). Group Learning. *Academy of Management Review, 32*(4), 1041-1059.

차례

PART I

조직학습과 조직사회화

1장 : 조직학습과 기업의 배움력

2장 : 초기 경력자의 조직사회화

1 조직학습과 기업의 배움력[1]

배움은 인간의 본성이다. 인간은 환경의 변화에 대해 적극 동참하며 자신의 삶을 개조하며 살아가는 호모 에루디티오(Homo Eruditio)이다(한준상, 1999). 인간에게 배움은 자신의 경험을 축적하게 하고 새로운 세계를 탐색하게 하는 삶의 근원이자 동력인 것이다. 이러한 인간의 배움에 대한 본능은 지식기반 사회(knowledge-based society)가 도래하면서 그 의미가 확대되고 있다. 본래 지식은 '정당화된 진실된 믿음(justified true belief)'의 개념으로 혼자서는 획득하기 힘들며 다양한 사람들과 갑론을박하며 현상을 분석하고 해석하면서 공유된 믿음(shared belief)에 도달하는 과정을 가진 배움의 산물이다. 학습이 가르치는 자와 배우는 자가 구분되고 이들의 상호작용을 일컫는 말이라면, 배움은 공유된 믿음에 도달하기 위한 타인과의 자발적 상호작용이라 할 수 있다. 따라서 배움에는 가르치는 자와 배우는 자가 구분되지 않고, 각자가 깨달은 주관적 믿음을 서로 교환하여 자각적 합의에 도달하는 인간의 본성적 특징이 내재되어 있다.

테크놀로지의 발달과 국경 없는 시장의 형성이 산업사회를 탈산업사회

혹은 포스트모던이라고 하는 새로운 환경과 대면하게 한 것처럼, 지식기반 사회는 기업으로 하여금 노동력을 생산하는 곳에서 지식을 생산하는 곳으로 변화하도록 요청하고 있다. 기업에서 지식은 모방이 불가능하고 높은 부가가치를 창출하는 다양한 자원(heterogeneous resource)으로 인식된다. 따라서 기업은 지식을 전략적으로 생성, 전달, 분배, 축적하는 경영기법에 높은 관심을 갖게 되었으며, 지식을 생산해 내는 인간 중심의 경영을 추구한다. 일터에서 생성되는 지식은 기업 구성원들의 배움에 대한 본능을 충족시키는 역할을 할 뿐 아니라, 자생적 앎을 바탕으로 한 기술과 실천으로 이어진다. 쓰임새 있는 지식의 창조가 무엇보다 강조되는 기업환경은 기업 구성원들에게 배움의 공간이자 더불어 살아가는 공동체의 형성을 돕는다. 배움이 중심이 된 공동체 형성을 통해 기업의 목표와 개인의 배움 본능을 하나 되게 함으로써 다변화하는 기업환경에 본능적이며 능동적으로 대처할 수 있는 기업 경쟁력을 도출시키는 것이다.

이 장에서는 배움이 중심이 되어 형성된 공동체의 특성을 살펴보고, 기업이 '배움 공동체'로서 어떠한 특징을 갖는지 탐색해 보고자 한다. 또한 기업의 경쟁력으로 인식되고 있는 조직학습의 의미를 고찰해 보고, 조직학습의 개념 속에 배움의 요소들이 어떤 식으로 내재되어 있는지 살펴본다. 또한 기업이 변화하는 환경에 능동적으로 적응하는 데 있어 조직학습에 내재되어 있는 기업의 배움력의 의미를 고찰해 봄으로써 기업이 능동적 유기체로 진화하는 데 배움의 순기능성을 문헌 연구를 통해 알아보려고 한다.

배움 공동체란 무엇인가?

배움이 삶을 탐구하고 개조하는 인간의 본성이라면, 배움 공동체는 생활 속에서 이를 실천하기 위해 모인 사람들의 집합체라 할 수 있다. 배움 공동체에 대한 학문적 논의는 아직 초보단계이지만, 배움의 특성이 교수자와 학습자가 구별되어 있지 않으며, 의도되거나 계획적이기보다 자연발생적이며, 자기주도적(self-direcered) 지식획득 과정을 강조한 것이라면, 배움 공동체는 이와 같은 배움의 특성이 사회적 환경(social context)과의 구성적 상호작용을 통해 촉진된 열린 공동체로 인식된다(김성길, 2004; 이영만 외, 2010).

배움 공동체에서 자기주도성과 환경과의 끊임없는 상호작용이 강조되는 이유는 자연 현상적이며 필연적 결과라고 할 수 있다. 왜냐하면 개인의 자기주도적 성향은 개개인의 의미체계(meaning schemes)와 의미관점(meaning perspectives)의 자생적 형성에 도움을 주지만(Mezirow, 2000) 환경에 자유롭지 못하며, '일시적으로라도 의존적'이어야 하는 학습상황이 자기주도성을 증폭시키기 때문이다(Knowles, 1980). 자기주도성의 환경적 의미를 강조하는 연구에서는 자기주도적인 사고는 독립적으로 사고할 수 있는 능력과 남들과 구별되는 독특성을 내포하고 있지만, 이는 전반적 맥락을 설명하지 못하는 의미 전체의 부분일 뿐이고(Boucouvalas, 1988), 상호의존적 삶에서 생성되지 못한 자기주도성은 미성숙한 자기중심성(self-centered)으로 전락한다고 강조한다. 따라서 인간이 주체적 배움 본성을 실현시키기 위해서는 끊임없는 상호교류를 통한 의미의 획득, 분석, 해석의 기회를 갖고 이를 실천할 수 있는 장(場)이 필요한 것이며 이것이 배움 공동체가 갖는 의미이다.

기업에서의 배움 공동체에 대한 연구는 실행공동체(communities of practice)의 개념으로 진행되어 왔다. 실행공동체는 학습공동체라는 용어로 사용되기도 하는데(김수원, 2005), 이는 구성원들이 개인의 전문성 함양과 문제해결능력을 기르기 위해, 타인과 상호교류하고 관찰하며 피드백을 교환하는 상황적 학습(situated learning)을 구현하기 위해 구성된 집단으로 이해되기 때문이다(Lave & Wenger, 1991; Wenger et al., 2002). 따라서 실행공동체는 그 명칭에서 알 수 있듯이 구성원들의 전문적 지식을 실천적 경험의 공유를 통해 획득함으로써 개인의 능력을 개발하는 동시에 공동체의 합의된 목적을 달성함을 목적으로 한다. 기업에서 실행공동체는 1980년대 품질 분임조의 형태에서부터 최근에는 지식경영의 일환으로 기업 전체에 이르기까지 그 크기 및 형태가 다양하다(Saint-Onge & Wallance, 2003).

실행공동체에 속한 기업 구성원들은 '합법적'이면서 '주변적'인 형태로 공동체 생활의 참여를 시작하는데 여기서 '합법적' 참여란 실행공동체 구성원으로서의 승인된 소속감을 의미하며, '주변적' 참여는 그럼에도 불구하고 책임과 권한이 전적으로 주어지는 완전한 참여에 이르지 못하는 상태를 의미한다(Lave & Wenger, 1991). 즉 합법적이며 주변적인 참여는 구성원이 실행공동체에 소속됨과 동시에 역량과 책임을 증가시키는 동기가 되며, 역량과 책임은 구성원들 간의 상호 교류를 통한 자발적 학습을 통해 증폭된다.

이러한 학습에 대한 자발적 참여가 강조되는 실행공동체가 기업에서 강조되고 있는 이유는 다음과 같다. 첫째 실행공동체는 공유된 시스템과 규범을 바탕으로 한 공식적 공동체와 자연적인 인간관계에 기초한 비공식적 공동체의 형태로 운영되는데, 이는 기업의 목적을 달성하기 위한 무형식적 학습 활동(예, 멘토링, 학습 동호회 등)과 형식적 학습 활동(예, 각종 교육훈련 프로그램 등) 모두를 포함하고 있으며(장원섭 외, 2009; Saint-Onge & Wallance, 2003), 둘째, 일터에서의 자기주도적인 전문성 향상 및 문제해결에 초점을 맞추어 진행되며(McLellan, 1996), 따라서 구성원 개개인의 목적과 공동체의 목적의 일치(alignment)를 추구한다. 이러한 실행공동체의 특징은 배움의 잠재력, 자율성, 실천성을 내포한다. 배움의 잠재력은 배우기 위해 특정한 시간과 장소가 필요한 것이 아니라 삶 자체가 배움의 시간이며 장소라는 개념이다. 배움의 자율성은 배움의 중심에는 내가 있고 자기주도적이며, 자기조절적(self-regulated) 특징을 갖는다는 개념이며 배움의 실천성은 쓰임새 있는 지식의 생산을 의미한다. 실행공동체가 문제나 주제에 관한 관심사나 열정으로 형성되고, 자신이 처한 문제해결을 목표로 자발적으로 구성되며, 학습 결과의 실천을 중요시하는 특징을 가지고 있다면 이는 다분히 배움의 특징을 함께 지니고 있는 것이며 기업에서의 실행공동체는 배움 공동체의 역할을 한다고 볼 수 있는 것이다.

조직학습과 배움 공동체

조직학습의 개념

조직학습이라는 개념은 학자들에 의해 지속적으로 논의되어 왔지만 그 정의에 대해서는 다양한 해석이 있다. Huber(1991)는 조직학습을 조직변화를 위한 정보화 과정으로 정의하였고, Kim(1993)과 Nonaka(1994)는 개인의 경험을 해석하고 공유하여 조직차원으로 전이시키는 인지 시스템으로 보았다. Crossan et al.(1999)은 조직학습을 조직의 갱신(organizational renewal)을 위한 전략적이며 역동적인 과정으로 정의하고 조직학습의 주체를 개인, 집단, 조직으로 세분화하여 이들의 인지적, 행동적 변화과정을 조직학습과정으로 보았다.

조직학습 학자들의 기본적인 가정은 조직을 하나의 살아 있는 유기체(living entities)로 보며 스스로 생각하고 행동하는 학습주체로 인식한다(Argyris & Schön, 1978). 따라서 조직학습과정을 통한 학습 결과물은 조직을 구성하는 개인들의 학습활동들의 단순합이 아니라, 조직 스스로가 환경과 대응하여 경험한 것과의 융합을 통한 그 이상의 것이라 강조한다.

조직을 하나의 학습 주체로 인식하는 조직학습 이론가들은 인간의 인식체제에 견줄 수 있는 조직의 사고모형(mental model)을 강조한다. 조직의 사고모형이란 조직이 처한 상황을 판단하고 행동하는 데 기준이 되는 내면적 사고 틀을 말하며 조직 고유의 문화, 제도, 규범 등으로 나타난다. 이러한 사고모형은 조직 구성원 개개인도 가지고 있는데 Kim(1993)은 개인의 사고

모형과 조직의 사고모형이 공유되는 과정을 조직학습과정으로 본다. 사고모형이 공유되는 과정에서 단순순환학습(single-loop learning)과 이중순환학습(double-loop learning)이 발생하는데 학습을 통해 단순 방법론적 기술만 학습하는 단순순환학습보다 구성원들이 상황의 근본적 원인을 이해하고 원리를 내면화하는(know-why) 과정인 이중순환학습활동의 결과는 조직의 사고모형에 저장되며 조직학습을 발생시킨다.

이처럼 기업에서 일어나는 학습과정은 구성원 개인의 학습과정과 개인들로 이루어진 집단 또는 조직 전체의 학습과정으로 이루어지며, 학습의 결과물들은 다양한 학습주체(개인, 집단, 조직)의 사고모형에 저장되고 조직 내 해석 시스템을 통해 재생된다.

Crossan et al.(1999)과 March(1991)는 조직학습을 조직의 갱신과정으로 보았는데 이는 조직 내 기존 지식에 대한 활용(exploitation)과 새로운 지식의 탐색(exploration)의 과정으로 이루어진다고 한다. 조직은 개인과 달리 한정된 자원의 효율적 운용을 강조하는바, 활용과 탐색의 두 과정 모두를 무한적으로 촉진시키기보다는 두 가지 활동의 전략적 운용과 적절한 균형(balanced tension)을 강조한다. 활용과 탐색의 학습활동은 개인, 집단, 조직이라는 학습주체의 활동으로 이루어지는데 지식의 인지(intuiting), 해석(interpreting), 통합(integrating), 제도화(institutionalizing)라는 사회적, 심리적 과정을 통해 발생한다고 주장한다(Crossan et al., 1999). 다시 말해 개인이 특정 상황하에서 인지한 현상은 의미나 기호의 형태로 인식되며 타인과의 대화나 상호작용을 통해 해석되며, 해석된 지식은 구성원들의 실천과 반성활동을 통해 통합, 재창조된다고 보았다. 또한 통합된 지식은 오랜 시간 동안 시행착오를 통해 조직 시스템에 내면화되며 새로운 규범, 행위양식(routines) 등으로 정착된다. 이렇듯 조직 내 인지-해석-통합-제도화되는 지식의 창조과정을 탐색(exploration)과정으로 보며, 반대로 기존 시스템에 내재되었던 공유된 지식을 분석, 응용, 재해석하여 조직 구성원들에게 배포하는 과정을 지식의 활용(exploitation)으로 보았다. 이 두 과정은 동시에 일어나기도 하지만 상황에 따라 한쪽만 선택적이고 집중적으로 촉진시킬 수 있다.

Crossan과 동료들은 그 후속 연구에서(Bontis et al., 2002) 조직학습활동을 구현하는 방법을 학습 결과를 축적하는 활동(learning stock)과 학습 결과를 전이하는 활동(learning flow)으로 발전시켜 해석하였다. 기업 내 학습 주체인 개인, 집단, 조직이 이미 인지적으로나 행동적으로 체득한 지식을 지식의 축적으로, 축적된 지식을 매체, 대화, 실험 등을 통해 다른 주체로 전이하는 과정을 지식의 흐름으로 본다. 축적된 지식은 지식의 흐름의 원천이 되고 지식의 흐름은 또 다른 지식의 축적을 발생시키는 상호작용의 관계이다. Nonaka(1994)의 조직의 지식창출이론 중 내면화(internalization: 명시지 → 암묵지)와 사회화(socialization: 암묵지 → 암묵지) 과정은 대부분 지식의 축적활동에 기여하는 반면, 외재화(externalization: 암묵지 → 명시지)와 통합화(combination: 명시지 → 명시지) 과정은 새로운 명시지를 창출하게 되는 경우가 많아 지식의 흐름활동에 영향을 준다(Prieto & Revilla, 2006). 다시 말해 암묵적 지식을 생성하는 사회화나 내면화 과정은 지식의 축적에, 명시적 지식을 생성하는 외재화, 종합화 과정은 지식의 흐름에 영향을 주는 것이다.

또한 지식의 흐름은 개인에서 집단을 거쳐 조직으로 흐르기도 하고(상향식 학습전이: forward learning flow), 조직에서 시작하여 집단을 거쳐 개인으로 흐르기도 한다(하향식 학습전이: backward learning flow). 여기서 중요한 점은 상향식 학습전이는 지식의 탐색활동과 맥을 같이하고, 하향식 학습활동은 지식의 활용과 의미를 같이한다. 지식의 탐색은 개인의 현상에 대한 인식에서 시작하며 이를 해석, 통합, 제도화하는 과정이라는 점에서 상향식 학습전이라 부를 수 있으며, 조직 상층부의 관리자가 조직에 이미 내재된 지식을 하부구조로 빠르게 전파시키는 것을 하향식 학습전이라고 하는 것이다.

이러한 학습의 축적과 흐름의 특징을 정리하면 다음과 같다. 첫째, 조직학습과정에 있어 학습 축적과 학습 흐름은 상호 의존적인 관계이며 서로의 활동을 돕는다(Crossan et al., 1999). 지식 생성은 전이를 불러일으키고 전이된 지식은 새로운 지식 생성에 도움을 주기 때문이다. 둘째, 다층적 학습주체들 간의 상향식, 하향식 학습의 흐름에 대한 전략적 사용은 기업의 지속적인 성장을 이끌어낼 수 있는 조직 역량(organizational competency)으로 인식된다(March, 1991). 경험이 부족한 소규모 조직은 변화에 대응하여 상향식 학습 흐름을 유도할 것이고, 다양한 경험을 가진 거대조직은 기존의 지식을 충분히 활용하면서 변화에 대응할 것이다. 셋째, 이러한 학습의 축적과 학습의 흐름은 조직의 다른 경영전략과 맞물려 기업의 성과를 높이는 수단으로 이용된다(Vera & Crossan, 2003; 오석영, 2011).

조직학습과정에 배어 있는 배움의 요소들

배움의 어원이 '배다(腹)'에서 찾아볼 수 있듯이(김성길 외 2004), 배움은 인간의 생물학석 본능, 즉 생산과 번식과 같은 자연스럽고 무형식적인 체득활동이다. 인간은 본디 배움 본성을 타고난 생물학적으로 온전한 존재이나 시간이 지나면서 규범과 문화에 순응하는 과정을 통해 결핍되어 간다. 다시 말해 삶을 통한 외부환경에의 적응을 통해 순수한 자연인으로서의 사고와 행동에 제약을 받는 결핍된 불안정한 존재로 살아간다.

이러한 결핍성은 인간으로 하여금 자연으로서의 회복 욕구를 재생시키며 배움의 본능을 잠재하며 살아가게 한다. 인간이 본래 온전한 배움 본성을 가지고 태어난 존재이기 때문에 환경으로부터의 삶의 불완전성을 배움을 통해 극복해 나가는 것이다.

이러한 인간의 배움에 대한 본능은 인간이 형성해 놓은 공동체나 조직에도 연장되어 나타난다. 인간은 조직을 형성하는 필수불가결한 핵심적인 요소로서 조직차원의 가치창조 활동의 주체이기 때문이다. 인간이 조직을 만들고 일을 통해 조직에 참여하는 이유는 일을 통한 경제적 욕구의 충족과 함께, 협동적인 활동을 통해 인간 개인으로서의 한계를 극복하며, 인간의 안정과 삶의 가치를 조직을 통해 달성하기 위함이다(Kuchinke, 1998; Kuchinke et al., 2011).

조직은 목표지향적인 행동을 한다. 목표 없는 조직은 있을 수 없듯이, 조직은 목표에 따라 조직활동 범위와 방향을 상정하며 조직 내의 질서를 강조한다. 때문에 조직 구성원들은 조직의 목표와 규범에 따라 그 행동이 통제되며 업무를 통한 효과적이고 효율적인 행동이 강조되기도 한다. 하지만 변화하는 환경에 효과적으로 대응하기 위해 조직은 그 질서와 규범에 의존하기보다는 환경과 유연하게 대화할 수 있는 인간의 본성에 의지하게 되었으며 이는 인간의 배움 본성에 기인한다.

이 절에서는 인간의 배움 본성이 조직학습과정에 어떤 모습으로 나타나며 배움 공동체로서 변화하기 위한 기업의 조직학습활동에 대해 살펴본다.

:: 내적 결핍과 변화 의지

기업은 기술의 변화가 가속화됨으로 인해 변화에 대응하기 위한 노력을 다한다. 변화에 대한 적응을 위해 기업은 내부적 문제점에 대한 정확한 파악과 예측 불가능한 외부로부터의 변화 필요성을 합리적으로 판단하고 실행하는 스스로 진화하는 유기체이다. 인간은 기업의 의사결정의 중요한 주체로서 내부 문제와 외적 변화 요구를 능동적으로 파악한다. 조직이 가지고 있는 내적 결핍은 인간이 배우려고 하는 본질적 미완성과는 그 성격을 달리하나 조직 내 다양하고 다층적인 문제를 해결하기 위해 조직원들의 학습 본능을 최대화하려는 특성은 인간이 배움 본성으로 결핍을 채워 나가는 그것과 같다. 때문에 기업환경 내에서의 인간의 배움력은 조직학습능력(organizational learning capability)의 개념으로 확장될 수 있는데 이는 조직이 스스로 변화하려는 힘을 일컫는다. 조직의 변화에 대한 노력은 구성원들이 얼마나 자유롭게 학습하며 그 결과를 효과적으로 활용할 수 있는 환류 시스템을 가지고 있는가에 기초한다. Senge(1990)는 높은 조직학습능력을 가지고 있는 조직은 새로운 규범이, 구성원이 비전을 공유하는 과정에 의해 결정되고, 업무에 대한 의미 부여와 판단이 관리자가 아닌 숙련된 전문가와 동료들과의 관계 속에서 이루어지며, 문제의 발견과 해결, 그리고 개선을 위해 체계적 사고를 통한 의사결정에 초점을 맞춘다고 강조하였다.

기업의 내적 결핍은 비합리적인 집단 수행 규범, 변화에 대한 두려움, 구성원들의 무사안일주의, 잘 학습된 기존 지식의 무용성에 기인하는데 조직 및 구성원들이 이를 인지하고 있어도 쉽게 개선되기는 어렵다. 반면 변화하려는 힘은 새로운 기술에 대한 탐색, 다른 집단들과의 경쟁, 공유된 비전, 새로운 가치에 기반을 둔 업무에서 발생되는데(Cummings & Worley, 2008), 변화를 이끄는 원천적 힘은 관리자의 강압이나 외적 압력보다는 조직 스스로의 변화에 대한 열망과 이를 실행하려는 의지에서 나타나며 이는 구성원들의 학습을 통한 자각(self-consciousness)을 통해서만 구체화될 수 있다. 이는 조직 내의 잠재된 결핍에 대한 인식이 기업 구성원들의 배움 활동을 야기시키고 이를 통한 조직의 변화를 이끌려는 변화의 의지로 표출되는 것이 조직학습의 본질적 내적 동기인 것이다.

한편 기업은 끊임없이 환경의 불확실성에 준비하며 대응한다. Garvin (1993)은 기업은 학습을 통해 지속적인 변화를 이루며 외적 변화에 능숙하게 대응하는 조직이라고 보았고, Senge(1990)는 변화는 구성원들의 학습에 대한 욕구를 끊임없이 창출시켜주며 창의적 사고양식을 고양시켜준다고 주장했다. 소비자의 요구가 시시각각으로 변화하는 시장에 대해 기업에서의 권력통제나 관료주의적 구조는 이를 능동적으로 대처하는 데 한계를 가지고 있다.

조직학습 이론가들 중 몇몇의 학자는 조직 내 권력(power)이 조직학습을 통제하거나 학습 결과를 왜곡, 오용할 수 있음을 경고했다(Coopey, 1995; Esterby-Smith et al., 1998). 그들은 기업 내 조직학습활동이 권력자들의 의도된 목적을 위해 수단화될 수 있으며, 학습의 요소가 될 수 있는 정보나 자료의 제한, 의도된 피드백을 통해 학습 결과를 정치적으로 이용할 수 있는 문제점을 지적하였다. 그러나 Argyris & Schön(1978)은 조직학습활동 안에 구성원들의 변화하는 현상을 통한 인지적 학습 결과물들이 다른 구성원들과의 상호작용을 통해 반복적으로 수정, 보완하는 과정 속에서 학습 결과물의 쓰임새에 대해 자체적으로 판단할 수 있는 기능(실제 취한 행위를 설명하는 이론: theory in use)이 내재되어 있음을 강조한다. 이는 의도된 또는 현실적 문제해결에서 벗어난 정치적 논의(이상적 행위를 설명하는 이론; espoused theory)를 최소화시켜주며 이와의 간극(gap)을 좁혀 현실을 직시할 수 있는 힘을 준다. 다시 말해 기업 구성원들은 단순히 권력자들이 유도하는 방향으로 학습을 전개하는 단순순환학습만을 하지는 않으려 하며 그 근본적 원인에 대한 고찰을 통한 내면적 학습, 즉 이중순환학습을 추구함으로써 학습의 정치적 도구화를 피하려 하는 것이다. 이러한 조직학습의 특성은 인간이 배움을 통해 스스로의 경험을 창조적으로 파괴하며 이전의 형태를 변화시켜 한 차원 높은 새로운 배움으로 부활하려는 배움의 해체적인 특성과 맥을 같이 하여 설명될 수 있다. 인간이 항상 배움을 통해 개조(reformation)를 추구하는 성향을 가지고 있듯이(한준상, 1999), 조직은 구성원들의 학습을 촉진시켜 변화에 끊임없이 적응하며 변혁(transformation)하려 하며(Pedler et al., 1991), 내적 결핍과 형식에의 저항을 통해 변화해 나아가려는 본성을 가지고 있다.

:: 배움 공동체의 재학습(Deutero-learning)

조직학습과정은 조직 구성원적 차원, 팀과 같은 집단적 차원, 그리고 조직 전체적 차원에서 인지적, 행동적 변화를 통해 발생한다(Crossan et al., 1999). 인간은 사회적 존재로서 타인과 관계를 맺으며 의미를 형성하며 이를 통해 자유로워진다. 인간은 이러한 생각과 행동의 자유에서부터 현상을 암묵적으로 지각하게 되고 현상의 부분보다 의미 있는 전체를 파악하며 지식의 통합을 형성해 나아간다(Polanyi, 1967). 조직학습 학자들은 이러한 개인차원의 학습을 조직학습의 시작으로 본다. 인간에게 배움이 어떤 특정한 형식을 필요로 하는 활동이 아니듯이 일터에서의 개인차원의 학습은 현상의 동질성과 이질성에 대한 무의식적 지각에서 시작된다. 동질성에 대한 지각은 과거의 경험과 유사한 체험을 반복적으로 되풀이하면서 자기만의 형상(image)을 만들게 되고 지속적 유사경험을 통해 구체적이고 전문적 지식을 형성한다. 반면 이질성에 대한 지각은 기존의 패턴(동질성)에서 발견되지 못한 현상을 지각했을 때 발생되는데 새로운 가능성을 탐색하게 되고 이러한 이질적 현상이 반복적으로 나타났을 때 자기만의 의미를 부여하며 형상화시킨다. 개인적 학습에서 이러한 현상의 지각은 의미의 해석으로 이어지는데 의미의 해석은 자신의 경험을 통해 자발적 해석을 하기도 하지만 동료나 부하직원, 상사와 경험을 공유하면서 발전시켜 나간다.

이러한 해석과정은 자신이 소속된 소집단이나 업무를 함께하는 팀 단위로 발생하며, 이는 현상에 대한 집단적 관찰을 통해 발전된다. 집단학습은 현재 진행 중인 업무를 함께하는 동료나 기존에 유사한 경험을 가진 상급자와의 의견교환을 통해 현상에 대한 의견을 지속적으로 공유하는 공통된 이해(shared understanding) 또는 집단적 생각(collective minds)의 형성을 의미한다. 이는 의미의 통합과정으로서 비판적 대화(critical dialogue)와 변증법적 사고(dialectic thinking) 그리고 실습을 통한 적용을 통해 이루어진다. 비판적 대화는 의미의 다름에 대한 논리적 분석을 통해 상호이해를 증대시키고 변증법적 사고는 상호 생각의 모순을 보완하며 의미를 명료화하는 역할을 하며 적용은 이러한 합의된 의미를 실제에 활용해 봄으로써 추상적 사고에서 올 수 있는 사고의 오류를 최소화시킨다(Brown & Duguid, 1991). 이렇게 대화와 실험을 통해 얻어진 지식은 사례 발표 등을 통해 다른 집단에게 공유되며 집단과 집단 사이의 공유과정을 통해 조직에 전파된다.

이러한 조직학습과정을 고려할 때, 기업은 배움 공동체로서의 역할을 수행한다. Vissor(2000)는 배움의 특성을 변화에 대한 구성적 상호작용성

(constructive interaction with change), 성향적 본성(dispositional nature), 조직적 복잡성(different level of organizational complexity), 대화 본성(dialogue nature)으로 보는데(김성길, 2004에서 재인용) 인간의 배움(human learning)은 환경 의존적이며 맥락 속에서 변화를 수용 또는 주도하는 성향을 가지며 항상 변화에 준비된 상태로서 열린 사고의 성향적 본성을 지닌다고 할 수 있다. 배움은 또한 다양한 배움 주체, 즉 개인, 조직, 사회 간의 복잡하고 역동적 관계 속에서 형성되며 상호 대화를 통해 내면적 소통을 통해 발전해 나간다. Vissor(2000)는 배움의 대화 본성에 대해 대화 본성은 인간이 진리를 추구하는 데 필요한 것이며 진리탐구과정은 개인의 머리로부터 나오는 것이 아니라 개인이 소속된 사회적 복잡계 내의 사람과 사람, 사람과 공동체 간의 역동적 상호작용을 통해 이루어지는 것이므로, 대화 본성은 학습 생태(learning ecology)의 중요한 요소로 보았다. 이러한 조직의 학습 생태적 특성은 조직 내 배움을 통해 학습체제가 스스로 진화하는 특성을 잘 표현하며 이는 조직학습에서 조직의 공유된 인지모형이 내부적으로는 구성원들의 학습활동을 통해, 외부적으로는 환경의 자극을 통해 자기조직적(self-organized)으로 진화 발전하는 모습과 맥을 같이한다(Kim, 1993).

Argyris & Schön(1978)은 조직학습과정이 조직의 자발적 진화를 유도한다고 주장한다. 그들은 이러한 자발적 진화를 유도하는 조직학습활동으로 재학습(Deutero-learning)의 개념을 소개하는데 이는 문제해결 중심의 단순순환학습과 이중순환학습과 달리 조직 행동의 방향과 가치를 찾는 '학습방법의 학습(learning how to learn)'의 활동이다. 오류를 수정하며 문제의 해결방법을 찾는 단순순환학습이나, 문제의 근원적 원인에 대한 합리적 탐색과 고찰을 통해 사고의 전환을 이루는 이중순환학습은 문제해결을 위한 학습의 수단적 성격으로 흐를 수 있는 한계성을 내포한다. 반면, 재학습은 학습방법 속에 들어 있는 가치와 방향을 재음미하고 인간의 본질과 도덕적 자율성에 기초하여 바람직한 방향으로 학습하고 있는지에 대한 깊은 성찰과정이다. 기업 내 일어나는 다양한 학습활동에 대해 인간의 자유의지가 얼마나 반영되고 있으며 그 가치를 위해 학습할 수 있는 습관을 체득함으로써 학습이 도구화되어 가는 위험을 최소화시키는 것이다. 때문에 재학습은 의도적이지 않으며 목표지향적이지 않은 특징을 가지고 있다.

Vissor(2007)는 조직 내 재학습의 과정을 지속적이며, 행동적 대화에 기초하며, 무의식적 과정을 통해 발생한다고 주장한다. 재학습이 일어나는 과정은 반복적 상황의 일정한 패턴에 대한 무의식적 지각으로부터 시작되며, 타인과의 비판적 인식을 공유하면서 기존 학습활동의 가치와 방향을 개선해 나아간다. 재학습은 조직이 스스로 진화하는 유기체로서 수단적과 목적적 사고에서 나타나는 경직성을 해소하며, 유연하게 변화에 대응하는 인간의 본성이 조직 운영에도 내재되어 있다는 생각을 실천하는 인간의 자유의지의 표현이라 할 수 있다. 따라서 환경경영, 윤리경영, 녹색경영과 같은 어떠한 조작적 통제로부터 영향을 받지 않고 자연스럽게 공감대가 형성되는 새로운 규범, 문화, 시스템이 만들어지는 것이다. 이는 Crossan et al.(1999)이 주장한 개인학습에서 전체 학습으로 학습 결과가 전이되는 상향식 학습 흐름(forward learning flow)과 맥을 같이 한다. 인간의 주체적 배움본성에 기초한 탐색(exploration)과정의 반복은 '학습방법을 학습'하게 함으로써 이전 학습에서 볼 수 없었던 새로운 인간적 가치를 탐색하게 되고 이를 조직의 제도, 프로세스에 내면화되면서 조직의 변화에 대응력을 함양시킨다.

스스로 판단하며 기존 지식이나 관념의 틀을 과감히 바꿀 수 있는 기업의 노력은 인간의 자유의지(배움본성)에서 시작하며 이러한 배움본성을 통한 학습 결과물이 조직원들 사이에 지지력을 얻게 되어 제도화되는 기업만이 유기적이고 유연하게 환경과 관계를 맺으며 발전할 수 있는 것이다.

:: 실천적 배움 공동체로서의 기업

지금까지의 논의에 비추어 봤을 때 기업은 조직학습활동을 통해 상황적 맥락 속에서 습득한 지식을 공유, 발전, 제도화시키는 능동적인 학습공동체적 성향을 가지고 있다. 이러한 학습공동체적 성향은 조직학습활동을 통해 체득한 지식을 사용(실천)함으로써 구체화된다.

기업에서 이루어지는 학습활동은 대부분 과업으로 맺어진 관계 속에서 발생한다. 고객서비스부서에서는 지속적인 고객과의 대면을 통해 고객의 반응을 암묵적으로나 명시적으로 체득하여 데이터로 축적한다. 제품생산부서에서는 제품의 품질을 유지, 발전시키기 위해 비용과 시간이 최적화된 생산 프로세스를 개선하며 고객들로부터 얻은 제품에 대한 요구(needs)를 제품의 품질에 반영한다. 또한 운영부서의 경우 회사 전반에 대한 운영이나 프로세스를 관리하며 효과적인 의사소통이 될 수 있는 사내 네트워크를 구축하여 업무가 효과적으로 실행될 수 있도록 돕는다. 마케팅 부서는 시장을 분석하고 판매전략을 세우며 고객들의 요구에 맞게 홍보한다. 이렇듯 기업 스스로를 특정 짓는 하부구조를 가지고 있으며, 그 안에서 자기 완결적인 기능을 하는 학습단위들이 각자의 학습활동과 인지모형을 가지고 변화에 대한 유연성을 확보하며 운영된다.

Wenger et al.(2002)은 실행공동체의 특징으로 기업 내 하부조직의 다양성을 설명하면서 과업 중심으로 연계된 공식적 하부조직의 특성과 자연 발생적으로 형성된 네트워크형 하부조직의 특징을 예로 들었다. 먼저 과업으로 관계되는 공식적 하부조직(예: 일반 부서)인 경우 구체적 과업의 완성을 목적으로 하며 명문화된 제도와 정해진 역할에 기초한 업무로 관계를 맺고 있으며, 업무로 연계된 관계가 지속되는 한 존속된다. 반면, 비공식적 네트워크형 하부조직은 친분형성이나 필요한 정보의 수집, 활용에 그 목적을 두고 낮은 업무관계성을 보이며, 상호 요구가 소멸될 때까지 존속된다. 기업 내 실행공동체는 이 두 가지 형태를 모두 포함하는 것으로 과업의 완성을 위해 지식의 획득, 확장, 교환의 목적으로 하며 업무에 대한 다양한 연계(강한 연관성부터 낮은 연관성까지)를 가지며 전문적 지식, 관심, 열정으로 맺어진 관계가 유지, 발전된다.

따라서 배움 공동체로서의 기업은 항상 상황에 따른 문제해결력을 필요로 한다. 공동체 구성원들의 업무 관계성은 상황에 따라 높고 낮으나 과업 자체가 관계의 한 부분으로 항상 존재하며 과업을 수행하기 위해 현상적 문제를 치유하기 위한 학습활동을 요구하기 때문이다(Brown & Duguid, 1991). 문제해결능력은 배움을 실천하기 위한 원천이며 변화의 시작이다(한준상, 2001). 인간이 배움을 통해 실천할 수 있는 지식을 획득하는 것은 지식이 절대 불변이라는 이상적 오류를 종식시키며 실제로 사용할 수 있는 '보장된 쓰임새'로 인식하게 해주기 때문이다(p. 169). 배움에 있어 문제해결능력은 창의성과 자기주도적 사고를 할 수 있는 계기를 주며 이를 실천할 수 있는 행동을 준다.

Linderman et al.(2004)은 기업의 품질관리활동에서 생겨나는 문제해결에 대한 지식 생성과정의 예를 다음과 같이 들었다.

"Nonaka(1994)의 지식 창조이론에서 지식은 사회화, 내면화, 통합화, 외재화의 과정을 통해서 공유되고 창조되는데, 이를 품질관리활동의 '고객만족'의 과정으로 설명하면 다음과 같다. 점포의 점원들은 고객을 접촉하여 그들로부터 제품의 성능이나 디자인, 실용성에 대해 고객의 표정, 느낌, 억양 등을 통해 고객의 반응을 직감한다. 이는 고객의 암묵지가 점원의 암묵지로 전환되는 과정이다. 직원들의 축적된 암묵지는 본격적인 고객 불만 분석으로 이어지고 명시적 지식으로 전환되어 제품에 반영된다. 혼다자동차가 어코드를 만들 때 넓고 편한 좌석을 요구한 '고객의 목소리'를 자동차 디자인에 반영한 지식의 외재화(암묵지를 명시지로 변환)가 그 좋은 예이다. 고객의 만족에 대한 데이터 분석은 지식의 통합화에 해당한다. 해마다 서비스 품질에 대한 인식도를 조사하는 서브퀄(SERVQUAL) 평가는 고객이 기대한 서비스와 경험한 서비스와의 차이를 분석하여 다음 연도 서비스 전략에 반영하는 분석기법인데, 이는 고객으로부터 모은 데이터에 기반한 분석과 해석을 통해 새로운 명시지로 변형시키는 지식의 통합화의 좋은 예이다. 마지막으로 지식의 내면화 과정은 General Electric 회사의 'Wing to Wing'이란 프로그램이 좋은 예이다. 고객응대에서 실패한 경험과 성공한 경험을 이야기하기(story telling)식으로 재구성하여 직원들 간 사례를 공유하는 자리는 직원들로 하여금 동료의 경험을 통해 자신의 고객응대방식에 대한 반성을 하게 하였고 함께 개선안을 모색하는 과정을 통해 고객의 중요성을 깨닫게 했다. 이를 통해 GE는 고객에 대해 지속적인 관심을 유지할 수 있었다."(pp. 595-598, 재구성 후 인용)

:: '비움'의 조직학습

인간의 배움은 소유하려 하지 않으려는 향유 속의 깨우침이다. 배움 자체가 인간의 본성이고 삶을 개조하는 일이므로 배움에 있어 앎은 곧 삶 그 자체이며 향유적이며 능동적이다(한준상, 1999). 지식을 소유하는 데만 익숙한 사람은 지식의 덫에 빠질 수 있다. 지식을 실천하면서 생기는 또 다른 변수를 보지 못하고 자신이 축적하여 보관해온 지식을 이론화하여 강요하기 때문이다. 때문에 인간의 배움은 '비우기'가 필요하며 이를 통해 창조를 준비한다.

능동적이고 자기주도적인 사람은 언제나 사고와 행동의 변환이 수월하다. 무언가를 소유하려고 하는 사람일수록 맥락 속에서 현상을 파악하지 못하며 자신이 가지고 있는 '소유된 지식'을 통해서만 세상을 바라보려 하는 수동적 사고체계를 가지고 있다. 따라서 인간은 자신의 사고가 한 곳에 고이지 않도록 여가를 통해 몸과 마음을 비우기도 한다(최항석, 2005).

개인이 기존의 생각을 비우고 능동적으로 변화하기 위해 다양한 경험, 비판적 성찰, 성장의 개념이 강조된다(Merriam et al., 2007). 경험은 "계획 또는 계획되지 않은 신체적, 정신적, 영적, 감각적 만남"(Fenwick, 2003, p. 13; Merriam et al., 2007에서 재인용)이다. 새로운 경험을 할 때 경험에 대한 의미부여는 기존 경험의 틀 속에서 촉발된다. 기존 경험은 경험자의 삶의 구조의 일부이며 인식의 틀이다. 동일한 경험을 하더라도 기존의 경험이 다르면 다르게 해석될 수 있으며 때로는 해석되지 않기도 한다. '비움'은 자신의 기존 삶의 구조로는 수용할 수 없는 긍정적 경험을 하면서 시작된다. 긍정적 경험은 기존 경험에 대한 비판적 성찰을 불러일으키며 새로운 경험에 대한 의미를 해석한다. 경험에 대한 비판적 성찰은 크게 세 가지로 이루어지는데, 경험 자체의 독립된 의미를 생각하는 내용에 대한 성찰, 어떻게 그 경험을 겪게 되었으며 어떤 결과를 낳게 되었는가의 과정에 대한 성찰, 그리고 오랫동안 기존 경험의 토대로 생성된 사회적 구성원으로서의 신념과 가치와의 관계를 생각하는 전제(premise)에 대한 성찰로 구분된다(Mezirow, 2000). 성찰을 통해 해석된 새로운 경험은 그 의미가 개인의 성장과 관련이 있는가에 따라 기존의 인식들을 변화시키거나 인식들 내로 흡수되어 버린다. 새로운 경험이 자신의 삶을 보다 윤택하게 하거나 자신을 성숙하게 만드는 계기라고 판단될 때 경험자는 과감하게 기존의 생각을 버리기 시작한다.

이러한 개인의 '비움'과정은 조직학습에서 '탈학습(unlearning)'의 개념으로 논의된다. 기업의 학습 결과물들은 기업의 문화, 신념, 가치체계, 의사결정 과정 등에 내재되어 있어 조직에서의 탈학습은 조직의 기존 시스템을 과감히 버리는 것으로 정의된다(Klein, 1989). Bapuji & Crossan(2004)은 조직 내에서 개인, 그룹, 조직의 단위에서의 학습 축적(learning stock)과 학습의 전이(learning flows)과정이 세 가지 형태의 '학습의 덫(learning traps)'에 빠질 수 있다고 주장하며 탈학습의 필요성을 강조한다. 첫 번째 학습 덫은 조직이 이미 알고 있는 해법을 통해 문제를 해결하려고만 하는 익숙함의 덫(familiarity trap), 둘째로 조직이 스스로 터득해 놓은 해법으로만 문제를 해결하려고 하는 성숙의 덫(maturity trap), 셋째로 조직이 해법을 찾을 수 없을 때 이미 알고 있는 유사한 해결책으로 상황을 동일시하여 문제를 해결하려고 하는 근접성의 덫(propinquity trap)이다. 따라서 지식이 많이 축적된 오래된 기업일수록 자신의 판단에 대한 오만에 빠지기 쉬우며 변화를 일으키기 힘들다. 이러한 기업은 자신이 축적해 놓은 학습 결과가 올바른 판단을 하게 해줄 것이라 믿으며 새로운 경험, 즉 새로운 시장을 개척하고자 하는 위험을 감수하지 않으려 한다. 따라서 기업이 변화하기 위해서는 새로운 지식을 습득하는 것만큼 기존의 오래된 지식을 과감하게 버릴 수 있는 탈학습이 중요한 것이다.

조직차원에서의 탈학습이 개인의 배움 활동에서의 '비움'과 같이 중요한 이유는 배움이 '비움'을 통한 '채움'의 반복적 인간 본능이듯이 조직의 탈학습 역시 탈학습을 통해 새로운 학습(relearning)을 유도하는 개념이기 때문이다. 때문에 두 개념 모두 새로운 환경에로의 열린 주체(opened entity)로서 변화를 수용하기 위한 예비활동이다. 조직에서 탈학습의 대상은 개인에서의 그것과 마찬가지로 명시지와 암묵지 모두 해당된다. 조직의 명시지는 일반적으로 조직의 규범, 업무 매뉴얼 등으로 나타나며 조직의 암묵지는 조직의 가치, 문화, 신념체제로 이해된다(Nonaka, 1994). 조직의 명시지와 암묵지는 서로의 변화를 유도하는 상호 전환적 관계이나, 어느 하나의 폐기가 다른 하나의 소멸을 불러오진 않는다(Windeknecht & Delahaye, 2004). 조직의 명시지는 경영진의 조작적 관리행위로(위에서부터 아래로의) 폐기가 가능하다. 조직의 시스템이나 업무 프로세스와 같은 명시지는 경쟁 조직으로부터의 벤치마킹, 시장의 압력에 의해 구성원들의 깊은 동의 없이도 개정하거나 소멸시킬 수 있다. 하지만 조직의 문화, 신념체계와 같은 암묵지의 변화는 공유된 이해 과정을 통해서만(아래에서부터 위로) 실현이 가능하다. Windeknecht & Delahaye (2004)는 이러한 암묵지에 대한 탈학습을 학습방법에 대한 학습의 개념인 재학습(deutero-learning)을 통해 실현시킬 수 있다고 본다.

혼돈과 질서 속의 기업의 배움력

시장에서의 혁신이라는 개념은 본질적으로 도전과 실패가 공존하는 불안감과 혼돈을 내포하고 있다. 기업의 조직행동을 이해하기 위해 흔히 복잡성이론(complexity theory 또는 chaos theory)을 이야기하는데, 시장은 무수한 행위자들(agents)의 예측하기 어려운 복잡한 관계로 구성되어 있으며, 관계들을 끊임없이 세분화시킬 때 숨겨진 패턴을 찾을 수 있다는 가정에 기초한다(Gleick, 1987). 복잡성이론에 따르면 시장과 마찬가지로 조직은 그 자체도 복잡한 기능적 유기체(organic systems)로서 시장의 혼돈성이 가중되면 될수록 자기조직화(self-organization)하는 능력이 높아지는 특징을 가지고 있다고 한다. 이는 조직의 내부적 복잡성이 외부적 복잡성과 서로 상충되지 않으며 유연하게 대응할 수 있는 기업의 본질적 특성 때문이며, 이러한 특징 때문에 환경과 서로 소통하면서 함께 진화하며 적응할 수 있는 것이다. 따라서 좋은 기업은 '얼마나 경쟁을 잘 하느냐'보다 '얼마나 잘 진화하느냐'로 판단된다.

이러한 기업의 환경적응능력 한가운데 기업의 배움력이 있다. 이 글에서는 기업의 배움력을 기업의 조직학습활동을 통해 혼돈 속의 질서를 찾아가면서 끊임없이 조직을 새롭게 하는(renewing themselves) 자생적 능력이라 정의한다. 기업은 끊임없이 새로운 영역을 개척하고 탐구하며 스스로의 구조와 시스템을 개조해 나가며 미래의 개혁을 준비하기 위해 학습한다. Crossan et al.(1999)은 조직학습활동의 지식의 탐색(exploration)과 기존 지식의 활용(exploitation) 간의 팽팽한 균형을 강조한다. 이는 인간이 창조활동과 성찰활동을 반복하며 환경에 조금씩 적응해 나아가는 생물학적 본성이 학습(배움)과 그 맥을 같이 한다. 외부의 다양하고 불안정한 현상들로부터 얻은 학습의 소재들을 개인학습활동으로부터 얻고 그룹학습활동으로 확대 발전시켜 내용을 통합화하고 새로운 지식을 창조해 조직적 차원으로 공유시키는 탐색의 창조적 행위와, 조직의 기존 경험으로부터 얻은 교훈을 재생산하여 상황에 맞게 재구성하고 지식이 필요한 곳에 적시에 배포하는 성찰의 행위 간의 적절한 균형은, 외부 환경에 기인한 혼돈 속에 숨겨진 패턴을 찾아가는 행위이며 미래를 예측하고 질서를 창조해나가는 기업의 본성인 것이다. 살아 있는 조직(living organizations)은 그만의 배움력을 통해 조직 고유의 정체성이 내재된 제품과 서비스를 생산하며, 고객과의 소통을 통해 이를 책임지고 개선해 나아간다. '지속 가능한 개발'은 기업 공동체 안의 협력적 학습의 필연이며 지속적인 조직학습활동을 통한 기업의 배움력만이 예측 불가능한 환경에 적응하며 개혁을 선도하는 원동력이라 할 수 있는 것이다.

맺음말

지금까지 배움 공동체로서의 기업은 어떠한 특성을 가지고 있으며 기업의 조직학습과정 안에 내재되어 있는 배움의 특성을 기존 문헌들을 통해 알아보았다. 이를 요약하면 다음과 같다.

배움 공동체는 구성원들이 자기주도적 성향을 가지고 끊임없이 외부환경과의 상호작용을 통해 변화를 추구하는 열린 공동체이다. 기업은 구성원들 간의 실천적 경험을 관찰하고, 공유하며, 상황적 학습을 통해 발전시켜 나가는 실행공동체로서 공식적, 비공식적 형태로 운영되며, 자기주도적 문제해결에 초점을 맞추고, 개인과 공동체의 공유된 목표를 가지고 있다. 기업의 실행공동체의 특성은 배움의 잠재력, 자율성, 실천성을 내포하는 배움 공동체의 역할을 수행한다.

조직학습은 조직 내 다양한 학습주체(개인, 그룹, 조직)들이 조직의 갱신(organizational renewal)을 위해 지식을 획득, 해석, 통합, 창조하는 역동적 학습활동의 과정이다. 기업은 다양한 문제들로 구성된 내적 결핍과 외부 환경의 변화에 대한 적응 의지를 가지고 있으며, 조직학습활동은 내적 결핍을 해소하고 변화의지를 실현하는 기업의 역량(capability)으로 간주된다. 변화에 대한 의지로 조직학습은 기존의 학습방법 속에 들어 있는 가치와 방향을 재음미하고 인간의 본질에 기초해 바람직한 방향으로 학습을 유도하는 재학습(deutero-learning)을 포함하고 있으며 이는 '학습에 대한 학습활동'으로 실천된다. 조직학습은 또한 실천적 문제해결과정에 그 목적을 두어 구성원들로부터 창조된 학습 결과를 다양한 과업을 통해 구체화시키는 실천적 특성을 가지고 있다. 조직학습의 또 다른 특성으로 탈학습(unlearning)은 조직학습활동이 기존의 지식활용방법에서 생길 수 있는 판단의 오류를 최소화시켜주며 '비움'으로써 새로운 지식을 창조할 수 있는 변화에 대한 유연성을 확보해 준다. 이러한 결핍과 변화의지, 재학습, 실천적 문제해결력, 탈학습 등은 인간의 배움에서의 미완성 속의 배움 욕구, 인간으로서의 배움 본능, 실천지, 비움 등의 배움의 속성과 맥을 같이하여 혼돈 속에서 질서를 창조하려는 기업의 배움력으로 간주할 수 있는 것이다.

기업이 지니고 있는 배움력을 극대화시키기 위해 기업 관리자와 의사결정자는 다음 두 가지를 주지해야 할 것이다.

첫째, 기업 경쟁력의 원천이 될 수 있는 기업의 배움력은 기업을 구성하고 있는 인간의 인식과 활동을 통해 극대화될 수 있는 것이므로 기업 구성원들이 자유롭게 본인의 생각을 개진하고 이를 활용할 수 있는 기업문화와 제도를 확립해 주어야 한다. 학습활동의 중요성을 강조하는 문화, 새로운 아이디어를 적용시키려는 도전적 문화, 구성원들이 직무만족 및 직무수행을 통해 자아를 실현시킬 수 있는 경력개발 및 승진·보상제도의 확립 등은 심리적 안정(psychological safety)을 제공함으로써 배움을 극대화시킬 것이다.

둘째, 기업은 기업 구성원들 또는 기업의 문화, 제도, 규범에 내재되어 있는 지식을 효율적으로 활용하여, 전파시킬 수 있는 기술적 환경을 제공해야 한다. 누구나 쉽게 원하는 지식에 접근할 수 있는 지식 포털 시스템이나, 개인, 그룹 등이 지니고 있는 지식을 손쉽게 명시화할 수 있는 기술적 도구의 활용(예: 스마트폰, 테블릿 PC 등을 활용한 정보 공유)은 지식을 분석・재해석하는 데 도움을 주며 이를 공유시키는 데 기여할 것이다. 이와 같은 인간 중심의 문화와 테크놀로지의 보유는 기업의 배움력 향상에 일조할 것이며 이를 통해 조직의 갱신(organizational renewal)을 달성할 수 있을 것이다.

| **미주** |

1 이 장은 오석영(2010). '조직학습 관점에서의 기업의 배움력.' <배움학연구> 2권 2호 논문을 수정 보완한 글이다.

2 초기 경력자의 조직사회화[1]

새로운 직장에 입사한 신입직원은 낯선 조직환경에 적응해야 하는 과정을 겪게 된다. 새로운 조직생활에 필요한 정보를 계속적으로 습득하면서 기존의 인지구조(Schema)를 새로운 형태로 재구성하고 발전시켜 상황 이해력과 적응력을 높이는 과정을 경험한다(Driscoll, 2000). 이 과정은 개인이 조직이라는 새로운 환경에 접하여 적응해 나가면서 필연적으로 발생한다. 그 결과 새로운 상황에 대해 더 이상 불안을 느끼지 않도록 상황과 장소에 맞는 태도와 인지를 형성하게 된다(Feldman, 1981; Van Maanen & Schein, 1979). 이 장에서는 초기 경력자의 이러한 조직사회화 과정에 대해 이론적으로 논의한다. 특히, 조직사회화의 과정으로서 학습과 적응의 문제에 초점을 맞추어 논의한다.

초기 경력의 개념과 범위

경력(career)이란 개인이 일생을 통해 일과 관련하여 갖게 되는 모든 경험들을 의미한다. 따라서 개인은 삶을 살아가는 동안 일련의 직업관련 활동, 행동, 그리고 그와 관련된 태도, 가치와 포부의 개발과 관리과정을 겪게 된다. 이런 경력의 발전과정 가운데 특히 초기 경력은 이후의 경력을 위한 중요한 경험이 된다.

초기 경력은 일반적으로 학교를 마치고 노동시장에 새롭게 진입하여 갖게 되는 일련의 경험들이 된다. 그 경험은 교육의 세계에서 일의 세계로의 질적인 전환과정을 포함한다. 따라서 초기 경력자들은 익숙했던 교육의 세계 대신에 낯선 직장과 직업, 그리고 일의 세계에 새롭게 적응해야 하는 매우 신선하면서도 위험스러운 경험을 가지게 된다.

Feldman(1988)에 따르면, 초기 경력은 경력에 있어 시도기와 확립기를 포함하는 기간이다. 경력 시도기는 첫 번째 직장에 취업하여 업무와 직장생활에 적응하는 시기를 의미한다. 확립기는 특정 분야를 선택해 이 분야에서 독립적인 업무를 수행할 수 있을 정도로 경력이 성숙되는 기간이다. 따라서 시도기와 확립기의 경계는 업무와 직장생활에 대한 적응으로서의 태도변화 여부에 따라 결정된다. 시도기에는 불안정한 상황에 대한 어려움을 극복하고 직장생활에 적응하는 태도의 변화를 보이는 것이 주요 과업이다. 반면, 확립기에 있어서는 일정한 수준의 적응에 해당하는 태도변화를 전제로 개인의 몰입수준을 결정하게 된다. 이런 태도의 변화에 따른 경력단계의 차이는 사람에 따라 다르지만 대개 일터에서의 총 경력이 10년 이하인 사람을 말한다. 또한 그는 초기 경력이 대개 22~37세에 걸치는 시기에 나타난다고 보았다.

그러나 Feldman의 연구는 이미 20여 년 전에 이루어졌고, 근래 들어 경력의 개념과 경력 이동의 상황이 급격하게 변화된 점을 고려할 때 초기 경력의 범위를 새롭게 설정할 필요가 있다. 국내 선행연구들을 종합해 볼 때, 신규 대학졸업자가 신입사원으로서 조직생활 및 업무수행에 적응하는 데에는 대략 2～3년 정도의 기간이 소요되는 것으로 보인다. 또한 대졸 신입사원의 경우 2~3년 내에 1번 정도 이직을 하거나 고려하는 것으로 나타난다.

그럼에도 불구하고, 국내외의 연구들이 초기 경력에 관련한 상당히 상이한 결과들을 제시하고 있다. 이 장에서는 잠정적으로 경력이 초기단계인 사람들 중 주로 시도기에 있는 사람으로, 전체 경력이 5년 이내인 사람을 고려한다. 초기 경력 5년 사이에 직장생활에서의 학습과 적응이 가장 활발하게 일어나는 시기이고, 이에 실패할 경우 이직이 발생하기 가장 쉬운 단계이기 때문이다.

조직사회화

조직사회화의 개념

조직사회화란 조직의 완전한 외부자였던 개인이 학습과 변화를 통해 조직의 참여적이고 효과적인 구성원으로 변화하는 과정을 의미한다(Feldman, 1976; Fisher, 1986). 실제로 조직에 새로이 진입한 구성원은 기존의 조직구성원에 비해 조직생활에 적합한 요소들이 결여되어 있다(Louis, 1990). 따라서 새로운 구성원은 조직, 사회, 집단의 가치체계와 규범 및 요구되는 행동패턴을 학습하고 적응하는 과정이 필요하다(Schein, 1978).

일반적으로 조직사회화는 변화와 학습으로 과정을 포함하지만, 조직사회화에 대한 정의는 학자들마다 다소 상이하다. 예를 들어, Van Maanen & Schein(1979)은 역할 수행을 위한 학습과정으로, Louis(1980)는 의미 만들기의 과정으로, Feldman(1981)은 개인의 인지적 변화와 행동 및 태도변화 과정으로, 그리고 Ostroff & Kozlowski(2002)는 학습의 과정으로 조직사회화를 설명하였다. 각각을 더 구체적으로 살펴보면 다음과 같다.

먼저, Van Maanen & Schein(1979)에 따르면, 조직사회화는 개인이 조직에서의 역할을 수행하는 데 필요한 사회적 지식과 기술을 획득하는 과정이다. 개인은 일터에서의 보편적이고도 특수한 상황적 맥락들을 학습하는 사회화의 과정을 거친다. 그것은 조직 내에서 개인의 경력 기간 내내 계속적으로 발생하는 과정으로, 조직 내 다른 사람들과의 상호작용을 중요시하는 개인적인 과정이지만, 한편으로는 경계 간의 이동을 가져오는 혁신적 과정이기도 하다.

그들은 조직사회화를 개인적 차원과 일터에서의 상황적 측면에서 바라보았다. 개인적 차원에서 조직사회화는 조직의 구성원으로서 필요한 태도, 행동, 지식을 획득하는 과정이다. 다른 한편, 조직사회화는 일터 상황에서의 조직문화를 경험하고 그것에 대한 해석과 이해를 통해 일반통념을 획득하는 과정이기도 하다. 여기서 '일반통념(conventional wisdom)'이란 개인이 일터에서 조직문화를 경험하고 이해하면서 얻게 되는 신념이나 원리 혹은 이해방식을 의미한다. 따라서 이들은 개인적 차원의 지식 습득뿐만 아니라 상황과 관련된 학습 또한 강조하고 있다.

이들의 조직사회화 논의는 다음과 같은 가정을 기초로 한다. 즉, 조직의 신참자는 불안을 경험하는 상황에서 가능한 한 빨리 필요한 기능과 역할을 익히고 학습함으로써 불안감을 감소시키고자 한다. 개인은 새로운 역할을 습득함에 있어 주변의 동료와 상사, 부하 등과 함께 사회화 과정을 겪는다. 조직의 안정성이나 생산성은 신참자들이 그들의 업무를 수행하는 방식에 달려 있다. 신입사원이 새로운 상황에 적응함에 있어 방식과 성취하려는 내용은 다를 수 있지만, 본질적으로는 유사하다. 조직사회화에 있어서 정해진 청사진이나 규칙 등은 존재하지 않으며, 개인과 조직의 상황에 따라 조직사회화 전략은 다르게 나타날 수 있다는 것이다(Van Maanen, 1979).

Louis(1980)는 능동적 학습자로서의 개인에 보다 초점을 맞춰, 조직사회화를 "의미 만들기(sense making)"의 과정이라고 정의하였다. 즉 조직사회화는 개인이 조직에 들어와 다양한 경험과 해석을 통해 의미를 부여하는 과정이다. 이 과정에서 개인은 기존의 인지적 각본을 수정하여 새로운 "인지적 각본(cognitive script)"을 만드는데, 이러한 과정이 조직사회화라고 보는 것이다.

그는 의미 만들기로서 조직사회화의 과정에서 개인적 경험의 중요성을 강조하였다. 개인은 새로운 상황에 직면했을 때의 변화에 대한 내·외적인 경험과 대조를 통해 의미를 만들어낸다. 새로운 상황에서 개인은 기존에 자신이 가진 도식과의 차이를 경험하게 되고, 이러한 경험에 의미를 부여하고 또 만들어낸다. 하지만 단순히 경험만으로 의미가 만들어지지는 않는다. 개인의 과거 경험이나 성향 및 목적, 상황 해석구조, 타인의 해석 등도 또한 의미를 만들어가는 데 고려되어야 할 중요한 요소이다. 이 과정에서 타인으로서의 기존 구성원의 조언이나 해석은 신규 진입자의 학습과 태도변화에 있어 주요한 자원이 될 수 있다. [그림 2-1]은 Louis의 의미 만들기로서의 조직사회화 과정을 보여준다.

Feldman(1981)은 조직사회화를 여러 가지 활동에 의해 일어나는 동시다발적인 과정으로 이해하면서, 개인의 인지적 학습뿐 아니라 행동 및 태도의 변화과정까지를 포괄하는 것으로 정의하였다. 따라서 조직사회화는 직무

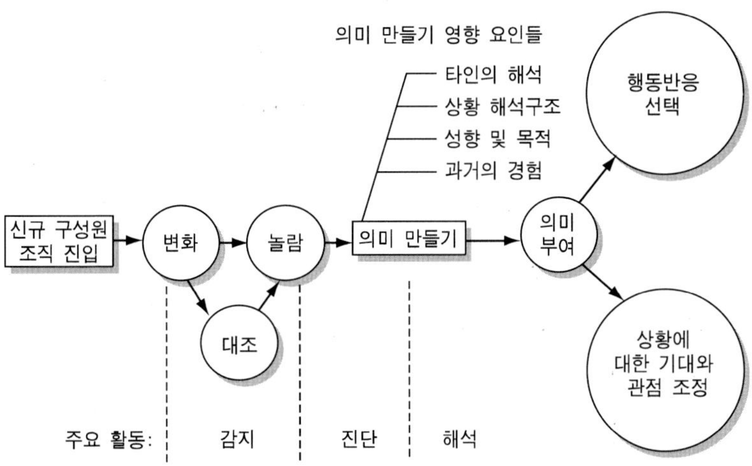

[그림 2-1] 조직 상황하에서의 의미 만들기

* 출처: Louis, M. R. (1980). Surprise and Sense Making: What Newcomers Experience in Entering Unfamiliar Organizational Settings. *Administrative Science Quarterly* **25**, p. 242.

상황에서 관계를 통해 동시적으로 일어나는 과정을 포함한다.

그는 조직사회화의 과정을 3단계－예비사회화 단계, 대면단계, 변화와 습득단계－로 나누어 설명하였다. 예비사회화 단계는 초기 진입자에게 일어나는 모든 학습으로, 조직과 직무의 실체에 마주하게 되며, 필요한 기술과 능력, 가치를 파악하는 단계이다. 대면단계에서는 일터와 일터 밖 생활의 갈등을 관리하고, 조직 내 역할 갈등을 명확히 함으로써 역할에 대한 정의를 내리고, 업무와 조직 그룹 내에서의 역할을 시작함으로써 가치와 태도변화가 시작된다. 마지막 변화와 습득단계는 업무에 대한 숙련과 조직의 가치와 규범에 적응하는 단계로 보다 장기적인 변화를 포함하는 단계이다.

Ostroff & Kozlowski(1992)는 조직사회화를 학습의 과정으로 보았다. 즉, 개인이 조직 구성원으로 동화되어 감에 따라 나타나는 학습과정이다. 그들은 학습영역을 직무, 역할, 집단 프로세스, 조직속성의 네 가지 영역으로 구분하였다. 이들의 구분은 개인적 차원뿐만 아니라 집단이나 조직 속성을 고려했다는 점에서 의의를 지닌다. 또한 그들은 이러한 학습으로서의 조직사회화를 위해 무엇보다도 정보의 탐색과 획득을 강조하였다.

Saks & Ashforth(1997)는 기존의 조직사회화 이론들에 통일성이 부족하다는 문제점을 지적하며, 다양한 관점을 포괄하는 조직사회화 모형을 제시하였다. 즉, 조직사회화는 조직 내외의 상황적 요인에서 비롯하여, 다양한 수준에서의 사회화 전략을 통한 의미 만들기 활동 등의 인지적 변화와, 정보 획득으로 불확실성을 감소시키게 되고, 다양한 학습의 과정을 거치며 이루어진다. 이러한 조직사회화 결과 역할명료성, 업무에 필요한 기술과 능력 등을 습득하고, 나아가 조직문화의 활성화와 조직몰입, 높은 수행능력 등의 결과로 이어지게 된다(Saks, 1997). 이처럼 조직사회화는 조직과 초기 경력자 사이의 단순관계가 아닌 다양한 상황적 요인과 과정을 포함하고 상호 영향을 미치는 복합적인 과정이다.

정리하면, 조직사회화는 조직 내에서 개인이 겪게 되는 학습과 적응의 과정을 의미한다. 즉, 조직사회화는 조직의 구성원이 지속적으로 경험하게 되는 학습과 적응의 과정이다. 조직사회화는 조직생활의 시작 단계에 있는 초기 경력자뿐만 아니라 조직에서 한 개인의 경력 전체를 통해 일어나는 과정이다(Van Maanen & Schein, 1979). 그러나 이 장에서 초점을 맞추고 있는 초기 경력자에게 조직사회화는 특히 중요하다. 왜냐하면, 그들은 조직에 새로 진입하여 경력을 형성하고 개발하는 단계에 있기 때문이다. 또한 초기 경력자일수록 조직 진입시기의 조직사회화에 의한 변화가 크고 그들의 조직생활 적응에 있어서도 큰 영향을 미치기 때문이다(김한얼 · 이진규, 1993).

실제로 초기 경력자들은 조직사회화 과정에서 다양한 정보자원과 학습과정을 통해 계속적으로 학습하게 된다(Ostroff, 1992). 초기 경력자는 조직 진입시 학습과 적응의 과정을 통해 완전한 외부자에서 조직의 참여적이고 효과적인 구성원으로 변화한다(Feldman, 1976). 그들은 특정 조직의 역할을 수행함에 있어 필요한 "요령을 학습(learn the ropes)"하고 이에 따라 개인의 행동과 태도를 변화시키는데, 조직 진입 이후의 이러한 학습과 변화과정이 바로 조직사회화인 것이다(Chao, O'Leary-Kelly, Wolf, Klein & Gardener, 1994; Ostroff & Kozlowski, 1992; Van Maanen & Schein, 1979).

다른 한편, 조직사회화는 조직의 구성원들이 조직생활에 필요한 정보를 탐색하고 습득하는 학습의 과정을 경험하고, 이를 바탕으로 조직의 상황에 대응하며 나아가 인지적, 정서적, 행동적으로 변화를 통해 적극적 참여자로 변모해 가는 포괄적이면서 동시다발적인 과정이다. 이를 위해 조직은 조직 구성원의 조직사회화가 원활하게 이루어지도록 하기 위해 공식적 · 비공식적인 전략을 통해 조직사회화를 지원할 수 있다. 그 가운데 조직사회화의 출발점인 정보의 탐색과 습득이 무엇보다 중요하며, 보다 중요한 정보는 명시적 형태뿐만 아니라 암묵적 형태로서 상당 부분 존재한다는 점을 상기시켜볼 때, 타인과의 관계 맺음이 중요하다고 할 수 있다. 즉, 일련의 조직사회화를 경험하기 위해서는 조직 내 타인과의 관계는 필수적이다. 원만한 관계는 조직생활에 필요한 지식을 습득하고 조직문화와 생활에 적응하는 데 기여할 수 있기 때문이다(Chao et al., 1994).

조직사회화의 과정

학습과 적응의 과정으로서 조직사회화는 크게 단계적 접근과 과정적 접근으로 나눌 수 있다. 먼저 조직사회화 과정의 단계는 대개 3가지 단계로 합의된다(Feldman, 1976; Fisher, 1986; Louis, 1980; Wanous, 1984; 김한얼, 1991). 첫 번째 단계는 예비 사회화 혹은 사전적 사회화의 단계이다. 이 단계는 기대감이 형성되는 단계로, 조직에 동참하기 전에 형성되는 기대와 실제 사이에 일어나는 모든 학습을 포괄한다. 두 번째 단계는 대면 혹은 진입의 단계이다. 이 단계에서 개인은 실제 조직생활의 경험을 통해 기존에 자신이 가졌던 기대와의 차이를 또한 경험한다. 따라서 때론 이 단계에서 놀라움과 두려움과 같은 심리적 불안정을 겪기도 한다. 세 번째 단계는 학습과 변화의 단계이다. 이 단계에서는 조직생활에 필요한 지식을 습득하고 조직상황에 대처해 나가는 지속적인 변화의 단계이다. 이러한 단계적 접근은 조직사회화에 있어서 개인과 조직이 각 단계에 따른 전략을 생각해 볼 수 있도록 해 준다. 우선 첫 번째 단계에서는 인턴경험이나 인맥을 활용한 다양한 정보 수집 등이 그 전략이 될 수 있다. 두 번째 단계에서는 신규 구성원에게 멘토링 제도나 실행공동체 혹은 학습동아리와 같은 것들에의 참여를 유도함으로써 성공적인 조직사회화를 이끌 수 있다. 세 번째 단계에서는 도전적 업무부여나 개인 스스로의 변화 노력과 의지 등이 중요한 전략이 될 수 있다. 이러한 단계별 전략들은 개인과 조직 모두에서 고려되어야 하는 것들이다.

단계적 접근은 개념의 이해와 전략 수립에 있어 보다 명확한 관점을 제시한다. 여기에 더해 조직사회화에 대한 과정적인 접근이 이루어지고 있다. 이는 전자보다 학습과 태도변화 혹은 적응에 더욱 초점을 두어 설명하는 접근이다. 이러한 접근을 시도하고 있는 학자들은 조직사회화에 있어 새로운 상황에 대한 직면과 그에 대한 개인의 대응, 그 안에서의 학습과 적응을 위한 정보 탐색 및 획득과 기존 구성원과의 관계, 그리고 사회적 지지의 중요성을 강조한다(Louis, 1980; Morrison, 1993; Nelson, 1987; Reichers, 1987).

Morrison(1993)은 조직사회화를 학습과 적응의 과정으로 바라보면서, 이 과정에서 정보탐색과 획득이 무엇보다 중요하다고 주장하였다. 그것은 새로운 상황에 직면한 개인이 정보탐색을 통해 불확실성을 줄이고 조직생활에 필요한 지식의 획득 및 심리적 안정의 효과를 얻을 수 있기 때문이다. 이 과정에서 Morrison은 두 가지를 강조한다. 우선 개인은 능동적 학습자라는 것이다. 그는 기존의 조직사회화 이론은 개인을 수동적 존재로 파악하고 있음을 비판하면서, 성인 학습자로서의 개인은 능동적으로 자신이 필요한 정보를 탐색하고 스스로 학습하는 주체적 학습자임을 강조하였다. 또한 그는 비대인적 정보원의 부족을 지적하면서 대인적 정보원의 중요성을 언급하였다. 특히 신규 구성원에 있어서 대인적 정보원을 활용하는 비중이 높다. 대인적 정보원은 공식적 문서 형태로 존재하는 비대인적 정보원과는 다르게 인적관계에 기반한 것을 말한다. 특히 신규 구성원에 있어 대인적 정보원은 그 활용가치가 높으며, 조직생활 적응에 보다 효과적일 수 있다.

Reichers(1987)는 상징적 상호작용(symbolic interaction)이라는 개념을 통해 조직사회화를 설명했다. 상징적 상호작용이란 의미와 정체감 형성을 위한 언어적, 사회적 상호작용을 일컫는다. 그에 따르면 조직사회화는 새로운 상황에 대해 정체감을 형성하고 의미를 만들어가는 과정인데, 이러한 의미나 정체감은 상황 자체에서 일어나기보다는 사람들 간의 상호작용을 통해 형성된다. 즉 의미는 자신의 반응에 대한 타인의 반응으로써 형성되고 정체감은 개인에 대한 타인의 태도로부터 비롯된다. 따라서 조직사회화는 다른 사람들과의 관계를 통해 진행되는 과정이라 할 수 있다. 또한 이러한 조직사회화의 속도는 [그림 2-2]에서 보이는 것과 같이, 사람들 간의 관계적 속성에

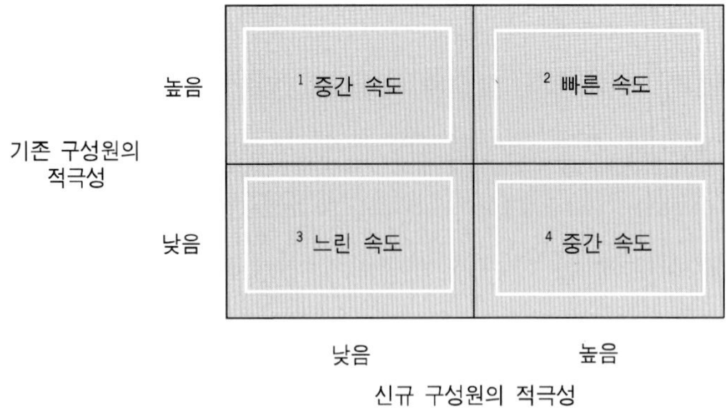

[그림 2-2] 신규 구성원과 기존 구성원의 적극성에 따른 사회화 속도

* 출처: Reichers, A. (1987). An Interactionist Perspective on Newcomer Socialization Rates. *Academy of Management Review* **12**(2), p. 282.

따라 차이를 보일 수 있다. 즉, 신규 구성원과 기존 구성원의 반응의 적극성에 따라 조직사회화 속도는 다르게 나타날 수 있는데, 양쪽 모두 적극적으로 상호작용할 때 조직사회화는 가장 빠르게 진행된다.

Nelson(1987)은 조직사회화 과정을 개인에게 긍정적, 부정적 스트레스를 모두 유발하는 상황으로 인식하였다. 새로운 상황에 대한 직면은 도전적 과업과 역할의 제공, 잠재적 보상, 능력 발휘의 기회 등과 같은 긍정적 스트레스 인자뿐만 아니라 부정적 스트레스, 즉 긴장감, 고립감, 외로움, 두려움 등과 같은 부정적 스트레스 인자도 동시에 제공하기 때문이다. 따라서 개인은 이러한 스트레스를 극복하기 위해 자신의 통제 가능성에 대한 신념을 확고히 해야 하며, 사회적 지지[2]가 있을 때 보다 쉽게 극복할 수 있다.

이상의 논의를 종합해 볼 때, 조직사회화 과정은 새로운 상황의 직면과 그것에 대한 대응의 과정으로 설명될 수 있다. 이 과정에서 자신의 과거경험, 성향과 같은 개인적 특성들이 중요할 수 있다. 또한 새로운 상황에의 경험과 그 안에서의 정보탐색과 획득이 중요한데, 여기서 다른 구성원과의 인간관계가 중요한 역할을 하며 사회적 지지를 얻을 때 조직사회화는 보다 잘 이루어진다. 결국 조직사회화는 새로운 상황에 대한 대응을 통해 학습과 변화가 일어나는 과정을 말하는데, 그 과정에서 인적자원은 주요한 자원이 될 수 있다. 따라서 조직사회화를 위해서는 원만한 인간관계를 형성하는 것이 무엇보다 중요하다.

조직사회화의 내용

조직사회화는 조직에 대한 몰입, 업무에 대한 만족 등의 개인적 태도변화를 포함한다(윤종록, 1998). 조직 진입 후 개인은 조직에 관한 명시적 지식(explicit knowledge)뿐만 아니라 특정 조직 내에서 역할을 수행함에 있어 필요한 암묵적 지식(tacit knowledge)을 습득하고 이에 따라 행동과 태도를 변화시키게 된다(Nonaka, 1994). 따라서 조직사회화는 자신의 업무에 대한 숙련과 학습, 대인관계의 형성, 조직의 가치와 문화에 대한 학습을 통해 구성된다(박경규 · 윤종록 · 임효창, 1999).

Chao, et al.(1994)은 조직사회화의 내용을 직무수행에 필요한 업무를 학습, 성공적이고 만족스러운 일터에서의 관계 형성, 공식적 · 비공식적 관계와 조직 내 권력구조에서 성공적으로 정보를 획득하는 것, 조직의 독특한 언어와 기술적 지식 등에 대한 습득, 조직의 가치와 목표학습, 조직의 전통과 신화 등을 전수받는 것 등과 같은 여섯 가지 영역으로 설명하였다(Chao & O'Leary-Kelly & Wolf & Klein & Gardner, 1994).

Ostroff & Kozlowski(1992)는 학습의 영역으로 직무와 역할, 집단, 조직태도의 네 가지 영역으로 정리하였고, 실증 연구를 통해 초기 경력자들이 어떠한 정보를 어떠한 자원에서 획득하는가를 밝혔다. 초기 경력자는 처음 5개월 이전에는 집단에서 가장 높은 수준으로 지식을 획득하고, 5개월 이후에는 직무와 관련된 지식을 높게 획득하게 된다. 그리고 이러한 지식들은 직무만족이나 조직몰입과 적응과 긍정적인 상관관계를 갖는다. 업무와 역할에 대한 지식은 사회화 영역 중에서도 중요한 영역이다.

Morrison(1993)은 조직사회화의 주요 활동을 정보획득과 피드백 추구 활동으로 보며, 초기 경력자가 획득하는 정보를 다섯 가지－기술적 정보, 참조적 정보, 규범적 정보, 업무수행 피드백, 사회적 피드백－로 분류하였다. 기술적 정보는 요구되는 직무수행과 관련된 정보이고, 참조적 정보는 역할에 대한 요구와 기대에 대한 정보, 규범적 정보는 기대되는 행동과 태도에 대한 정보이다. 피드백은 개인의 행동과 업무수행이 부적절하거나, 적응하도록 하기 위한 것으로, 개인의 직무수행을 평가하고 인지시켜주는 업무수행 피드백과, 직무 외의 행위에 대한 사회적 피드백으로 나눌 수 있다(Morrison, 1993).

박경규 외(1999)는 조직적응의 분야를 직무에 대한 적응, 새로운 인간관계 형성, 역할의 명확화, 개인생활과 조직생활 사이의 갈등 조절 및 감소, 조직 내 요구 충족에 대한 자기평가의 5가지 영역으로 나누어 설명하였다.

이상의 연구에서 제시된 조직사회화의 영역을 Ostroff & Kozlowski(1992)가 제시한 직무와 역할, 집단 그리고 조직의 수준으로 나누어 분류하면 〈표 2-1〉과 같다. 즉, 조직사회화 과정에서 개인은 주로 네 가지 영역에 대해 학습하게 된다. 첫째, 자신이 맡은 직무에 대한 숙련이다. 직무 숙련은 자신의 일에 필요한 기술과 능력을 이해하고 이것을 익히는 학습과정을 의미한다. 둘째, 새로운 조직에서 맡겨진 역할에 대한 학습이다. 이것은 자신에게 부과된 임무와 조직에서 자신에게 기대하는 역할을 이해하고 이것을 몸소 익히는 것을 의미한다. 셋째, 조직 내 업무집단에서의 대인관계의 형성이다. 대인관계 형성이란 자신이 속한 하위 업무집단의 규범과 가치에 대한 정보를 획득하여 이에 더해 구성원들과 원활한 관계 맺음의 방식을 익히는 것을 뜻한다. 마지막으로 조직의 가치와 문화에 대한 학습이다. 이것은 조직의 한 구성원으로 조직의 신념과 문화를 이해하고 이것을 내면화하는 학습과정을 의미한다.

〈표 2-1〉 조직사회화 과정의 학습 영역

학습 내용 / 선행 연구	직무	역할	집단	조직
Van Maanen & Schein(1979)	기능적	위계적	소속적	-
Louis(1980)	-	역할 관련 학습	-	조직문화 학습
Feldman(1981)	업무기술과 능력개발	역할행동 획득	집단규범과 가치 적응	
Morrison(1993)	직무 관련	역할 관련	-	조직문화 적응
Chao et al.(1994)	과업숙련도	조직정치	대인관계	조직 고유언어 조직 목표가치 조직 역사
Ostroff & Kozlowski(1992)	과업부문	역할부문	집단부문	조직부문
박경규 · 윤종록(1998)	직무적응	역할 명확화	집단규범	조직 요구

조직사회화 전략

조직사회화 전략에 대한 체계적인 연구는 Van Maanen & Schein(1979)에 의해 진행되었다. 먼저 상황에 따른 조직사회화 전략은, 집합적-개인적, 공식적-비공식적 사회화 전략을 비교해 볼 수 있다. 집합적인 사회화 전략은 공통적인 학습 경험과 표준화된 반응을 가져온다. 반면 개인적인 사회화 전략은 각기 다른 상황에 대한 반응과 독특한 학습 경험을 가능하게 한다. 공식적인 사회화 전략은 역할에 대한 책임감과 공통 규범과 가치를 배울 수 있게 하며, 비공식적인 사회화 전략은 자연스럽게 조직의 구성원으로서 현장을 배우고 차별화된 학습이 가능하다.

다음으로 내용에 따라 순차적-임의적, 고정적-변동적 사회화 전략을 살펴보면, 순차적인 전략은 조직에서의 경력단계에 따라 단계적으로 필요한 정보를 획득하도록 한다. 반면, 임의적 사회화 전략에서는 이러한 경력단계가 모호하거나 지속적으로 변화하게 된다. 고정적 사회화 전략은 각 단계별로 정해진 시간표에 따라 명확한 지식이 제공된다. 반면 변동적 사회화 전략은 경력 진보 시간에 대한 정보가 없는 전략이다. 즉, 내용에 따른 사회화 전략의 구분은 경력단계와 과정이 명확히 정립되어 있는 경우와 그렇지 않은 경우를 나누어 살핀 것이다.

마지막으로 사회적 측면에서 연속적-분리적, 지지적-박탈적 사회화 전략은 사회화 전략에서 조직 내 상사와 선배와의 관계 측면에서 분류한 것이다. 연속적 사회화 전략은 신참자를 위해 조직 내부의 경험자들이 역할 모델이 되어 신참자를 지도한다. 반면 분리적 사회화 전략에서는 신참자가 혼자 스스로 익히도록 함으로써 혁신적 역할 지향이 가능해진다. 지지적 사회화 전략과 박탈적 사회화 전략은 조직 내부의 경험자들로부터 받는 긍정적 혹은 부정적인 사회적 지원과 연관된 개념으로, 지지적 전략은 인정과 격려의 긍정적 측면과, 박탈적 전략은 조직과 일치하지 않는 것들을 버리도록 지적하는 부정적 측면과 연관된다.

이렇듯 조직사회화 전략은 각각 다른 특성을 지닌 것으로, 전략의 차이에 따라 조직의 신참자들이 학습하게 되는 것도 달라진다(Van Maanen & Schein, 1979). Jones(1986)는 Van Maanen & Shcein(1979)이 제시한 6가지 사회화 전략쌍을 제도화된 사회화(institutionalized socialization)와 개별화된 사회화(individualized socialization)로 구분하였다.

Van Maanen & Schein(1979)이 제시하였듯이, 학습자는 배우는 방법에 따라 다른 것을 배우게 된다. Jones(1986)는 MBA 대학원생들을 대상으로 사회화 전략에 따른 학습과 적응의 차이에 대한 실증연구를 수행하였다. 개인적, 비공식적, 임의적, 변동적, 분리적, 박탈적인 개별화된 사회화 전략이 제도화된 사회화 전략에 비해 혁신적인 역할 지향성을 가져올 수 있다. 제도화된 사회화 전략은 수동적인 역할 지향성을 보였다. 제도화된 사회화 전략은 두려움을 감소시키는 것과 높은 관련성을 나타냈다(Jones, 1986).

배성현(1997)은 Van Maanen & Schein(1979)과 Jones(1986)가 분류한 조직사회화 전략 외에도 계획적/비계획적, 확산적/제한적 조직사회화 전략(Baker, 1990)을 구분하여 설명하였다. 계획적 사회화는 상사나 동료들에 의해 의식적,

계획적으로 설계된 사회화 전략인 반면, 비계획적인 사회화는 우연히 사회화가 이루어지게 된다. 확산적 사회화는 조직 내 업무 수행뿐 아니라 업무 외 모든 활동에 대한 규범까지 설정하려 하는 것이고, 제한적 사회화 전략은 업무와 비업무활동을 구별하지 않고 통합적으로 접근한다(배성현, 1997).

Holton III(1996)는 초기 경력자의 학습은 세 가지 학습전략에 의해 수행되는 순환적인 과정으로 보았다. 세 가지 학습의 전략은 오리엔테이션 프로그램, 직무 훈련 프로그램, 일터에서의 학습이다. 초기 경력자들은 사회화 과정에서 이러한 업무와 상황학습을 반복적으로 수행하게 되는 것이다. 세 가지 학습전략 중 오리엔테이션 프로그램이나 직무훈련 프로그램은 앞에서 Jones(1986)가 제시한 제도화된 사회화 전략에 가깝고, 일터에서의 학습은 개별화된 사회화 전략에 해당한다고 볼 수 있다.

Ostroff & Kozlowski(1992)는 조직사회화를 신참자와 초기 경력자의 학습과정으로 보았는데, 이는 개별화된 사회화 전략에 가까운 것으로 볼 수 있다. 그들은 학습과정에서 필요한 정보와 지식의 출처를 상사와 동료와 같은 인적자원과, 매뉴얼, 실험적 수행, 관찰 등의 비인적자원으로 나누어 살펴보았다. 또한 이들은 획득하고자 하는 정보에 따라 이용할 수 있는 정보의 출처가 달라질 수 있음을 실증적으로 밝혔다. 관찰과 실험 등이 직무와 역할 숙련에 효과적인 것으로 나타났고, 상사와 동료와 같은 인적자원은 긍정적인 태도 형성에 영향을 미쳤다. 인적자원에 비해 비인적자원에게서 얻은 정보나 지식이 더 직무와 역할 숙련에 효과적이었던 것은, 이러한 정보들이 인적자원에서 얻은 정보보다 명확하고 객관적이었기 때문으로 해석될 수 있다. 하지만, 상사나 동료와의 관계에서 얻게 되는 정보는 같이 시간을 보내면서 사회적 지원과 비공식적 사회적 관계망을 구성한다는 점에서 큰 이점으로 작용하였으며, 따라서 만족감이나 몰입, 적응에 영향을 미칠 수 있다(Ostroff, 1992).

이상의 조직사회화 전략을 살펴본 결과, 조직사회화 전략은 크게는 제도화된 것과 개별화된 것으로 나눌 수 있다. 개별화된 사회화 전략은 또 다시 조직 내 대인관계에 의한 전략과 관찰과 모방 등을 통한 스스로 학습과 같은 관계 외의 것에서 비롯된 개인적 전략으로 나누어 정리할 수 있다.

조직사회화의 결과

조직사회화는 조직의 입장에서 새로 고용한 직원들을 적응시키기 위해 시간과 비용을 지출하는 활동이다(Louis, et al., 1983). 따라서 조직은 조직사회화의 결과에 대한 관심을 크게 가질 수밖에 없다. 또한 조직사회화는 여러 정보원을 활용해 정보 탐색과 획득, 그리고 새로운 경험 안에서의 대응 및 해석을 통해 자신의 가치를 수정해 새로운 상황에 적응해 가는 학습의 과정이다. 학습은 조직사회화의 각 단계에서 다중 복합적으로 일어나며, 그러한 학습은 개인의 변화를 이끈다. 결국, 이러한 변화들은 조직사회화의 결과로서 파악될 수 있는데, 그것은 개인의 조직사회화 과정에서의 내용적 결과와 행동적 결과로 나누어 생각할 수 있다.

내용적 결과는 학습의 과정 속에서 나타나는 결과라 할 수 있는데, 이러한 학습은 개인이 조직구성원으로 변화하기 위해 필요한 각 영역에서 발생한다. Louis(1980)는 조직사회화 과정에서 초기 경력자의 기초적인 학습 내용을 다음 두 가지로 제시하였다. 첫째, 역할 관련 학습이다. 이는 주어진 역할을 효과적으로 수행하기 위해 필요한 능력과 조직구성원으로서 인정받기 위해 필요한 조직의 주요 가치를 학습하는 것을 말한다. 둘째, 조직문화에 대한 학습이다. 신규 구성원은 일종의 조직 가치관인 문화를 학습함으로써 일터 상황에서의 해석력을 길러야 한다.

Fisher(1986)는 기존의 문헌에서 제시된 조직사회화의 내용을 다음과 같이 네 가지로 분류하였다. 첫째, 조직의 가치, 목표, 문화 등 조직에 대한 학습이다. 둘째, 작업집단에서 기능하기 위하여 작업집단의 가치, 규범, 우정을 학습하는 것이다. 셋째, 직무를 수행하기 위해 필요한 기술과 지식이다. 여기에는 규칙, 사실, 특수용어에 관한 인지적 지식과 속도, 정확성, 힘 등 물리적 기술의 개발이 모두 포함된다. 넷째, 소속감, 자아상, 동기 구조에 관련된 개인적인 변화이다.

Feldman(1988)은 조직사회화의 내용을 다음 3가지로 제시하였다. 첫째, 업무에 필요한 기술과 능력을 개발시키는 것이다. 둘째, 조직의 실행, 정책, 절차를 학습하는 것이다. 셋째, 작업집단에 적응하는 것이다. Ostroff & Kozlowski(1992)는 학습 내용을 과업부문, 역할부문, 집단부문, 조직부문으로 제시하였다. 과업부문은 과업 관련 임무와 과제, 과업에 대한 우선순위를 이해하고 과업과 관련된 기구를 다루며, 일상적 문제를 다루는 것과 같은 내용이 포함된다. 역할부문은 권한과 책임의 한계, 지위에 맞는 행동과 기대에 관한 내용이다. 집단부문은 동료와의 상호작용, 집단의 규범과 가치, 집단의 표준구조와 관련된 내용이다. 조직부문은 정치, 권력, 조직 시스템의 가치에 관련된 전제들, 리더십 스타일, 조직의 사명, 조직의 특정한 언어 등과 같은 내용을 포함한다. 이는 조직적응으로서 조직사회화의 직접적 결과로 파악된다고 말하였다.

Morrison(1993)은 직무관련, 역할, 조직문화 적응의 세 가지 영역에서 학습이 필요하다고 했다. 그는 이와 더불어 초기 경력자가 탐색하는 정보의 종류를 기술적 정보, 지시적 정보, 규범적 정보, 성과 피드백, 사회적 피드백으로 구분하였다. 첫째, 기술적 정보는 업무와 관련된 지식과 기술이다. 둘째, 지시적 정보는 조직 내에서 자신들의 역할에 대한 타인들의 기대와 관련된 정보이다. 셋째, 규범적 정보는 조직의 문화에 적응하고 작업집단에 융화되기 위해 요구되는 규범과 가치에 관한 것이다. 마지막으로 업무와 조직에 성공적으로 적응하기 위해서 피드백을 통해 행동이나 수행이 적절한지 지시받고 조정해야 한다. 그리고 업무와 관련이 없는 행동이 용인되는지에 관한 사회적 피드백도 필요하다.

Chao et al.(1994)은 기존의 조직사회화 내용을 제시한 연구들이 내용면에서 중복되고 실증적인 연구가 이루어지지 않았다는 점을 비판하면서 조직사회화의 영역으로 여섯 가지를 제시하였다. 첫째, 직무영역에서의 숙련 정도이다. 둘째, 사람영역에서 조직구성원들과 원만한 업무관계를 구축하는 것이다. 셋째, 정치영역으로 공식적이고 비공식적인 업무관계와 조직 내의 권력구조에 관한 정보를 성공적으로 얻는 것과 관련된다. 넷째, 언어영역이다. 이는 전문적인 기술용어는 물론이고, 조직에서 고유하게 쓰이는 약자, 속어, 은어 등을 아는 것을 의미한다. 다섯째, 조직의 목표와 가치를 아는 것이다. 여섯째, 역사영역으로 조직의 전통, 관습, 신화, 의식을 알게 되는 것이다. 개인은 이러한 지식들을 통하여 특정 상황에서 어떤 행동이 적합한지를 알게 된다.

한편 조직사회화는 내용적 결과뿐만 아니라 그것에 의한 또 다른 결과로서 행동적 결과를 제시하고 있다. Reichers(1987)는 신규 구성원과 기존 구성원의 상호작용적 적극성이 조직사회화의 속도를 높인다고 하면서, 결과변수로서 상황적 정체성 수립, 적절한 역할행동 획득, 업무기술과 능력의 개발, 작업집단의 규범과 가치에 적응, 조직의 규범·관습·절차에 대한 의미부여 등을 일차적으로 보았고, 궁극적으로는 만족도와 몰입도에 영향을 미친다고 하였다. 후자의 궁극적 변화는 행동적 변화로서 태도의 변화를 일컫는데, 흔히 적응의 개념으로 이해된다.

Feldman(1981)은 조직사회화 과정으로 발생한 행동적 변화를 측정하는 변수로, 역할과업 수행, 지속적 체류 여부, 자발적인 혁신과 협동을 들고 있다.

Ostroff & Kozlowski(1992)는 결과변수로 조직적응, 직무만족, 조직몰입, 이직의도 등을 들고 있다. 하지만 직무만족, 조직몰입, 이직의도 등은 다른 요인들의 영향이 개입할 여지가 많아 직접적 결과변수로서 조직적응이 가장 설득력이 높다고 하였다.

Chao et al.(1994)은 조직사회화를 조직에서 경력을 유지하는 동안 계속하여 발생하는 과정으로 보았다. 따라서 경력 효과성을 조직사회화의 결과로 사용하였다. 경력 효과성 변수는 수행, 태도, 적응성, 정체성으로 세분화된다. 수행은 급여나 지위수준으로, 경력 태도는 직무만족, 직무개입, 경력몰입 등으로 측정된다. 한편 적응성은 개인이 조직의 요구 변화에 대한 적응도를 측정하는 변수이다. 마지막으로 정체성은 개인에게 가장 중요한 것으로 개인이 수행하는 모든 사회적 역할이 얼마나 잘 통합되었는가를 측정하는 변수이다.

Adkins(1995)는 조직사회화 과정에서 과업수행능력, 업무역할 명료성, 자신의 직무에 대한 조직의 현실적 기대, 직무와 관련 대인관계 등의 개발정도와 직무성과, 직무만족, 조직몰입 및 이직의도 등의 관계를 고찰하였다.

이상의 논의를 종합해 보면, 조직사회화의 결과는 내용적 결과와 행동적 결과로 나뉜다. 조직사회화 과정에서의 내용적 결과는 직무와 관련된 기술과 능력, 역할 관련 능력이나 인식, 조직차원의 가치와 지식, 구성원과의 관계적 측면으로 구분될 수 있다. 한편 행동적 결과는 직무만족, 조직몰입, 이직의도, 직무성과, 경력몰입 등과 같은 것으로 요약된다. 이러한 내용적 결과와 행동적 결과는 각각 직접 효과(proximal outcomes)와 간접 효과(distal outcomes)로 구분될 수 있다. 직접 효과는 조직사회화 과정에서의 변화와 학습에 대한 직접적 결과로 각 영역에 대한 숙련 정도를 의미한다(Feldman, 1981). 즉 조직사회화에 의한 학습의 직접적 결과라고 할 수 있다. 이러한 반면에 간접 효과는 조직사회화에 의한 학습의 간접적 결과이다. 학습이 일어난 후의 적응 정도 혹은 적응상태와 같은 태도적 변화를 말하는 것이다(Kammeyer-Muller & Wanberg, 2003). 따라서 직접 효과는 간접 효과에 영향을 미친다.

〈표 2-2〉 조직사회화의 결과

	내용적 결과(직접 효과)	행동적 결과(간접 효과)
Louis (1980)	역할관련 능력 조직가치 조직문화	-
Fisher (1986)	조직문화 · 가치 · 목표 작업집단에의 학습(가치 · 규범 · 인간관계) 직무관련기술 · 지식 개인적 변화(소속감 · 자아상 · 동기구조)	-
Reichers (1987)	상황적 정체성 역할행동 업무기술 · 능력 작업집단의 규범 · 가치 조직규범 · 관습 · 절차	만족도 몰입도
Feldman (1988, 1981)	업무관련기술 · 능력, 조직의 실행 · 정책 · 절차 작업집단적응	역할 과업 수행 지속적 체류 여부 자발적 혁신과 협동
Ostroff & Kozlowski (1992)	과업부문(과제이해 · 기구숙련) 역할부문(역할명료성) 집단부문(규범 · 가치 · 동료관계) 조직부문(시스템, 리더십, 조직사명, 조직언어 이해)	직무만족 조직몰입 이직의도
Morrison (1993)	직무관련지식 역할명료성 조직문화 · 가치	-
Chao et al. (1994)	직무숙련 원만한 업무관계 조직의 언어 조직 가치와 목표 조직의 역사	급여나 지위수준 직무만족 직무개입 경력몰입 적응성 정체성
Adkins (1995)	과업수행능력 업무역할 명료성 자신의 직무에 대한 조직기대 직무관련 대인관계	직무성과 직무만족 조직몰입 이직의도

| 미주 |

1 이 장은 장원섭 외(2007). <대졸 청년층의 직장생활 적응능력 향상 연구(한국고용정보원)>의 이론적 배경 중 일부를 발췌하여 정리한 글이다.

2 '사회적 지지'는 스트레스 수준이 높은 상황에서 제공되는 타인의 도움 혹은 지지를 의미한다(Nelson, 1987).

김성길(2004). "배움" 공동체의 가능성 탐색을 위한 연구. **미래교육연구**, 17(2), 15-33
김성길 · 이승희 · 박근호(2004). 학교교육의 문제점과 생태학적 "배움 공동체"의 대안적 성격 고찰. **동서철학연구**, 34, 95-115.
김수원(2005). 기업의 학습공동체 구축을 위한 이론적 분석. **미래연구**, 3(1), 3-23.
김한얼 · 이진규(1993). 조직사회화과정에서 멘토의 역할. **경영학연구**, 22(2), 269- 294.
박경규 · 윤종록(1996). 신입사원의 조직사회화 전략. 한국경영학회 발표논문집. 서울: 한국경영학회, 303-341.
박경규 · 윤종록(1998). 신입사원의 조직사회화에 대한 종단적 연구. KRF 연구결과 논문. 서울: 한국경영학회.
박경규 · 윤종록 · 임효창(1999). 신입사원의 조직사회화에 대한 종단적 연구. **인사조직연구**, 7(1), 43-82.
배성현(1997). 조직사회화 전략과 결과변수의 관계. **인사관리연구**, 21(1), 179-210.
오석영(2011). 구조적, 환경적 품질경영활동이 조직학습활동과 기업성과에 미치는 영향 -KOSPI 상장 제조업 중심으로. **직업능력개발연구**, 14(1), 75-100.
옥주영 · 탁진국(2003). 개인과 환경변인이 조직사회화에 미치는 영향. **한국심리학회지: 산업 및 조직**, 16(1), 1-18
이영만 · 박동섭(2010). 배움의 공동체의 인식론적 배경탐구. **초등교육연구**, 23(1). 83-209.
장원섭 · 김민영 · 윤지혜(2009). 실행공동체 공식화가 조직학습에 미치는 영향. **직업교육연구**, 28(3), 209-228
정윤호 · 심원술 (2004). 인구통계학적 특성에 따른 조직구성원의 조직몰입의 차이에 관한 연구. **인적자원개발연구**, 6(2), 95-121
최항석(2005). 배움으로서의 여가에 관한 연구. **한국교육**, 32(4). 267-279.
한준상(1999). **호모 에루디티오**. 서울: 학지사.
한준상(2001). **학습학**. 서울: 학지사.
Adkins, C. L. (1995). Previous Work Experience and Organizational Socialization: A Longitudinal Examination. *Academy of Management Journal, 38*(3), 839-862.
Argyris, C., & Schön, D. A. (1978). *Organizational Learning: A Theory of Action Perspective*. Reading, MA: Addison-Wesley.
Bapuji, H., & Crossan, M. (2004). From Questions to Answers: Reviewing

Organizational Learning Research. *Management Learning, 35*(4), 397-417.

Bontis, N., Crossan, M., & Huallnd, J. (2002). Managing an Organizational Learning System by Aligning Stocks and Flows. *Journal of Management Studies, 39*(4), 437-469.

Bouncouvalas, M. (1988). An Analysis and Critique of the Concept Self in Self-directed Learning: Toward a More Robust Construct for Research and Practice. in *Proceedings of the Transatlantic Dialogue Research Conference.* (pp. 55-61). Leeds, England: School of Continuing Education, University of Leeds.

Brown, J. S., & Duguid, P. (1991). Organizational Learning and Communities-of-Practice: toward a Unified View of Working? *Organization Science, 2,* 40-57.

Brown, J. S. and P. Duguid (2000). Organizational Learning and Communities-of-Practice: Toward a Unified View of Working, Learning, and Innovation. in *Strategic Learning in Knowledge Economy: Individual, Collective, and Organizational Learning Process.* edited by R. Cross and S. Israelit. Boston: Butterworth Heinemann. pp. 143-165.

Burt, R. S. (1983). Range. In Burt, R. S., & Minor, M. J. (Ed.). *Applied Network Analysis: A Methodological Introduction.* Sage Publications. pp. 176-194.

Chao, G. T., O'Leary-Kelly, A. M., Wolf, S., Klein, H. J., & Gardenr, P. (1994). Organizational Socialization: Its Content and Consequences. *Journal of Applied Psychology, 79,* 730-743.

Coopey, J. (1995). The Learning Organization, Power, Politics and Ideology Introduction. *Management Learning, 26*(2), 193-213.

Crossan, M., Lane, H., & White, R. E. (1999). An Organizational Learning Framework from Intuition to Institution. *Academy of Management Review, 24*(3), 522-537.

Cummings, T. G. & Worley, C. G. (2008). *Organization Development & Change* (9th ed.). OH: South-Western.

Driscoll, M. (2000). *Psychology of Learning for Instruction.* Needham Heights, MA: Allyn & Bacon.

Easterby-Smith, M., Snell, R., & Gherardi, S. (1998). Organizational Learning: Diverging Communities of Practice? *Management Learning, 29*(3), 259-272.

Feldman, D. C. (1976). A Contingency Theory of Socialization. *Administrative Science Quarterly, 21,* 433-452.

Feldman, D. C. (1981). The Multiple Socialization of Organization Member. *Academy of Management Review, 6*(2), 309-318.

Feldman, D. C. (1988). *Managing Careers in Organizations*. Glenview, IL: Scott, Foresman.

Fisher, C. D. (1986). Organizational Socialization: AN Integrative Review. Research in *Personnel and Human Resources Management Review, 4*, 101-146.

Garvin, D. (1993). Building a Learning Organization. *Harvard Business Review, 71*(4), 78-91.

Gleick, J. (1987). Chaos: *The Making of a New Science*. London: Heineman.

Higgins, M. C., & Thomas, D. A. (2001). Constellations and Careers: Toward Understanding the Effects of Multiple Developmental Relationships. *Journal of Organizational Behavior, 22*, 223-247.

Holton Ⅲ, E. F. (1996). New Employee Development: A Review and Reconceptualization. *Human Resource Development Quarterly, 7*(3), 233-252.

Huber, G. (1991). Organizational Learning: The Contributing Processes and the Literature. *Organizational Science, 2*(1), 88-115.

Ibarra, H. (1993). Personal Networks of Women and Minorities in Management: A Conceptual Framework. *Academy of Management Review, 18*, 56-87.

Ibarra, H. (1995). Race, Opportunity, and Diversity of Social Circles in Managerial Networks. *Academy of Management Journal, 38*, 673-703.

Jones, G. R. (1986). Socialization Tactics, Self Efficacy, and Newcomers' Adjustments to Organizations. *Academy of Management Journal, 29*(2), 262-279.

Kammeyer-Muller, J., & Wanberg, C. R. (2003). Unwrapping the Organizational Entry Process: Disentangling Multiple Antecedents and Their Pathways to Adjustment. *Journal of Applied Psychology*, 779-794.

Kim, D. H. (1993). The Link between Individual and Organizational Learning. *Sloan Management Review, Fall*, 37-50.

Klein, J. I. (1989). Parenthetic Learning in Organizations: Toward the Unlearning of Unlearning Model. *The Journal of Management Studies, 26*(3), 291-309.

Knowles, M. S. (1980). *The Modern Practice of Adult Education: From Pedagogy to Andragogy* (2nd ed.). New York: Cambridge Books.

Kuchinke, K. P. (1998). Moving beyond the Dualism of Performance Versus Learning:

A Response to Barrie and Pace. *Human Resource Development Quarterly, 9*(4), 377-384.

Kuchinke, K. P., Cornachioneb, E. B., Oh, S-Y, & Kang, T. (2010). All Work and no Play? The Meaning of Work and Work Stress of Mid-level Managers in the United States, Brazil, and Korea. *Human Resource Development International, 13*(4), 393-408.

Lave, J. & Wenger, E. (1991). *Situated Learning: Legitimate Peripheral Participation.* Cambridge University Press.

Lesser, E. L. (2000). Leveraging Social Capital in Organizations. In Lesser, E. L. (Ed.). *Knowledge and Social Capital: Foundations and Applications.* MA: Butterworth-Heinemann, pp. 3-16.

Linderman, K., Schroeder, R. G., Zaheer, S., Liedtke, C., & Choo, A. S. (2004). Integrating Quality Management Practices with Knowledge Creation Processes. *Journal of Operation Management, 22*, 589-607.

Louis, M. R. (1980). Surprise and Sense Making: What Newcomers Experience in Entering Unfamiliar Organizational Settings. *Administrative Science Quarterly, 25*, 226-251.

March, J. G. (1991). *Exploration and Exploitation in Organizational Learning. Organization Science, 2*(1), 71-87

McLellan, H. (1996). Situated Learning: Multiple Perspectives. In McLellan (Ed.), *Situated Learning Perspective.* Englewood Cliffs, NJ: Educational Technology. 5-17.

Merriam, S. B., Caffarella, R. S., & Baumgartner, L. M. (2007). *Learning in Adulthood: A Comprehensive Guide* (3rd ed.). San Francisco: Jossey-Bass.

Mezirow, J. (2000). Learning to Think Like an Adult: Core Concepts of Adult Learning Theory. InJ. Mezirow (Ed.), *Learning as Transformation: Critical Perspectives on a Theory in Progress.* San Francisco: Jossey-Bass.

Morrison, E. W. (1993). Newcomer Information Seeking: Exploring Types, Modes, Sources, and Outcomes. *Academy of Management Journal, 36*(3), 557-589.

Morrison, E. W. (2002). Newcomers' Relationships: The Role of Social Network Ties During Socialization. *Academy of Management Journal, 45*(6), 1149-1160.

Nelson, D. L. (1987). Organizational Socialization: A Stress Perspective. *Journal of Occupational Behavior, 8*, 311-324.

Nonaka, I. (1994). A Dynamic Theory of Organizational Knowledge Creation. *Organization Science, 32*(1), 7-23.

Nonaka, I. (1994). A Dynamic Theory of Organizational Knowledge Creation. *Organization Science, 5*(1), 14-37.

Ostroff, C. & Kozlowsi, S. W. (1992). Organizational Socialization as a Learning Process: The Role of Information Acquisition. Personnel Psychology, 45(4), 849-874.

Pedler, M., Burgoyne, J. and Boydell, T. (1991). *The Learning Company. A Strategy for Sustainable Development*. London: McGraw-Hill.

Polanyi, M. (1967). The Tacit Dimension. New York: Anchor Books

Prieto, I. M., & Revilla, E. (2006). Learning Capability and Business Performance: a Nonfinancial and Financial Assessment. *The Learning Organization, 13*(2/3), 166-185.

Reichers, A. (1987). An Interactionist Perspective on Newcomer Socialization Rates. *Academy of Management Review, 12*(2), 278-287.

Saint-Onge, H., & Wallace, D. (2003). *Leveraging Communities of Practices for Strategic Advatage*. New York: Butterworth Heinemann.

Saks, A. M. & B. E. Ashforth (1997). Organizational Socialization: Making Sense of the Past and Present as a Prologue for the Future. *Journal of Vocational Behavior, 51*, 234-279.

Schein, E. H. (1978). *Career Dynamics: Matching Individual and Organizational Needs*. Reading, MA: Addison-Wesley.

Senge, P. M. (1990). *The Fifth Discipline: the Art and Practice of the Learning Organization*. New York: Doubleday Currency.

Van Maanen, J., & Schein E. H. (1979). Toward a Theory of Organizational Socialization. In Staw, M. B. (Ed.). *Research in Organizational Behavior*, 1, 209-264.

Vera, D., & Crossan, M. (2004). Strategic Leadership and Organizational Learning. *Academy of Management Review, 29*(2), 222-240.

Vissor, J. (2000). Rethinking Learning: Implications for Policy, Research and Practice. In M. Jain, & S. Jain (Ed.), *Unfolding Learning Societies: Challenges and Opportunities*. India: Shikshantar.

Vissor, M. (2007). Deutero-learning in Organizations: A Review and a Reformulation. *Academy of Management Review, 32*, 659-667.

Wanous, J. P., Reichers, A. E., & Malik, S. D. (1984). Organizational Socialization and

Group Development: Toward an Integrative Perspective. *Academy of Management Review, 9*(4), 670-683.

Wenger, E., McDermott, R., & Snyder, W. M. (2002). *Cultivating Communities of Practice*. Boston: Harvard Business School Press.

Windeknecht, K. & Delahaye, B. L. (2004). A Model of Individual and Organisational Unlearning. in *Proceedings 18th Annual Conference of the Australian and New Zealand, Academy of Management*.

PART

Ⅱ

실행공동체 (CoP)

3 실행공동체의 개념과 이론

실행공동체(Community of Practice, CoP)라는 용어는 Lave & Wenger(1991)의 저서인 ≪상황학습≫에서 처음 사용되었다. Lave & Wenger는 도제제도에서 어떻게 학습이 일어나는가에 대한 연구를 통해서 학습의 상황성(situatedness)이라는 개념을 제시하였다. 또, 학습은 실행공동체에 합법적 주변 참여(Legitimate Peripheral Participation, LPP)를 함으로써 일어난다고 하였다. 이 장에서는 실행공동체와 관련된 각각의 개념들을 살펴보기로 한다.

실행공동체의 개념

학습의 상황성

학습에 대한 전통적인 관점은 학습을 주어진 지식의 내면화 과정으로만 보았다. 반면 학습에 대한 상황적 관점은 학습을 '학습이 발전하고 활용되는 활동, 맥락, 그리고 문화의 산물'(Brown et al., 1989)로 파악하는 것이다. 상황적 관점은 학습이 강화뿐만 아니라 사회적 환경 속에서 발생하는 관찰(Merriam & Caffarella, 1999)을 통해서도 발생한다고 본다. 이와 같은 관점은 관찰학습, 사회적 학습, 상황적 학습의 논의 속에서 발견된다.

관찰학습이론은 행동주의의 자극－반응이론과 강화이론을 바탕으로, 학습자는 자신이 관찰한 것을 모방하게 되고 이를 통해 강화를 받는다고 하였다. 관찰학습은 학습을 행동주의적인 관점에서 파악하고 있다는 한계가 있다. 사회적 학습이론은 관찰학습을 바탕으로 Bandura(1977)에 의해 본격적으로 발전하였다. 그는 학습자가 환경이나 행동에 영향을 미치는 것과 마찬가지로 환경 역시 학습자와 행동에 영향을 미치게 된다고 보았다. 학습을 파악하는 데 있어 결과적인 행동보다는 관찰 속에 포함된 인지적 과정에 초점을 맞추었다.

상황학습이론은 Lave와 Wenger에 의해 발전하게 되었다. Lave & Wenger에 의하면 학습은 세계에 대한 사실적인 지식을 단순히 수용하는 것이 아니다. 상황학습은 지식이 상황적인 것으로 학습자의 삶 속에 통합되어 있다고 본다. 학습은 상황 맥락적인 지식을 습득하고 적용해 가는 사회적 실습의 산물이기에 주어진 사회적, 역사적 상황 및 활동 문화의 영향을 받는다. 따라서 이 관점에 따르면 상황화되지 않은 행동이란 없으며, 일반적인 지식마저도 특수한 상황에서만 일반성을 획득할 수 있다(Lave & Wenger, 1991).

이제 막 직업을 갖게 된 사람이 한 명의 독립된 직업인으로서 기능할 수 있게 되기 위해 어떤 과정을 거치는지 생각해보자. 먼저 그 직업에서 요구되는 다양한 작업들을 하는 방법을 알아야 할 것이다. 이때, 그 직업에서 요구되는 다양한 작업들은 무엇이고, 사용되는 도구들의 이름은 무엇이며 어떻게 작동하는가에 대한 일반적인 지식은 직접 일을 하는 데 별로 소용이 없을 것이다. 그보다는 '왜 그 작업을 하는가', '그 작업을 할 때 특별히 조심해야 할 것은 무엇인가', '그 이유는 무엇인가', '그 작업은 다른 작업과 어떤 관련이 있는가', '내가 하는 일이 다른 사람들의 일에는 어떤 영향을 미치는가'와 같은, 일이 돌아가는 큰 그림을 알아야 한다. 이처럼 일을 둘러싼 전체의 맥락을 파악해야만 문제가 생겼을 때 어느 부분을 뜯어봐야 할지, 어떻게 하면 같은 일을 해도 힘과 시간을 덜 들이고 할지를 알 수 있을 것이다. 전문가로서의 이러한 일종의 '지혜'를 터득하는 것은 '이 도구는 무엇이다'라고 말할 수 있다거나 '이 재료는 몇 분 가열해야 된다'는 식의 단편적인 지식을 학습하는 것과는 다르다. 일이 행해지는 전체 상황에 대해 이해를 해야 진정으로 일을 배웠다고 할 수 있다.

합법적 주변 참여

그렇다면 개인은 어떻게 필요한 지식과 기술을 학습하고 일을 둘러싼 맥락을 파악하는가? Wenger(1998)는 사회적 실천 속에 참여하는 것이 학습하는 가장 중요한 방법이라고 주장하였다. 그 과정은 합법적 주변 참여로 설명된다.

일을 처음 시작한 개인은 그 일을 하는 사람들의 공동체에 소속되며, 먼저 그 일을 시작해서 해 온 사람들이 일을 하는 것을 보고 듣고 배우게 된다. 아직은 일을 배우고 있는 입장이기에 일에 대한 완전한 책임을 지지는 않으면서도 일의 일부를 거들거나 직접 해볼 기회가 주어진다. 점차 많은 일을 직접 하면서 일하는 방법을 배우고 자신감을 가지게 된다. 처음에 공동체의 주변인으로 있으면서 어깨 너머로 일을 배우는 입장이었다면, 이제는 자기 몫을 하면서 자기 목소리를 낼 수 있는 공동체의 중심부로 이동해 가는 것이다.

Lave와 Wenger는 합법적 주변 참여를 교육형태나 교수전략, 또는 교수기법이 아니라 학습을 이해하는 관점이라고 하였다. 학습은 초보자가 합법적 주변 참여를 통하여 공동체의 사회문화적 실행 속에서 완전한 참여(full participation)로 나아가는 과정이다. 첫째, 합법적 주변 참여에서의 합법성이란 공동체에 참여해도 좋다는 것을 인정받은 것을 의미한다. 합법성은 학습이 발생할 수 있는 필요조건이다. 둘째, 주변성이란 공동체에 깊이 관여하는 참여가 아닌 '약간 발만 담그는 정도'의 참여를 의미한다. 주변성은 초보자가 공동체에 참여할 수 있도록 하는 열린 공간을 제공한다. 공동체에서 주변이라고 정해진 위치는 없지만 약간 발을 담그는 수준에서 완전히 물속으로 걸어 들어가는 식으로 완전한 참여로 나아가는 시작점을 제공한다.

이처럼 상황학습이론에서 참여를 중요시하는 것은 학습 상황에서 대처하는 능력과 실제 상황에서 작업을 수행하는 능력 사이에 차이가 있다고 보기 때문이다. 제아무리 뛰어난 학습자라고 해도 아직은 학습자로서의 전문가일 뿐, 작업을 수행하는 기능 자체를 학습하였다고 볼 수는 없다는 것이다.

여기까지 정리하면, 학습은 학습을 둘러싼 특정 상황 및 사회적 관계와 분리될 수 없으며, 학습을 위해서는 자신이 하는 일에 대한 이해를 공유하는 공동체에 참여해야 한다. 이제 일을 학습한다는 것이 무엇인가를 본격적으로 논의하기 위해서 앞에서 설명한 공동체로 초점이 이동된다.

실행공동체

Lave & Wenger(1991)는 합법적 주변 참여의 대상인 공동체를 개인들이 어떤 일을 하는가, 그 일의 의미가 무엇인가에 대한 공유된 이해를 바탕으로 하는 하나의 시스템으로 보았다. 공동체라는 관계의 시스템 속에는 상황 특수적인 지식이 내재되어 있다. 공동체에 참여해도 좋다는 허가를 얻은 초보자들은 공동체 내에 스며들어 있는 잠재적인 교육과정을 학습함으로써 완전한 참여에 이르는 방향으로 나아가기 시작한다. 즉, 초보자들은 공동체 내에서 전체적인 업무가 무엇이며 학습해야 할 것이 무엇인가에 대한 관점을 개발하게 된다.

제록스 복사기 수리기사들의 비공식적인 상호작용이 이와 같은 공동체 내부에서 일어나는 학습의 대표적인 사례이다. 제록스 복사기 수리기사들은 식사를 하거나 카드 게임을 하고 대화하는 중에 최신 노하우를 공유하고 문제를 해결하는 방법에 대한 조언을 구한다. 수리기사들은 장애상황을 해결할 때 공식 문서보다는 다른 수리기사들과의 비공식적 상호작용을 통해 얻은 아이디어를 활용하는 것이 발견되었다(Orr, 1996).

Wenger는 실행공동체를 "동일한 관심사와 일련의 문제, 어떤 주제에 대한 열정을 공유하고 있으면서, 지속적으로 상호작용하는 과정을 통해서 이 분야에 대한 지식과 전문성을 보다 깊이 있는 것으로 만들어가는 사람들의 집단"이라고 정의하였다(Wenger et al., 2002). 간단히 실행공동체를 동일한 관심사를 가진 사람들이 일을 배우고 익히는 모임이라고 볼 수 있다. 흔히 보는 스터디 그룹과 다른 점은 실행공동체에서의 학습의 초점은 일반적인 지식이 아니라 상황적인 관점에서 본 실행이라는 점이다.

연구자에 따라 실행공동체의 개념을 조금씩 다르게 정의하고 있다. 실행공동체는 일상적인 업무활동 속에서 자연스럽게 이루어지는 모든 업무수행방식에 생명을 불어넣고 창조물이 발생할 수 있도록 지원하는 집단(Brown & Duguid, 2000), 공통의 미션과 목적으로 묶여 전문기술을 공유하는 사람들의 집단(Hasanali 외, 2002)이다. 실행공동체는 조직구성원이 전문분야(직무), 기술(skill) 혹은 관심주제를 매개로 결합하는 가상조직으로서, 특정 전문분야나 비즈니스 목표에 대한 지식, 아이디어와 경험을 생성, 수집, 공유, 활용, 공헌함으로써 업무수행에 도움을 받고 문제를 해결하며 업무수행능력을 향상시키는 주체이다(박혜영, 2002). 실행공동체는 관심사, 문제나 주제에 관한 전문성과 열성을 공유하고 지속적으로 상호작용을 통하여 이 분야에서 자신의 지식과 전문성을 높이는 사람들의 집단(주용국 · 김수원, 2003), 구성원들의 자발적 참여의지에 따라서 학습한 주제, 학습과정에서 습득한 통찰력이나 독특한 경험 등을 공유하는 가운데 지식을 창출하고 이를 다시 실천현장에 적용하는 일종의 공동체(유영만 · 이선, 2004)로도 설명된다.

실행공동체라는 용어는 새로운 것이지만 실행공동체 자체는 분임조 활동, 자율주도팀, 품질분임조 등 여러 형태로 존재해 왔다(박혜영, 2002). 국내에서는 실행공동체, 실천공동체, 학습공동체 등의 용어가 사용되고 있으며, 기업에서는 주로 CoP라고 불리고 있다.

실행공동체 이론

실행공동체의 구조적 요소

실행공동체의 세 가지 구조적 요소는 지식의 분야(domain of knowledge), 그 분야에 관심을 가진 사람들의 공동체(community), 그들이 공유하는 실행(shared practice)이다(Wenger et al., 2002). 첫째, 실행공동체의 분야는 공통의 이해 기반과 정체성을 만드는 것이다. 실행공동체가 관심을 가지는 분야가 무엇인가를 잘 정의하여야 실행공동체의 구성원과 이해관계자들에게 실행공동체의 목적과 가치를 확인시켜 합법적인 지위를 획득하도록 할 수 있다. 구성원의 학습을 촉진하고 그들의 활동에 의미를 부여하며 실행공동체에 참여하도록 하는 것이 바로 그들이 관심을 가진 분야이다. 둘째, 공동체는 학습이 일어나는 사회적 관계를 창조한다. 신뢰에 바탕을 둔 상호작용 관계하에서 구성원들은 자신들이 모르는 것이 무엇인지 드러내어 질문하고, 아이디어를 공유할 수 있다. 학습이라는 지적인 과정에는 소속감이 중요하게 작용하기 때문에 공동체가 중요하다. 셋째, 실행이란 공동체 구성원들이 개발하고 공유하며 유지하는 구체적인 지식으로, 공유하는 생각의 틀, 아이디어, 도구, 정보, 양식, 언어, 이야기, 문서들의 집합이다. 이들 세 가지 구조적 요소가 함께 잘 작용할 때 실행공동체의 구조 모형을 형성한다.

실행공동체에서의 지식의 분야, 공동체, 실행은 각각 머리, 가슴, 손으로 비유할 수 있다. 학습은 머리에서만 일어나는 것이 아니라 공동체에 소속감을 가지고 직접 해보는 과정에서 발생한다. 이 가운데 한 가지가 부족하면 지식을 개발하고 공유하는 것이 불가능하다. 지식의 분야가 없다면 공동체는 친목회와 다름이 없을 것이다. 개인들에게 의미가 있는 특정 분야가 조직의 성공과도 관련이 있을 때 실행공동체가 활발하게 활동할 수 있다. 즉, 지식의 분야는 조직과 개인을 연결해 주는 가교 역할을 한다(Wenger et al., 2002). 한편, 공동체의 요소가 없다면 효과적인 지식구조가 성립되지 않을 것이다. 실행공동체는 업무 가이드나 베스트 프랙티스를 모아 놓은 창고가 아니라 상호작용하고 서로 배우며 인간관계를 쌓아가고 그 과정에서 공동체에 공헌하는 사람들의 모임이다. 동일한 분야에 대하여 동일한 시각을 가지고 있으면서도 문제가 발생했을 때 고유한 관점을 제안할 수 있는 사람들이 모인다면 사회적인 학습시스템이 만들어진다. 공동체 속에서의 상호작용이 한 번으로 그치는 것이 아니라 지속적으로 일어날 때 신뢰를 바탕으로 하는 집단 정체성이 형성된다.

실행공동체의 구성요소가 무엇인가에 대해서는 연구자들마다 조금씩 다르게 설명하고 있다. 다음 〈표 3-1〉에서 보는 것처럼 지식에 해당하는 구성요소(분야), 사람(공동체, 사람)과 실행에 해당하는 구성요소가 공통적으로 발견된다. 정리하면, 실행공동체는 동일한 관심 영역을 가지고 상호작용하는 사람들과 그들이 서로 나누고 만들어내는 지식을 포함한다.

Wenger(1998)에 의하면 실행은 세 가지 차원이 있다. 첫째는 참여자들의 호혜적 관여(mutual engagement)이다. 실행은 객체로서 존재하는 것이 아니라 사람들이 서로 관여하며 상호작용하는 가운데 존재한다. 호혜적 관여를 통해서 실행공동체의 구성원들은 자신의 업무에 있어서의 정체성을 수립하게 된다. 둘째는 실행공동체의 구성원은 일을 추진하면서 서로 협력관계를 유지하고 공동으로 업무를 수행하는 마치 합작사업체(joint enterprise)와 같은 모습을 보인다. 셋째는 공동자산(shared repertoire)의 의미에 대한 해석과 재해석

〈표 3-1〉 실행공동체의 구성요소

연구자(관점)	실행공동체 구성요소		
Wenger et al. (컨설턴트 & 연구자)	분야(Domain) 기초적인 지식과 해당 영역에 대한 이해	공동체(Community) 사람들의 모임과 공동체를 형성하는 역할	실행(Practice) 공동체의 일: 작업, 활동, 학습, 지식 저장소
Lesser et al. (컨설턴트)	사람(People) 정기적으로 공통의 이슈, 관심, 요구에 관해 상호작용하는 사람들	장소(Places) 공동체 구성원에게 만남의 장을 제공하는 면대면, 가상공간	사물(Things) 개인이나 공동체에 의해 집합적으로 생성된 지식의 객체
Saint-Onge & Wallace (지식경영 실행가)	실행(Practice) 상품, 서비스의 제공에 관한 행동을 알려주는 지식, 프로세스, 절차	사람(People) 함께 모여 필요한 역량을 재구축하는 방법을 찾는 실행공동체의 구성원들	역량(Capabilities) 업무수행능력-지식, 기술, 능력, 태도, 브랜드, 프로세스, 관계, 전략-성과 간의 연결

* 출처: Saint-Onge & Wallace (2003). *Leveraging Communities of Practice for Strategic Advantage*, p. 35.

을 통한 조율(negotiation)이다. 실행공동체는 기존의 관행, 용어, 도구, 업무수행방식, 일화, 몸짓, 상징 등을 채택하거나 직접 창출하여 실행의 일부로 만든다. 오랜 시간 동안 구성원들이 활용하면서 변형되고 축적된 공동자산은 업무에 대한 문화적인 맥락을 제공한다.

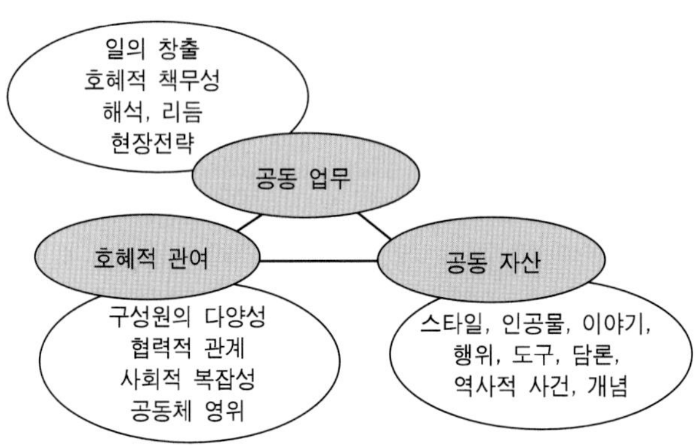

[그림 3-1] 공동체의 속성으로서의 실행의 다양한 차원들

* 출처: Wenger, E. (1998). *Communities of Practice: Learning, Meaning, and Identity*. 손민호 · 배을규 옮김. 지식창출의 사회생태학 실천공동체. p. 118.

실행공동체의 특성

실행공동체의 특성은 공식 부서와 프로젝트팀 등 다른 조직구조와 비교하였을 때 잘 드러난다. 실행공동체와 다른 집단과의 차이점은 다음 〈표 3-2〉와 같다.

〈표 3-2〉 실행공동체와 다른 조직구조의 차이

	실행공동체	공식 부서	사업운영팀	프로젝트팀	관심 커뮤니티	비공식 네트워크
목적	지식 창조, 확장, 교환. 개인의 능력 개발	제품과 서비스 제공	지속적인 운영과 프로세스를 관리	특정 과업의 달성	정보 수집	정보의 수집과 전달, 인맥 구축
참여자	주제에 관한 전문성과 열정에 따라 자발적 참여	그룹 관리자의 보고 라인에 있는 사람들 모두	경영진이 배치함	과업 달성에 역할을 가진 사람들	관심 있는 사람 누구나	친구, 지인, 친구의 친구
경계	불명확	명확	명확	명확	불명확	정의되지 않음
공동체 유지 요인	열정, 헌신, 전문가 그룹에 의한 인정	업무상의 요구사항 및 공동의 목표	운영에 대한 공유된 책임	프로젝트 목표	정보에 대한 접근, 한마음이라는 인식	서로의 필요와 관계
수명	유기적으로 진화하다가 사라짐. (적절한 주제와 상호학습의 가치가 존재하는 한 지속)	영속적으로 존재시키려는 의도로 만들어짐(다음 번 구조개편까지만 지속)	계속해서 존재해야 할 것으로 생각됨(운영이 필요할 때까지만 존재)	정해진 프로젝트 기간이 있음 (프로젝트가 완료되는 시점)	유기적으로 진화하다가 사라짐.	시작과 끝이 없음 (사람들이 서로 연락하고 기억하는 한 존재함)

* 출처: Wenger et al. (2002). *Cultivating Communities of Practice: A Guide to Managing Knowledge*, p. 42.

실행공동체는 실행 네트워크(network of practice)와 비교되기도 한다. 실행 네트워크의 예로 온라인상에 있는 컴퓨터 프로그래밍 언어 사용자 모임의 게시판을 생각해 볼 수 있다. 개인들이 자신의 관심과 필요에 따라 게시판에서 실행과 지식을 공유하지만, 이들은 많은 사용자 집단 중 한 명으로 대부분의 경우 익명으로 존재하며 다른 사용자들과 간접적으로 연결되어 있다. 반면 실행공동체는 직접 얼굴을 마주하며 협상, 대화, 의견 조정 등 긴밀한 상호작용을 통해 고유한 업무방식, 취향, 판단력, 언어 등을 스스로 만들어내고 공유하여 생산적이고 창의적인 공동작업을 전개한다(Brown & Duguid, 2000).

McDermott(1999)는 실행공동체를 활동영역에 따라 세 가지 차원으로 구분하였다. 첫째, 지식유형 차원은 공유되는 지식의 유형이 명시지인가 암묵지인가에 따라 실행공동체의 활동방법이 달라진다는 것이다. 명시적 지식은 분산된 지역에서도 인터넷을 통하여 공유가 가능하다. 암묵적 지식은 면대면이나 개인 간의 교류를 통하여 공유와 창조가 가능할 것이다. 둘째, 결합성은 실행공동체 구성원으로서의 정체성에 관한 것이다. 공동체의 구성원으로서의 자부심, 다른 공동체와의 구별 등에 따라 실행공동체의 활동이 달라질 수 있다. 셋째, 업무관련성은 실행공동체의 지식 영역이나 실행이 업무와 얼마나 연계되어 있는가 하는 것이다.

Wenger et al.(2002)은 실행공동체를 규모, 지속기간, 조밀성 등의 다양한 기준에 따라 구분할 수 있다고 하였다. 규모가 작고 사람들 사이의 관계가 친밀한 실행공동체가 있는가 하면 수백 명으로 구성된 공동체도 있다. 규모가 큰 실행공동체는 주제를 쪼개어 그룹을 나누어 능동적인 참여를 유도하기도 한다. 오랜 기간 지속되는 실행공동체도 있지만 다수는 일시적으로 존재했다가 사라진다. 예를 들어, 어떤 컴퓨터 프로그래밍 언어에 대한 실행공동체는 그 프로그래밍 언어를 대체하는 새로운 언어의 등장에 따라 사라질 수 있다. 기술의 발전과 세계화의 필요성 때문에 광범위한 지역에 분산되어 있는 공동체가 늘어나고 있다. 어떤 실행공동체는 동일한 훈련과정을 거쳤거나, 동일한 역할을 하는 사람들이 모여 동질적인 집단을 이루기도 한다. 서로 다른 배경을 가진 사람들이 모여 이질적인 집단을 이루기도 한다. 실행공동체는 한 가지 사업단위 안에 존재할 수도 있고 여러 개의 부서에 걸쳐서 존재할 수도 있다. 어떤 경우에는 조직의 경계를 넘어 존재할 수도 있다. 조직으로부터의 간섭이나 지원 없이 생기는 실행공동체는 개인의 필요에 의해 자발적으로 모이는 경우이다. 조직에서 전략적인 필요에 의해 의도적으로 개발하는 경우도 있다. 실행공동체는 식별되지 않는 것부터 제도화된 것까지 여러 종류가 있다. 위에서 논의한 실행공동체의 특성을 〈표

3-3〉에서 요약하여 제시하였다.

〈표 3-3〉 실행공동체의 종류에 따른 특성

특성	구체적인 내용
규모	실행공동체의 구성원은 몇 명인가?
지속기간	실행공동체는 얼마나 오랫동안 지속되었는가?
조밀성(지역 동일성)	실행공동체의 구성원들은 여러 지역에 흩어져 있는가, 아니면 주로 같은 지역 사람들인가?
동질성(배경 동일성)	실행공동체의 구성원들은 비슷한 배경을 가진 사람들인가?
경계 내부 또는 외부 (소속 동일성)	실행공동체의 구성원들은 회사의 여러 부문에서 온 사람들인가, 아니면 같은 부서나 사업단위에 있는 사람들인가?
자발적 또는 의도적 구성(설립 주체)	실행공동체는 구성원들이 자발적으로 형성하였는가, 아니면 조직에서 형성하였는가?
식별 불가능에서 제도화까지(가시성)	실행공동체의 식별 가능성과 제도화는 어느 수준인가?
목적	실행공동체의 운영목적은 무엇인가?
지식유형	실행공동체에서의 학습방법은 주로 무엇인가?
결합성(소속감)	실행공동체의 구성원들은 서로 같은 실행공동체에 속해 있다는 느낌이 강한가?
업무관련성	실행공동체의 지식 영역과 실행이 업무와 관련이 많은가?

다음 〈표 3-4〉는 식별이 안 되는 실행공동체부터 제도화된 실행공동체까지 실행공동체의 가시성에 관한 다양한 수준을 보여준다.

〈표 3-4〉 실행공동체의 가시성에 따른 유형

관계	정의	도전 과제
식별이 안 됨 (Unrecognized)	조직의 눈에 보이지 않고 때로는 공동체 구성원들에게조차도 보이지 않음	가치와 한계를 인식하기 어려움. 참여해야 할 사람이 모두 참여하고 있지 않을 수가 있음
몰래 숨어 있음 (Bootlegged)	잘 알고 있는 사람들의 무리에 낀 사람에게만 보임. 비공식적.	필요한 자원을 얻고, 영향력을 행사하고, 계속 숨겨진 채로 있으면서 합법성을 얻어야 한다는 어려움이 있음
합법적임 (Legitimized)	공식적으로 가치 있는 개체라는 인정을 받았음	보다 많은 사람들이 볼 수 있고, 성장속도가 빠르기에 새로운 요구와 기대에 부응해야 한다는 어려움이 있음
지원을 받음 (Supported)	조직으로부터 직접적인 지원이 제공됨	정밀성, 자원과 노력, 시간 사용에 대한 책무성, 단기적인 압력
제도화됨 (Institutionalized)	조직 내 공식적인 지위와 기능이 주어짐	공동체의 정의가 한정되어 있고, 과잉관리가 이루어짐. 쓸모가 없어졌는데도 유지되는 경우

* 출처: Wenger et al. (2002). *Cultivating Communities of Practice: A Guide to Managing Knowledge*, p. 28.

〈표 3-5〉는 온라인 실행공동체(Virtual Community of Practice, VCoP)의 유형 분류 체계이다. Dubé et al.(2006)은 문헌연구와 14개 조직에 있는 18개 온라인 실행공동체 대상의 연구를 통해 실행공동체의 21개의 구조적 성격과 관련 선행 연구를 제시하고 있다.

〈표 3-5〉 온라인 실행공동체의 구조적 특성

실행공동체의 구조적 특성			관련 선행 연구
인구 통계학적 특성	성향	운영적 ↔ 전략적	APQC, 2001; Cothrel & William, 1999; Denning, 1998; Lesser & Everest, 2001; Newell et al., 2003; Storck & Hill, 2000; Wenger & Snyder, 2000; Wenger et al., 2002
	수명	일시적 ↔ 영속적	Wenger et al., 2002
	나이	오래됨 ↔ 신규	Gongla & Rizzuto, 2001; Muller, 2002
	성숙성의 수준	변형단계 ↔ 잠재단계	Gongla & Rizzuto, 2001; McDermott, 2000a; Wenger et al., 2002
조직의 맥락	발생과정	자생적 ↔ 의도적	Brown & Duguid, 1991; Fontaine, 2001; McDermott, 1999; McDermott, 2001; McDermott & O' Dell, 2001; Storck & Hill, 2000; Swan et al., 2002; Wenger & Snyder, 2000; Wenger et al., 2002
	조직 경계의 가로지름	낮음 ↔ 높음	Jarvanpaa & Tanriverdi, 2002; Kodama, 2005; Newell et al., 2003; Pan & Leidner, 2003; Snis, 2002; Storck & Hill, 2000; Swan et al., 2002; Van Baalen, Bloemhof-Ruwaard, & Van Heck, 2005; Wenger & Snyder, 2000; Wenger et al., 2002
	환경	촉진적 ↔ 방해적	Barrett et al., 2004; Cothrel & Williams, 1999; De Long & Fahay, 2000; McDermott, 2001; McDermott & O' Dell, 2001; Swan et al., 2002; Zara, 2004
	조직의 여유	높음 ↔ 낮음	Romanelli & Tushman, 1994; Wenger & Snyder, 2000
	제도화된 형식주의의 정도	인식되지 않음 ↔ 제도화됨	APQC, 2001; Fontaine, 2001; Jarvanpaa & Tanriverdi, 2002; Kautz & Mahnke, 2003; Storck & Hill, 2000; Wenger & Snyder, 2000; Wenger et al., 2002
	리더십	분명히 할당됨 ↔ 계속적 협상	APQC, 2001; Donaldson, Lank, & Maher, 2005; Fontaine, 2001; Gongla & Rizzuto, 2001; Kautz & Mahnke, 2003; Lesser & Everest, 2001; Storck & Hill, 2000
구성원 특성	규모	작음 ↔ 큼	Donaldson et al., 2005; Fontaine, 2001; Gongla & Rizzuto, 2001; Muller, 2002; Plant, 2004; Thompson, 2005; Van Baalen et al., 2005; Von Krogh, 2002; Wasko & Faraj, 2000; Wenger & Snyder, 2000; Wenger et al., 2002; Yap & Bock, 2005
	지리적 분산성	낮음 ↔ 높음	Bagozzi & Dholakia, 2002; Deloitte Research, 2001; Firth, Lawrence & Clouse, 2006; Pan & Leidner, 2003; Wenger & Snyder, 2000; Wenger et al., 2002
	구성원 선택	닫힘 ↔ 열림	Wenger & Snyder, 2000; Plant, 200
	구성원의 입회	자발적 ↔ 의무	APQC, 2001; Barrett et al., 2004; Bagozzi & Dholakia, 2002; Deloitte Research, 2001; Schwen & Hara, 2003; Storck & Hill, 2000; Wasko & Faraj, 2005; Wenger & Snyder, 2000

〈표 3-5〉 온라인 실행공동체의 구조적 특성(계속)

실행공동체의 구조적 특성			관련 선행 연구
구성원 특성	구성원의 사전 공동체 경험	대규모 ↔ 없음	Bagozzi & Dholakia, 2002; Lesser & Everest, 2001; McDermott, 1999; Van Baalen et al., 2005; Wasko & Faraj, 2005
	구성원의 안정성	안정적 ↔ 유동적	Donaldson et al., 2005; Lesser & Everest, 2001; Söderström & Nordström, 2003; Storck & Hill, 2000; Wenger et al., 2002
	구성원의 정보통신기술 리터러시	높음 ↔ 낮음	Adams & Freeman, 2000; Jarvanpaa & Staples, 2000; Kodama, 2005; Susman, Gray, Perry, & Blair, 2003; Zara, 2004
	문화적 다양성 (같은 직업, 언어, 비전)	동질적 ↔ 이질적	Cramton, 2001; Deloitte Research, 2001; Kayworth & Leidner, 2001/2; Pan & Leidner, 2003; Snis, 2002; Wenger et al., 2002
	주제가 구성원에게 적합한 정도	높음 ↔ 낮음	Barrett et al., 2004; Donaldson et al., 2005; McDermott, 1999; Wenger & Snyder, 2000; Wenger et al., 2002
기술적 환경	정보통신기술에 의존하는 정도	낮음 ↔ 높음	Bagozzi & Dholakia, 2002; Deloitte Research, 2001; Donaldson et al., 2005; Jarvanpaa & Tanriverdi, 2002; McDermott, 2001; Millen, Fontaine, & Muller, 2002; Von Krogh, 2002; Wenger & Snyder, 2000
	정보통신 기술의 사용 가능성	매우 다양 ↔ 별로 다양하지 않음	Barrett et al., 2004; Donaldson et al., 2005; DeSanctis et al., 2003; Gongla & Rizzuto, 2001; Johnson, 2001; Lesser & Everest, 2001; Newell et al., 2003; Pan & Leidner, 2003

* 출처: Dubé et al. (2006). Toward a Typology of Virtual Communities of Practice. *Interdisciplinary Journal of Information, Knowledge, and Management* 1, 73-74.

실행공동체의 발달단계

실행공동체는 생명체와 같이 생명주기가 있다(Wenger et al., 2002; Saint-Onge & Wallace, 2003). 실행공동체의 발달단계는 잠재기, 결합기, 성숙기, 관리기, 변형기의 5단계로 나눠볼 수 있다(Wenger et al., 2002). 실행공동체는 대개 느슨한 네트워크로 시작되어 구성원들 간의 인간관계가 쌓이고 그 힘이 융합되어 하나의 공동체로 탄생한다. 실행공동체 구성원들의 정체성이나 공유 지식이 증가하게 된다. 성숙한 실행공동체는 활동이 활발할 때도 있고 저하될 때도 있다. 실행공동체들은 구성원들이 공유하는 지식이나 실행을 관리하고 의식적으로 개발한다. 이러한 과정을 거쳐 실행공동체가 변화하게 된다.

실행공동체의 발달과정을 살펴보면 각 단계마다의 주요 도전과제가 있고, 두 가지 반대되는 경향의 갈등이 나타나는 것을 알 수 있다. 1단계인 잠재기에서는 발견과 상상 간의 균형을 잡는 일이 필요하다. 현재 해당 주제에 대해서 이미 지식을 공유하고 있는 네트워크를 발견하는 동시에, 새로운 아이디어를 공동체에 끌어들여야 한다. 2단계인 결합기에서는 구성원들의 인간관계에 대한 요구와 공동체의 가치에 대한 요구를 동시에 만족시켜야 한다. 3단계인 성숙기에는 최신의 주제 및 전문가들의 상호작용에 초점을 맞춰야 하는 것과 새로운 구성원을 받아들여 확장하는 것 사이의 갈등이 존재한다. 4단계인 관리기에서는 고유한 방법이나 접근의 개발과 새로운 아이디어나 구성원에 대한 개방성 사이에서 갈등을 경험한다. 5단계인 변형기에서는 실행공동체의 경계를 확장함으로써 초점이 흐려지거나 경계를 봉쇄함으로써 공동체가 질식할 위험이 있다. 극적인 사건이나 새로운 구성원의 유입 등 급격한 변형을 거쳐 소멸하거나 잠복기나 성장단계로 되돌아갈 수 있다. 이러한 실행공동체의 발달단계는 1단계에서 5단계까지 순서대로 일어난다고만 할 수는 없다. 공동체의 특성에 따라 순서가 바뀌거나 일정 부분이 반복되어 나타날 수도 있다.

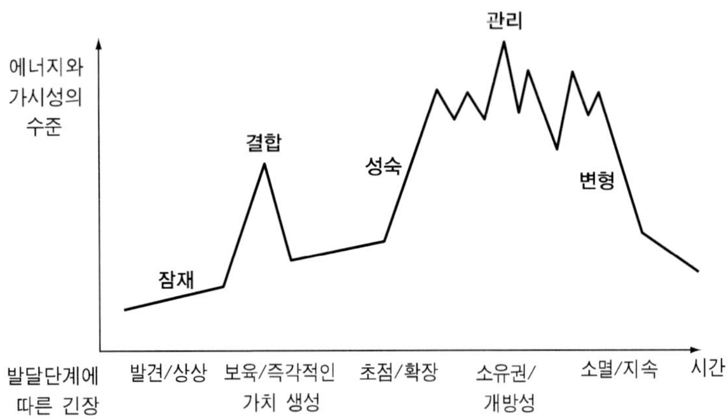

[그림 3-2] 실행공동체의 발달단계

* 출처: Wenger et al. (2002). *Cultivating Communities of Practice: A Guide to Managing Knowledge*, p. 69.

실행공동체에의 참여

실행공동체에 참여하는 동기는 다양하다. 관심 분야의 지식이 증가하는 것을 보고자 하는 사람이 있다. 공동체에 소속됨으로써 얻을 수 있는 상호작용을 기대하는 사람도 있을 것이다. 실행에 대해 배우고자 하는 사람도 있다. 여러 가지 참여의 원인은 시간이 지나면서 사라지거나 새로 생기기도 한다.

공동체 참여의 정도는 개인이 공동체에서 하는 역할을 기준으로 조정자, 외부인, 공동체 구성원의 세 가지 차원으로 분류할 수 있다(Wenger et al., 2002). 조정자(coordinator)는 이벤트를 조직하고 공동체의 구성원들을 연결하는 역할이다. 외부인(outsider)은 실행공동체의 구성원은 아니지만 공동체의 일에 관심이 있는 사람들이다. 공동체 구성원은 핵심그룹(core group), 활동그룹(active), 주변인(peripheral)으로 나뉜다. 핵심그룹은 공개토론에 적극적으로 참여하는 구성원들로서 공동체의 약 10~15%를 차지한다. 실행공동체의 프로젝트를 맡아 운영하고 해결해야 할 주제를 파악하며 실행공동체를 이끌어간다.

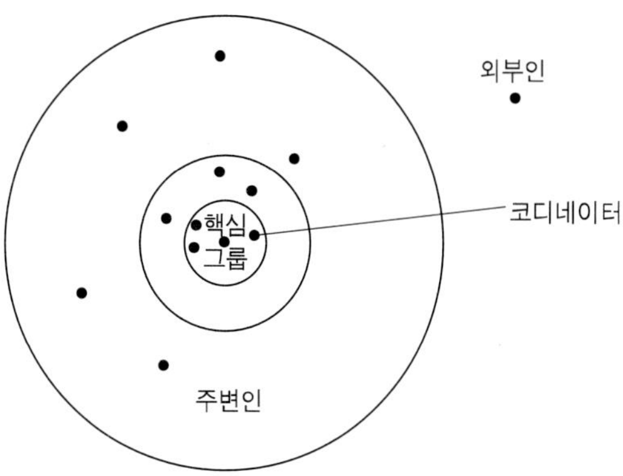

[그림 3-3] 실행공동체 참여의 정도

* 출처: Wenger et al. (2002). *Cultivating Communities of Practice: A Guide to Managing Knowledge*, p. 69.

핵심그룹의 외곽에 있는 활동그룹은 정기적으로 회의에 참석하고 가끔 공개토론회에도 참여하지만 핵심그룹보다 정기적이고 열정적으로 참여하지는 않는다. 실행공동체의 약 15~20%를 차지한다. 대부분의 실행공동체 구성원들은 주변인으로 실행공동체의 활동에 거의 참여하지 않는다. 방관적인 입장으로 핵심그룹과 활동그룹의 상호작용을 지켜본다. 실행공동체에서는 주변적인 활동이 없이는 공동체가 존재할 수 없다. 이들 주변인은 활발하게 참여하기보다는 방관적인 태도를 보이지만 논의가 이루어지는 것을 보면서 통찰을 얻고 유익하고 쓸모 있는 것을 배운다.

실행공동체 구성원은 참여의 구체적인 내용에 따라 여섯 가지로 구별할 수 있다(Saint-Onge & Wallace, 2003). 첫 번째는 논쟁을 유발하는 사람들(sparkers)이다. 이름 그대로 이들은 문제와 불일치를 지적하여 논의의 불꽃을 불러일으키는 사람들이다. 실행과 새로운 접근 사이의 간극을 발견하고 문제를 제기하는 역할을 담당한다. 두 번째는 여러 가지 소리를 합성하듯이 공동체의 의미 창조를 돕고, 맥락을 형성하며 성공과 실패의 윤곽을 잡는 역할을 하는 사람들(synthesizers)이다. 세 번째는 다른 사람들보다 우월한 위치에서 공동체에 공헌을 하는 사람들(sole contributors)이다. 이들은 자신의 사례를 말하고 자신의 상황을 예로서 제시하여 가능성을 보여주지만 타인을 설득하려고 하지는 않는다. 네 번째는 아이디어에 신뢰를 부여하고 자신의 경험으로부터 견해를 강화하는 역할을 하는 증인(witnesses)과 같은 역할을 하는 사람들이다. 다섯 번째는 가장 활발하게 활동하며 실행공동체의 성공에 강한 흥미를 갖고 있는 실행공동체의 챔피언(champions)이다. 여섯 번째는 정기적으로 공동체를 방문하지만 숨어서 엿보기만 하는 사람들(lurkers)이다. 이들은 직접 실행공동체에 공헌을 하지는 않지만 사람들의 의견을 엿보는 것에서 가치를 발견하며, 제공된 자료를 이용한다.

실행공동체를 지원하는 역할은 네 가지로 분류된다(Saint-Onge & Wallace, 2003). 조종사(steering)는 공동체의 구성원이면서 조직에서 리더의 역할을 맡은 사람이다. 정책을 결정하고, 절차를 정의하고, 공동체의 발전을 북돋우는 역할을 한다. 촉진자(facilitator)는 공동체 활동을 조정하고 공동체가 목적을 이루도록 촉진하는 헌신적인 사람이다. 후원자(sponsors)는 실행공동체의 가치를 인식하여 지원과 자원, 격려, 관계를 제공하는 관리자나 중역이다. 경영층의 지지자(management supporters)는 후원자보다 더 큰 범위의 지원자이다.

실행공동체에서의 학습

실행공동체에서의 학습은 단순한 정보 획득 이상이며, 따라서 공동체 구성원들의 성향, 행동양식, 견해 등을 파악해 나가는 과정이 요구된다(Brown & Duguid, 2000). 실행공동체에의 참여는 정체성을 형성해 나가는 포괄적인 학습과정이다(Wenger, 1998). 학습은 삶의 필수적인 부분이며 사회적 실행에의 참여가 학습을 구성하는 중요한 요소이다.

Wenger(1998)는 사회적 학습이론으로부터 학습의 네 가지 구성요소를 의미(경험으로서의 학습), 정체성(변화과정으로서의 학습), 실행(행동으로서의 학습), 공동체(소속됨으로서의 학습)로 정리하였다. 그는 실행공동체에 있어서의 학습의 개념을 개인과 공동체, 조직차원에서 재정의하였다. 개인차원에서는 공동체의 실행에 공헌하는 것이며, 공동체의 차원에서는 실행을 가다듬어 새로운 세대의 구성원을 확보하는 것이다. 조직차원에서 학습은 조직의 지식이 무엇인지 알고 효과적인 조직으로 기능할 수 있도록 상호 연결된 실행공동체를 유지하는 것이다.

실행공동체를 통한 학습이 일어나는 과정은 다음 [그림 3-4]와 같이 도식화할 수 있다. 다중 멤버십학습 사이클은 개인이 실행공동체에 참여하면서 동시에 일상적인 업무를 수행하는 부서나 팀에 소속되어 있는 것을 전제로 한다. 팀이나 부서의 구성원으로서 사람들은 업무수행을 하면서 발견한 문제점을 공동체에 가지고 가서 도움을 받는다. 이때 새로운 해결방안을 일반화하거나 문서로 정리하고, 공동체의 실행으로 통합하는 과정이 일어난다. 그 후 다시 팀으로 돌아가서 문제점에 해결방안을 적용해본다.

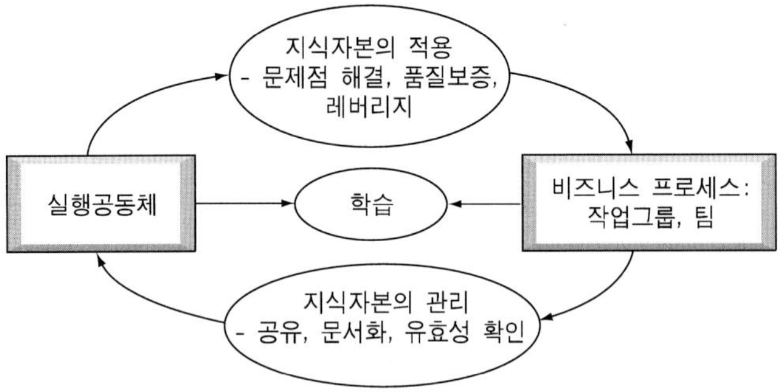

[그림 3-4] 다중 멤버십 학습 사이클

* 출처: Wenger et al. (2002). *Cultivating Communities of Practice: A Guide to Managing Knowledge*, p. 19.

실행공동체의 가치

앞에서 실행공동체에 참여함으로써 개인이 정보를 획득하고, 일하는 방법을 학습하며, 공동체 구성원들의 행동양식을 파악한다고 하였다. 보다 구체적으로 실행공동체 참여가 개인과, 개인이 속한 조직, 그리고 실행공동체에 어떤 이익을 주는지에 대하여 〈표 3-6〉에서 제시하였다.

실행공동체는 조직 내 지식의 창조, 축적, 확산과 관련된 역할을 수행한다. 첫째, 실행공동체는 정보의 교환과 해석이 일어나는 교차점(nodes)이 된다. 둘째, 실행공동체는 지식을 살아 있는 형태로 보유하므로 업무를 처음 담당하는 사람에게 유용한 암묵지를 제공한다. 셋째, 실행공동체는 최신의 지식을 유지하는 데 도움을 준다. 넷째, 실행공동체는 구성원의 정체성 확립에 도움을 준다. 실행공동체는 프로젝트팀보다 영속적이며 업무와 관련한 고유의 언어와 지식을 통하여 응집력을 가지므로 구성원에게 안정감을 제공하고 적응을 돕는다(구경모, 2003).

〈표 3-6〉 실행공동체의 가치

	단기적인 가치	장기적인 가치
조직의 이익	사업 성과의 개선	조직의 능력개발
	문제점 해결의 장	전략적 계획을 실행할 수 있는 능력
	문제점에 대한 신속한 답변 제시	고객에 대한 권위
	시간과 비용 절감	인재 개발, 채용, 유지 능력 향상
	결정의 질적 향상	지식 개발 프로젝트 수행능력 향상
	문제점에 대한 다양한 시각 확보	타 업계 벤치마킹 포럼 형성
	단위 간 통합, 표준화, 시너지효과	지식 기반의 제휴
	전략을 실행할 수 있는 자원	계획에 없었던 능력의 출현
	품질 확신의 강화	새로운 전략 옵션의 발전 능력
	모험을 감수할 수 있는 능력 신장	기술적인 발전 예측 능력
	풍부한 아이디어	부상하는 시장 기회 이용 능력
	혁신을 위한 기회 증가	
	뛰어난 운영 실행의 빠른 확산	
공동체의 이익	특정 역량에 관한 공통의 언어, 방법, 모형 구축을 도움	
	더 많은 사람들에게 지식과 전문기술이 스며들도록 함	
	직원이 회사를 떠나더라도 지식이 남아 있도록 도움	
	사내에서 전문가에게로의 접근을 증가시킴	
	권력을 나누는 수단을 제공하고 조직의 공식적인 부분에 영향을 미침	
공동체 구성원의 이익	업무 경험의 향상	전문가로서의 발전
	도전과제 발생 시 도움	기술 및 전문지식을 확대 포럼
	전문지식에의 접근 용이	지식노동자가 트렌드를 알도록 도움
	개인의 기술과 역량 개발을 도움	전문가로서의 명성 확보
	팀에 기여할 수 있는 기회 확대	시장성 및 고용 가능성 향상
	문제점 접근방식에 대한 자신감	전문가로서의 정체감 강화
	동료들과 함께 있는 재미	공헌할 수 있는 도전과 기회 제공
	의미 있는 활동에 참여하는 자긍심	자기 분야의 발전 속도와 발맞추기 위한 네트워크
	소속감	
	동료와 회사에 대한 안정감 제공	

* 출처: Wenger et al. (2002). *Cultivating Communities of Practice: A Guide to Managing Knowledge.*와 Allee (2000). *Knowledge Networks and Communities of Practice*의 내용을 재구성.

실행공동체는 사업성과나 전문기술 습득처럼 유형의 이익을 가져오기도 하지만 인간관계망, 소속감, 탐구심, 전문가로서의 자신감과 정체성과 같은 무형의 가치를 제공한다. 조직 구성원 간 신뢰나 새로운 아이디어를 활용하는 혁신 가능성, 구성원들 간의 관계, 신뢰, 인정하고 격려하는 조직문화도 실행공동체의 성과에 포함된다(Wenger et al., 2002). 실행공동체를 통해 관계 지향적인 문화가 형성될 수 있다. 공동체 내에서 서로의 관점을 이해하는 동료들을 알게 되고, 관심 있는 집단에 대한 소속감이 형성되기 때문이다.

개인은 실행공동체의 구성원이 되면서부터 사회적 정체성을 발달시킨다. 정체성은 지식과 정보를 받아들이는 방식에 관한 틀을 형성한다. 여기에서 정체성이란 "수직적인 프로세스 관점에서 기업의 한 구성원으로서의 정체성이 아닌, 동료집단의 인정을 받음으로써 형성되는 정체성"을 의미한다(Brown & Duguid, 2000). 빠르게 변화하는 지식경제에서는 구체적인 업무나, 제품보다 지식 영역이 더 안정적이고 지속적인 것이 될 수 있다. 형식적인 조직이 변화할 때 개인에게 안정성을 제공하는 것이 실행공동체이다.

실행공동체 개념의 변화

1991년에 Lave & Wenger가 처음 실행공동체의 개념을 제시하였을 때만 해도 실행공동체는 일하면서 밀접한 접촉을 하는 사람들의 비공식적 집단을 의미했다. 1998년 Wenger가 '실행공동체(Communities of Practice: Learning, Meaning, and Identity)'라는 제목의 책을 저술했을 때에도 사회적 학습, 상황학습의 해석적 관점에서 실행공동체의 개념을 제시하였다. 이후 실행공동체를 보는 관점이 변화하고 있음이 지적된다(Cox, 2005).

지식경영과 온라인 실행공동체

2002년 Wenger와 동료들이 쓴 ≪실행공동체 구축하기(Cultivating Communities of Practice: A Guide to Managing Knowledge)≫를 보면 실행공동체는 가치 있는 것이기 때문에 숨어 있는 실행공동체도 찾아내서 키우고, 실행공동체의 성공을 위해 개입할 수도 있다는 관점이 책의 곳곳에 드러나 있다. 이처럼 실행공동체를 관리할 수 있는 대상으로 보는 시각이 나타난 배경은 여러 가지가 있다. 정보통신기술의 발달, 지식기반 사회의 도래에 따른 지식경영에 대한 관심, 지식경영의 사람중심 관점으로의 변화를 들 수 있다.

지식경제 시대의 도래로 지식이 기업의 경쟁우위의 원천이라는 인식이 팽배하게 되었다. 기업들 사이에서 지식경영과 학습의 중요성에 대한 공감대가 형성되어 많은 기업이 학습조직(Learning Organization), 지식경영시스템(Knowledge Management System, KMS)의 구축 등에 관심을 갖게 되었다. 제2세대 지식경영은 시스템에 의존하였던 과거의 지식경영에서 탈피하여 사람에 집중하게 된다(Sveiby, 1998). 지식에 대한 구성주의적 관점으로의 변화는 자연히 조직 지식의 창출과 공유과정을 촉진하기 위한 학습전략으로서 실행공동체의 가능성에 대한 주목으로 이어졌다. 지식이 인간과 분리되어 객체로서 관리될 수 없음을 깨닫게 되면서(McDermott, 1999) 지식경영에서도 지식의 살아 있는 저장소이며 지식창출의 기지로서의 실행공동체에 관심을 갖게 된 것이다(Allee, 2000; Wenger & Snyder, 2000). 모든 지식은 암묵적인 속성을 갖거나 실행과 관련이 있는 암묵적 지식에 뿌리를 두고 있는데(Polanyi, 1974) 전이가 어려운 암묵적 지식을 가장 잘 공유할 수 있는 방법으로 제시된 것이 사회적 교류를 매개로 하는 학습방식이며 실행공동체가 여기에 해당된다. 이에 기업들은 기존에 갖고 있던 지식경영시스템을 활용하여 실행공동체를 육성시키겠다는 생각을 갖게 되었다. 소수의 사람들이 가진 지식보다는 다수가 가진 정보의 합집합이 더 클 것이라는 생각, 인터넷을 활용하면 이동시간과 모임 장소의 문제가 해결된다는 장점이 온라인 실행공동체(Virtual Community of Practice, VCoP)의 확산을 가져왔다.

실행공동체에 대한 해석적 관점과 성과 및 관리적인 관점

실행공동체를 지식공유와 새로운 지식창출의 도구로 보는 관점은 만들고, 지원하고, 관리해야 할 대상으로서의 실행공동체의 개념을 상정한다. 해석적 관점은 실행공동체를 통해 일어나는 학습현상을 관찰하여 특징을 발견하고, 실행공동체에서의 학습을 방해하는 요인과 학습이 잘 이루어지는 데 갖추어져야 할 조건들을 탐구하는 데 초점을 두었다. 성과 및 관리적인 관점은 실행공동체가 조직과 구성원에게 주는 이익을 강조하고, '성공적인 실행공동체를 만들려면 어떻게 해야 하는가,' '특정 목적을 위한 실행공동체를 어떻게 만들고, 목적을 달성하도록 할 것인가'와 같은 질문을 던진다. 처음 Lave와 Wenger가 제안한 실행공동체의 개념과는 점차 멀어지는 방향으로 실행공동체의 개념 변화를 이끌어왔다. Contu & Willmott(2000)는 어느 하나의 관점이 옳다고 평가할 기준은 없으며, 그래서 오히려 두 관점의 연구들로부터 다양한 지식을 얻을 수 있다고 보고 있다. 이들은 두 관점이 지닌 장점에 대한 논의가 어떠한 지식이 객관적인 진실인가에 대한 인식론적인 의문으로부터 어떠한 이해가 가치가 있는가에 대한 문제로 전환되고 있다고 하였다. 경영학 분야의 지식공유(knowledge sharing)를 주제로 온라인 실행공동체와 실행네트워크 등에 대한 연구가 활발해지고 있다(Chiu et al., 2006; Lin, 2006; Wasko & Faraj, 2005). 이에 따라 실행공동체에서 일어나는 현상들을 수치화, 계량화하여 관리하고자 하는 접근이 증가하고 있다.

전략의 강조

Dubé et al.(2006)의 온라인 실행공동체의 특성 중 첫 번째인 실행공동체의 성향에 따른 분류에서 나타난 전략적인 실행공동체는 고도로 공식화되고 제도화된 실행공동체의 모습을 보여준다. 미국 생산성본부(American Productivity and Quality Center, APQC)는 2001년, 2005년, 2009년에 세 차례의 실행공동체 연구를 수행하여 실행공동체 프레임워크(APQC CoP Framework)를 개발하였다(APQC 2001, 2005, 2009). APQC 프레임워크의 첫 번째 단계는 실행공동체 설계 프로세스로 4개의 요소로 이루어진다: 1) 전략적 포지셔닝, 2) 실행공동체 기획, 3) 설계와 개시, 4) 유지와 발전. 여기에서 실행공동체는 조직의 전략을 위해 의도적으로 만들어지는 것이며, 명확한 설계단계와 시작 시점이 있는 것을 볼 수 있다(Chang, 2010). APQC는 이것을 CoP라고 지칭하고 있지만 실제로는 전략적 실행공동체(Strategic Community of Practice)를 상정하고 있음을 알 수 있다. APQC의 CoP 프레임워크는 미국 기업에 도입되어 활용되고 있다. APQC는 매년 지식경영 컨퍼런스를 열어 기업의 지식경영 및 프로세스 혁신 담당자들에게 CoP 프레임워크를 홍보하고 있다.

HRD와 실행공동체

일은 기본적으로 학습의 과정을 포함한다. 사람들은 일을 하면서 보다 나은 방법을 궁리하고 새로운 해결책을 모색한다. 일을 처음 시작하는 사람들은 업무에 필요한 지식과 기술을 익히고 조직과 작업집단의 문화에 적응해야 한다. 최근 이러한 일과 학습의 관계에서 출발한 실행공동체의 가치가 재조명되고 있다.

실행공동체는 반드시 일터에서 일어나는 학습으로 제한되지는 않지만 실행공동체 개념이 도제제도에서 출발하였다는 점에서 일터학습(Workplace Learning)과의 관련성이 크다. 일터학습은 학습이 일어나는 장소, 사전계획의 정도, 교수자의 역할에 따라 8개의 종류로 나뉜다(Jacobs & Park, 2009). 그 중 하나가 교수자(또는 facilitator)가 수동적 역할을 하고, 업무 장소 밖에서 이루어지는, 구조화되지 않은 학습(unstructured off the job learning, where a trainer or facilitator plays a passive role)이며, 실행공동체는 여기에 속한다.

학습공동체, 실천공동체 등 다양한 명칭으로 불리는 실행공동체는 최근에 주로 기업환경에서 동일한 관심사와 흥미, 열정을 가진 사람들의 집단에 참여함으로써 서로 배우고 익히는 모임을 지칭한다. 실행공동체는 일을 하는 것과 관련된 앎을 구한다는 점에서 단순히 학습만을 위한 모임과는 구별된다. 또, 학습의 내용이 업무매뉴얼과 같은 일하는 방법의 학습이 아니라 일 자체의 학습이라는 점에서 기존의 기업교육 프로그램과 다르다.

HRD 분야에서 실행공동체의 의의는 공식적인 교육 프로그램에 대한 비판으로부터 찾을 수 있다. 많은 학자들이 기업현장에서 일어나는 학습에서 공식적인 교육 프로그램이 차지하는 비중은 크지 않고, 공식적인 교육훈련이 직무성과로 연결되는 정도도 얼마 되지 않는다는 사실을 지적하였다(Day, 1998; Holton & Baldwin, 2003). 일하는 방법에 대한 지식은 실제 수행해야 할 일과 동떨어진 내용을 다루는 경우가 대부분이다. 학습방법도 효과적이지 않은 경우가 많아, 공식적인 교육 프로그램보다는 실행공동체 참여를 통해 이루어지는 업무를 통한 학습(learning-in-working)의 필요성이 제기되었다(Brown & Duguid, 1991).

조직 내 지식이 보다 잘 공유되며, 조직학습을 촉진시키는 데 실행공동체가 적합하다는 주장의 근거로 실행공동체가 조직학습이 이루어지는 데 필요한 세 가지 학습과정을 포함한다는 점이 지적된다(Lave & Wenger, 1991). 첫째, 실행공동체는 합법적 주변 참여를 통한 도제식 학습을 제공함으로써 지식을 내면화시키는 것이 가능하다. 둘째, 실행공동체에서 다른 사람과의 학습을 통해 지식을 표출할 수 있다. 셋째, 실행공동체에서 다른 사람과 공유하여 협력적으로 구축한 지식을 조직 지식으로 내재화시키는 것이 가능하다(Brown & Duguid, 1991). 무엇보다도 실행공동체는 공식적인 교육 프로그램에 비해 자발성과 비공식성이 강하다는 점에서 암묵지의 학습에 효과적이라는 장점을 가지고 있다.

HRD 및 조직학습의 실행공동체에 대한 접근은 경영학의 지식경영 분야와 관심의 초점이 다르다. 지식경영에서 실행공동체에서의 지식 창출의 결과와 그것의 상품화를 통한 부가가치 제고에 초점을 둔다면, 조직학습은 실행공동체에서 학습이 어떻게 일어나며 학습활동이 자연스럽게 일어날 수 있도록 어떻게 조성할 것인가에 관심을 가진다.

국내의 실행공동체 연구는 2000년 이후에 시작되어 그 역사가 길지 않음에도 불구하고 10여 년간 많은 해석적인 연구와 실증적 연구가 진행되었다(고준・엄기용, 2006; 구경모, 2003; 박혜영, 2002; 방유성・이명성, 2000; 유영만・이선, 2004; 이정은・김진모, 2008; 장원섭 외, 2009; 장주희, 2005; 정연순, 2005; 주용국・김수원, 2003). 해석적 연구를 통하여 아직 완전히 밝혀지지 않은 실행공동체 내에서 개인들이 상호작용하고 학습하는 메커니즘을 연구할 필요가 있다. 여러 가지 상황과 조건에 따라 다양한 성격의 실행공동체가 있고, 정보통신기술의 변화와 참여자들의 요구에 따라 앞으로 새로운 방향으로 실행공동체가 변화할 수 있기 때문에, 계속적인 질적 연구가 필요하다고 볼 수 있다. 실행공동체에서 일어나는 지식공유와 학습을 실증적으로 밝히는 것은 현장의 담당자들이 실행공동체의 필요성을 역설하고 더욱 성공적인 실행공동체를 만들기 위한 노력을 하는 데 필요한 근거를 제공할 것이다.

4 실행공동체 공식화와 조직학습[1]

머리말

극심한 변화와 경쟁환경에서 조직의 인적 자원과 지식 자산의 중요성이 더욱더 커짐에 따라 기업은 학습조직화를 위한 여러 가지 전략을 세우고 있다. 그 가운데 하나가 실행공동체(Communities of Practice, 이하 CoP)를 통한 학습조직의 구축이다. CoP의 개념은 Lave & Wenger(1991)의 상황학습이론에서 시작하였다. CoP는 공통의 직무나 관심사에 대한 열정에 의하여 결합된 비공식적인 사람들의 모임(Wenger & Snyder, 2000)으로서 주로 자발적인 학습공동체로 정의되었다. 조직에서 CoP는 구성원들 간의 상호작용을 통한 학습을 강조한다. CoP를 통해 조직 구성원들은 개인적인 학습을 넘어서 공동체 속에서 피드백을 주고받으며 학습하고 그 속에서 지식을 재통합한다(Cross & Baird, 2000). 이렇게 상호작용하고 협동하는 과정 속에서 이루어지는 학습을 통해 지식의 창출과 혁신을 초래하며, 궁극적으로 조직의 성장과 변화를 가능하게 한다(Brown & Duguid, 2000).

최근에는 기존의 자발적이고 비공식적인 CoP뿐만 아니라 조직의 전략적인 사업목적을 달성하기 위해 CoP가 공식적인 형태로도 나타나고 있다(Storck & Hill, 2000). 그러나 조직에 대한 연구들에 기초하여 볼 때, CoP가 공식적인지 또는 비공식적인지는 그 성격과 기능에 있어서 차이를 나타낼 수 있다(이평원, 2001). 즉 CoP의 공식화 여부는 지식공유 태도와 의도 형성에서 차이가 있을 수 있다(전수환 · 김영걸, 2006). 또한 공식화 정도가 커질수록 구성원의 창의성 개발 기회가 적어지고, 학습활동을 지루하게 만들어 배움에의 의욕을 떨어뜨릴 수도 있다(Luthans, 2004). 한 마디로, 조직차원에서 전략적 목적으로 CoP를 공식화할 경우 자연발생적이고 비공식적으로 형성되었던 학습공동체로서 CoP와는 상이한 효과를 나타낼 것으로 보인다.

국내외 많은 연구들이 조직에서 CoP 또는 사람들 사이의 관계 형성을 통한 공동체적 학습에 대해 검토하였다(유지은, 2006; 이은숙 · 정재삼, 2008; 장주희, 2005; Brown & Duguid, 2000, Lave & Wenger, 2000; Wenger, et al. 2000; Wenger & Snyder, 2000). 그러나 그 연구들의 대부분은 CoP의 기능과 성장과정 등에 초점을 맞추었을 뿐, 실제로 공식화된 CoP가 조직에서의 학습 자체에 어떠한 영향을 미치는지에 대해서는 본격적으로 다루지 않았다. 일부 문헌에서 공식적 CoP와 비공식적 CoP의 차이에 대해 설명하였을 뿐(고준 · 엄기용, 2006; 전수환 · 김영걸, 2006), 이에 대한 실증적 연구가 충분히 이루어지지 않았다. 또한 CoP를 조직학습과 관련하여 분석한 연구가 충분하지 않아서, 조직차원에서 CoP와 조직학습의 상관성을 설명하기에는 한계가 있다.

따라서 이 장에서는 조직수준에서 CoP의 공식화가 조직학습에 어떠한 영향을 미치는지를 실증적으로 검토해 보고자 한다. 구체적으로, 첫째, 조직학습과 일반적인 조직의 특성 및 조직의 인적자원관리와 개발활동 간의 상관성을 살펴본다. 둘째, CoP를 공식화한 기업과 그렇지 않은 기업이 조직학습 정도에서 차이가 있는지를 검토한다. 셋째, 조직차원의 CoP 공식화가 조직학습에 어떠한 영향을 미치는지를 분석하고자 한다.

이론적 배경

CoP의 개념과 효과

실행공동체(CoP)는 "동일한 관심사와 일련의 문제 및 어떤 주제에 대한 열정을 공유하고 있으면서, 지속적으로 상호작용하는 과정을 통해서 이 분야에 대한 지식과 전문성을 보다 깊이 있는 것으로 만들어가는 사람들의 집단"을 의미한다(Wenger et al., 2002). CoP에 속한 사람들은 자유롭게 지식과 경험을 공유하고, 창의적인 방식으로 문제에 접근한다(Wenger & Snyder, 2000). 이들은 실행을 공유하면서 자연스럽게 그 안에 녹아든 지식을 체득한다(Brown & Duguid, 2000). CoP를 통해 얻은 지식은 개인의 학습뿐만 아니라 조직생활 적응에도 영향을 미치며, 나아가 조직의 발전에도 기여한다고 주장된다(Wenger et al., 2002).

CoP는 조직과 구성원에게 다양하고 복잡한 방법으로 유익한 가치를 창출한다(Wenger et al., 2002). 단기적으로는 즉시 발생하는 문제점들에 대한 도움을 얻을 수 있고, 당면한 문제해결을 통해 장기적인 전략에 도움을 줄 수 있는 지속적인 실행을 개발하게 된다. 또한 기술개선이나 정보에 따른 신속한 접근이 가져오는 비용절감과 같은 유형의 가치와 신뢰감이나 기업혁신 능력 향상과 같은 무형의 가치를 제공하기도 한다.

Storck & Hill(2000)은 전략적 공동체가 조직에 부여하는 가치에 대해 다음과 같이 여섯 가지로 제시하였다. 높은 질의 지식생산, 놀랄 만한 계획이나 계획 변경의 적음, 비구조화된 문제를 다루는 능력의 향상, 사업본부와 지원부서 간의 지식공유 효율성 증가, 연합된 목표에 기여할 가능성 증대, 개인의 발전과 학습에 있어서의 효과 증대이다.

특히, CoP는 조직 내 지식 창조, 축적, 확산과 관련하여 다음과 같은 역할을 한다(구경모, 2003). 첫째, 공동체 구성원들이 서로의 업무의 이해에 대해 공유하고 있어 정보의 교환과 해석이 일어나는 교점이 된다. 둘째, 지식을 생생하게 살아 있는 형태로 보유함으로써 구성원에게 암묵지를 제공한다. 셋째는 새로운 아이디어를 토론하고 문제해결을 위해 함께 일함으로써 최신의 지식을 유지하는 데 도움을 준다. 넷째, 그들만의 용어를 사용하고 필요한 정보를 공유함으로써 구성원의 정체성 확립에 도움을 준다.

공식적 CoP와 비공식적 CoP

Lave & Wenger(1991)에 의해 처음 제시된 CoP는 초보자가 합법적이고 주변적으로 참여하면서 학습이 발생하는 상황을 설명한 것으로, 자발적이고 비공식적인 공동체의 개념이었다. 그러나 최근에는 조직의 전략적인 사업 목적을 달성하기 위해 경영진들의 주도에 의해 공식적인 자원을 지원받는 공식화된 CoP가 나타나고 있다(Storck & Hill, 2000).

Saint-Onge & Wallance(2003)는 CoP를 세 가지 유형으로 나누었는데, 자발적인 전통적 CoP 개념에 충실한 '비공식적 CoP', 조직의 핵심역량 구축과 연결되어 '지원받는 CoP', 그리고 조직적인 문제해결과 관련되어 있는 '구조화된 CoP'가 그것들이다. 여기서 지원받는 CoP와 구조화된 CoP는 기업 현장에서 명확하게 구분하기는 어려우며, 조직의 공식적인 인정을 받고 지원을 받는다는 측면에서 공식적 CoP의 형태라고 할 수 있다. 이처럼 조직에서 나타나는 CoP의 유형은 공식화된 CoP와 공식화되지 않은 CoP로 나눌 수 있다.

공식적 조직과 비공식적 조직은 다른 특성을 가지고 있으며, 그 효과에도 차이를 나타낼 수 있다(김호섭 외, 2002; 이평원, 2001; Zeit, 1983). 공식적 조직은 법률이나 규칙에 의하여 명문화된 제도상의 조직인 반면, 비공식 조직은 구성원 간의 인간적 접촉이나 친근성 등과 같은 인간관계를 기반으로 자연발생적으로 형성된 관계를 말한다(이평원, 2001). 공식화는 역할을 명확하게 하고, 행태에 대한 예측 가능성을 높이며 목표의 효율적인 수행에 도움을 준다는 장점이 있다(김호섭 외, 2002). 그러나 한편으로 높은 공식화는 개인의 사기와 만족에 부정적인 효과를 주며(Zeit, 1983), 공식화가 심해지면 구성원들로 하여금 무사 안일한 행태를 부추겨 환경 변화에 적극적이고 창의적으로 대응하지 않게 한다(김호섭 외, 2002).

공식성 여부에 따른 CoP의 효과 차이를 다룬 연구는 거의 없다. 그 가운데, 전수환·김영걸(2006)은 공식적 CoP와 비공식적 CoP가 다른 성격(목표, 멤버십, 조직지원 등)을 가지고 있기 때문에 구성원들이 지식공유에 참여하는 과정에 차이가 있을 것으로 예측하고, CoP 유형에 따른 차이를 분석하였다. 그 결과 공식적 CoP에서의 지식공유 의도에 주관적 규범과 인지된 행동통제가 비공식인 것에서보다 강하게 나타났으며, 비공식 CoP에서는 지식공유 의도에 태도가 미치는 영향이 큰 것으로 확인되었다.

CoP와는 다른 형태이기는 하지만, 대인관계를 통한 학습의 하나인 멘토링(mentoring)의 공식성 여부가 그 성과에 유의미하게 영향을 미친다는 연구 결과도 공식적 CoP와 비공식적 CoP의 효과가 차이를 나타낼 수 있음을 유추하게 한다(Ragins & Cotton, 1999; Chao, et al., 1992; 장원섭 외, 2006). Ragins & Cotton(1999)과 Chao, et al.(1992)의 연구는 공식적 멘토링보다 비공식적 멘토링이 개인수준의 성과에 있어서 더 효과적이라고 밝히고 있다. 장원섭 외(2006)는 멘토링의 공식화가 조직의 비재무적 성과에 긍정적 영향을 미치는 것을 확인하였다. 이런 관련 선행연구 결과들을 기초로 판단할 때, CoP를 공식화하는 경우에 그렇지 않은 것과는 상이한 효과를 나타낼 것으로 예측해 볼 수 있다.

CoP와 조직학습

조직학습에 대해서는 다양한 개념정의가 있다. Duncan & Wesis(1979)는 조직학습을 행위-결과의 관계와 이것이 환경에 미치는 영향에 대한 지식이 향상되는 것으로 정의한다. Argyris & Schön(1978)은 조직의 문제를 찾아내고 그것을 수정하는 과정으로 본다. Lundberg(1989)는 외부환경에 대응하고 내부의 문제를 해결하며 미래에 대비하는 조직의 적응, 변화 그리고 변형의 과정으로서 보았다. 또한 Senge(1990)는 경험에 대한 지속적인 검증을 통해 이를 지식으로 전환하여 조직에 공유하고 목표에 활용하는 과정으로 이해하였다. Crossan et al.(1995)은 조직 구성원 개인에서 전체에 이르는 이해의 공유나 지식 전이라고 하였다. 이러한 정의를 종합하여 볼 때, 조직학습은 조직이 외부의 환경변화에 적응하기 위해 조직의 가치를 공유하고 새로운 지식을 획득하고 배분하는 것으로 볼 수 있다.

학습을 통해 조직은 환경에 대한 이해와 통찰을 높이고 전략을 마련하고 평가할 수 있다(Fiol & Lyles, 1985). 또한 조직은 정보처리과정을 통해 조직의 기억체계를 마련해간다. 이러한 조직의 기억은 다양한 장소에 저장되고, 조직 내 공유된 이해와 해석 시스템을 통해 재생된다(Argote, 2006; Cross & Baird, 2000; Wals & Ungson, 1991). 조직은 조직 내 구성원들의 사회적 상호작용과 공동 언어로 유지되는 네트워크이기 때문에, 조직차원에서 정보의 처리 및 축적과정은 개인의 정보처리과정과는 달리 조직 내부의 구성원들 사이에서 공유된 가치와 해석 시스템의 영향을 받게 된다(Walsh & Ungson, 1991). 따라서 조직학습을 이해하기 위해서는 조직 내 가치의 공유와 정보의 획득과 분배 처리과정, 그리고 외부환경 변화에의 적응 등의 다양한 측면에서 살펴보아야 한다.

조직학습은 구성원 개개인의 학습의 총합 이상이다(Hedberg, 1981). 또한 조직학습은 개인뿐만 아니라 집단과 조직, 그리고 조직 간에 이루어지는 광범위한 학습을 의미한다(Crossan, et al., 1992). 즉, 조직학습은 조직 내 개인의 학습 이상의 것으로, 개인을 넘어선 다양한 수준에서 이루어진다. 이러한 조직학습은 조직 내 구성원들이 사회적 상호작용을 통해 학습하고, 공동체를 통한 참여의 학습을 통해 가능해진다.

조직에서는 조직 구성원들 사이의 관계와 신뢰를 바탕으로 한 사회적 자본이 형성된다(Cross & Baird, 2000). Cross & Baird(2000)는 조직기억 저장소의 하나로서 개인은 사람들과의 상호작용을 통해 학습한다고 하였다. 개인은 학습한 것을 구조화하고, 동료들의 피드백을 통한 학습이 이루어질 때 의미를 가질 수 있다고 보았다. 이를 바탕으로 Cross & Baird(2000)는 CoP와 같은 공동체 학습을 통해 지식의 재통합이 가능하다고 하였다. 지식이라는 것은 결국 실행공동체 안에 있는 것이고, 실행공동체 속에 참여함으로써 습득될 수 있다. 따라서 개인은 공동체에의 참여를 통해 자신과 공동체의 정체성을 형성해 갈 수 있다(Lave & Wenger, 2000).

또한 업무를 통한 학습, 실행을 통한 학습을 통해 학습자들이 공유된 이해를 형성할 수 있고, 공동체도 발달된다. 학습은 협동하며 일하는 과정에서 이루어지며, 이러한 과정에서 학습뿐만 아니라 혁신도 일어날 수 있게 된다(Brown & Duguid, 2000). 이러한 조직 내 활동의 참여를 통해서 개인은 조직에 대한 이해를 높일 수 있고, 조직과 개인 사이의 연결고리를 찾을 수 있다(Elkjaer, 1999). 결과적으로 공동체를 통한 참여의 학습은 개인의 성장뿐만 아니라 조직의 성장과 변화를 가능하게 한다.

이렇듯 조직학습은 학습이 사람들 사이의 대화와 상호작용 사이에서 생겨난다는 가정에서 출발한다(Easterby-Smith et al, 2000). 결국 조직 내 CoP와 같은 학습관계망은 조직학습을 위한 전제가 된다. 이에 따라 사회적 관계망과 조직학습의 상관관계를 밝히는 연구들이 많이 이루어져 왔다. 대표적으로 Tsai & Ghoshsal(1998)은 사회적 관계망이 구성원 간의 정보와 자원 공유, 나아가 신념과 가치를 공유하는 데 영향을 미친다고 보고했다. Tsai(2001)의 연구에서는 관계망의 위치가 조직의 혁신과 성과에 긍정적 효과를 나타냄을 밝혔다. 장주희(2005)의 연구에서도 CoP의 참여와 초기 경력자의 학습과 적응과의 상관관계를 밝힌 바 있다.

그럼에도 불구하고, 여전히 CoP와 조직학습의 관계에 대한 총체적인 연구는 미흡한 실정이며, 더욱이 조직수준에서 CoP의 조직학습 효과를 검토한 연구는 전무하다고 할 수 있다. 선행연구들과는 달리, 이 연구는 사람들 사이의 학습관계의 한 형태로서 CoP의 공식화가 조직수준에서 조직학습 그 자체에 어떤 영향을 미치는지를 실증적으로 분석하였다.

연구방법

연구대상

이 연구는 2007년 한국고용정보원과 연세대학교가 공동으로 실시한 '대졸 청년층의 직장생활 적응능력 향상 연구(장원섭 외, 2007; 이하 '한고원-연세대 연구')'의 설문조사 자료를 분석하였다. '한고원-연세대 연구'는 초기 경력사의 직장생활 적응에 영향을 미치는 요인들을 알아보기 위한 설문조사를 실시하였다[2]. 전국의 기업을 대상으로 기업수준과 개인수준의 조사를 실시하여 교육, 인사현황 등의 자료를 수집하였다. 설문조사 결과 총 176개의 기업과 1,461명의 근로자의 자료가 수집되었다. 이 연구에서는 이 가운데 기업수준의 설문조사 자료를 분석하였다. 최종 분석에는 176개의 기업 중 불성실하게 응답한 기업 8곳을 제외한 168개 기업의 자료를 이용하였다.

분석기업의 일반적인 특성은 다음 〈표 4-1〉과 같다. 업종별로는 93개(55.4%)는 제조업에 속했고, 75개(44.6%)는 비제조업체인 것으로 나타났다. 규모면에서는 35개(20.8%)가 100명 미만의 소기업이었고, 68개(40.5%)는 100~300명 미만의 중소기업이었으며, 65개(38.7%)는 300명 이상의 기업이었다. 설립연도에서는 66개(51.2%) 기업이 1990년도 이전에 설립된 기업이었고, 82개(48.8%)는 1991년 이후에 설립된 것으로 나타났다.

〈표 4-1〉 분석 기업의 일반적 특성

구 분		응답 기업 수(개)	구성비(%)
업종	제조업	93	55.4
	비제조업	75	44.6
규모	100명 미만	35	20.8
	100명 이상 300명 미만	68	40.5
	300명 이상	65	38.7
설립연도	1990년 이전	86	51.2
	1991년 이후	82	48.8
합 계		168	100.0

조사도구

조사에 사용된 설문지는 크게 응답기업의 기본정보와 일반사항, 경영 일반, 인력현황, 인적자원관리, 인적자원개발의 다섯 부분으로 구성되었다(표 4-2 참조). 기업 설문 응답은 그 기업의 인적자원개발 관련 활동을 가장 잘 파악하고 있다고 할 수 있는 교육 또는 인사담당자[3]를 통해 이루어졌다. 조사도구는 대졸 청년층의 직장생활 적응 실태와 영향을 미치는 구조적, 개인적 요인들을 파악하기 위해 제작된 설문지로, 기업용과 근로자용으로 나누어 제작되었다(장원섭 외, 2007). 기업용 설문지에는 직장생활 적응에 영향을 미칠 수 있는 구조적 요인으로 기업의 일반적인 사항과 인력현황을 비롯하여, 인적자원관리와 인적자원개발에 대한 전반적인 내용이 포함되어 있다. 이 연구에서는 CoP 공식화 여부와 조직수준에서 조직학습과의 관계를 검토하는 것이 주요 목적이므로, 기업용 설문지 중 CoP와 기타 공식적인 교육활동, 인적자원관리제도 및 일반적인 조직 특성, 조직학습에 해당하는 문항을 분석에 활용하였다. 이상의 조사 문항들은 초기 경력자의 직장생활 적응에 중요한 영향을 미치는 구조적 요인임과 동시에, 조직차원에서 구성원들의 학습을 촉진하고 환경변화에 대응하는 데 영향을 미치는 요인으로 볼 수 있다.

〈표 4-2〉 조사도구의 구성

구분	내용
응답기업 기본정보	기업명, 주소, 설립연도, 산업분류, 응답자 정보
Ⅰ. 경영 일반	경영체제, 경영환경, 의사결정단계, 직급단계, 조직 분위기, 정보시스템, 노동조합
Ⅱ. 인력현황	정규직 · 비정규직 현황, 이직현황, 성별 · 학력별 · 직급별 인력현황
Ⅲ. 인적자원관리	인적자원관리제도 실시 여부와 안정성, 연간 총급여 및 복리후생 수준
Ⅳ. 인적자원개발	교육 및 학습제도, 인건비, 교육훈련비, 인적자원개발 활동 영향, 조직의 학습 분위기와 제도

주요 변수 및 분석방법

이 연구에서는 CoP 공식화 여부에 따라 조직차원에서의 조직학습에 어떠한 영향을 미치는지를 살펴보기 위해 다중회귀분석방법을 사용하였다[4]. 이 분석에서 종속변수는 조직차원에서의 조직학습으로, 요인분석을 통해 조직 내 학습 가치의 공유, 지식과 정보의 획득과 분배, 외부환경 변화에 대한 대한 적응의 세 영역으로 구분하여 분석하였다(표 4-3 참조).[5]

앞에서 살펴본 바와 같이 조직학습은 조직이 외부의 환경 변화에 적응하고(Fiol & Lyles, 1985), 조직의 가치를 공유하고 새로운 가치와 지식을 분배하는 과정(Crossan et al., 1995; Cross & Baird, 2000)을 말한다. 요인분석 결과, 첫 번째 요인은 배움과 학습에 대한 강조와 관련된 9개의 문항으로 이루어져 있다. 이 9개의 문항을 묶어 '조직 내 학습 가치의 공유'라는 변수로 사용하였으며, 신뢰도 분석 결과 0.891로 높게 나타났다. 다음으로 두 번째 요인은 조직에서의 비전 공유, 정보 획득, 의사소통 채널과 같은 지식과 정보를 획득하고 분배하는 것과 관련된 6개의 문항으로 구성되었고, 신뢰도 또한

〈표 4-3〉 변수의 구성 및 특성

변수	문항 수	변수유형	세부사항
종속변수: 조직수준에서의 조직학습			
조직 내 학습 가치의 공유	9	연속	5점 척도, 요인분석, 문항 간 평균값, 신뢰도 0.891
지식 · 정보의 획득과 분배	6	연속	5점 척도, 요인분석, 문항 간 평균값, 신뢰도 0.851
환경 변화에 대한 적응	5	연속	5점 척도, 요인분석, 문항 간 평균값, 신뢰도 0.779
독립변수			
조직특성 변수			
업종	1	더미	제조업=1, 비제조업=2
설립연도	1	더미	1990년 이전=1, 1991년 이후=2
정규직 비율	2	연속	정규직과 비정규직 인원을 합한 후 정규직 비율 계산
ln(조직 규모)	2	연속	정규 근로자와 비정규 근로자 합산 후 로그값
조직 분위기	5	연속	전반적인 조직 분위기의 민주적인 정도와 인재의 중요성을 인지하는 정도에 대한 문항으로 구성됨 5점 척도, 5개의 문항 간 평균값, 신뢰도: .852
정보시스템 구축 및 활용	5	연속	정보시스템의 사용도와 효과성에 대한 문항으로 구성 5점 척도, 5개의 문항 간 평균값, 신뢰도: .893
조직활동 변수			
고성과 HRM 도입 정도	36	연속	인적자원관리제도, 평가제도, 보상제도, 핵심인재관리제도와 같은 36개의 HRM 제도 중 시행=1, 시행하지 않음=0으로 각각 코딩 후 합산
공식적 교육프로그램	5	연속	5개의 교육제도 중 시행=1, 시행하지 않음=0으로 각각 코딩 후 합산
CoP 공식화	1	더미	공식적으로 지원=1, 지원하지 않음=0

0.851로 높게 나타났다. 이 6개의 문항을 묶어 '지식과 정보의 획득과 분배' 변수로 사용하였다. 마지막으로 세 번째 요인은 부서 간 통폐합의 수월, 최신 정보 등의 소개 및 타 기업과의 교류 등과 같은 외부 환경 변화에 대한 빠른 적응과 관련된 5개의 문항으로 구성되었고, 신뢰도는 0.779로 양호하게 나타났다. 마지막 요인은 '외부환경 변화에 대한 적응' 변수로 활용되었다. 이 세 가지 요인은 모두 조직학습의 특징을 잘 반영하고 있다고 볼 수 있다.

독립변수로는 조직특성 변수와 조직활동 변수를 사용하였다. 조직특성 변수로는 업종과 설립연도, 조직 규모와 정규직 비율, 조직 분위기와 정보시스템 구축 및 활용의 여섯 가지를 분석에 활용하였다. 조직특성 변수는 일반적인 조직의 특성에 대한 변수로, 이 연구에서는 통제 변수로 분석에서 활용하였다. 특히, 조직의 분위기나 정보시스템은 일반적으로 조직학습에서 조직기억(organizational memory)이 축적, 저장되는 장소로 볼 수 있다(Argote, 2006). 다음으로 조직학습에 영향을 미칠 수 있는 조직활동 변수로는 인적자원관리제도로 고성과 HRM 제도의 도입 정도를, 인적자원개발제도로 CoP를 제외한 다양한 공식적 교육제도의 활용 정도, 그리고 주요 독립변수인 CoP의 공식화 여부를 분석에 활용하였다.

이상의 변수들을 중심으로 이 연구에서는 조직에서의 CoP 공식화가 조직학습에 어떠한 영향을 미치는지를 파악하기 위하여 다음의 분석과정을 거쳤다. 첫째, 조직의 특성 변수와 조직활동 변수들 간의 기술통계분석을 통해 일반적인 형황을 살피고, 상관관계 분석을 통해 조직특성과 조직활동 변수와 조직학습 간의 상관성을 살펴보았다. 둘째, CoP를 공식화한 기업과 그렇지 않은 기업이 조직학습 정도에 차이가 있는지를 분석하기 위해 t-test 검증을 실시하였다. 마지막으로 조직차원의 CoP 공식화가 조직학습에 어떠한 영향을 미치는지를 분석하고자 다중회귀분석을 실시하였다. 이상의 분석을 위해서 SPSS/PC Win 12.0 프로그램을 활용하였다.

연구 결과

이 연구에서는 CoP의 공식화가 조직학습에 미치는 영향을 실증적으로 검토하고자 기술통계분석과 상관관계분석, t-test 분석, 다중회귀분석을 실시하였다. 각각의 분석 결과는 다음과 같다.

기술통계 및 상관관계 분석 결과

이 연구에서는 먼저, 분석기업의 조직특성과 활동특성에 대한 기술통계분석

〈표 4-4〉 조직특성 및 활동 변수에 대한 기술통계분석 및 단순상관관계 분석 결과

변수	1	2	3	4	5	6	7	8	9	10	11	12
1.업종	1											
2.설립연도	.297**	1										
3.정규직 비율	-.314**	-0.133	1									
4.ln(조직규모)	0.024	-.201**	-.294**	1								
5.조직 분위기	0.128	0.083	-0.001	-0.029	1							
6.정보시스템 구축/활용	0.064	0.06	0.02	.174*	.469**	1						
7.고성과 HRM	0.094	-0.011	-0.149	.353**	.469**	.358**	1					
8.공식적 교육	0.095	-0.038	-0.104	.410**	.238**	.429**	.484**	1				
9.CoP 공식화 여부	.167*	0.03	-0.032	.286**	.250**	.257**	.389**	.361**	1			
10.조직 내 학습 가치 공유	0.098	0.08	-0.075	.163*	.689**	.473**	.499**	.321**	.359**	1		
11.지식/정보 획득분배	.189*	0.095	-0.004	0.064	.605**	.583**	.403**	.331**	.321**	.671**	1	
12.외부환경 변화 적응	0.115	0.079	0.047	0.032	.522**	.411**	.389**	.197*	.311**	.631**	.584**	1
평균	1.446	1.488	89.106	2.411	3.676	3.431	14.845	3.024	0.351	3.462	3.439	3.236
표준편차	0.499	0.501	21.294	0.470	0.626	0.652	7.105	1.544	0.479	0.610	0.605	0.615

* $p<.05$, ** $p<.01$

과 각 변수들 간의 상관관계분석을 실시하였다(표 4-4 참조). 기술통계 결과를 보면, 분석대상기업에서 CoP를 공식화한 기업은 약 35%에 이르고 있었다. 또한 조직학습 변수로서 조직 내 학습가치공유(M=3.462), 지식과 정보의 획득 및 분배(M=3.439), 그리고 외부환경 변화에 대한 적응(M=3.236)은 모두 보통(3점) 이상의 값을 가지고 있는 것으로 나타났다.

독립변수들 간의 상관관계를 살펴보면, CoP 공식화 여부는 조직 분위기(r=.250), 정보시스템(r=.257), 고성과 HRM(r=.389), 공식적 교육(r=.361)과 각각 유의미한 정적 상관관계를 보이고 있다. 특히 대인관계를 통한 기업의 학습활동 중 하나인 CoP가 제도적 측면에서의 인사관리제도나 공식적 교육프로그램과 높은 상관이 있음을 알 수 있다. 다음으로 종속변수인 조직학습의

각 요소별 조직특성과 활동변수와의 단순상관관계를 살펴본 결과, 조직학습의 모든 요소에 조직특성 변수 중 조직의 분위기, 정보 시스템의 활용이 유의미한 정적인 상관관계를 나타내었다. 그리고 조직활동 변수는 고성과 인적자원관리(HRM) 제도와 교육활동, CoP 공식화 여부가 모두 조직학습과 유의미한 정적인 상관관계를 보였다.

CoP 공식화에 따른 조직학습 차이 분석 결과

다음으로, CoP 공식화 여부에 따라 조직차원의 조직학습에 차이가 있는지를 검증하기 위하여 t-test 분석을 실시하였다(표 4-5 참조). 분석 결과, 조직학습의 각 요소 모두, CoP 공식화 여부에 따라 $p < 0.001$ 수준에서 유의미한 차이가 있는 것으로 나타났다. 조직 내 학습 가치의 공유, 지식과 정보의 획득과 분배, 외부환경 변화에 대한 적응의 모든 영역에서 CoP를 공식화한 기업이 공식화하지 않은 기업에 비해 유의미하게 높은 조직학습수준을 나타내고 있었다.

〈표 4-5〉 CoP 공식화 여부에 따른 조직학습 차이에 대한 t-test 결과

조직학습	CoP 공식화	N	평균	표준편차	t
조직 내 학습 가치의 공유	공식화한 기업	59	3.7592	0.48485	5.310***
	공식화하지 않은 기업	109	3.3017	0.61234	
지식과 정보의 획득과 분배	공식화한 기업	59	3.7023	0.53766	4.368***
	공식화하지 않은 기업	109	3.2966	0.59333	
외부환경 변화에 대한 적응	공식화한 기업	59	3.4949	0.57698	4.211***
	공식화하지 않은 기업	109	3.0957	0.59172	

***$p < .001$

공식적 CoP가 조직학습에 미치는 영향에 관한 다중회귀분석 결과

마지막으로 다른 변수들을 통제하고 순수하게 CoP 공식화 여부가 조직차원의 조직학습에 미치는 영향을 분석하기 위하여 다중회귀분석을 실시하였다. 각 종속변수에 대해 두 가지 모형으로 분석을 실시하였다(표 4-6 참조). 첫 번째 모형은 주요 설명 변수인 CoP 공식화 여부를 제외한 나머지 변수들로 구성된 모형으로, CoP 공식화 여부를 포함하지 않았을 때의 다른 독립변수들이 조직학습에 미치는 영향 정도를 파악할 수 있다. 두 번째 모형은 CoP 공식화 여부를 포함한 모형으로, CoP 공식화 여부가 다른 독립변수들을 모두 통제하였을 때 조직학습에 미치는 영향을 살펴볼 수 있을 뿐 아니라, 다른 독립변수들이 조직학습에 미치는 영향의 변화도 함께 살펴볼 수 있다.

먼저 조직학습의 영역 중 '조직 내 학습 가치의 공유'에 대한 회귀분석 결과를 살펴보면, 조직특성 변수 중에서는 조직 분위기($p<0.001$)와 정보시스템 구축 및 활용($p<0.05$), 고성과 HRM 제도의 도입($p<0.05$)이 유의미한 변수로 나타났다. 즉, 조직 분위기가 민주적이고 신뢰가 돈독할수록, 정보시스템이 잘 갖추어지고 잘 활용되며, 고성과 HRM 제도를 많이 도입한 기업일수록 조직 내 학습 가치에 대한 공유도 높게 나타남을 알 수 있다. 특히 조직분위기는 조직 내 가치 공유에 특히 높은 영향 관계를 나타내었는데($\beta=0.541$), 이는 민주적이고 신뢰가 높은 조직에서 학습의 가치가 더 중요시되고, 이러한 가치가 높게 평가됨을 의미한다. 모형 2에서 CoP 공식화 여부를 포함하였을 경우, CoP 공식화 여부는 $p<0.05$ 수준에서 유의미한 변수로 나타났다. 이를 통해 CoP를 공식화한 기업에서 조직 내 학습 가치의 공유가 더 높음을 알 수 있다. 조직 분위기($p<0.001$)와 정보시스템 구축 및 활용($p<0.05$)은 두 번째 모형에서도 여전히 통계적으로 유의미했다. 그러나 고성과 HRM 제도의 경우, CoP 공식화 여부를 함께 모형에 포함시켰을 때, 통계적으로

유의미하지 않은 것으로 나타났다. 앞에서 살펴본 상관관계분석 결과에서는 CoP 공식화 여부가 다른 인적자원관리제도나 공식적 교육프로그램과 높은 정적인 상관관계를 보였지만, 조직학습에는 제도적 차원의 고성과 HRM이나, 공식적 교육프로그램 같은 제도적 활동보다 CoP와 같은 대인관계를 활용한 것이 조직학습에 더 유의미하게 작용했다는 점을 의미 있게 살펴볼 수 있다. 이는 제도적인 측면에서의 인적자원관리 활동보다는 사람과 사람 사이의 대인관계를 통한 CoP와 같은 유형의 학습방식이 조직 내 학습 가치를 공유하는 데 더욱 효과적일 수 있음을 의미한다. 두 모형 모두 통계적으로 유의미하였으며, 모형 1과 모형 2의 설명력 변화 역시 54.5%에서 55.7%로 나타났고, 설명력의 차이는 유의미했다.

다음으로 '지식과 정보의 획득 및 분배' 영역에 대한 회귀분석 결과를 살펴보면, 모형 1에서 앞서 살펴본 조직 내 학습가치 공유 영역과 마찬가지로 조직분위기($p<0.001$)와 정보시스템 활용($p<0.001$)이 통계적으로 유의미한 변수로 나타났다. 그러나 CoP 공식화 여부를 함께 포함한 모형 2에서 CoP 공식화 여부는 지식과 정보의 획득 및 분배에 통계적으로 유의미하지 않은 것으로 나타났다. 정리하면, 민주적 조직 분위기와 정보시스템의 활용은 지식과 정보의 획득 및 분배에 긍정적인 영향을 미치지만, CoP 공식화 여부 자체는 유의미한 영향을 보이지는 않았다. 특히 정보시스템은 조직에서 지식과 정보를 획득하는 데 조직 분위기 다음으로 높은 영향을 보였는데($\beta=0.322$), 이는 정보시스템 자체가 조직에서 정보를 축적하고 저장하는 조직기억의 저장소 역할을 하기 때문으로 해석할 수 있다(Argote, 2006). 즉, 고성과 HRM이나 교육 프로그램, CoP 활동과 같은 제도보다는 정보시스템 자체가 지식정보를 획득하고 배분하는 데 주요한 역할을 하는 것을 알 수 있다. 이 두 모형 또한 통계적으로 유의미하였고, 설명력은 각각 50.2%와 50.9%로 나타났는데, 이 설명력의 차이는 유의미하지 않았다.

〈표 4-6〉 공식적 CoP가 조직학습에 미치는 영향에 대한 다중회귀분석 결과

종속변수	조직 내 학습가치 공유		지식 · 정보 획득 및 분배		외부환경 변화 적응	
독립변수 \ 모형 구분	모형 1	모형 2	모형 1	모형 2	모형 1	모형 2
상수	0.529	0.732	0.606	0.767	0.809	1.051
업종	−0.028	−0.049	0.139	0.122	0.081	0.055
설립연도	0.064	0.058	0.014	0.009	0.037	0.029
정규직 비율	−0.001	−0.001	0.001	0.001	0.003	0.002
ln(조직 규모)	0.131	0.100	−0.037	−0.061	−0.011	−0.048
조직 분위기	0.541***	0.530***	0.359***	0.351***	0.332***	0.319***
정보시스템 구축 및 활용	0.124*	0.121*	0.325***	0.322***	0.189*	0.185*
고성과 HRM제도	0.012*	0.010	0.007	0.005	0.017*	0.015
공식적 교육프로그램	0.009	0.001	0.023	0.017	−0.023	−0.032
CoP 공식화 여부		0.159*		0.126		0.189*
R^2	0.545	0.557	0.502	0.509	0.338	0.354
Adjusted R^2	0.522	0.531	0.477	0.481	0.305	0.318
R^2 변화량		0.012*		0.008		0.017*
추정값의 표준오차	0.42184	0.41763	0.43755	0.43560	0.51312	0.50827
F	23.778***	22.033***	20.009***	18.214***	10.141***	9.637***
N	168	168	168	168	168	168

*p<.05, **p<.01, ***p<.001

마지막으로 '외부환경 변화에 대한 적응' 영역에 대한 결과에서는 CoP를 제외한 다른 모든 변수를 투입한 모형 1에서 조직 분위기($p<0.001$)와 정보시스템 활용($p<0.05$), 인적자원관리제도($p<0.05$)가 유의미한 변수로 나타났다. 이 중에서도 특히 조직 분위기($\beta=0.332$)와 정보시스템의 구축 및 활용($\beta=0.189$)이 높은 긍정적 영향 관계를 보였다. 모형 2에서 CoP 공식화 여부를 포함시켰을 때에는 CoP 공식화 여부도 $p<0.05$ 수준에서 통계적으로 유의미하게 나타났다. 즉, CoP를 공식화하였을 때가 더욱 외부환경 변화에 대한 적응을 높게 함을 알 수 있다. 또한 조직 분위기($p<0.001$)와 정보시스템의 구축 및 활용($p<0.05$)은 두 번째 모형에서도 여전히 통계적으로 유의미하게 나타났다. 그러나 앞서 살펴본 '조직 내 학습가치의 공유'의 경우와 마찬가지로 고성과 HRM 제도의 경우, CoP 공식화 여부를 함께 모형에 포함시켰

을 때, 통계적으로 유의미하지 않은 것으로 나타났다. 이 또한 외부환경 변화에 대한 적응에서도 역시 제도적인 측면에서의 인적자원관리 활동보다는 대인관계를 통한 CoP와 같은 유형의 학습방식이 더욱 의미 있게 작용함을 알 수 있다. 이 모형 또한 통계적으로 유의미하였고, 설명력은 각각 33.8%와 35.4%였으며, 두 모형의 설명력 차이 또한 유의미하게 나타났다.

맺음말

CoP에 대한 관심이 증가하면서 전략적으로 CoP를 활용하는 기업도 늘고 있다. 본래 CoP는 자발적으로 발생하는 학습 공동체적인 성격을 가지고 있지만, CoP의 긍정적 효과가 입증되면서 조직의 사업목적 달성을 위해 CoP가 활용되고 있는 것이다. 그러나 공식화된 CoP는 애초의 비공식적 CoP와는 다른 성격을 갖게 되고, 자칫 잘못하면 무기력한 조직으로 변화할 수 있다(김호섭 외, 2002; Zeit, 1983).

이 연구에서는 CoP의 공식화가 실제로 조직수준에서의 조직학습에 어떠한 영향을 미치는지를 우리나라 기업을 대상으로 실증적으로 밝히고자 하였다. 전국 단위에서 수집된 168개의 기업을 대상으로 CoP를 공식화하였을 때와 공식화하지 않았을 때, 각각 조직학습에 차이가 나타나는지, 그리고 이러한 CoP 공식화 여부가 조직학습에 어떠한 영향을 미치는지를 살펴보았다.

연구 결과, CoP를 공식화한 기업과 공식화하지 않은 기업에서 조직학습의 세 영역, '조직 내 학습가치의 공유', '지식과 정보의 획득과 분배', '외부환경 변화에 대한 적응'에서 모두 유의미한 차이를 나타내었다. 그리고 각 영역에 대해 CoP 공식화 여부가 어떠한 영향을 미치는지를 살펴보기 위해 다중회귀분석을 실시한 결과, CoP의 공식화 여부는 '조직 내 학습가치의 공유'와 '외부환경 변화에 대한 적응' 영역에서 유의미한 긍정적인 영향을 나타내었다. 즉, CoP를 공식화했을 때, 조직 내 학습가치가 공유되고 외부환경 변화에 적응하는 정도가 높아짐을 알 수 있었다. 또한 CoP는 다른 인적자원관리제도나 교육프로그램보다 조직학습에 더욱 유의한 영향을 미치는 것으로 나타났다. '지식과 정보의 획득과 분배' 영역에서는 CoP 공식화 여부보다는 정보시스템의 구축 및 활용 자체가 더 큰 영향을 미쳤다. CoP 공식화 여부와 더불어 조직 자체의 분위기나 정보시스템 활용이 조직학습에는 중요한 영향을 미치는 요인으로 나타났다. 이는 조직의 분위기나 정보시스템 자체가 조직학습에서 학습을 가능하게 하는 조직 기억의 축적과 저장소가 될 수 있기 때문으로 해석할 수 있다(Argote, 2006).

이상의 연구 결과를 통해 국내기업에서 CoP를 공식화한 것은 조직수준에서의 조직학습에 긍정적 영향을 보임을 알 수 있었다. 이는 선행 연구에서 살펴본 공식적인 조직의 부정적인 모습에 대한 우려(김호섭 외, 2002; Zeit, 1983)와는 달리, 조직차원에서 학습 분위기를 형성하고, 변화에 적극 대응하는데 CoP가 긍정적으로 활용될 수 있음을 보여준다. 또한 CoP와 같이 사람과 사람 사이의 직접적인 대인관계를 활용한 제도가 다른 인적자원관리 제도나 공식적인 교육프로그램보다 조직학습에 더욱 긍정적인 영향을 미칠 수 있음을 시사한다. 마지막으로 조직 분위기와 정보시스템이 잘 갖추어질 경우 높은 수준의 조직학습이 가능함을 보여준다.

이 연구는 전국단위 기업을 대상으로 CoP 공식화 여부가 조직차원에서의 조직학습에 미치는 영향을 파악하였다. 또한 기업차원의 조직학습 측정 문항을 통해 기존의 조직학습이 개인수준에서의 학습 정도로만 분석된 것에 비해, 조직수준에서의 조직학습을 설명할 수 있었다는 점에서 의미가 있다. 그러나 데이터상의 한계로 CoP의 공식화 여부 외에 CoP의 다양한 기능과 특성을 고려한 분석이 불가능하였다. 따라서 보다 심층적인 연구를 위해서는 CoP의 다양한 특성들을 함께 고려하여 공식화된 CoP와 공식화되지 않은

CoP에 차이가 있는지, 그리고 이러한 차이들이 조직학습에는 어떠한 차이를 미치는지를 살펴볼 필요가 있다. 또한 실제 CoP에 참여하는 개인 응답자의 데이터를 포함할 경우 다층분석과 같은 통계기법을 사용한 분석을 시도할 필요도 있다. 이러한 후속 연구들이 진행되었을 때, 기업에서는 그러한 연구 결과에 기초하여 CoP의 긍정적인 기능을 살리고 조직 구성원의 학습과 성장을 촉진시키며 나아가 조직의 변화와 전략 달성이 가능할 것이다.

| 미주 |

1 이 장은 장원섭 · 김민영 · 윤지혜(2009). '실행공동체 공식화가 조직학습에 미치는 영향.' 〈직업교육연구〉 28권 3호 논문을 수정 보완한 글이다.

2 '대졸 청년층의 직장생활 적응능력 향상 연구'는 경력 초기 단계에 있는 5년 이하의 초기 경력자들이 속해 있는 기업을 중심으로 해당 기업의 인사(HRD) 담당자를 통해 기업용 설문조사를 실시하였다. 초기 5년의 경력기간을 설정한 이유는 이 시기가 직장생활에서의 학습과 적응이 가장 활발하게 일어나는 때이고, 이에 실패할 경우 이직이 발생하기 가장 쉬운 단계이기 때문이다(장원섭 외, 2007).

3 설문조사는 전문조사업체에 의해 시행되었으며, 조사요원이 각 기업 HRD 부서의 담당자를 통해 조사를 실시하였다. 단, HRD 부서가 따로 분리되어 있지 않은 경우에는 인사부서 담당자를 조사하였다.

4 이 연구는 조직수준에서의 조직학습에 대한 영향을 살펴보기 위해 근로자 응답을 제외하고 기업수준의 변수만을 고려하여 다중회귀분석을 실시하였다.

5 조직학습의 각 변수들은 관련 선행연구들(참고: 배용태, 2002; 유지은, 2006; 이미연, 2000; Capodgli & Jackson, 2001; Tsai & Ghoshal, 1998)에 기초하여 문항들을 개발, 조사하고, 그 문항들에 대해 요인분석을 실시한 결과이다.

5 비정규직 초기 경력자의 학습과정과 정체성 형성[1]

머리말

인간은 진정한 일을 통해 인간으로서의 존재를 확인하고, 자신과 공동체 속에서 삶의 의미를 향유해 간다(장원섭, 2006). 인간은 삶에서 대부분의 시간을 일을 위해, 일에 대해, 일을 통해 학습한다. 일과 학습은 인간의 삶과 맞닿아 있으며, 인간은 일하는 존재인 동시에 학습하는 존재인 것이다. 이러한 측면에서 세상과 관계를 맺고, 학습하며, 정체성을 형성해 나가는 인간 삶의 과정들과 일의 실천은 분리하여 이해할 수 없다. 일의 실천은 한 인간이 삶에서 사회적으로 가치 있고 목표 지향적인 활동을 할 수 있는 기회를 제공한다(Richardson, 2006). 일이 인간 삶에서 사회에 의미 있는 활동을 할 수 있는 기회를 제공한다면, 인간은 일의 실천을 통한 자활력으로 자신과 사회에 의미 있는 것을 생산해내는 상호적 관계를 맺고 있다. '노동자들이란 상품의 생산자일 뿐 아니라 스스로를 생산해내는 사람'이라는 Willis(1978)의 선언처럼 인간은 일에 종속된 존재가 아니라 참여와 실천을 통해 스스로 삶의 정체성을 구성해가는 주체인 것이다.

하지만 현대 일의 세계에서 이러한 인간적이고 본질적인 일의 의미를 재확인하는 것은 쉽지 않은 일이 되고 있다. Giddens(1991)가 자간나트의 마차로 비유한 현대사회의 파괴적 흐름은 일의 세계에도 소외현상을 드리우고 있다. 확대재생산율 등의 경제사회적 가치와 구조 아래서 일의 본질과 주체는 소외되고, 인간과 일의 관계는 가치 지향적 본질을 잃어가고 있다. 이러한 가운데 일의 주체인 인간은 행위자(agency)로서의 영향력을 가졌음에도 불구하고 이러한 현실을 재창조할 힘을 잃어가고 있다. 자유로부터의 도피(Fromm, 1982)가 상징하는 현상들은 가치 있는 일의 실천이 아닌 고통스러운 일의 재생산을 통해 인간 스스로 소외되고 있는 양상을 보여준다. 더불어 일의 분절화와 위계화는 인간이 일을 통해 전체를 학습하며 균형 있는 정체성을 형성해 나갈 기회를 제한하고 있다.

비정규직은 이러한 현대 일의 세계를 반영하는 일의 지위 중 하나이다. 생산을 위한 부속적 필요에 의해, 우리 사회에서 하향구조화되어 온 한정된 일의 지위 중 하나라고 할 수 있다. 비정규직은 금융위기 이후 우리 사회에서 그 수가 빠르게 증가해 왔으며, 낮은 처우와 불안정성 때문에 3비층(三非層)에 속하는 취약계층으로 인식되고 있다. 더욱이 정규직에 비해 학습기회가 적고, 경력을 쌓아가기 불리하기에 일의 세계에서 지속적으로 소외될 위험을 안고 있다. 소외된 주체로서의 비정규직에 대한 관심과 이해는 우리를 둘러싼 일의 세계 전반을 비판적으로 성찰할 수 있는 계기를 제공한다. 이 연구의 주된 관심은 이들의 목소리를 드러내고 공감적으로 성찰함으로써 자활력(empowerment)을 되찾을 수 있는 가능성을 모색하는 것이다.

그동안 비정규직에 대한 연구는 정책적 차원에 한정되어 이루어지는 경우가 많았다. 정규직과의 비교를 통해 경제적, 사회적, 조직적 효과와 차이를 규명하거나 정책적 차원에서 제도적 개선을 추구하기 위한 방향으로 이루어져 온 것이 대부분이다. 여전히 이들이 속한 구체적인 상황과 맥락, 영향관계에 대한 이해는 부족하다. 비정규직에 대한 제도적 논의가 이루어지기 위해서는, 이들이 구체적으로 어떻게 기회와 접근에 제한을 받고 있는지 규명하는 작업이 선행되어야 할 것이다. 더불어 비정규직에 대한 논의에서 두드러지는 '수'와 이를 줄이기 위한 '대안'을 넘어선 심층적인 이해가 뒷받침되어야 할 것이다. 이를 통해 '스스로의 이야기를 찾지 못하고 있는 주체들'의 목소리를 드러내는 작업이 필요하다.

이 장은 비정규직 초기 경력자들이 일의 경험을 통해 어떻게 정체성을 학습하는지 질적 사례연구를 통해 비판적으로 이해해보려는 목적을 갖는다. 제도적 논의로 한정되었던 비정규직 근로자들의 학습과 정체성을 새로운 시각에서 조명하고, 주체들의 목소리를 통해 깊이 있는 이해를 얻고자 한다. 또한 비정규직을 둘러싼 현대 일의 세계를 반성적으로 성찰하고 자활력을 되찾기 위한 가능성을 탐색하는 데 목적이 있다. 더불어 학습기회와 접근성을 포함한 경력적 취약성을 지닌 비정규직 초기 경력자들의 사례를 연구함으로써 새로운 일의 세계의 학습과 진로에 대한 시사점을 발견하고자 한다.

이론적 배경

일터에서 참여를 통한 학습

일터에서의 학습은 개인이 공동체에 참여하고 실천함으로써 일어난다. 공동체에 참여함으로써 타인과 관계를 맺고 상호작용하며 학습하고, 인공물을 생산하는 데 기여하는 것이다. 공동체에 갓 들어온 구성원은 신참의 눈으로 공동체의 실천을 바라보며 새로운 정체성을 형성해 나간다. 이러한 과정 속에서 눈에 띄지 않는 방식으로 성장하는 것이다. 하지만 이러한 참여는 접근성의 문제를 포함한 정치적 문제들과 관련이 있으며, 일과 공동체에 대한 참여가 순조롭게 이루어지지 않으면 학습은 제한될 수 있다. 이러한 측면에서 한정된 지위로 인해 참여에 제한을 받는 비정규직 초기 경력자들은 더욱이 학습과 정체성 형성에 어려움을 겪을 수 있다. 이 연구에서는 일터에서 참여를 통해 학습이 이루어지거나 제한되는 메커니즘을 학습의 사회이론(Wenger, 1998)을 통해 이해하고자 하였다.

아래 그림에서 제시하는 4가지 요소는 사람들이 일터에 참여함으로써 어떻게 느끼고, 어떻게 속하며, 어떻게 실천하고, 어떻게 정체성을 형성해 가는지에 대해 설명하는 데 유용한 틀을 제공한다. 먼저, '의미'는 개인적이든 집단적이든 우리가 우리의 삶이나 세상을 경험하는 데 사용하는 능력이다. '실천'은 구성원들 사이에 오랫동안 공유해 온 행위양식, 또는 이해의 틀이나 관점을 의미한다. '공동체'는 우리의 행위에 대해 가치를 부여하고 그 행위를 하나의 역량으로서 인정하는 사회적 실체이다. '정체성'은 학습이 우리의 정체성과 그 구성과정에 미치는 영향을 의미한다. 이러한 요소들 속에서 개인은 관여(engagement)와 상상(imagination), 조정행위(alignment) 등을 통해 의미협상에 적극적으로 개입하고 공유된 역사와 상호작용을 만들어 나간다.

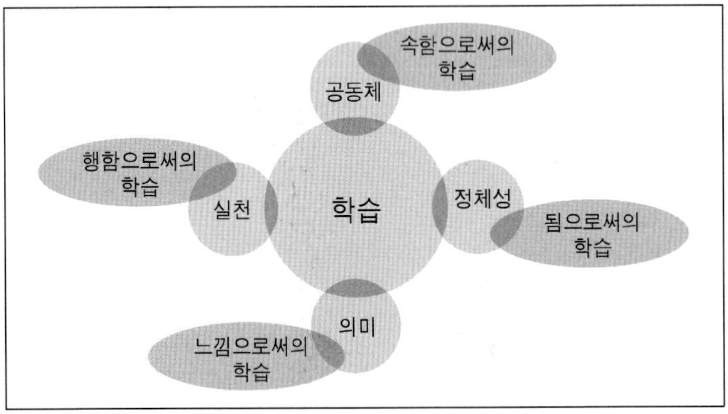

[그림 5-1] 학습의 사회이론에서 학습의 주요 요소

* 출처: Wenger, E. (1998). p. 21, Figure 1.1

이렇게 실천을 기반으로 한 공동체에 참여한 구성원들은 의미의 협상을 통해 학습해가며 점점 완전한 참여자로서의 정체성을 획득해간다. 하지만 이러한 주변적 참여가 늘 완전한 참여로 이어지는 것은 아니다. 이를 봉쇄하는 투명성의 부재는 완전한 참여로 나아가지 못하게 하며 소외된 채 주변부에 머무르게 한다.

이는 Wenger가 제시한 정육업자의 도제제도에 관한 예에서 확인할 수 있다. 이 사례에서 정육업자의 도제들은 이윤과 관련한 '불투명성'에 봉착하게 되고 학습에 제한을 받게 된다. 이를 통해 도제들은 직업에 맞는 업무 전체를 학습할 기회를 갖지 못하게 된다. 노동의 상품화는 도제를 저급의 노동자로 변환시킬 수 있으며, 성숙한 실행공동체 속에서의 활동에 접근하지 못하게 하는 방법으로 일을 시킬 수 있다. 실행공동체의 완전한 구성원이 되기 위해서는 진행 중인 활동, 숙련자, 공동체의 다른 구성원, 실행과 관련한 인공물에 폭넓고 투명하게 접근할 수 있어야 한다. 이러한 것들은 필수적인 조건이지만 이러한 접근성에 문제가 있다면 합법적 주변 참여를 통한 학습은 이루어질 수 없다.

이처럼 구성원의 실천을 이끌어내기 위해 조직은 정당한 참여의 조건과 기회를 제공해야 하는데 이를 소여(affordance)의 개념으로 이해할 수 있다. Billet(1990)은 일터에서 참여의 기회를 부여하는 것은 중요한데, 업무에 완전히 참여하도록 초대된 사람들은 그렇지 않은 사람보다 풍부한 학습을 제공받을 수 있기 때문이라고 설명했다. 유사한 맥락에서 Fulop과 Rifkin(1997)은 일터에서의 '학습 공간'을 강조하였다. 학습 공간이란 심리적이고 정치적인 공간의 의미로, 이상적 담화의 환경을 의미한다. 국지적이고 친밀한 수준에서 관계를 형성하는 과정은 학습에 대한 잠재력을 형성할 수 있기 때문이다. 소여가 일터에서 구성원들을 참여로 이끄는 안내와 기회라면, 이러한 참여를 활성화시키고 공동체를 하나로 묶는 역할을 하는 것은 구성원 간의 '호혜적인 관여'라고 할 수 있다. 구성원들 간의 호혜적 관여와 신뢰는 공동체를 하나로 묶어주는 역할을 한다. 참여자들은 실천 안에서 다양하고 복잡한 방식으로 서로 관계를 맺고 있는데, 참여를 위한 호혜적 관계는 곧 학습을 위한 호혜적 관계라고 할 수 있다.

일의 세계에 대한 비판적 성찰

일의 세계에서 비정규직을 포함한 문제와 이슈들은 고립되어 존재하지 않는다. 다양한 영향 관계 안에서 상호작용하며 재생산되곤 한다. 이러한 영향관계와 일의 세계 전반을 비판적으로 성찰하는 것은 변화를 위한 초석이 될 수 있을 것이다.

먼저 현대 일의 세계에 대한 비판적 논의에서 가장 중요한 개념 중 하나는 '소외'이다. 일찍이 Marx(1987)는 현대의 소외된 노동이 인간을 인류로부터 소외시켜 간다고 언급하였다. 네 가지 노동자의 소외, 즉 노동자 자신으로부터의 소외, 노동 자체로부터의 소외, 노동과정으로부터의 소외, 노동 결과로부터의 소외 등의 개념으로 현대사회 일과 인간의 본질적 관계 상실에 대해 설명하였다. 이러한 양상에 대해 장원섭(2006)은 일이 교육적으로 퇴락하고 있다고 지적하며, 일의 가치 전도와 위계화, 기술의 정복, 일의 편재성 등으로 이를 설명하고 있다. 이러한 소외와 더불어 인간은 박탈감과 부족함을 느끼며 끊임없이 '탈숙련화'되는 상황을 맞고 있다. 빠르게 변화하며 지속적으로 탈숙련화시키는 현대사회에서 개인은 끊임없이 미숙하다는 느낌과 함께 이에 대한 책임감을 갖게 된다. 기술의 빠른 발전, 점점 더 복잡해지는 업무와 변화가 잦은 상황들은 근로자들을 끊임없이 탈숙련화하고 있으며, 이에 따라 미숙련 근로자들에 대한 문제는 관심을 받아 왔다. Giddens(1991)는 이러한 탈숙련화에 대한 논의를 일상으로 확대하였다. 일상생활의 탈숙련화는 자아를 소외시키고 분절화시키는 현상이다. 현대사회는 전문가 체계를 필두로 하는 추상적 체계를 통해 인간을 탈숙련화시킨다. 오늘날 우리 삶의 모든 국면은 전문가 체계에 포섭되어 요법과 상담이 일상화된다. 하지만 전문가 자신도 전문분야 밖에서는 무지한 대중으로 전락하고 지속적인 재숙련화를 요구받는다. 또한 서로 경쟁하는 다양한 권위에 노출될수록 인간 전체는 점점 소외되어 가는 것이다. 특히 개인들은 삶의 중대한 전환이 걸려 있거나 운명적 결정이 이루어져야 할 때 그들 스스로를 더 깊이 재숙련화한다. 전문지식은 '경험의 격리'에 근본적인 역할을 한다. 일상적 사회생활은 원래의 자연에서 분리되고 실존적 문제와 딜레마와 관련한 경험에서 멀어진다. 일상의 지식은 전문지식에 의해 걸러지며 상담과 요법으로 대체된다. 이로써 나타나는 개인적 무의미감, 곧 삶에서 얻을 만한 것이 없다는 박탈감은 현대에서 근본적인 정신적 문제가 된다. 삶에 대한 통제력의 박탈은 자아의 함몰로 이어지는 것이다. Fromm(1955)의 '자기소외'와 Touraine(1992)의 '가짜 자아(pseudo-self)', Habermas(1973)의 '생활세계 식민화' 등의 논의는 이러한 현대 경제사회구조 변화가 개인의 생활세계와 정체성을 위협하고 있음을 보여준다.

이처럼 현대사회에서 사람들은 '그들의 삶의 에너지가, 자신과 분리되어 있으며 결국은 자신들에게 대항하는 상품을 생산하는 데 흘러들어가고 있다는 것(Fromm, 1956)'을 발견하곤 한다. 하지만 이러한 논의가 절망의 언어로 남겨진다면, 우리 모두는 비판적이며 비정상적인 현실 속에, 그대로 머물러 있게 될 것이다. 이를 넘어서기 위해서는 절망의 언어를 희망의 언어로 전환하는 노력이 필요하다. Freire(1994)는 이처럼 주체가 자신의 세계를 이해하는 해방적 지식을 획득하고, 스스로의 목소리를 되찾아야 한다고 주장하였다. 학습자가 자기 자신과 세계, 그리고 우리가 살아가는 방식에 대해 당연하다고 여겨져 온 가정들을 변형할 수 있는 가능성에 대한 이해를 넓히기 위해, 그들의 경험 밖에 존재하는 적절한 지식을 비판적으로 습득하는 과정을 '자활력'(empowerment)이라 한다(Giroux, 1988; 장원섭, 2006). 자활력이란 이처럼 학습자 스스로 비판적 관점을 가지고, 자신의 목소리를 되찾아 가도록 하는 힘의 소유과정을 의미한다.

연구방법

이 연구에서는 비정규직 초기 경력자들이 일의 세계에 참여하며 정체성을 학습해가는 양상을 이해하기 위해 심층면담을 통한 비판적 사례연구를 진행하였다. 비정규직에 대한 제도적 논의에 앞서 이들의 정체성을 연구하고, 상황적이고 맥락적인 학습과정의 실체를 드러내기 위해서는 질적인 이해가 필요했다. 질적 사례연구는 가설검증보다는 통찰, 발견, 해석에 관심을 둔다. 실생활에 닻을 내리고 현상에 대한 풍부하고 총체적인 보고를 생산하며 통찰을 제공하고 독자들의 경험을 확장시켜 주는 의미들을 조명한다(Merriam, 1994). 더불어 면담은 개인의 경험과 이에 대한 의미부여를 심층적으로 이해하는 데 유용한 방법이었다. 비정규직으로서 일을 경험하며 '그들에게 무슨 일이 일어나는지'에 대해 구체적으로 이해하고, 공감을 형성해가는 데 도움이 되었다. 이 연구에서는 연구과정 자체를 일의 세계 변화를 위한 하나의 실천으로 연결하기 위해, 사례를 비판적으로 분석하고, 실천적이고 해방적인 지식과 연결하고자 하였다.

연구 참여자

이 연구는 개인적 관계와 관심이 연구로 이어진 경우이다. 참여자들과 일터에서의 어려움이나 일상적 이야기들을 나누면서 연구의 필요성을 느끼게 된 것이다. 연구 참여자는 연구자가 주제에 관심을 갖도록 도움을 준 초기 참여자 3명을 중심으로, 눈덩이 표집방법을 통해 총 7명을 표집하였다. 이들을 대상으로 파일럿 테스트를 실시한 결과, 면담에 부담을 가진 참여자와 근무경험이 3개월 미만인 참여자를 제외한 4명의 참여자를 선정할 수 있었다. 또한 이들과 다른 분야에서 일하고 있는 1명의 참여자를 추가로 표집하여 총 5명의 참여자가 이 연구에 참여하게 되었다. 이들은 대학을 졸업한 20대 후반의 초기 경력자로 서로 다른 직종에 근무하고 있으며, 특성은 다음 표와 같다.

〈표 5-1〉 연구 참여자의 특성과 면담시간

대상(성별)	연령 (2010년 기준)	업무 특성	근무 경험 (2010년 4월 기준)	총 면담 시간
A (여)	28	대기업 비정규직 직원	14개월	약 58시간
H (여)	29	은행 비정규직 텔러	13개월	약 40시간
B (남)	27	기간제 교사	11개월	약 40시간
Y (여)	29	호텔 비정규직 직원	10개월	약 42시간
E (여)	28	비정규직 패션 디자이너	11개월	약 38시간

자료 수집 및 분석

자료 수집은 2009년 9월부터 2010년 4월까지 약 7개월 간 주로 심층면담을 통해 이루어졌다. 먼저 2009년 9월에 실시한 파일럿 테스트를 통해 연구의 대략적인 주제를 확인할 수 있었고, 이를 통해 연구 방향을 설정할 수 있었다. 파일럿 테스트 결과, 참여자들이 일터에서 '합법적 주변 참여'와 학습에 제한을 받고 있음을 확인하였고, 이에 대한 세부적인 양상을 파악하기 위해 연구계획을 세울 수 있었다. 이후 윤리적 고려하에 참여자의 동의를 구하는 절차가 이어졌고, 연구 및 면담에 대한 구체적인 내용과 비밀보장에 대하여 설명하였다. 면담은 참여자의 사정에 의해 많게는 일주일에 두 번, 적게는 한 달에 두 번 정도로 이루어져 왔다. 참여자에 따라 총 20회에서 30회 정도의 면담이 이루어졌다. 면담은 주로 참여자의 일터 근처 휴게시설이나 세미나실, 카페에서 이루어지는 경우가 많았다. 면담시간은 주로 2시간 정도로 이루어졌다. 필요한 경우 내용을 확인하기 위해 전화로 질문을 하기도 하였다. 면담 후에는 하루 이내에 인터뷰 장소와 시간 등 세부적인 내용과 함께 녹음내용을 문서화하였다. 더불어 인터뷰 도중 메모한 내용과 연구자가 느끼고 생각한 내용을 담은 일지를 함께 문서화하였다. 이러한 문서의 내용을 바탕으로 해석할 시간을 충분히 확보하고자 노력하였다. 면담 기간 동안 참여자들에게도 변화가 있었는데, 이직을 한 경우도 있고 심리적으로, 감정적으로 변화를 겪은 참여자들도 있었다. 연구자는 이러한 내용을 충분히 고려하여 연구에 반영하고자 하였다.

또한 분석과정에서는 참여자들이 한 조직 내에서 학습하고 정체성을 형성해가는 과정을 비판적으로 이해하기 위해 Wenger(2004) 등이 제시한 학습의 사회이론에 따라 하위주제를 네 가지로 분류하였다. Wenger는 사회적 참여과정과 학습의 밀접한 관계성을 개념화하기 위해 제시한 네 가지 요소로 '의미', '실천', '공동체', '정체성'의 차원을 제시하였다. 이러한 네 가지 차원은 생성된 자료에서 의미상의 다발과 많은 부분 일치하였고 이를 탐색적으로 분류하여 설명하는 데 유용했다. 하지만 이러한 4가지의 수제 또한 포괄적인 차원이므로, 이 주제 내에서도 세부적인 하위주제들을 도출할 수 있었다. 이러한 하위주제들은 순환적 분석을 통해 도출되었다. 마지막으로 이러한 범주에 포함되기 어렵다고 판단된 나머지 문장다발들은 새로운 주제를 생성하여 분류하였다. 이러한 과정들을 반복적으로 검토하며 연구주제의 일관성을 높일 수 있는 방향으로 분석을 진행해 나갔다. 또한 참여자들의 이야기를 인용하는 장면에서 지시적으로 사용된 표현에는 부가적인 설명을 덧붙였다.

연구의 정당성 확보

이 연구에서는 도출된 의미해석에 대한 신빙성을 높이기 위해 방법론적 삼각측정(methodological triangulation)의 일환으로 면담, 관찰, 일지 쓰기, 문서고찰, 미디어 분석 등을 병행하였다. 먼저 심층면담을 진행하는 동시에 참여자의 상황을 고려해 일터의 관찰을 병행하였다. 더불어 연구진행 상황과 연구자의 느낌을 담은 일지쓰기를 수행하였다. 다양한 관점의 연구들과 이론들을 고찰함으로써 총체적 이해를 추구하기 위해 노력하였으며, 미디어 분석도 병행하였다. 또한 해석의 타당도를 높이기 위해, 자료와 해석을 제공했던 참여자들에게 되돌려주고 결과에 대한 확인을 얻었다. 면담이 진행되는 동안 전사한 내용과 각 부분의 해석에 대해 확인을 받았으며 면담이 끝난 이후, 결과에 대한 전반적인 해석에 대한 확인을 받았다. 더불어 동료 검토 및 전문가 검토를 통해 연구과정과 결과에 대한 조언을 받을 수 있었다.

연구 결과 및 논의

이 연구는 비판적 사례연구를 통해 참여자들이 능동적 주체로서 삶과 경험에 '의미를 두는 방식'을 이해하고 공감하고자 노력하였다. 우리가 어떤 사건에서 의미를 부여할 때, 그 의미는 알려진 것에 대한 반응일 뿐 아니라 알려지지 않은 것에 대한 반응이기도 하다(Berger, 2007). 이에 참여자들의 경험뿐 아니라 경험적 사건들 이면에 존재하는 기제들을 파악하는 노력 또한 필요하다(Bhaskar, 1978). 이렇듯 연구 참여자들의 목소리에 공감하는 동시에 총체적인 사태를 이해하기 위해 이들에게 영향을 주고받는 관계들을 발견하고자 노력하였다. 또한 이것을 바탕으로 새로운 의미와 가능성을 탐색하고자 하였다.

다음 제시한 표는 참여자들과의 면담과 일지에서 생성한 포괄적이고 다양한 자료들을 더 명료하게 이해하기 위해 하위주제로 나누어 정리한 것이다. 학습의 사회이론을 구성하는 네 가지의 요소를 중심으로 '비정규직 참여를 통한 학습과 정체성 형성'의 하위주제를 생성하였고, 각 요소들의 하위

〈표 5-2〉 비정규직 참여를 통한 학습경험의 의미구조

<table>
<tr><td rowspan="9">비정규직 참여를 통한 학습</td><td rowspan="2">'의미' 의 차원 (느낌으로서의 학습)</td><td>비정규직에 대한 인식</td><td>- 이중적 의식
- 학습되는 절망의 언어
- 비정규직의 전형
- 너무나도 전문적인 사회에서 비정규직이란
- 능력사회에서 무능력한 나의 책임</td></tr>
<tr><td>현재 자신의 일에 대한 인식</td><td>- 경력의 진공상태
- 일과 나의 타협관계</td></tr>
<tr><td rowspan="3">'실천' 의 차원 (행함으로써의 학습)</td><td>소외와 주변성
(참여할 수 '없는' 업무와 활동들에 대한 인식)</td><td>- 먼저 퇴근하겠습니다
- 인턴과 비정규직의 차이</td></tr>
<tr><td>투명성과 봉쇄
(시간과 노력에도 불구하고 확장되지 않는 업무에 대한 인식)</td><td>- 넌 그런 건 알 필요가 없어</td></tr>
<tr><td>존중과 인정의 부재
(차별과 과중한 업무, 인정받을 수 없는 상황에 대한 인식)</td><td>- 저러니까 철새처럼 잘리지
- 모든 노력은 정규직의 실적으로</td></tr>
<tr><td rowspan="2">'공동체' 의 차원 (속함으로써의 학습)</td><td>상상차원</td><td>- 제한구역; 공간
- 내년에는; 시간
- 우리 회사; 이미지</td></tr>
<tr><td>관여와 조정행위차원</td><td>- 한 발 물러나기</td></tr>
<tr><td rowspan="2">'정체성' 의 차원 (됨으로써의 학습)</td><td>동일시와 차별화</td><td>- 미운 오리 되기
- 임시 정체성</td></tr>
<tr><td>미래봉쇄와 상실감</td><td>- 또 다시 다음 단계로
- 우리에게 서른이란
- 미래의 식민화를 위해</td></tr>
<tr><td rowspan="3">검증되지 않은 가능성</td><td colspan="2">호혜적 관여와 신뢰의 의미</td><td>- 보이지 않는 담 허물기
- 희망고문</td></tr>
<tr><td colspan="2">역동적 불안과 삶의 에너지</td><td>- 정복되지 않는 미래와 가능성
- 사는 게 다 그렇지</td></tr>
<tr><td colspan="2">비판적 성찰을 통한 배움</td><td>- 꿰뚫어 보기</td></tr>
</table>

주제를 정리하였다. 또한 '검증되지 않은 가능성을 향해'라는 범주에는 학습의 사회이론적 개념 외에도 대안적 가능성을 암시하는 내용들을 분석하여 정리하였다.

비정규직에 대한 인식

:: 이중적 인식

위의 네 가지 차원 중 먼저 '의미의 차원'에서 참여자들이 이해하고 경험

하며 의미를 부여한 내용들을 살펴볼 수 있었다. 이들은 주어진 환경과 맥락 속에서 지속적으로 상호작용하며, '비정규직에 대한 인식'과 '현재 자신의 일에 대한 인식'을 형성해가고 있었다.

비정규직에 대한 인식에서는 참여자들의 이중적 의식을 발견할 수 있었다. 참여자들은 비정규직의 지위와 차별에 대해 비정규직의 일원으로서 동일시하며 공감하지만, 동시에 비정규직을 벗어나고 싶은 굴레로 인식하기도 했다. 때때로 이러한 것들이 혼란스러운 양상으로 드러났다.

> "(한숨 쉬며) 맨날 TV 보면 해답이 있는 것처럼 얘기하잖아. 내가 생각하기에 이 문제는 답이 없어...... (비정규직으로) 같이 일하던 애는 저번에 법조항이니 뭐니 찾아와서 막 얘기하는 거야. 우리는 왜 휴가도 못 쓰냐고. 솔직히 맞는 말이긴 한데...... 달라질 건 없고. 더 미움만 사겠지. (미간을 찌푸리다) 그러면서 걘 일도 퉁명스럽게 해. 불만스러운 얼굴로 하고 매사 불만만 얘기하고...... 사실 나도 이렇게 하면(투쟁 없이 현실에 순응하면) 안 된다고 생각은 하는데, 솔직히 걔는 그렇게 하면 계속 여기서 못 벗어날 거 같애. 현실적으로 그렇게 따로 행동하면 점점 더 고립돼......" — A

> "부모님이 그걸(비정규직에 대해 다룬 뉴스 취재) 보시는 걸 보고 참담했지. (불만 섞인 목소리로) 비정규직의 운명? 그걸 보면 자기 딸이 그런 거라는 거잖아. 어떤 부모가 속이 안 상하겠어. 그렇긴 한데 (미디어에서) 좀 오버하는 감도 있지. (모든 비정규직 근로자들이) 다 나가서 못살겠다고 누울 정도는 아니니까. 근데 정말 나도 먹여 살릴 가족 있고, 먹고 살 일이 한심하고 한데 갑자기 그렇게 되면(보상도 없이 강제 해고되면) 모르겠다......" — E

이들이 겪는 상황은 단순히 조직 내 비정규직으로서 겪는 갈등과 타협의 딜레마 상황이라기보다는 비정규직으로서의 자신을 인식하는 정체성에 대한 부분이라고 볼 수 있다. 비정규직을 벗어날 것이라고 생각하기에, 비정규직이라는 집단 범주에 쉽게 동화되고 싶지 않았지만, 외부자적 시각으로 그들을 바라보기엔 내부 윤리에 위배됨을 느끼고 곧 동조했다. 이들은 이렇게 정규직이 주류로 존재하는 일터에서만 주변인이 되는 것이 아니라, 비정규직의 세계에서도 주변인이 되어가고 있었다.

:: 학습되는 절망의 언어

또한 참여자들은 일상에서도 의식하지 못하는 동안 절망의 언어들과 맞부딪히고 있었다. 자신들에 대한 부정적 전망에서, 주변 사람들과의 비교에서, 스스로 인식하는 것 이상으로 잘못된 상황에 자신이 처해 있다는 것을 인식하게 된 것이다.

> "사람들이 한번 비정규직이면 평생 비정규직이라고 그러지. 주변에도 비정규직으로 일하다 잘 된 사람들은 많이 없으니까. 난 잘 될 거라고 생각하다가도 맥 빠지는 날이 많고……" — H

> "엄마가 대학까지 보내놨더니 왜 아직도 그러고 있냐고. 다른 애들은 어쩌고저쩌고 그러지. 주변에 엄친아들이 좀 많아야지. 이제 그런 소리 들으면 어떻게든 열심히 살아야겠다는 생각보다 그냥 호주로 돌아가고 싶어." — Y

> "매일 신문 보면 비정규직 법률이 개정이 되느니 마느니, 보긴 매일 보는데 달라지는 건 없고. 다 자기 잇속 차리는 거 아니겠어? 맨날 똑같아. (한숨 쉬며) 이 문제는 답이 없어." — A

하지만 그러한 절망적 언어들과 직면했을 때, 이것을 넘어서려는 생각이 들기보다 의기소침해진다. 그리고 일상에서 자신도 모르는 채 스스로 절망의 언어를 사용하기도 했다. 이러한 절망의 언어는 내부에서 발생되기도 하지만, 참여자들이 처한 맥락에서 상호작용하며 '학습'되기도 했다.

:: 비정규직의 전형

참여자들이 비정규직 자체에 대한 인식과 정체성을 하나의 의미로 수렴하지 못하는 배경에는 비정규직 근로자들 간 '비정규직' 자체의 합의된 정의가 존재하지 않는다는 것도 발견할 수 있었다. 다양화된 비정규직 근로자들 간에는 공유할 수 있는 부분이 적으며, 그 연대를 이루기는 더욱 힘들다. 또한 조직에 따라 또는 같은 조직 내에서도 업무와 처한 개인적 상황에 따라 분화가 이루어지고 있다. 비정규직 근로자로 활동하는 참여자 자신도 자신의 지위와 정체성이 무엇인지, 그렇다면 '비정규직의 전형'이 무엇인지 설명하기 힘든 상황에 위치한 것이다. 아래 A의 이야기에서도 이러한 어려움은 드러난다. 참여자들 대부분은 자신이 독특한, 막연히 다른 비정규직과 다른 특성을 지닌 비정규직이라는 인식을 가지고 있었다.

> "(연구와 연구의 취지를 설명하며, 인터뷰를 요청할 당시) 당연히 괜찮지. 잘 됐다. (고개를 갸우뚱하다 걱정스러운 표정으로) 근데 나는 좀 다른 케이스라...... 다른 비정규직? 들과는 일도 약간 다른 것 같고, 정규직이 하는 일?도 하는 것 같고, 연구와는 맞을지 모르겠다. 아닌가? 괜히 도움이 안 될까봐. 비정규직이면, (망설이다) 비정규직은 비정규직이지." — A

> "(웃으며 멋쩍은 듯) 제가 무슨 도움이 되겠어요? 나름 그냥 평범하게 살고 있어서." — B

:: 너무나도 전문적인 사회에서 비정규직이란

고학력과 전문화에 대한 이슈는 우리 일상에 스며들어 있다. 참여자들도 이를 실감하고 자신의 지위를 더욱 불안하게 하는 요인으로 지적했다.

> "요즘 다들 스페셜한 영역이 있잖아. 어디 하나에는 다 전문가고, 나도 그래야 하는데. 맨날 다른 데 들어갈 궁리나 하고 있으니까...... 직장 들어가서 처음 3년이

그 다음 10년을 결정한다는데, 나는 어느 세월에 경력 쌓고……" — H

"…… 난 끽해야 영어공분데, 그냥 계속 그 자리에 가만히 있는 것 같으니까 불안하지. 유학을 다녀온 것도 아니고, 유학을 갈 만큼 불어를 잘하는 것도 아니고. 우리 쪽은 유학 갔다 온 사람들이 태반이야. 갔다 와야 돼. 그래야 한 번에 취직도 되고. (한숨 쉬며) 난 성실한 거? 아무리 여기서 손 빠르고 재능 있다 그래도 그런 사람은 많으니까. 게임이 안 되지. 우리 실장도 프랑스에서 학교 다니고 미국에서 학위 따고 그러니까 그 나이에 연봉이 그렇고, 잘 나가지. 난 어디 내놓을 이름도 없고, 경력도 없으니까……" — E

이들은 자신의 분야에서 전문성을 쌓아야 한다는 생각을 갖고 계획도 가지고 있지만 현재의 위치에서 그것을 실현할 수는 없다. 다른 참여자들도 경력에 대한 중요성을 실감하고 노력하지만 현재 위치에서는 불가능하므로 봉쇄에 부딪히게 된다. 또한 자신이 의미를 부여한 기준에 따라 자신의 약점을 인지하고 자신감을 잃어가고 있었다. 이러한 기준은 주변 사람들과의 비교에서 온 것이며, 내부에서 스스로의 필요성에 의해 생긴 기준은 아니다. 자신이 머물러 있는 사이, 처해 있는 주위의 상황들은 끊임없이 자신을 지위 하락시키고 이러한 기준들과 지표에 의해 자신이 초라해짐을 느끼는 것이다. 이들이 자활력을 잃게 하는 요인들은 내부적 기준이 아니라 사회적 지표와 기준들이다. 자신의 분야에서 전문성과 실력을 쌓아도 가시적인 사회적 지표와 신용장이 없으면 인정받을 수 없고, 스스로도 자신을 인정하기 힘들다. '잘난 사람들'이 너무 많은 사회에서 주위의 상황들과 비교할수록 자신은 계속 작아짐을 느끼게 된다. 앞서 살펴보았던 '탈숙련화'에 대한 논의는 이러한 상황의 배경을 설명해줄 수 있다. 하지만 더 문제가 되는 것은 이 모든 현상에 대한 책임이 개인에게 돌아온다는 것이다.

:: 능력사회에서 무능력한 나의 책임

참여자들은 이러한 상황이 구조적 문제임을 인식하면서도 갈등상황으로 인해 이것의 원인이 자신인지 의심하게 된다. 이러한 양상은 현대 일의 세계에서 더욱 심화되고 있다. '개인은 스스로 직업을 위한 삶을 준비해야 한다'는 전제는 우리 사회에서도 통용되고 있다. 하지만 고용을 포함한 구조적 문제가 개인의 책임으로 돌아오는 것은 매우 부조리한 일이다. 이에 대한 비판적 성찰과 논의가 필요하다.

> "솔직히 내가 부족해서 이러고 있다고 생각하진 않았거든. 근데 계속 그런 생각이 드는 것 같애. 보는 사람들마다 뭐라도 좀 하라 그러고(취업준비) 그러다 보니까 자꾸 내가 능력이 없나? 내가 못났나? 비교하게 되고 우울해지고…… 진짜 엄친아들만 드글거려." — E

> "엄마가 코(성형수술) 할 생각 없냐고.(웃으며) 뭐 땜에 떨어지는지 모르니까 엄마가 코 때문에 그러는가 보다고. 어이없어서 그냥 웃었지 뭐. 진짜 그런가? 서비스직은 더 그렇긴 하지. 우리 회사에도 보면 올라갈수록 다 예뻐. 요즘은 능력 있는 애들이 이쁘기도 하더라. 그게 다 자기관리라고. 그렇게까지 해야 돼? 못 생기게 태어난 게 우리 책임이야?" — Y

현재 자신의 일에 대한 인식

:: 경력의 진공상태

현대사회에서 경력은 중요한 부분을 차지한다. 하지만 비정규직의 경우, 비정규직으로 근무한 경력을 인정받기 매우 힘든 실정이다. 이는 제도적으로도 그러하며, 사실상 이직이나 승진이 정규직에 비해 불리한 상황에 있다.

> "○○는 대기업 마케팅 팀 들어가서 벌써 3년차라는데 나는 여태 뭐하고 있는 건지 모르겠어. 다들 벌써 회사에서도 그렇고 자리들 잡아가고 그러는데 나는 경력

도 안 되는 일하면서 배우는 것도 없고 그렇다고 공부를 더 할 수 있는 것도 아니고 너무 한심해. 난 뭐 이렇다 내세울 것도 없고 경력도 없고. 점점 낙오되는 느낌이야. 뭐라도 해야 하는데." — A

"지금 뭘 하고 있는 거지? 문득문득 생각들 때가 있지. 아무도 인정도 안 해주고 일이 마음에 드는 것도 아니고. 난 뭘 하고 있는 거지? 계속 자학하는 거지." — E

"여자는 나이가 생명인데, 내가 여기 나가면 뭘 할까 싶어. 은행에서 배운 게 다른 데서 써 먹을 수 있는 것도 아니고 빨리 나가서 다른 데 정착해야지." — H

"지금 뭘 하고 있는 건지 모르겠어. 맨날 복사나 하면서 앉아 있다 보면 그냥 나만 가만히 멈춰 있는 것 같애. 다들 열심히 차고 나가는데......" — A

참여자들은 제도적으로 경력이 되지 않는 상황을 인식하고 안타까워한다. 하지만 여기서 그치는 것이 아니라 이러한 상황에 대한 부정적 의미부여를 함으로써 자신의 삶과 정체성에 대한 문제로 확대해간다. 결국 그들은 경력이 되지 않는 '잊혀지는 시간'으로 인식하며 이에 대해 회의를 느끼고 있었다. 그리고 이 결과는 자신의 책임으로 돌리고 있었다. 단지 제도적으로 경력이 안 되는 시간을 보내고 있는 것일 뿐, 그 시간이 의미 없다는 증거는 없다. 하지만 이러한 시간에 대한 의미부여는 제도적 한계를 넘어 스스로의 삶에 대한 무의미함으로 이어진다. 또한 이러한 시간은 '멈춰 있는 것'으로까지 느껴지기도 한다.

:: 일과 나의 타협관계; 이건 그냥 거쳐 가는 일

일과 인간의 관계가 회복되지 않는 한, 서로를 소외시키는 방향으로 진행될 뿐이다. 일은 인간을 소외시키고 인간은 자신을 하찮게 위치 지우는 일을 소외시키는 것이다.

> "그냥 거쳐 가는 일이라고 생각하고 해. (어두운 표정으로 침묵하다) 솔직히 평생 이렇게 일 하면서 살 수는 없지. 너무 힘들고...... (입술을 내밀고 곧 웃다가) 원래 하고 싶은 일을 위한 희생이라고 생각해야지. 그래도 서른에는 꼭 MD가 될 거야. 솔직히 경력도 안 되지만 실장님이 내가 되고 싶대니까 일 잘 하면 가르쳐 준댔거든...... 힘들어도 빨리 일 배워서 나가야지." — E

> "뭐 회사에서 날 그렇게 대우해주는 것도 아니고 왜 내가 열심히 하겠어. 적당히 돈 모으다 다른 데 되면 나가야지. 그게 내 잘못인가?" — Y

> "빨리 그만둬야지. 일이 마음에 드는 것도 아니고, (정규직으로 된다는) 잘 된다는 보장도 없고. 큰 사고만 안 치면 그래도 잘릴 일은 없으니까. 같이 일하는 언니들은 시간되면 다른 사람들이 일을 하고 있건 안하고 있건 '저희 가겠습니다' 하고 바로 일어나." — H

이들은 비정규직에 자발적으로 참여한 것이 아니었다. '어쩔 수 없는' 상황에서 선택적으로 참여하게 된 것이고 그 일을 하는 동안, 비정규직이라는 지위 때문에 좋은 대우를 받게 된 것도 아니었다. 이들은 이러한 상황에 대한 대처를 '적당히'라는 언어로 표현하고 있었다. 열심히 해 보았자 가치 있는 일을 할 수도 없고 힘들기만 한 일에서 더 이상 가치 있는 것을 얻을 수 없다고 생각하여 갖게 된 전략은 적당히 하며 그 일을 이용하는 것이다. 하지만 이러한 관계는 양쪽 모두 실패할 확률이 높다. 신뢰가 바탕이 되지 않는 관계에서 참여자들은 순진하게 순응하고 희생할 의지가 없었다. 이러한 태도가 자신에게 도움이 되지 않는다고 하더라도 반항적인 태도를 보이는 것이다.

> "그냥 지금 잠깐 ○○에서 일하면서 (취업) 준비하고 있는데 곧 옮길 거라고 얘기하고 그러지." — Y

> "지금 잠깐 여기 있는데, 어쩔 수 없으니까…… 근데 취업 되면 바로 옮길 거야." — E

> "잠깐 있는 거죠. 이제 임용되면 바로 독립하고 이사 가고 결혼도 하고. 그래야죠. 이번 해까지만 잠깐 있으면서 시험 준비하고 용돈 벌고……" — B

또한 참여자들 대부분은 이러한 맥락에서 현재 자신의 일을 현재시제로 생각하기보다는 과거시제로 생각하며 어쩔 수 없이 '거쳐 가는 일'이라 의미를 부여하고 있었다. 정체성 형성의 양상도 비슷했다. 자신을 소개할 때, 현재의 일에서 자신을 이야기하기보다는 미래의 일로 이야기하고 있었다. 자신은 '현재 무엇을 하고 있는 사람'이 아니라 '무엇을 할 사람'인데 '단지 잠시 이것을 하는 사람'인 것이다. 사실 의미상 비정규직은 일정 기간 이상 고용의 보장이 되지 않기에 당연히 거쳐 가는 일일 수 있다. 하지만 일정 기간 머물기로 한 일터에서 현재의 일에 몰입하며 시간을 보내는 것과 떠날 채비를 하고 시간을 보내는 것은 차이가 있다. 이러한 이유 때문에 이들은 현재 자신의 일에 몰입하기보다는, 미래의 직업을 준비하고 물의를 일으키지 않는 범위 내에서 시간을 보내고 싶어 했다. 서로를 하찮게 위치 지우는 일에서, 그들은 의미 있는 일로서의 가치를 발견하지 못한 것이다.

소외와 주변성—참여할 수 없는 업무와 활동들에 대한 인식

:: 먼저 퇴근하겠습니다

실천의 차원에서 참여자들은 소외와 봉쇄에 부딪히고 있음을 발견할 수 있었다. 또한 인정과 존중이 부재한 상황에서, 제한된 실천은 공동체에 대한 참여의지를 약화시키고 있었다.

먼저 참여자들의 실천을 제한하는 요소로, 일터에서 참여할 수 없는 업무와 활동들을 들 수 있다. 하지만 이것 또한 일터에 따라 제도가 아닌 '관행'

으로 굳어져 온 것들이 대부분이었으며, 비공식적인 일들은 더욱 그러했다.

> "솔직히 비정규직이라고 연수나 행사 때 안 끼워주는 것도 서럽고, 잡일은 혼자 다 하고, 주변 분들도 일 그만 두고 임용시험에나 몰입하라고 하는데……" — B

> "……당연히 빠지는 걸로 되어 있었지. 회의, 회식, 야유회. 그런 거? 그냥 우리는 퇴근 시간 되면 '먼저 퇴근하겠습니다' 하고 조용히 빠져 나가. 그냥 별로 이상하다거나 하지는 않았어." — H

> "암묵적으로 친한 사람들이 있지. 우리 회사는 여직원이 드물어서 보통 정규직 남자 직원들은 자주 술 마시고 그러는데 같이 가자거나 한 적은 없어. 그렇게 모임 갖고 다음 날 오면 그 얘기만 계속 하고 약간 소외감 느끼지." — A

관행으로 굳어진 이러한 일들은 '별로 이상하지 않게' 이들을 참여에서 제한하고 소외시키고 있었다. 참여하지 않는 것이 아니라 참여할 수 없는 일들은 이들을 주변성이 아닌 소외의 상황에 처하게 하고 있었다. 주변성은 접근의 불투명에서 투명으로 나아가는 과정에 있지만, 이들은 이러한 접근의 봉쇄를 겪고 있다. 일터에서의 접근성은 학습에서 중요한 역할을 한다. 하지만 공식적, 비공식적 업무와 행사에서 스스로 물러나 '먼저 퇴근해야 하는' 상황은 이들을 학습과 공동체로부터 소외시키고 있었다. 이러한 상황은 인턴과의 비교에 의해 더 뚜렷하게 드러났다.

:: 인턴과 비정규직의 차이

인턴에게는 비정규직과 다른 대우가 부여된다. 둘 다 주어진 기간을 가지고 일하며 한정된 업무만이 부여된다. 하지만 이들의 태도는 명확히 다르며 주변 사람들의 행동도 다르게 나타난다. 이것은 이들이 일터에서 상호작용과 경험을 통해 공동체에 부여한 이미지와 소속감, 자부심이 다르기 때문이다. 즉 일과 공동체, 그리고 그 안에서 자신의 역할과 태도에 대한 의미부여가 다르기 때문이다. 현재 업무와 지위가 같은 상황이더라도 미래에 대한 접근성과 이미지는 현재의 태도와 인식을 다르게 만들 수 있는 것이다. 더욱이 조직에서도 이러한 가능성에 따라 인턴에게는 학습의 기회와 접근성을 더 열어두고 있었다.

> "대우가 달라. 인턴이 들어왔는데 좀 뭐랄까? 미묘해. 걔네는 아주 선배들이 데리고 다니면서 먹을 것도 사주고, 술도 사주고, 회식도 가고. 우리한텐 한 번도 그런 적도 없으면서." — A

> "잠깐 학교에서 실습 나온 애들 있어. 일 가르쳐 줘도 건성건성 하고, 높은 사람들한테만 굽신거리고. 눈치가 빤해가지고. 저번에는 계속 얼마 받냐, 몇 개월 일했냐, 계약이냐, 이런 것만 계속 물어 보는 거야. 일 가르쳐 준댔더니……" — Y

> "걔네 중 한 명한테는 부장님이 회사 나중에 들어오라고 조용히 얘기했대. 완전 서운하지. 나는 죽도록 열심히 해도 모른 척하고, 걔네랑 나의 차이가 뭐야. 대체." — A

투명성과 봉쇄—시간과 노력에도 불구하고 확장되지 않는 업무

:: 넌 그런 건 알 필요가 없어

이러한 한정적인 위치와 업무에 머물러 있는 것은 일에 대한 의욕을 떨어뜨리고 학습을 제한하는 요소로 작용한다. 시간과 노력에도 불구하고 '확장되지 않는 업무'는 일에서뿐 아니라 스스로의 정체성에 대해서도 갈등을 겪게 한다.

> "오늘 바빠서 뭐라도 도와드리려고 서성거렸어. 다들 바쁜데 나만 할 일이 없어서 미안했거든. 근데 말 붙이자마자 ○○가 '넌 됐어' 그러는 거야. 기분이 확 상해서

말도 안 붙였지. 내가 그렇게 만만한가? 다음부터 내 일 끝나면 완전 다 모른 척 하고 바쁘든 말든 가만있을 거야." — A

"뭘 물어보면 무조건 해라야. 왜 하는지, 어떻게 하는지도 잘 안 가르쳐주고 못하면 뭐라고 하고. 일은 일대로 다 시키면서 자기들 일까지 다 시키면서 알 필요가 없대." — E

"맨날 잡일만 하다 보니까 신데렐라 같애. 아무리 열심히 해도 티도 안 나고, 아무도 인정 안 해주고, 변하는 것도 없고. 그냥 내가 한심해. 가끔씩 호텔에 연예인들이나 유명인들 와도 난 항상 물건 닦고 정리나 하고, 언제까지 이렇게 있어야 하는지 기약도 없으니까......" — Y

이들은 시간이 지나도 일에 대한 주도권을 갖지 못했다. 또한 일을 배우는 데도 접근성이 떨어지고 계속 주변에 소외되어 업무 전체를 학습할 기회가 적었다. 이들에게는 시간이 지나도 업무의 단순성이 지속되었으며 '넌 아직 알 필요가 없어'가 아닌 '넌 그런 건 알 필요가 없어'라는 언어적 매개가 사용되고 있었다.

존중과 인정의 의미

:: 저러니까 철새처럼 잘리지

속한 조직마다 다른 상황에 있지만, 참여자들은 업무강도 때문에 어려움을 겪기도 했다.

"그 사람들은 담배 피우러 가는 타임이 딱딱 있어. 한 시간? 한 시간 반? 정도 되면 종 친 것처럼 눈짓들 하고 정확하게들 같이 일어나서 로비로 내려가. 그나마 담배도 못 피우면 거기 끼지도 못하긴 하지. 근데 저번에는 다른 사람들 일까지 다하고 나서 시간이 남아서, 면접시사 책을 잠깐 보고 있었거든? 그랬더니 어이없다는 표정으로 '야, 너 뭐해? 너 그렇게 시간이 남아돌아? 뭐는 다 했어? 뭐는 다했어?' 이것저것 체크하면서 그러는 거야……" — A

"매일 아침 일찍 나가서 차 끊길 때까지 일하고. 그나마도 차 끊기면 거기서 자고 일어나면 다들 출근해 있고, 근데 아무도 고생했다고 하는 사람이 없어. 너 그것도 못 버티면 앞으로 이 바닥에서 어떻게 살아남으려고 그러냐고. 저번에 (과로로 인해) 지하철에서 쓰러졌을 때…… (웃음) 그때 병원 다녀와서 하루 더 안 나갔는데 빨리 회사 안 나온다고 뭐라 그랬잖아. 근데 인정은 못 받고 정규직 아니고 일하는 기간도 짧으니까 경력도 잘 안 되고……" — E

"저번에는 한 선생님(비정규직 교사)이 청바지를 입고 왔었는데 조금 늦었어요. 그랬더니 저 들리는 데서 '저 옷하고는. 비정규직은 저래서 안 되는 거야. 더 열심히 해도 모자랄 판에, 저러니까 자꾸들 철 되면 잘리지.' 그러시는 거에요. 사실 지각한 건 잘못이지만 다른 분들이 지각했을 땐 사정 봐주시면서 이유도 안 물어보시고……" — B

특히 E는 비정규직이기에 혜택과 지위보장도 받지 못하는 상황에서 밤샘 일을 몸이 상할 때까지 하곤 했다. 하지만 이러한 상황에 대해 당연하다는 반응은 더 힘들게 했다. 정규직원들에 비해 접근할 수 없는 일이 있다는 외부적 사건을 넘어 주위의 인식이나 행동들도 이들을 지치게 하고 있었다.

:: 모든 노력은 정규직의 실적으로

이러한 일 경험이 경력으로 인정되지 않는 상황뿐 아니라 업무 내에서 인정받기 힘든 상황도 있었다.

"물건을 팔거나 고객카드 같은 것 많이 해도 내가 정규직이 아니니까 성과에 반영이 안 돼. 처리는 해야 하니까 우리 팀장한테 그게 가지. 그러면 미안하니까 만 원 나올 때마다 반씩 나눠 갖고 그래…… 내가 요즘 잘 하니까 제일 많이 할 때도 있는데 억울하기도 하지. 그러면 사람들이 왜 그러냐는(열심히 하냐는) 반응이야. 누가 봐도 이상한 일이긴 하지. 직원들 같은 경우엔 성과로 올라가면 승진하는 데도 좋고 그러거든. 그 언니 좋은 일 시키는 거지." — Y

Y의 경우처럼 제도상 비정규직 직원의 성과는 경력상 도움을 줄 수 없다. 경력 자체가 인정되지 않는 것이기에 성과평가도 회사의 입장에서는 무의미한 것이다. 이러한 상황에서 성과가 났다면 그 상사의 공으로 돌아간다. 인정을 받지 않는 것이 아니라 그 인정이 정규직에게 돌아가는 상황에서 일을 열심히 한다는 것은 '누가 보아도 이상한 일'이다.

상상차원

:: 제한구역; 공간

일은 공동체 지향적인 행위이며, 공동체에 속함으로써 학습할 수 있는 부분들이 존재한다. 하지만 참여자들은 공동체에 제한적인 멤버십을 가짐으로써 공간과 시간, 이미지의 차원에서 제한된 학습을 하고 있었다. 또한 조정과 관여행위에서도 소극적인 양상을 보였다.

먼저 봉쇄의 양상은 '공간'의 상징으로 나타나고 있었다. 이들에게는 상징적 공간으로의 제한구역이 존재한다. 이것은 모든 일터에 들어온 초보자들에게도 같은 것이지만 대신 이들에겐 영원히 확장되지 않는 공간으로서의 상징이 있다. 공간은 인간의 일상을 구성하는 데 중요한 개념이다.

"응, 그냥 일하는 구역이 딱딱 있으니까. 창구랑 다르지. 은행은 다 그래. 더 높이 올라갈수록 더 깊이 들어갈 수 있다고나 할까? 근데 내가 일하는 데는 최전방이라 표정관리 제대로 해야 돼." — H

"언니가 창고 데리고 가면, 처음엔 소풍가듯이 좋아했어. 이것저것 구경하고" — Y

"다른 부서 사람들하고는 거의 모르지. 나는 그 사람들 잘 모르고 직접 부딪힐 일도 없으니까. 가끔 궁금하기도 해. (정규직)직원들은 거기 얘기도 하고 그러는데……" — A

"나는 시스템에 더 깊이는 못 들어가니까 액세스가 안 돼. 권한이 없으니까. 대신 다른 사람 패스워드로 들어가거나 다른 분께 부탁해서 처리하고. 귀찮은데 그런 거 처리하는 게 어려우니까 다 안 배우는 게 편한 것 같기도 하고 그래." — Y

이들에게 창구 뒤, 창고, 회의실은 제한된 공간이다. 그리고 참여할 수 없는 공간으로서의 의미를 가진다. 소속감에 따른 정체성을 형성하는 공간도 제한된 공간인 경우가 많다. 이러한 제한된 공간이 주는 일상에서의 의미는 소외감과 봉쇄감이다. 한정된 공간의 은유는 가상공간으로의 전산시스템이나 다른 부서로도 이어질 수 있다. 이러한 공간의 참여 제약은 소속감을 제한하고 학습을 제한하는 역할을 한다. 하지만 한정된 공간은 한정된 학습을 의미하며 광범위한 참여를 막고 고립시키는 결과를 가져올 수 있다.

:: 내년에는; 시간

제한된 시간의 경우도 이들에게 한정된 소속감만을 준다. 계약된 기간 외에 더 지낼 수 있는 희망이 없기에 이들은 아쉬움을 느낀다. 미래봉쇄에 대한 불안 또한 한정된 시간 때문에 느끼는 것이었지만 이러한 소속감의 기제에도 영향을 준다.

"내년 소풍엔 뭐 해요, 뭐 해요, 얘기하는데 그냥 어울려 웃죠. 저는 내년에 여기 없을 거잖아요. 뭐라고 끼어들기도 그렇고. 정을 떼야죠. 애들한테도 학교에도. 안 그럼 힘들 것 같애요. 교생실습 갔다 와서도 한동안 후유증이 심했거든요." — B

"다음엔 무엇하자. 계 들어서 내년엔 여행가자. 그런 얘기들 친해지면 많이 하잖아. 그럴 때는 좀 아쉽고 서운하고 그렇지. 그래도 요즘엔 '저도 꼭 껴줘요' 그러는데

일단 나가고 나면 멀어지는 건 순간이니까." — A

"여기 사람들, 비정규직에 대한 인식이 안 좋아. 가끔 '그 전에 ○○ 있잖아' 그러면서 자기들끼리 인상 쓰고 수군거리고 아주 기분이 나쁘지. 나만 모르니까. 그 얘기를." — A

하지만 이것이 비단 미래에 대한 한정성 때문만은 아니다. A의 경우처럼 함께 공유하지 못한 과거의 역사들도 소외감을 일으키는 기제가 된다. 이러한 배제된 정보와 시간들은 소속감을 형성하는 데 부정적인 영향을 줄 수 있다.

:: 우리 회사; 이미지

자신이 속한 공동체에 대한 연결성을 찾는 상상의 작업은 의미부여에 중요한 역할을 하고 있었다. 시간과 공간, 이미지는 참여자들이 그 공동체에 속해 그 공동체의 일원으로 생활하는데, 그리고 그곳을 떠난 곳에서도 그곳에 대한 의미를 생성하고 떠올리게 하는 중요한 기제였다.

"그냥 우리 회사?라는 게 없는 것 같애. 아직 '여기'는 아니면 '이 회사'는 그러지. 사람들도 그렇고. 아직 정이 잘 안가." — Y

"사람들이 물어보면 '거기는요' 그러면 사람들이 왜 너희 회사를 '거기요'라 그래? 그러는데 그냥 웃지. 내가 계약직인 거 모르는 사람들도 많거든." — A

"그냥 남자친구도 대기업 들어가고 명함 나오고 그럼 거기에 ○○회사 ○○라고 써 있고 그런 거 보면 부럽지. 그냥 다 부러운데 그 중에서도 동기들 있고 같이 연수 가고, 그런 게 제일 부러워." — Y

조직의 이름이 자신을 상징하는 이름이 된다는 것(labeling)은 소속감을 드러내는 한 가지 방식일 것이다. 하지만 그 사람을 인식하는 지표가 그 사람이 무엇을 하는지('he does or she does = he or she')로 인식되는 것은 우리 사회 전반을 이해하는 하나의 지표가 될 것이다.

관여와 조정행위차원

:: 한 발 물러나기

참여자들은 관여와 조정행위차원에서도 소극적인 태도를 보였다. 제한된 소속감이 제한된 참여로 이어졌다고 볼 수 있다.

> "오늘도 회식 있는데 빠진다 그러고 나왔어. 근데 거기 끼고 싶지도 않았어. 별로 친한 사람들도 없고 친해져 봤자고. 오늘 부지점장이 실적 얘기할거고 과장은 으 으 할거고. 거기 끼고 싶지 않아. 걔네들은 어쩔 수 없이 가야 하는 거겠지만 난 아니니까." — H

> "일 처리를 정말 이상하게 하는 거야. 도저히 상식적으로 이해가 안 가게 멍청하게 비합리적으로 하는 거지. 완전 코미디야. 내가 또 얘기하면 또 나선다고 뭐라 그럴까봐 냅뒀어." — Y

업무향상에 대한 아이디어가 있어도, 비공식적 모임이 있어도 이들은 한 발 물러나는 태도를 보였다. 적극적으로 참여하여 자신의 의견을 펼치거나 관여하지 않는다. 이는 이들에게도 참여기회를 제한하는 것이지만 조직의 입장에서도 불리한 기회이다. 조직과 참여자들은 일터에서 이렇게 서로 관여와 관심이 없는 영향관계를 행사하고 있었다.

동일시와 차별화

:: 미운 오리 되기

참여자들은 일터와 일의 세계에 참여하며 다양한 의미협상을 통해 자신의 정체성을 형성해가고 있었다. 하지만 이러한 정체성은 임시 정체성의 형태로 나타났고, 미래봉쇄와 상실감을 느끼고 있음을 발견할 수 있었다.

먼저 참여자들은 일을 경험하며, 상사나 선임에 대한 관찰을 통해 학습하지만 모델로부터 학습한 역할을 재현할 수 없었다.

> "난 열심히 하려고 아직 신입이니까 이것저것 물어봤어. 근데 넌 몰라도 돼. 넌 그런 거 알 필요 없어. 그러면서 말을 탁탁 막는 거야. 결국 눈칫밥 먹듯이 곁눈질해가면서 배운 걸로 아무도 없을 때 급해서 내가 한 번 (기프트숍에서 선물 포장) 포장하고 창고 들어가서 없는 것 채우고 했어. 그랬더니 돌아와서 막 뭐라 그러는 거야. 이것저것 체크해가면서." — Y

> "저는요. 선생님이지만 선생님들한텐 아직 학생이죠. 교생 실습하던 학교니까 아직 저는 교생이랑 똑같애요...... 다른 선생님들 하는 거 보고 노하우를 배웠죠. 카리스마도 배우고. (웃음) 근데 그럼 뭐해요? 교생 때도 이름 부르는 선생님은 없었는데......" — B

Y는 같은 조직 안에서 선임들을 동일시하며 학습했지만 이에 대한 반응은 차갑게 돌아왔다. B 역시 인정받지 못하는 분위기 속에서 교사세계에서는 교사도 학생도 아닌 정체성을 갖게 된다. 정체성은 다른 선배 교사들에 대한 관찰과 학습을 통해 형성해가며 동일시해가지만 자신의 지위와 상황에 불일치를 겪게 된 것이다. 이는 참여자들의 정체성을 형성해가는 데에도 영향을 주었다.

:: 임시 정체성

참여자들은 선임으로부터 관찰하고 배우지만, 참여는 확장되지 않고 '떠날 사람'이라는 낙인과 소외도 변하지 않았다. 또한 이들은 이러한 반응을 통해 조직 내에서도 스스로 지위를 차별화하여 적응해 갔다.

> "저번에 교직원 회의하는데 좀 안 좋은 일이 있어서 하는 거였거든요. 근데 교실 앞에서 넌 들어오지마—그러는 거에요. 그러니까 다른 여선생님이 왜 그래요. ○○선생도 알 건 알아야죠. 걘 어차피 좀 있으면 나갈 애잖아. 어쩌고저쩌고...... 두 분이 그러고 있길래, 그냥 저는 수업 준비한다 그러고 나왔어요. 그 다음부터도 가기 싫더라고요." — B

> "어차피 떠날 곳인데 정 둬서 뭐하겠니? 여기 적응해봤자 어차피 조금 있으면 또 배우고 또 배우고 해야 하잖아. 그냥 적당히 지내다가 안정적인 데로 빨리 옮겼으면 좋겠어." — H

> "그냥 어느 날, 거래처 사람이 와서 저번에 나랑 이야기했었다고 이야기하니까, 부장님이 저 직원은 임시직이라 지속적으로 응대를 해드릴 수 없다고 하면서, 다른 직원을 소개시켜 드리겠다고...... 의욕도 안 생기고. 그래, 나는 떠날 사람이야, 열심히 일해봤자 다 소용 없구나 하면서." — A

제한된 참여와 학습은 이들에게 임시 정체성만을 부여하고 있었다. 이것은 학습과 적응에 대한 의지를 낮추고 스스로 자신을 다른 직원들과 차별화하는 결과로 이어진다. 이들은 주변적 참여에서 완전한 참여로 나아가며 새로운 정체성을 학습해 가는 것이 아니라, 일정 부분 이상 주변부에서 벗어나지 못하고 머물러 있었다.

미래봉쇄와 상실감

:: 또 다시 다음 단계로

이것은 동시에 일터에서의 정체성이 삶의 전반에 영향을 주며, 자신의 미래 자체가 봉쇄되었다는 느낌과 상실감을 가져오는 결과로 이어지고 있었다.

> "요즘 완전 고고야. 정신 못 차리게 피곤해. 하...... (한숨 쉬고 물을 마신 후) 이게 언제 끝날까? 이거 끝나면 저거, 저거 끝나면 또 이거...... 너무너무 이제 못하겠어. 내가 살면서 뭘 한 건가 싶어. 초등학교 끝나면 중학교, 중학교 끝나면 고등학교, 수능 보고 세상 다 내꺼다 싶었는데 취업준비에 시달리다 결국 이러고 있고. 분명 일 그만둔다고 이게...... (침묵하다) 안 끝나겠지. 그걸 아니까 요즘 왜 사는지 모르겠다. 친구도 다 잃어버리는 것 같고. 내가 뭘 위해 이러고 있는지......" — E

> "난 공부도 그렇게 잘 하는 건 아니었고, 대학도 그저 그렇게 갔고, 이제 계속 그저 그렇게 살다가 가겠구나. 시험 준비는 왜 그렇게 오래한 걸까? 누가 나 좀 말리지......(웃음) 간신히 휴가 쓰고 ○○ 면접보고 왔는데 몇 명 왔는지 알아? 전쟁이다. 전쟁이야." — H

> "오늘 벚꽃축제 때라 완전 러시였어. 벚꽃은 다 피지도 않았는데. 난 어두운 호텔에서 시간 가는 줄도 모르고 달리고 있었지. 그 땐 대학 가면 그냥 인생 꽃피는 줄 알았는데. 끝이 없어, 세상 물을 많이 먹은 것 같애. (웃음) 갑자기 오늘 점심시간에 꽃구경 하러 나갔는데 눈물이 뚝 떨어지는 거야." — Y

현대사회의 빠른 흐름에 맞추어 살아가기 위해 우리는 아주 조금 숨을 돌리고 나면 바로 다음 단계를 맞아 싸워야 한다. 참여자들은 우리 사회의 경쟁구조에서 입시전쟁, 취업전쟁 등과 같은 '전쟁' 이미지를 맞닥뜨리며 살아와야 했다. 하지만 기대했던 '장밋빛' 미래는 없었고, 계속 해서 남은 것은 또 다시 다음 단계뿐이었다. 이러한 시간들은 상실감을 남겼다. 그리고 앞으로 나아갈 힘까지 상실하게 했다. 이제 경험상 '다음 단계' 다음에도, '다음 단계'가 있다는 것을 알고 있기 때문이다. 참여자들은 취업만을 위해 대학 졸업 전부터 이후까지 바쁘게 달려 왔다. 하지만 현재 이들에게 취업이라는 것은 자발적으로 의미 있는 활동을 하겠다는 의지라기보다는, 안정을 향한 의지이자 책임에 가깝다. 또한 그것조차도 일을 할 기회를 얻겠다는 2차적인 의지이다. 더욱이 그 결정권은 자신이 아닌 고용주와 사회에 있다. 열심히 노력해도 노력의 범주를 벗어날 수 있는 일인 것이다.

> "여태까지 공부하는 데 돈 들이고 시간 들인 게 아깝긴 한데, 차라리 편하게 '나인 투 파이브' 할 수 있는 데라면 그냥 갈지도 몰라. 어차피 그렇게 일해도 지금 월급이랑 비슷할걸. 전공분야 살려서 경력 된다는 희망 하나 가지고 여태 일한 건데. 여기가 꿈을 아주 잡아먹는구나." — E

> "세상에 내 자리는 없는 것 같아. 요즘 족족 다 떨어지니까 그런 생각도 들고, 마음의 여유도 없고 시간도 없고 그러니까 자꾸 우울해진다. 그냥 사는 게 별로 의미도 없고, 앞으로도 내 자리는 없는 것 같아서 그냥 다운되네." — Y

E는 오랜 기간 미술을 공부하고 관련 계통에서 일해 왔지만, 그 경험들 때문에 오히려 꿈을 버리고 '나인 투 파이브' 할 수 있는 곳으로 이탈을 꿈꾸기도 한다. 이러한 상실감은 일을 하며 오히려 얻어지는 것들이다. 보람과 생산의 즐거움을 주어야 할 일은 오히려 '꿈을 잡아먹는' 경험을 주고 있는 것이다. Y는 이러한 상실감을 넘어 세상에서 배제되었다는 느낌까지 갖게 된다. '세상에 자신을 위한 자리가 마련되고 있지 않다'는 생각은 시공간을 걸쳐 존재하는 자신의 존재가 실현될 공간이 부재한다는 사실을 의미한다. 자신을 실현할 공간이 없다고 느끼는 박탈감은 삶의 무의미함으로 이어진다. Y를 '다운'시키고 힘을 빼앗는 것은 비정규직이라는 지위를 넘어 전체적인 사회구조의 영향력이라 할 수 있다. Y는 사회에서 가장 활발한 에너

지를 가지고 그것을 실천할 시기에 있다. 하지만 자신과 사회에 대한 실망, 경력에 대한 불안 등은 삶의 균형도 어그러지게 만들고 있었다. 삶의 창조보다는 괴로운 재생산을 이어가야 하는 생활에서 그 의미는 찾기 힘든 것이다.

:: 우리에게 서른이란

참여자들에게 현재는 인생의 변동이 큰 시기이므로, 주변 사람들과의 비교나 주변의 기대에 많은 영향을 받고 있었다. 하지만 일의 세계에 진입하고 결혼을 준비하는 등 인생의 과업들이 늦춰지고 있으므로 서른이란 변화와 안정 사이의 큰 불안을 느끼게 하는 시기이다.

> "요즘 얘기들 많이 하지. 낼 모레면 서른인데. 애들 만나면 내가 서른에 이러고 있을 줄은 몰랐다, 1억은 모았을 줄 알았다, 결혼해서 애가 둘쯤은 있을 줄 알았다, 아니면 완전 프로페셔널이 되어 있을 줄 알았다, 서른이라는 것은...... 그런 나이였는데. 최소한 자리라도 잡았을 줄 알았어." — A

> "대학 졸업할 때부터 결혼하고 싶었지. 근데 남자친구도 취업한 지 얼마 안 되고 나도 자리도 못 잡고 돈도 모아놓은 거 없고. 원래 이 나이에 이러고 찌질하게 있으면 안 되는 건데. 불안초조압박! 요즘에 더 심해졌어." — Y

> "차례차례, 차곡차곡 밀리는 느낌이야. 졸업도 늦었고, 취업도 늦었고, 결혼도 늦었고, 이러다 애도 마흔에 낳는 거 아냐? 아니면 마흔까지 엄마 집에 사는 건 아니겠지?" — H

또한 이들은 자신에 대한 현실을 인식하며, 여전히 미래형으로 이야기하고 있었고, 현재 자신이 정체되어 있다고 생각하고 있었다. 이러한 불안은 곧 미래에 대한 식민화의 욕구로 이어졌다. 현재에 만족하고 의미를 둘 만한 일을 찾지 못한 것과 더불어 사회에서 학습한 불안을 잠식시킬 수 있는 방법을 모색하는 것이다.

:: 미래의 식민화를 위해

이 연구를 진행하며 면담의 공통된 주제는 불안에 관한 것이었다. 참여자들은 변화 속에서도 매우 불안해하였다. 그것은 비정규직이라는 지위에서 오는 불안을 넘어 삶 전체에 대한 불안으로 이어지고 있었다. 또한 주변 사람들과의 상호작용과 비교에서 오는 불안감은 더 커지고 있었다. 이들의 연령상, 주변 동료들의 변화가 큰 시기이며 커다란 삶의 계획 전체를 세우고 이에 대해 불안감을 가지고 있었다.

> "빨리 자리를 잡아야지. 나이는 계속 먹고 계속 불안해." — Y

> "결혼도 해야 되고, 애기도 낳아야 되고, 집도 사야 되고, 그런데 월급은 쥐꼬리고. ○○ 보면 그냥 나만 뭐하고 있는 건가...... 불안해. 걔는 벌써 애기도 둘이고 집도 있고, 차도 있고 안정적인데. 그런 애들 보면 내가 나이 먹고 있다는 게 느껴지는데 철없이 내 월급 모자라서 용돈까지 받아쓰고." — A

변화가 크고 빠른 현대에서 알 수 없는 미래는 위험으로 다가온다. 위험사회는 Beck이 현대사회를 설명한 특징으로 현대사회는 과학기술의 획기적인 발전으로 인해 많은 물질적 풍요를 누리고 있지만, 그 대가로 사회생활에 대한 위험도는 획기적으로 증가하게 된 것을 의미한다. 결과적으로 현대사회는 사회구성원들에게 그 혜택을 누리는 대가로 많은 위험을 부담하고 감수하도록 대가를 요구하는 양상을 보인다.

> "보험이랑 이것저것 들어 놨어. 내가 은행에 있으니까 이것저것 잘 알잖아. 그래도 이거라도 모아놔야지." — H

"얼마 전에 했어. 그냥 주택청약 같은 건데 ○○가 들어 달래서. 그냥 들다보니까 필요할 것 같아서. 근데 언제 돈 모아서 언제 집 사고 결혼하고 그러지?" — E

"내후년까지는 모아야 하는데. 결혼 하려면 최소한 2천 만 원은 필요하대. 어떻게 모으지? 쓸 거 다 쓰면 못 모으니까 요즘 완전 자린고비하면서 돈 모으지. 월급은 적고 쓸 데는 많고, 으악, 사고 싶은 것도 너무 많고, 먹고 싶은 것도 너무 많은데. 주변 사람들이 구두쇠라 그런다." — E

참여자들도 보험과 적금 등에 대한 이야기를 반복해서 하고 있었다. 이것들은 위험사회에서 불확실한 미래를 보장해주는 것이기 때문이다. 미래의 식민화에 대한 욕구는 계속 증가하지만, 미래는 정복할 수 없는 것이며 현재의 지위는 매우 불안하다. 불안은 갈수록 커지고, 현재에 대한 삶의 질은 낮아진다. 이러한 현대사회의 일의 형태와 고용형태, 그리고 그 불안정성은 참여자들의 일상과 삶의 방식에 지배적인 영향을 주고 있었다.

호혜적 관여와 신뢰의 의미

:: 보이지 않는 담 허물기

스쳐가는 인연일 뿐이었지만, 진정한 관계 맺음은 가능했다. 절망적인 언어들 속에서도 작게나마 찾을 수 있는 희망은 이러한 '호혜적 관여'로 가능했다. 이러한 호혜적 관여와 관계 맺음으로 이어지는 힘은 일부분 접근의 불투명성을 투명으로, 비가시성을 가시성으로, 미래봉쇄와 소외를 신뢰로 이끄는 힘을 지니고 있었다.

"처음에는 많이 못되게 굴었는데 나중에 얘기해보니까 그 앞에 일했던 비정규직 애들이랑 사이가 안 좋아서 그랬던 거래. 이젠 정말 친해져서 일자리도 알아봐주고 오히려 부장님한테 회식 때나 야유회 같은 거 할 때도 '○○씨도 같이 가죠' 그러고. 혹시 회의 들어갈 때 제안할 거 없냐고 물어봐주고? (고개를 끄덕거리며) 많

이 배려해줘. 고맙지. 그냥 잠깐 만난 인연이고 어차피 떠날 사람인데, 이렇게 잘 해준다는 게." — A

"일도 안 맞고 다 마음에 안 드는데 그래도 사람들 땜에 다니는 거지. 결혼한 언니들 몇몇은 안 맞는데 그래도 다른 사람들은 요즘 잘해줘. 원래 회식자리 같은 거 잘 안 갔는데, 가면 의외로 차장님도 신경써주고. 나한테 관심들이 없는 줄 알았는데 평소에 있었던 일들 다 알고 있더라고. 아무튼 고맙지." — H

"(웃다가 커피를 마시며) 오늘은 외근 나갔다 왔어. 원래는 직원들만 나가는 건데 요즘 나가게 해줘. 일 몇 번 잘 처리하면서 이미지가 좋아져서, 바쁜 직원들이 자주 부탁하니까. '붙박이'에서 해방돼서, 직접 고객들 만나서 '중요한' 일처리하고 오니까 기분도 좋고." — A

또한 이전에 관행으로 굳어져 있던 담을 허무는 역할을 하며, 일상의 변화에 영향을 주고 있었다. A는 이러한 호혜적 관여의 힘으로 인해 그동안 일터에서 학습을 제한해왔던 요소들에 접근할 수 있었다. 이전까지 A에게 일터에서 자신에 대한 이미지는 '붙박이' 같은 것이었다. 잠시 자리를 비웠다가 나쁜 소리를 듣기도 했고 시간이 남았을 때, 다른 일을 하다 오해를 받기도 하였다. 하지만 점차 관행이 깨지게 되는 변화를 경험한다. 제도는 상대적으로 바꾸기 힘든 것이지만, 관행은 외부의 영향을 받음에도 불구하고 내부에서 바꾸어 나갈 수 있는 것이다. 신뢰를 기반으로 한 관계들에서 오는 호혜성은 일상의 변화뿐 아니라 업무의 변화도 만들어내게 된 것이다.

:: 희망고문

하지만 조직과 구조에 대한 신뢰는 여전히 중요한 문제였다. 특히 참여자들은 정규직으로 전환하는 데 있어 신뢰가 무너지는 경험을 하고 있었다. 투명성이 획득되지 않는 구조 속에서 이들은 조직에 대한 신뢰를 형성할 수 없었고, 이러한 문제는 여전히 난제로 남아 있다.

"왜 내가 뭐가 모자라서 정규직으로 전환 안 시켜주는지 모르겠어. 언제쯤 시켜줄 건지 확실히 말이나 해주면 내가 이러지도 저러지도 못하는 건 안 할 거잖아. 취업 준비를 해야 할지, 아님 정말 말만 듣고 가만히 일이나 열심히 해야 할지 모르겠어. 기간도 얼마 안 남았는데. 얼른 나가야지." — E

"희망 고문에 지쳤지. 내가 바본 줄 알아? 이제 안 속을 거야. 일만 부려먹고, 맨날 '너 같이 좋은 인재를' 그러면서 입에 발린 말만 하고. 이제 됐다 그래. 여기 아니면 내가 갈 데가 없는 것도 아니고……" — Y

"자리 없대 놓고 신입 뽑고, 면접 보라 그래 놓고 경력직으로 뽑았대고. 이제 내가 괜히 더 능력 없는 것 같고, 무안하고 그래. 오히려. 이제야 정들었는데 이제야 좀 일 좀 배우나 싶었는데 나가야 되니까. 어이없는 회사 같으니라고. 기대하게 하지를 말지……" — A

구성원들과의 관계는 호혜적 관여를 통해 이들을 중심으로 이끌었지만, 여전히 제도적 문제는 해결될 수 없었다. 결국 정규직으로의 전환문제는 지속적으로, 참여자들에게 큰 스트레스로 남아 있었다. 투명성의 부재로 인한 불신의 감정은 사기 저하로 이어지고, 이들을 이탈하게 하는 원인이 되었다.

역동적 불안과 삶의 에너지

:: 정복되지 않는 미래와 가능성

불안은 끝나지 않고 정서적으로 불안정한 '사춘기'는 현대 초기 경력자들에게 지속되곤 한다. 이제 더욱이 조직의 생명은 인간의 생명보다 짧아지고 있고 그 유동성이 더 강해질 것이다. 하지만 그 이전에 실업과 고용위기는 한동안 많은 초기 경력자들이 스스로를 미숙하고 불안한 존재로 인식하는 상황 속으로 밀어넣을 것이다. 이들은 불안을 잠재우기 위해 심리적 공간,

성찰적 시간을 거부하는 시도를 하곤 했다. 하지만 이로 인해 더욱 불안해지고 공허해지곤 한다.

> "이 '사춘기'는 언제쯤 끝날지 모르겠다. 나도 언젠가는 이때를 생각하며 웃게 될까? 영원히 어른이 안 될 것 같애." — Y

> "며칠씩 고민하고 스트레스 받고 아프고 답이 안 보이는 때가 있어. 내 인생 자체가 낮아지는 느낌이고 쓸모없어지는 느낌이 계속 들고. 저번엔 친구들 만났는데, 나랑 같은 대학 나오고 나랑 성적도 비슷했던 애들인데 취직도 잘 하고, 나와는 다르게 여유 있고...... 집에 와서 속상했는지 잠이 안 왔어. 주말인데 새벽부터 계속 걷고- 또 걷고 하다 보니까 거의 몇 킬로를 걸어왔더라고. 힘들어서 죽을 정도 돼야 그나마 아무 생각 안 들고......" — H

이들은 경제적, 제도적 취약성에 대한 불안뿐 아니라 이를 넘어선 삶의 본질적인 불안을 가진 존재들이었다. 자신의 가능성과 현재의 현실, 주위의 인식과 자존감의 유지, 고립과 관계 맺음, 현재의 불만족과 미래에 대한 지향성 등 여러 가지 모순된 요소들 가운데서 고민하고, 그것을 표출하기 위한 역동적 불안을 지니고 있었다. 하지만 미래는 그렇게 쉽게 정복되지 않으며 불안은 쉽게 사라지지 않는다. 이러한 불안은 좌절과 스트레스로 이어지기도 하고 새로운 에너지로 전환되기도 한다.

> "아무런 희망이 없다가도 '나이 서른엔 꼭 MD가 되어야지.' 하는 생각을 하면 손이 빨라지고 기분이 좋아지고 그렇지. 지금 하는 일과는 다르지만 일 끝나고 집에 가며 책도 사서 보고, 피곤한데 공부도 하고. 내가 정말 될 수 있을까? 그건 잘 모르겠지만 요즘엔 그것 하나 바라보며 살아. 계속 반복이지." — E

:: 사는 게 다 그렇지; 두 가지 의미

하지만 이들에게 여전히 조금의 위안이 되는 것은 변화의 가능성이다. 내

일은 모르지만 하루에도 몇 번씩 바뀌는 감정과 에너지들은 아주 작은 희망의 단초가 되어 준다.

> "내일은 나도 모르지. 하루에도 열두 번씩 기분이 오락가락하는데. 하루는 울고 하루는 웃고. 생각도 이랬다가 저랬다가 매일매일 그런다. 아무튼 기복이 심해. 그래도 그래야 살지. 어디 매일 우울하면 살겠어?" — Y

> "사는 게 다 그렇지. 오늘 다르고 내일 다른 거야. 그래도 오늘은 웃자……" — H

> "그래도 사는 게 다 그런 거 아니겠어요?(웃음) 지금은 이렇게 다들 버러지 같아도(취업 준비 중인 친구들), 다 나름 살고 있잖아요. 언젠가는 다 달라져 있겠죠. 어떨 때는 그렇게라도 살고 있는 애들 보면 오히려 짠- 해요." — B

이렇게 '사는 게 다 그렇지'의 의미는 수시로 전환되곤 한다. 이것은 절망의 언어이기도 하며 희망의 언어로 전환되기도 한다. 그 숨겨진 의미를 발견해 나가면서 점진적으로 삶의 국면들을 전환해 나가는 자활력이 필요하다. 앞에서 정의했듯 정체성은 '자신의 이야기를 만들어 나가는 과정'이다. 하지만 이들의 이야기는 일정 부분 봉쇄와 직면하고 있었고, 이면으로는 새로운 국면을 맞이하고 있었다. 그래서 이들의 '변화'를 이해하는 것은 중요한 부분이라 할 수 있다. 면담을 진행하는 동안 이들의 일상은 많은 변화를 맞이하였고 이것은 연구자에게도 놀라움을 주었다. 이들은 성찰을 거부하고 불안을 잠식시키기 위해 노력하며 좌절과 소외 등을 경험하기도 했지만, 매일 자신의 삶에 새로운 이야기를 덧붙이기 위해 자신의 이야기를 통합하고 의미들을 부여하며 부단히 움직이고 있었다. 이러한 참여자들은 구조와 문화에 묶이고 제한받을 수밖에 없는 존재들이 아니라, 그들 스스로 구조와 문화에 영향을 주고받으며 의미를 생성해 나가는 존재였다. 참여자들은 단순히 처해진 구조와 상황에 갇힌 존재들이 아니라 그 안에서 나름의 의미를 생성하고 학습하며 부단히 정서적으로, 이성적으로, 실천적으로 몸짓을 지속하고 있었던 것이다. 하지만 여전히 이들이 일상에서 이러한 변화를 일으킬 수 있는 자활력을 얻고, 지속적으로 자신의 이야기를 만들어갈 수 있도록 하기 위해서는 제도적, 문화적, 사회적으로 많은 노력이 필요할 것이다.

비판적 성찰을 통한 배움

:: 꿰뚫어 보기

비정규직으로서의 제한된 참여와 임시 정체성은 회의감과 상실감을 주기도 했지만 일의 세계를 비판적으로 꿰뚫어 보는 관점을 갖게 하였다. 앞에서 인용한 참여자들의 이야기에서 읽을 수 있는 감정, 표현, 태도, 행동 등의 변화는 이러한 경험을 통해 이들이 학습하고 얻은 의미들을 보여준다.

> "솔직히 일 하면서 많이 컸지. 이제 회사가 어떻게 돌아가는지, 일 시키려고 어떻게 사람들을 배치시키고 쥐어짜는지 눈에 딱 보여." — A

> "이래저래 눈치만 보면서 회사생활하다 보니까 다른 직원들보다 회사 돌아가는 게 더 잘 보이는 것 같아. 그러다 보니 회의도 생기는데, 원래 회사가 이런 덴가, 사회가 이런 덴가, 싶어. 열심히 싸워서 자기 몫을 안 챙기면 아무도 안 챙겨주는, 생각보다 참 단순한 건데, 처음에는 그걸 모르고 이리저리 방황하고 그랬지. 이젠 어딜 가도 처음보단 쉽겠지." — E

> "이제 좀 사회생활이라는 걸 알 것 같아요. 조금만 방심하면 밟히고 조금만 느슨해지면 스스로 잡아먹히는 거?" — B

> "직원들 보면 사는 게 허무해 보여. 맨날 하는 거 보면 쇼핑, 또 쇼핑. 오늘은 스트레스 받아서 질러야 겠다. 오늘은 보너스 받았으니까 질러야 겠다. 마이너스 통장으로 다 그러고 있잖아. 뼈 빠지게 일해서 쇼핑하고. 그 돈 메워야 하니까 일하고.

좀 한심들 하지. 근데 대부분 다 그래. 일 하는 건 스트레스 받고 그만 둘 수는 없는데 풀 데는 없으니까." — H

:: 의미 있는 일을 찾아서

인간의 삶에서 일은 큰 부분을 차지하며, 개인의 정체성과 중요한 관련이 있다. 또한 이러한 측면에서 '의미 있는' 일은 중요하다. 아래 인용한 활력 있는 목소리는 일의 의미에 대한 시사점을 준다. 자신이 하고 있는 일은 자신을 정의하며 일을 통해 이루는 것들은 자신을 표현한다. 하지만 현대 일의 세계에서 의미 있는 일을 찾기도, 일에 의미를 부여하기도 어려운 일이 되고 있다.

"그냥……(한참 생각하다가) 내가 생각만 해도 가슴이 뛰고, 내 모든 걸 바칠 수 있는 일을 할 수 있었으면 좋겠어. 그러면 지금까지 내가 바친 시간들이 안 허무할 것 같아. 솔직히(한숨 쉬며) 일 하면서 느낀 건, 그게 참 힘들다는 거야. 다들 피라미드처럼 사람 위에 사람 있고…… 어떤 사람들은 아래서 복사만하고 커피 타고, 무시 받고……" — A

"어렸을 때부터 왜 장래희망은 그렇게 평범했는지 모르겠어. IMF 터지고 다들 죽어라죽어라 하니까. 다들 죽어라죽어라 스펙만 쌓았지, 막상 한 게 없어. 그 때로 돌아가면, 그때로 돌아가면, 난 뭘 할까? 어쨌든 지금처럼 어정쩡하게 공부하고 어정쩡하게 일하고 이렇게 살지는 않을 텐데." — H

"나한테 어울리는 일이 뭘까? 이렇게 허드렛일만 하다 보니까 내가 나를 모르겠어. 완전 굳어가는 느낌. 이렇게 하려고 어학연수에 대학공부에 한 건 아닌데, 선물 포장하고, 청소하고, 바닥 치우고, 이건 유치원 때부터 할 수 있는 일이었잖아. 나한테도 꿈이라는 게 아직 남아 있나? 잘 모르겠다." — Y

현대사회에서 의미 있는 일을 발견하고 그 관계를 유지해나가기란 쉽지 않다. 하지만 참여자들은 현실에 절망하고, 분노하고 현실과 타협하는 상황 속에서도 의미 있는 일에 대한 희망은 버리지 못했다. 학교에서 받아 온 일의 교육은 일의 세계를 현실적으로 준비하는 것이 전부인 경우가 많았다. 대부분 '일을 위해' 은행 적금식으로, '스펙을 쌓기 위해' 배워왔지만, '일에 대해' 배워오지는 못했다. 고용불안의 현실에 대한 두려움만 학습한 채, 꿈마저 보수화하고, 무언가를 잃어버린 상실감을 지닌 채 일의 세계로 나아가게 된 것이다. 하지만 한 조직의 부속품으로 느껴지는 비정규직의 지위와 임시정체성은 일의 의미를 느끼지 못하게 하였다. 이것은 비정규직의 문제뿐 아니라 일의 세계 전체가 당면한 문제인 것이다.

맺음말

이러한 연구 결과를 바탕으로 다음을 논의해볼 수 있을 것이다.

첫째, 비정규직 초기 경력자들의 합법적 주변 참여를 제한하는 요소와 제한 양상에 대해 논의해볼 수 있다. 앞에서 살펴본 바와 같이 비정규직 초기 경력자들은 일터와 일의 세계에서 합법적 주변 참여에 제한을 받고 있었다. 합법적 주변 참여는 초기 경력자가 조직에 적응하고 학습하며, 정체성을 형성해 가는 데 중요한 기제이다. 또한 일의 세계에서 초기 경력을 형성하며, 지속적으로 진로를 구축해 나가는 데 중요한 과정이다. 하지만 이들은 대부분 한정된 지위로 인한 한정된 시공간 안에서, 한정된 참여를 하게 되는 경우가 많다. 또한 이에 따른 멤버십의 부재, 구성원과 조직으로부터의 소외는 학습의 기회를 낮추고 공동체의 주변부에 머무르게 한다.

제도적 측면뿐 아니라 공동체 내부와 외부의 관행 역시 이들의 참여와 학습에 큰 영향을 주고 있었다. 연구 결과로부터 비정규직 초기 경력자는 기업 내부 통제체계로부터의 배제 등으로 인한 제도적 차원의 소외를 경험할 뿐 아니라, 공동체의 관행과 실천의 차원에서도 주변부에 머물고 있다는 것을 발견했다. 확장되지 않는 업무와 구성원 간의 공유부재는 관여와 조정 행위를 제한하며, '접근의 불투명성'은 이들의 확장적 학습을 저해하는 요인이 되었다. 공동체 외부의 관행 또한 이들의 참여의지를 낮추고 스스로 주변부에 머물게 하는 요인이었다. 이처럼 이들의 합법적 주변 참여를 저해하는 요인들은 일의 세계 전반에서 제도와 관행을 포함하여 포괄적으로 나타나고 있었다.

하지만 구성원들 간의 호혜성과 신뢰에서 관행과 실천을 변화시킬 수 있는 가능성의 단초를 발견할 수 있었다. 앞서 살펴본 바와 같이 호혜적 관여는 구성원을 중심부로 이끄는 역할을 했으며, 신뢰의 구축을 통해 참여에 대한 관행을 변화시키고 있음을 발견했다. 공통의 의사소통과 이해의 가능성으로 성립된 사회에 살고 있는 우리에게 관계적 가능성은 언제나 열려 있음을 시사한다(Mayer, 1990). 사회적 생활에서 인정관계의 점진적 확대는 더 많은 사람들에게 더욱 넓어진 행위공간을 만들어 줄 수 있다(Honneth, 1992). 이러한 일터의 참여와 학습을 촉진하는 관계적 측면의 논의 또한 필요하다. 일터는 상황적이고 역동적인 공간이며, 학습 또한 상황적이고 복잡한 과정이다. 기존 일터학습에 대한 논의는 주로 조직적 지원, 공식성의 여부 등 학습의 형태와 제도에 초점을 맞춰 왔다. 하지만 참여의 구조와 범위, 그 내용에 따른 학습양상에 대해서는 세부적 논의가 부족했다. 참여를 통한 일터 내의 다양한 실천행위와 구성원 간의 상호작용, 공동체 내부의 관행과 학습의 관계에 대한 지속적인 논의가 필요하다.

두 번째로 이에 따른 비정규직 초기 경력자의 학습과정과 정체성 형성에 대해 구체적으로 논의해볼 수 있다. 의미, 실천, 공동체, 정체성의 차원에서 비정규직 초기 경력자들은 제한된 참여와 동시에 제한된 학습을 하고 있었다. 초기 경력단계에서 일터의 학습은 중요한 과업이며, 일의 세계에서 자신의 정체성을 새롭게 형성해 나가는 과정이다. 하지만 이들은 일의 의미를 찾지 못하고 절망의 언어를 학습하며 소외와 봉쇄에 부딪히고 있었다. 참여자들은 일터에서 의미 없는 시간을 보내고 있는 자신을 멈춰 있는 것으로 표현했다. 이들은 조직에 속하지만 공간적, 시간적, 그리고 이미지에서도 제한과 단절을 겪어야 하는 상황을 경험했다. 한정된 공간, 한정된 시간, 한정된 멤버십의 문제는 정체성을 형성하는 과정에서 자신의 이야기(narrative)가 나아갈 방향을 잃게 했다. 결국 이들은 일터에서 임시정체성만을 획득하는 양상을 보였으며, 일터에 적응하기보다는 새로운 취업준비의 병행으로 상황적 갈등을 겪고 있었다. 이는 미래가 봉쇄되었다는 느낌, 삶 자체에 대한 상실감으로 이어졌고 일의 세계에 대한 절망감을 갖게 했다. 이 연구에서 정체성 형성을 학습의 한 차원으로 전제했듯, 학습은 전문성과 기능 신장의 역할을 넘어 정체성과 밀접한 관계를 지닌다. 일터에 대한 인식과 감정, 의미는 분리되어 존재하지 않는다. 오히려 자신의 삶과 자신의 의미, 즉 정체성의 한 부분으로 받아들여지며, 시간의 경과와 함께 하나의 이야기로 통합되어 간다. 비정규직의 학습을 이와 분리된 것으로 상정하는 제도적 접근에서 더 나아가 포괄적인 논의가 필요하다.

세 번째로, 비정규직을 둘러싼 일의 세계와 일의 교육에 대해 비판적으로 논의해볼 수 있다. 먼저, 고용시장의 희소한 자원으로 인해 사회는 임시 일자리를 임대하는 양상을 보이고 있었다. 하지만 이렇게 잠시 빌려 쓰는 일자리에서 비정규직 근로자들은 의미 있는 것을 생산해내는 데 제한을 겪는다. 또한 비정규직이 함정으로 작용하는 사회적 맥락 속에서, 불안을 스스로 감수해야 한다. 이렇듯 연구의 참여자들은 일터에서뿐 아니라 일의 세계 전체에서도 소외를 느끼고 있었다. 점차 전문화되어 가는 사회에서의 탈숙련화와 개인의 책임으로 돌아오는 구조적 문제들은 이들을 절망하게 하는 요인 중 하나였다.

더욱이 이들이 학교에서 받아온 일의 교육은 곧 취업을 준비하기 위한 교육인 경우가 많았다. 대부분 일을 얻기 위해, 은행 적금식으로 공부해왔지만, 일과 일의 세계 전반에 대한 이해와 준비가 부족했다. 고용불안의 현실에 대한 두려움만 학습한 채, 꿈마저 보수화하고, 무언가를 잃어버린 상실감을 지닌 채 일의 세계로 나아가게 된 것이다. 하지만 한 조직의 부속품으로만 느껴지는 비정규직의 지위와 임시정체성 아래서 일의 의미는 발견하기 어려웠다. 또한 의미 있는 것을 생산하고 공동체와 사회에 기여할 기회를 제한받고 있었다. 이것은 비정규직의 문제뿐 아니라 일의 세계 전체가 당면한 문제이다. 이에 대한 비판적 논의가 필요하다.

또한 이러한 측면에서, 이들이 이러한 일과 삶의 과정으로 경험하는 불안과 소외를 극복하기 위한 자활력의 회복이 제도적 차원의 접근과 더불어 이루어져야 할 것이다. 비정규직으로 일 경험을 하며, 또한 그 이전에 취업을 준비하며 이들에게 필요했던 것은 가속화되는 불안에서 '스스로 살아갈 힘'이었다. 일의 세계를 비판적으로 이해하며, 더 나은 세계에 대한 비전을 가지고 실천으로 이끌어 갈 수 있는 자활력이 필요한 것이다.

일의 교육적 차원에서도 의미와 본질을 잃어가고 있는 일의 관계회복을 위해 새로운 교육적 접근이 이루어져야 할 것이다. 미국 인디언들이 처음 콜럼버스의 배가 바다에 나타났을 때, 물결이 일렁이는 것은 볼 수 있었지만 배는 보지 못했다는 말이 있다. 의식 안에 배 자체에 대한 인식이 없었기 때문이다. 오랜 관찰 후에 주술사가 먼저 배를 볼 수 있었고 그리고 사람들에게 말을 하자 사람들도 배를 볼 수 있었다고 한다. 행위자로서의 우리는 전체를 볼 수 있는 힘이 있다. 하지만 일상에서 자활력을 잃고 성찰을 거부할 때, 그 진실과 해방에 손이 닿지 않는다. 이러한 주체들에게 활력을 불어넣어 비판적 관점으로 세상의 이면을 보게 하는 역할을 일의 교육이 담당해야 할 것이다. 또한 자아의 진정성을 회복하고 절망의 언어를 탈학습하는 해방적 지식을 지속적으로 탐구해 나가야 할 것이다. 해방적 지식은 지속적으로 꿈꾸어지며, 지속적으로 소생되고, 지속적으로 전환된다(McLaren & da Silva, 1993). 우리는 일의 세계에 던져졌다는 인식에서 벗어나 우리가 그 세계를 구성하고 있다는 전환을 이루어 그 변화의 가능성을 받아들일 수 있다. 또한 이를 통해 일과 인간의 관계회복을 지속적으로 실천해 나가야 할 것이다.

이러한 논의를 바탕으로 후속연구를 위한 제언은 다음과 같다. 먼저 일의 세계에서 소외된 계층에 대한 폭넓은 관심과 지속적인 연구가 필요하다. 여전히 일의 세계에는 비정규직을 포함해 학습에서 소외된 계층들이 많이 존재하며 이들에 대한 연구는 부족한 실정이다. 이들이 일의 실천을 가치 있는 삶의 실천으로 만들어 갈 수 있도록 자활력을 일깨우는 실천적인 연구가 필요하다. 또한 비정규직에 대한 연구들이 구체화될 필요가 있다. 비정규직 내에서도 다양한 대상들에 대한 세부적인 연구가 필요하다. 다양한 유형의 비정규직 근로자들이 존재함에도 불구하고 분류기준이 불명확하며, 이는 비정규직 내에서도 소외를 만들어낼 수 있기 때문이다. 또한 비정규직에 대한 다양한 관점과 이론을 통한 접근이 필요하다. 그동안 제도적으로 이루어진 연구들은 경제, 사회적 분석으로 이루어지는 경우가 많았으며, 교육적 접근은 매우 드물게 이루어져 왔다. 더불어 다양한 관점에서 폭넓게 이루어지지 못한 한계가 있다. 마지막으로 장기간 추이를 지켜볼 수 있는 연구가 필요하다. 연구기간 내에서도 참여자들은 역동적으로 변화함을 발견할 수 있었다. 시간의 변화에 따른 참여자들의 경험과 인식의 변화를 담는다면, 일의 세계에서 비정규직이 갖는 의미를 더 심층적으로 파악할 수 있을 것으로 기대된다.

| 미주 |

1 이 장은 이덕현(2010). 〈비정규직 초기 경력자의 학습과정과 정체성 형성에 관한 비판적 사례연구〉. 연세대학교 석사학위 논문을 요약 정리한 글이다.

고준 · 엄기용(2006). 온라인 실행공동체(Communities-of-practice) 활성화 요인과 스폰서의 영향. **경영정보학연구**, 16(2), 183-205.

구경모(2003). 가상 실무자 공동체(Virtual Communities of Practice) 참여에 따른 혜택의 영향요인에 대한 연구. 서울대학교 경영학과 석사학위 논문.

구해근(2002). **한국노동계급의 형성**. 신광영 역. 서울: 창작과비평사.

김경만(2005). **담론과 해방**. 서울: 궁리.

김용학(1992). **사회구조와 행위**. 서울: 나남.

김인영 · 박관영 · 이인희(2008). 사회적 약자로서 '비정규직' 보도에 나타난 쟁점주기와 발전단계 및 프레임 특성 분석. **커뮤니케이션학 연구**, 14(4).

김호섭 · 김판석 · 이창원 · 강제상 · 유홍림 · 박통희(2002). **조직 행태의 이해**. 서울: 대영문화사.

김호정(2004). 조직구조와 조직효과성. **한국조직학회보**, 1(2), 25-56.

남재량 · 김태기(2000). 비정규직, 가교인가 함정인가? **노동경제논집**, 23(4).

박내회(2002). **조직행동론**. 서울: 박영사.

박혜영(2002). 성공적 지식경영을 위한 실천공동체(Community of Practice)의 효과적 구성을 위한 연구. **기업교육연구**, 4(1), 53-71.

방유성 · 이명성(2000). 성공적 지식경영을 위한 CoP 운영전략: S사의 지식경영구축 사례를 중심으로. **지식경영연구**, 1(1), 127-137.

배용태(2000). 조직학습이 조직변화와 조직성과에 미치는 영향. 조선대학교 행정학과 박사학위 논문.

변정현 · 허선주 · 권대봉(2007). 비정규근로자의 조직 내 학습경험에 대한 이해. **한국교육**, 34(2).

신경림(2004). **질적연구방법론**. 서울: 이화여자대학교출판부.

안주엽 · 김동배 · 이시균(2003). **비정규직 근로자 제도개선의 경제적 · 사회적 영향분석**. 서울: 한국노동연구원.

유영만 · 이선(2004). 실천공동체(CoP, Community of Practice) 성과 평가기준 개발. **교육정보방송연구**, 10(1), 5-34.

유지은(2006). 기업조직 내 사회관계망이 조직학습에 미치는 영향 연구. 연세대학교 교육학과 석사학위 논문.

윤정향 외(2002). 한국의 비정규직 노동자. 한국노총중앙연구원.
이미연(2000). 인트라넷 테크놀로지 활용과 조직학습 간의 관계. 이화여자대학교 교육공학과 석사학위 논문.
이유진 · 이현수(2005). 정규직과 비정규직 근로자의 직무특성이 직무몰입에 미치는 영향에 관한 연구. 인력개발연구, 7(1).
이은숙 · 정재삼(2008). CoP에서 공동체 의식, 몰입과 지식경영활동과의 관련성 연구. 교육공학연구, 24(4), 319-350.
이정은 · 김진모(2008). 실행공동체의 구조적 요인과 개인 및 조직성과의 관계. 직업교육연구, 27(3), 1-23.
이평원(2001). 행정조직의 이해. 서울: 책과공간.
이홍균(2004). 소외의 사회학. 서울: 한울.
장수덕(2008). 조직학습, 환경이 불확실성, 그리고 기업성과 간의 관계. 인적자원관리연구, 15(1), 153-172.
장원섭(2006). 일의 교육학. 서울: 학지사.
장원섭 · 김민영 · 윤지혜(2009). 실행공동체 공식화가 조직학습에 미치는 영향. 직업교육연구, 28(3), 209-226.
장원섭 · 김형만 · 김소영 · 장서영 · 장지현 · 이수용 · 김민영 · 김근호(2007). 내졸청년층 직장생활 적응능력 향상 연구. 서울: 한국고용정보원.
장원섭 · 장지현 · 유지은(2008). 멘토링이 조직의 비재무적 성과에 미치는 영향. 직업교육연구, 27(3), 109-138.
장주희(2005). 초기 경력자의 실행공동체 참여와 학습 및 적응과의 상관성 연구. 연세대학교 교육학과 석사학위 논문.
전수환 · 김영걸(2006). CoP 유형에 따른 지식공유 태도 및 의도 형성. 한국지식경영학회 학술심포지엄 제16회, 171-182.
정연순(2005). 실행공동체(Communities of Practice) 참여로서의 일터학습－기업체 신입사원 및 초급관리자 사례를 중심으로. 직업교육연구, 24(3), 99-121.
정이환(2006). 현대노동시장의 정치사회학. 서울: 후마니타스.
정이환 · 이병훈 · 정건화 · 김연명(2000). 노동시장 유연화와 노동복지. 서울: 인간과 복지.
조돈문(1995). 노동운동과 신사회 운동의 연대. 한국노총중앙연구원.
주용국 · 김수원(2003). 기업조직 구성원의 전문성 지원을 위한 학습공동체 구축 방안. 한국직업능력개발원.
Alexander. J. (1993). 현대사회이론의 흐름 (이윤희 역, 1995). 서울: 민영.

Allee, V. (2000). Knowledge Networks and Communities of Practice. *Organizational Development Practitioner, 32*(4), 1-15.

APQC (2001). *Building and Sustaining Communities of Practice: Continuing Success in Knowledge Management.* Houston, TX: American Productivity & Quality Center.

APQC (2005). *Using Communities of Practice to Drive Organizational Performance and Innovation.* Houston, TX: American Productivity & Quality Center.

APQC (2009). *Sustaining Effective Communities of Practice.* Houston, TX: American Productivity & Quality Center.

Arendt, H. (1958). **인간의 조건** (이진우 · 태정우 역, 2002). 서울: 한길 그레이트북스.

Argote (2006). Organizational memory. In L. Prusak, & E. Matson (Ed.), *Knowledge Management and Organizational Learning: A Reader.* Oxford: Oxford University Press.

Argyris, Chris & Schön, D. A. (1978). *Organizational Learning: A Theory of Action Perspective.* MA: Addison-Wesley Publishing Company.

Bandura, A. (1977). **사회적 학습 이론** (변창진 · 김경린 역, 2002). 파주: 한국학술정보.

Bourdieu, P. (1996). **구별짓기: 문화와 취향의 사회학** (최종철 역, 2000). 서울: 새물결

Brookfield, S. D. (2005). *The Power of Theory for Adult Learning and Teaching.* University Press UK.

Brown, J. S., & Duguid, P. (1991). Organizational Learning and Communities-of-Practice: Toward a Unified View of Working, Learning, and Innovation. *Organization Science, 2*(1), 40-57.

Brown, J. S., & Duguid, P. (2000). Organizational Learning and Communities of Practice: Toward a Unified View of Working, Learning and Innovation. in Cross & Israelit (Ed.), *Strategic Learning in Knowledge Economy: Individual, Collective, and Organizational Learning.* Boston: Butterworth Heinemann.

Brown, J. S., & Duguid, P. (2000). *The Social Life of Information.* Boston: Harvard Business School Press.

Brown, J. S., & Duguid, P. (2000). **비트에서 인간으로** (이진우 역, 2001). 서울: 거름.

Brown, J. S., Collins, A., & Duguid, P. (1989). Situated Cognition and the Culture of Learning. *Educational Researcher, 18*(1), 32-42.

Buber. M. (1923). **나와 너** (표제명 역, 1990). 서울: 문예출판사.

Capodagli, B, & Jackson, L. (2001). *Leading at the Speed of Change: Using New*

Economy Rules to Invigorate Old Economy Companies. NY: McGraw-Hill.

Chang, J.(2010). *The relationships among participants' characteristics, perceptions, nature of involvement, and outcomes in strategic community of practice programs in a larget electric utility company*. Doctoral dissertation, Ohio State University.

Chao, G. T., Walz, P. M., & Gardner, P. D. (1992). Formal and Informal Mentorships: A Comparision on Mentoring Fuctions and Contrast with Nonmentore Counterparts. *Personnel Psychology, 45*, 619-636

Chiu, C.-M., Hsu, M.-H., Wang, E. T. G. (2006). Understanding Knowledge Sharing in Virtual Communities: An Integration of Social Capital and Social Cognition Theories. *Decision Support Systems, 42*, 1872-1888.

Contu, A. & H. Willmott (2000). Comment on Wenger and Yanow, Knowing in Practice: A "Delicate Flower" in the Organizational Learning Field. *Organization, 7*, 269-276.

Cox, A. (2005). What are Communities of Practice? A Comparative Review of Four Seminal Works. *Journal of Information Science, 31*(6), 527-540.

Crossan, M. M., Lane H. W., White, R. E., & Djurfeldt, L. (1995). Organizational Learning: Dimensions for a Theory. *The International Journal of Organizational Analysis, 3*(4), 337-360.

Danermark, B., Ekstrom, M., Jakobsen. L., & Karlsson, J. (1997). 새로운 사회과학방법론 (이기홍 역, 2005). 서울: 한울 아카데미

Day, N. (1998). Informal Learning Gets Results. *Workforce, 77*(6), 30-36.

Dubé, L., Bourhis, A., & Jacob, R. (2006). Towards a Typology of Virtual Communities of Practice. *Interdisciplinary Journal of Information, Knowledge, and Management, 1*, 69-94.

Duncan, R, & Weiss, A. (1978). Organizational Learning: Implications for Organizational Design. *Research in Organizational Behavior, 1*, 75-123.

Easterby-Smith, M., Crossan., M. & Nicolini, D. (2000). Organizational Learning: Debate Past, Present and Future. *Journal of Management Studies, 37*(6), 783-796.

Elkjaer, B. (1999). In Search of Social Learning Theory. In M. L. Easterby-Smith, L. Araujo, & J. Burgoyne (Ed.), *Organizational Learning and the Learning Organization. Developments in Theory and Practice*. London: Sage.

Evans, K., P. Hodkinson and L. Unwin (2002). *Working to Learn: Transforming*

Learning in the Workplace. London: Kogan Page.

Fiol, C. M., & Lyles, M. A. (1985). Organizational Learning. *Academy of Management Review, 10*(4), 803-813.

Freire, P. & Macedo, D. (1987). *Literacy: Reading the Word and the World*. Hadley, MA, Bergin & Garvey.

Freire, P. (1992). *The Pedagogy of Hope*. New York: Continum.

Fromm, E. (1982). **자유로부터의 도피** (이규호 역, 1990). 서울: 삼성.

Giddens, A. (1991). **현대성과 자아정체성: 후기 현대의 자아와 사회** (권기돈 역, 1997) 서울: 새물결.

Giddens. A (1998). **제3의 길** (한상진 · 박찬욱 역, 2000). 생각의 나무.

Grubb, W. N. & M. Lazerson (2004). *Education Gospel: The Economic Power of Schooling*. Cambridge: Harvard University Press.

Habermas, J. (1995). **의사소통의 사회이론** (장은주 역, 1995). 관악사.

Hasanali, F., Hubert, C., Lopez, K., Newhouse, B., O'Dell, C., & Vestal, W. (2002). *Communities of Practice: A Guide for Your Journey to Knowledge Management Best Practices*. Houston, TX: American Productivity & Quality Center.

Hedberg. B. T. L. (1981). How Organization Learn and Unlearn. in P. C. Nystrom & W. H. Starbuck. *Handbook of Organizational Design*. NT: Oxford Univ. Press, 1981.

Holton, E. F., & Baldwin, T. T. (2003). *Improving Learning Transfer in Organization*. CA: Jossey-Bass.

Jacobs, R. L., & Park, Y. (2009). A Proposed Conceptual Framework of Workplace Learning: Implications for Theory Development and Research in Human Resource Development. *Human Resource Development Review, 8*(2), 133-150.

Lave, J. & Wenger, E. (1991). *Situated Learning: Legitimate Peripheral Participation*. NY: Cambridge University Press.

Lave, J. & Wenger, E. (1998). **상황학습** (전평국 역, 2000). 서울: 교우사.

Lesser, E. & Prusak, L. (1999). Communities of Practice, Social Capital and Organizational Knowledge. *Information Systems Review, 1*(1), 3-10.

Lin, H.-F. (2006). Understanding Behavioral Intention to Participate in Virtual Communities. *Cyberpsychology & Behavior, 9*(5), 540-547.

Lundberg. C. C. (1989). On Organizational Learning: Implications and Opportunities for Expanding Organizational Development, *Research in Change and Development, 3*,

61-82.

Luthans, F. (2004). *Organizational Behavior.* NY: McGraw-Hill.

Marcus, G. & Fischer, M. (1986). 인류학과 문화비평 (유철인 역, 2005). 서울: 아카넷.

Marx, K. (1987). 경제 · 철학 수고 (김태경 역, 2001). 서울: 이론과 실천.

McDermott, R. (1999). Why Information Technology Inspired but Cannot Deliver Knowledge Management. *California Management Review, 41*(4), 103-117.

McLaren, P. & Leonard, P. (Eds) (1993) *Paulo Freire: a Critical Encounter.* London: Routledge.

Merriam, S. B., & Caffarella, R. S. (1999). *Learning in Adulthood*(2nd Ed.). San Francisco: Jossey-Bass.

Orr, J. (1996). *Talking about Machines: An Ethnography of a Modern Job.* Ithaca, NY: Cornell University Press.

Pfeffer, J., & Baron, J. (1988). Taking the Workers Back Out. *Research in Organizational Behavior, 10*, 257-303.

Polanyi, M., & Prosch, H. (1974). 지적 자유와 의미 (김하자 · 정승교 역, 1992). 서울: 범양사 출판부.

Pongs, A. (2000). 당신은 어떤 세계에 살고 있는가 (윤도현 역, 2003). 서울: 한울

Ragins, B. R., & Cotton, J. L. (1999). Mentor Functions and Outcomes: A Comparison of Men and Women in Formal and Informal Mentoring Relationships. *Journal of Applied Psychology, 84*(4), 529-550.

Saint-Onge, H. & Wallace, D. (2003). *Leveraging Communities of Practice for Strategic Advantage.* Boston: Butterworth-Heinemann.

Senge, P .M. (1990). *The Fifth Discipline: The Art and Practice of the Learning Organization.* New York: Doubleday.

Sennett, R. (1998). *Corrosion of Character: The Culture of New Capitalism.* New York: W. W. Norton.

Storck, J. & Hill, P. A. (2000). Knowledge Diffusion Through Strategic Communities. *MIT Sloan Management Review, 41*(2), 63-74.

Sveiby, K. E. (1998). 지식경영 성공을 위한 지식자산의 측정과 관리 (정선종 · 김용구 역). 서울: 미래경영개발연구원.

Taylor, C. (1989). *The Sources of the Self: The Making of Modern Identity.* Harvard University.

Teckel, S. (2007). 일 (노승영 역, 2007). 서울: 이매진.

Thompson, M. (2005). Structural and Epistemic Parameters in Communities of Practice. *Organization Science, 16*(2), 161-164.

Touraine, A. (1966). 현대성 비판 (정수복 · 이기현 역). 서울: 문예출판사.

Tsai, W. (2001). Knowledge Transfer in Intraorganizational Networks: Effects of Network Position and Absorptive Capacity on Business Unit Innovation and Performance. *Academy of Management Journal, 44*(5), 996-1004.

Tsai, W., & Ghoshal, S. (1998). Social Capital and Value Creation: The Role of Intrafirm Networks. *Academy of Management Journal, 41*(4), 464-476.

Walsh, J. P., & Ungson, G. R. (1991). Organizational Memory. *Academy of Management Review, 16*(1), 57-91.

Wasko, M. M., & Faraj, S. (2005). Why Should I Share? Examining Social Capital and Knowledge Contribution in Electronic Networks of Practice. *Management Information Systems Quarterly, 29*(1), 35-57.

Wenger, E. (1998). Communities of Practice: Learning, Meaning, and Identity. NY: Cambridge University Press. 지식창출의 사회생태학 실천공동체 (손민호 · 배을규 역) 서울: 학지사.

Wenger, E. C. & W. M. Snyder (2000). Communities of Practice: The Organizational Frontier. *Harvard Business Review, January-February 2000.*

Wenger, E., McDermott, R. & Snyder W. M. (2002). COP혁명 (황숙경 역, 2004). 안양: 풀무레.

Williams, R. (1977). 이념과 문학 (이영현 역, 1982). 서울: 문학과지성사.

Willis, P. (1978). 학교와 계급재생산 (김찬호 · 김영훈 역, 2004). 서울: 이매진.

Zeit, G. (1983). Structural and Individual Determinants of Organization Morale and Satisfaction. *Social Forces, 61*, 1088-1108.

PART

III

멘토링과 개발지원 관계망

6 멘토링과 개발지원관계망 개념과 이론[1]

관계를 통한 일터학습

일터에서의 학습과 직무 수행에 있어서 사회적 관계와 상호작용은 필수적 요소이다. 일을 배우는 것은 다른 사람들과 함께 일하는 것으로부터 얻게 되므로, 일터에서 학습과 실천은 사회적 상황으로부터 독립적일 수 없다(Colin & Valleala, 2005). 대개 일터 현장에서 다른 사람들과 더불어 일을 하면서 배우고, 배운 것을 실천으로 옮기는 과정은 공식적으로 구조화된 훈련 프로그램을 통해서는 이루어지지 않는다. 그리고 비공식적으로 일어나는 사회적 관계를 통한 학습은 다른 사람들의 학습과도 연결되어 있다(Marsick & Watkins, 1999, 2001). 즉 관계를 통해서 상호간의 학습이 이루어진다. 따라서 동료들과 인지적, 행동적 상호작용을 통해 정보와 지식을 공유하고 해석하는 것, 실행공동체에 참여하는 것과 같이 자발적이고 무형식적인 활동들이 일터에서 중요한 학습의 형태로 여겨진다(장원섭 · 심우정, 2005; Marsick & Watkins, 1999, 2001; Marsick, 2009).

학습이 관계에 의해 사회적으로 발생한다는 점을 잘 드러내고 있는 것이 상황학습이론이다(Lave & Wenger, 2000). 상황학습이론은 일터에서 이루어지는 관계 중심적 학습과정을 "합법적 주변 참여(legitimate Peripheral participation)"라는 개념으로 설명한다. 이 이론에 의하면, 공동체에 들어온 신규 진입자는 합법성을 통해 공동체의 활동에 참여하고 그 활동에 기여할 수 있는 권한을 부여받는다. 그리고 점차 공동체의 주변부로부터 완전한 참여자로서 중심부의 내부자가 되는 과정을 통해 공동체에서의 정체성을 확립하고 수행능력을 획득한다. Lave & Wenger(2000)는 이와 같은 학습의 과정과 내용을 구성하는 구조로서의 공동체를 "실행공동체(Community of Practice, CoP)"라 명명하였다.

실행공동체는 일상적으로 나타나는 현상이다. 지식 기반의 사회에서 그것은 지속적으로 늘어나고 있는 현상이며, 모두가 그 나름의 실천에 기반을 둔 공동체에 의식적으로 또는 무의식적으로 참여하고 있다(Wenger, McDermott, & Snyder, 2002). 끊임없이 확장되고 변화하는 지식을 따라잡기 위해서는 반드시 다른 사람들과의 상호작용이 필요하다. 우리가 사는 세계는 명문화된 형식지보다 더 많은 암묵지가 존재하며, 이러한 암묵지의 공유는 상호작용을 통한 비공식적 학습을 요구하기 때문이다(Wenger et al., 2002). 또한 형식지화된 규범적 실행은 실제 과업에서 요구되는 것과는 다를 수 있으므로 비공식적이고 비규범적인 실천으로부터 쓰임새 있는 학습이 일어나며, 이러한 학습은 사회적으로 구성된다(Brown & Duguid, 2000).

이렇듯 사회적 상호작용이 일을 실천하고 학습하는데 있어서 중요한 요소이기 때문에 일터 조직은 상호 존경과 신뢰를 기반으로 한 인간관계와 상호작용을 장려하고 촉진하며, 일터에서의 공동체 형성과 구축을 위해 노력해야 한다고 주장된다(Kofman & Senge, 1993; Wenger et al., 2002). 실제로 기존에 식별되지 않았던 공동체가 그 가치를 인정받으면서 조직의 공식적 구조로 편입되기도 하고, 의도적으로 새로이 개발되기도 한다(Wenger et al., 2002).

그러나 인위적으로 의도하여 일터를 정규적이고 규범적인 집단으로 조직하거나 재조직하는 것은 자연발생적인 형성과 재형성을 거듭한 공동체의 역동성과 기능을 저해할 수도 있다. 그것의 본질과 기능을 왜곡하거나 무너뜨리는 결과를 초래할 수도 있다(Brown & Duguid, 2000). 이에 Wenger et al.(2002)은 조직이 이러한 학습현상의 자연발생적인 과정과 역동성을 침범해서는 안 되고, 그 과정과 역할을 이해하며 그것과 함께 하는 방법을 배워야 한다고 주장하였다. 이들과 더불어 Brown & Duguid(2000)는 좀 더 구체적으로 사회적 관계를 통해 일하고 학습하는 것을 인위적으로 구조화하기보다는 그러한 학습현상들을 찾아내어 인정하고 합법성을 부여하는 것이 자발적인 참여의 실천과 학습을 촉진할 수 있다고 제안하였다. 또한 Marsick & Watkins(2001)는 비공식적인 관찰, 상호작용과 공유의 기회를 가질 수 있는 장을 마련해주는 것이 실질적으로 일에 도움이 되는 무형식적이고 우발적인 학습을 일으킬 수 있다는 점을 제시하였다.

그런데 합법적 주변 참여라는 개념에서 실행공동체에서의 학습은 공동체 내에서 참여적 과정을 통해 초보자가 전문가가 되어가는 과정에 초점을 맞춘다. 상대적으로 그 외 다양한 내부 구성원들의 학습과정에 대한 설명은 결여되어 있다. 일터에서 실행공동체는 사회적인 관계를 통해 일과 관련된 실천과 학습의 현상을 이해하기 위한 구조로 학습관계망에 대한 것이다. 학습관계망으로서 실행공동체의 다양한 구성원들은 자신의 관계망 내 구조적 위치에 따른 사회적 맥락에서 나름대로 다른 사람들과 상호작용하며 일을 수행하고 학습할 것이다. 그러므로 일터에서 관계를 통한 학습에 대한 이해는 실행공동체 내 다양한 개인들의 개별적 학습과정에 대한 이해를 포함해야 한다.

또한 실행공동체에 대한 설명은 주로 공동체 내 학습현상을 설명한다. Wenger et al.(2002)은 실행공동체가 비즈니스 내, 비즈니스 간은 물론 조직 간의 경계를 넘나드는 개념이라고 보았다. 그리고 그것은 인위적이고 공식적으로 만들어진 규범적 집단이 아니라 비정규적이고 유동적이어서 종종 공동체 외부 사람들까지 범위가 확대된다고 하였다. 그러나 그들 역시 본질적으로 공동체 내부로의 참여과정을 통한 학습에 초점을 맞추었다. 관계와 관계들로 이루어진 관계망의 학습과 실천은 공동체 혹은 결속집단의 내부적인 참여과정을 통해 일어나기도 하지만 그러한 공동체 또는 결속집단의 경계를 넘어 외부적 연결과 확장을 통해서도 이루어진다.

사회관계망의 관점에서 관계를 통한 학습은 공동체 또는 집단이나 조직 내외의 다양한 사람들과의 연결로 이루어진 학습관계망으로 설명할 수 있다. Higgins & Kram(2001)은 이와 같은 학습관계망을 '개발지원관계망(developmental network)'이라 명명하였다. 그들은 이 개념으로 조직 내외부적으로 연결된 사회적 관계를 통해 일터에서 개인들이 어떻게 일에 대해 학습하고 적응하며, 성과를 만들어내는지를 설명하였다. 또한 그들은 조직 내뿐만 아니라 외부적으로 연결된 관계들의 구조와 형태에 따라 개인의 다양한 경력 결과들이 달라질 수 있다는 명제들을 제시하였다.

관계를 통한 일터학습으로서 개발지원현상

관계를 통한 학습과정으로서 개발지원현상은 개발지원관계망 특성, 개발지원기능, 개발지원 결과의 세 가지 구성 개념들 간의 관계로 설명할 수 있다. 여기서는 먼저, 개발지원관계망의 특성을 사회적 자본의 두 가지 형태인 배태성(embeddedness)과 다양성(diversity)의 관점에서 논의하고 각각의 관점에서 그 특성의 지표들이 무엇이며, 그러한 지표들이 어떻게 측정되어 왔는지에 대해 살펴본다. 둘째, 개발지원기능에 대한 정의와 하위요인들이 무엇인지를 살펴보고, 어떻게 측정되어 왔는지에 대해 검토한다. 셋째, 개발지원관계망 특성과 개발지원기능이 개발지원 결과로서 조직사회화 또는 경력 결과 등에 어떻게 영향을 미치는지에 대해 논의한다.

개발지원관계망의 특성

개발지원자(developer)는 전통적 개념으로서의 멘토뿐만 아니라 멘티(또는 프로테제)에게 경력적 성장과 발전을 위한 지원과 도움을 주는 사람이다. 전통적 개념에서 멘토는 멘티보다 경험이 더 많고 지위가 더 높으며 조직 내에 있는 사람이다. 그러나 개발지원자는 상사, 선배, 동료, 조직 외 지인까지 포괄한다. Higgins & Kram(2001)은 멘토링 현상을 특정 멘토와 멘티 양자 간의 관계에서만 일어나는 것이 아니라 다양한 개발지원자들과의 관계들 속에서 일어나는 개발지원현상으로 보았다. 그들에 의하면, 멘토와 멘티 간의 양자 관계는 하나의 개발지원관계이며, 개발지원관계망은 한 개인을 중심으로 다양한 개발지원자들과의 관계들로 형성된 연결들의 집합적 형태 및 구조이다. 그들은 개발지원관계망에 포함되는 개발지원관계에 심지어 집단이나 조직 수준까지 포함할 수 있다고 하였다.

개발지원관계망은 사회적 자본의 두 가지 주요 형태 특성인 다양성과 배태성으로 논의할 수 있다. 왜냐하면, 개발지원관계는 사회적 관계이고, 사회적 자본은 사회적 관계들 속에 내재되어 있기 때문이다(김민정 · 오홍석 · 김민수, 2006; Higgins & Kram, 2001). 사회적 자본의 효과는 이 두 가지 특성을 중심으로 논의되어 왔다. 그러므로 개발지원관계망의 효과 또한 이 두 관점에서 살펴볼 수 있다.

사회적 자본에 대한 배태성과 다양성의 관점은 사회관계망의 구조적 형태로부터 얻을 수 있는 이득에 대해 상반된 입장을 취하였다(Adler & Kwon, 2002). 배태성은 관계망의 내부적 연결에 초점을 두는 입장으로 집합체 내의 사회적 자본의 '결속(bonding)'과 '폐쇄(closure)'에 관심을 두었다. 다양성은 관계망의 외부적 연결에 초점을 두는 입장으로 사회적 자본의 '가교(bridging)'와

'중개(brokerage)' 역할에 주목하였다.

배태성은 같은 조직 또는 집단 내에서 상호호혜의 신뢰와 규범 등으로 결속되어 있는 강하고 밀접한 유대관계들로부터 얻을 수 있는 특성이다. 배태성을 강조하는 입장은 집단 내 관계망 구조의 결속을 통한 폐쇄성이 효율적인 규범의 발생을 촉진하고 다른 사람에 대한 신뢰를 유지시킴으로써 사회적 자본을 강화한다고 주장한다(Coleman, 1987). 이러한 관점에서 배태성의 이득은 같은 집단 또는 조직 구성원들과의 끈끈한 관계와 높은 밀도가 질적으로 우수하고 신뢰할 만한 정보와 자원으로의 접근성을 높여 주는 것으로 설명된다. 끈끈하고 빽빽한 관계망으로 형성된 집단은 상호호혜의 신뢰가 바탕이 되어 공유되는 정보와 자원의 신뢰성과 가치가 높다. 서로를 지원하고 돕고자 하는 의지와 동기도 매우 강하다. 그래서 상대방이 요구하는 정보와 자원의 제공을 기꺼이 하게 된다. 그러므로 필요한 정보와 자원을 얻고자 하는 사람은 더 긴밀한 관계로부터 더 수월하게 그것을 얻을 수 있다. 또한 서로서로가 연계되어 있어서 명성, 평판, 소문 등이 쉽게 전달되므로 그러한 집단에 소속되어 있는 구성원들은 쉽사리 집단 규범으로부터 벗어나는 행동을 할 수가 없다.

사회적 자본의 다양성은 다른 조직 또는 집단에 속한 사람들과의 다양하고 중첩되지 않은 관계들로부터 얻을 수 있는 특성이다. 사회적 관계들에 내재되어 있는 사회적 자본의 다양성 이득은 관계를 맺고 있는 사람이 동일한 집단 또는 조직이 아닐 때 얻을 수 있다. 외부 조직과의 중개 역할을 통해 같은 조직 내에서 공유되고 있는 정보 또는 자원과는 다른 새롭고 다양한 정보와 자원으로의 접근 가능성을 높여 주기 때문이다.

Granovetter(1973)의 '약한 연결의 강점(strength of weak ties)'과 Burt(1992)의 '구조적 틈새(structural holes)' 개념이 이를 잘 설명해주고 있다. Granovetter는 관계 강도가 약한 연결들이 다양하고 새로운 정보 획득에 유리하다고 주장하였다. 이렇게 주장한 데에는 어떤 개인과 약한 연결의 관계로 맺어진 상대방, 즉 타자(alter)는 같은 집단에 속해 있지 않은 것이 일반적이라고 보았기 때문이다. 강한 연결로 이루어진 관계는 대표적으로 부모, 형제, 친척, 친구와 같은 관계인데 이러한 관계로 이루어진 집단은 가족, 또래, 친구집단이고 약한 연결로 이루어진 관계들은 이러한 집단을 벗어난 다른 집단에 속한 경우라는 것이다. 동일하거나 유사한 환경에 처해 있는 가족이나 또래 친구집단의 경우는 매우 유사하고 중첩된 정보를 공유하고 또한 그러한 자원에 대한 접근 가능성을 가지고 있다. 유사한 정보와 자원을 공유하는 것에 대해 그는 강한 연결의 관계들이 서로서로가 중첩된 관계를 가지고 있기 때문이라고 설명하였다. 이에 반해 약한 연결로 이루어진 관계들은 중심이 되는 개인이 속한 집단 또는 조직을 벗어난 관계이므로 같은 집단 또는 조직에서 공유되는 정보 또는 자원들과는 다른 것들에 대한 접근 가능성을 갖게 한다는 것이다.

여기서 Burt(1992)가 구조적 틈새 이론을 발전시켰다. 구조적 틈새 이론은 Granovetter(1973)가 A라는 개인과 약한 연결의 관계로 이루어진 상대방 D는 A가 속해 있는 집단과는 다른 집단에 속해 있어서 A가 속해 있는 집단에서 이미 공유되어 알고 있는 정보는 물론이고 다른 집단에 속해 있는 D로부터 새로운 정보를 얻을 수 있다고 설명한 것에서 비롯되었다. Burt는 그 A가 관계들의 구조적 위치에 있어서 자신이 속한 집단에 공유되는 정보 또는 자원과 상대방이 속해 있는 집단에서 공유되는 정보 또는 자원에 대한 접근 가능성을 얻고, 그것들의 통로가 될 수 있는 이점을 가지고 있다고 설명했다. 또 그는 이러한 구조적 틈새가 많으면 많을수록 새롭고 다양한 정보와 자원 접근성이 높아진다고 설명하였다. 예를 들어 설명하면, 초점 개인인 A가 직접적으로 연결되어 있는 사람들이 많고 그 직접적으로 연결되어 있는 사람들의 또 다른 사람들과의 관계들이 중첩되지 않은 경우, A는 구조적 틈새 위치의 이득을 보다 많이 볼 수 있다.

배태성과 다양성의 사회적 자본 특성을 각각 강조하던 상반된 관점에서 최근에는 중립적으로 설명하려는 입장이 우세하다. 이러한 입장에서는 내부적 연결에 초점을 두는 배태성의 관점과 외부적 연결에 초점을 두는 다양성의 관점 간 구분이 분석단위와 관점의 문제로 볼 수 있다고 설명한다(Adler & Kwon, 2002). 분석수준의 외부적 연결은 더 높은 수준에서는 내부적 연결이 되고, 반대로 내부적 연결은 더 낮은 수준에서 외부적 연결이 된다. 예를 들어, 한 회사 내 직원의 타 부서 동료와의 관계는 부서를 기준으로 할 때 외부적이지만 회사 기준으로는 내부적이다.

또한 다양성과 배태성의 관점은 서로 배타적인 것이 아니라고 본다(Adler & Kwon, 2002). 한 회사 내 직원의 행동은 다른 회사 혹은 제도와의 외부적 연결뿐만 아니라 내부적 연결 구조 둘 다에 의해 영향을 받는다. 즉 외부적 연결을 통한 다양성의 추구와 내부적 연결 구조에 의한 배태성 추구 모두가 중요할 수 있다는 것이다.

공동체나 집단의 발전을 위해서 가장 이상적인 것은 그것들의 결합이라고 주장되기도 한다(Burt, 2005; Uzzi, 1999; Woolcock, 1998). Woolcock(1998)은 다양성과 배태성이 구분되지만 상보적인 사회적 자본의 형태들이라 보았다. 그는 다양성과 배태성 중 어느 한쪽으로 치우치는 것은 부정적 결과를 양산할 수 있다고 하였다. 예를 들어, 미시적 수준에서 공동체 단위로 배태성을 나타내는 사회 통합은 존재하지만 다양성을 나타내는 연계의 부재는 무도덕적 가족주의(amoral familism)를 초래할 수 있다. 반대로 공동체 밖으로의 연계는 잘 되어 있지만 사회 통합이 잘 안 될 경우에는 아노미(anomie)를 초래할 수 있다. 통합과 연계 모두가 부재한 곳에서는 무도덕적 개인주의(amoral individualism)가 존재한다. 그는 가장 이상적으로 미시적 수준에서의 공동체 발전뿐만 아니라 거시적 수준에서의 국가 발전을 위해서는 다양성과 배태성의 결합이 요구된다고 보았다.

Uzzi(1999) 역시 배태성과 다양성이 상호보완적으로 결합되어 있을 때, 가장 많은 경제적 이득을 볼 수 있다고 주장하였다. 그는 관계적 배태성이 비공식적이고 특별한 정보와 자원으로의 접근 기회와 가능성을 높여주는데, 이것은 이러한 배태된 관계들을 포함하는 더 큰 관계망의 특성에 의해 극대화되거나 축소될 수 있다고 보았다. 그의 주장에 의하면, 배태된 관계의 이득은 관계망 수준에서 배태된 연결들이 적당한 거리의 공적인 다양한 연결들(arm's-length ties)과 상호보완적으로 결합되었을 때에 극대화된다. 적당한 거리의 공적인 관계로부터 얻을 수 있는 이득도 마찬가지다. 이러한 관계는 공적인 정보로의 접근 가능성과 통제 기제들의 사용, 공적 자원들과의 연계에 이득이 되지만, 이러한 이득이 극대화되기 위해서는 그러한 관계가 포함되어 있는 관계망의 구조가 두 유형의 연결들에 의해 상호보완적으로 결합되어 있어야 한다. 왜냐하면, 다른 유형의 특성들이 각각의 강점을 유지하면서 각각의 약점을 상쇄하기 때문이다. 다만, Uzzi는 관계망의 배태성과 다양성을 양극단으로 하는 동일 선상에서 어느 한쪽으로 치우치지 않고 중간 수준에서 결합된 관계망일 때 가장 큰 이득을 얻을 수 있다고 보았다.

Burt(2005)는 구조적 틈새 이론을 통해 다양성을 강조하던 관점에서 다양성뿐만 아니라 최근 배태성의 중요성도 함께 강조하는 입장 변화를 보였다. 그는 다양성과 배태성을 각각 폐쇄(closure)와 중개(brokerage)라는 개념으로 설명하면서 이 두 가지가 별개의 것 또는 대립되는 것이 아니라 높은 수준에서 양립할 때 가장 좋은 성과를 낼 수 있다고 주장하였다. 관계망의 밀도가 높아 폐쇄성이 높은 집단이면서 집단의 외부적 관계망이 주변 환경에 구조적 틈새를 연결하는 집단－집단 구성원의 관계망들이 주변 조직으로 뻗어 있어 다양한 관점과 기술, 자원들로의 접근성이 풍부한 집단－에서 성과가 높다는 것이다. 즉 그의 주장에 의하면, 집단 내에서는 폐쇄적이고 응집력이 있으면서 집단 외부로는 열려 있는 관계망이 가장 성과가 높다. 그는 또한 중개와 폐쇄 간에는 상호작용이 존재하여 높은 수준의 폐쇄와 높은 수준의 중개에서의 성과는 중개와 폐쇄 중 하나만 단독적으로 높을 때 나타나는 성과들을 합한 것 이상이라고까지 주장하였다. 성과가 가장 낮은 경우는 이 두 요소가 모두 낮은 경우이다.

개발지원관계도 사회적 관계망의 관점에서 사회적 자본의 두 가지 형태인 다양성과 배태성의 관점에서 논의되고 있다(김민정 · 김성국, 2006; 김민정 · 오홍석 외, 2006; Higgins & Kram, 2001; Kim & Kim, 2007). Higgins & Kram(2001)의 이론적 논의와 그것을 기반으로 한 몇몇 실증적 검토들은 개발지원관계망에서도 배태성과 다양성이 상반되는 것이 아니라 양립할 수 있고 독립적으로 각각 중요한 의미를 가질 수 있다는 점을 지지하고 있다.

사회적 자본의 다양성과 배태성이 개발지원관계망에서 어떤 의미와 효과를 나타내는지를 살펴보기 위해서는 이 두 형태들 각각의 지표들에 대한 분석이 이루어져야 한다. 사회관계망에 대한 실증 연구들에서 사용되고 있는 배태성의 대표적인 지표로는 관계 강도(strength)와 밀도(density)가 있다. 다양성의 지표로는 관계망의 크기 또는 규모(network size, 이하 관계망 크기로 용어 통일)와 관계망 범위(range)가 대표적이다.

개발지원관계망에서 배태성이 어떠한 효과를 나타내는지를 보기 위해서는 여타의 관계망 연구에서 사용되는 관계 강도와 밀도가 검토될 수 있다. 관계 강도는 일대일 양자 관계에서의 연결 강도로서 얼마나 끈끈하고 친밀한가의 정도를 의미하는 관계적 특성이다. 밀도는 같은 집단 또는 조직 내 관계들의 중첩된 정도로 구조적 특성에 해당한다. 즉 두 지표 모두 결속을 나타내는 지표들이지만, 전자는 관계망의 내용과 관련된 것이라면 후자는 관계망의 형태와 관련된 것이다(김용학, 2007). 관계 강도와 밀도는 분명 다른 개념들이지만, Granovetter(1973)가 "약한 연결의 강점" 개념을 설명하는 과정을 살펴보면 이 두 요소들이 밀접한 연관성을 가지고 있다는 것을 알 수 있다. Granovetter가 강한 연결의 관계는 그 강한 연결로 이루어져 있는 타자(alter)들끼리도 서로 밀접하게 연계되어 있어서 정보와 자원이 중복되는 경향이 있다고 설명한 바가 강한 연결이 밀도 높은 관계들과 연계되어 있다는 것을 함축하고 있다. 이러한 점에서 밀도가 관계 강도와 함께 관계망 연구에서 사회적 자본의 배태성, 즉 집단 내 결속 정도를 측정하는 변수로 취급된다.

관계 강도는 관계의 지속성, 친밀도, 접촉 빈도로 측정되어 왔다. Granovetter(1973)는 일찍이 관계 강도를 측정하는 방법으로 이 세 가지를 제시하며 어떤 측정법이 바람직할지에 대해서는 후속 연구에서 검토되길 제안했다. 그럼에도 불구하고 최근까지 관계 강도를 측정하는 여러 가지 방법들이 혼용되고 있다. 그러한 가운데, 친밀도가 다른 관계망 지표들에 의해 오염되지 않으므로 관계 강도 척도로서 가장 바람직하다고 주장된 바 있다(Marsden, 1990; Marsden & Campbell, 1984).

한편, 관계 강도가 관계 특성이기는 하지만, 관계망 연구에서 관계망 특성 지표로 사용되곤 한다. 몇몇 연구들은 타자들과의 친밀도, 접촉 빈도의 평균값을 사용하였다. 예를 들면, Morrison(1993)의 조직사회화를 돕는 우정관계망 연구와 김민정 · 오홍석 외(2006)의 멘토링 관계망 연구는 타자들과의 관계 강도로서 친밀도의 평균값을 사용하였다. Morrison(1993)은 동일한 연구에서 조직사회화를 돕는 관계망으로 우정관계망과 함께 정보관계망을 연구하였는데, 후자에서는 전자와 달리 관계 강도를 접촉 빈도로 측정하여 그 평균값을 사용하였다. 강혜정 외(2008)도 멘토링 관계망 연구에서 접촉 빈도 평균을 적용하였다.

다른 한편, 관계망 내 관계 강도의 구성으로 배태성을 측정한 연구도 있다. Uzzi(1996, 1999)는 관계망의 배태성을 중심이 되는 개인의 관계망이 소수의 강한 연결들로 구성되어 있는지, 다수의 약한 연결들로 구성되어 있는지로 측정하였다. 그는 관계적 속성으로서 배태성의 이득은 더 높은 수준의 관계망 특성에 의해 극대화되거나 축소될 수 있다고 보았다. 그리고 배태된 관계의 이득을 보기 위해서는 배태된 관계들에 치우쳐 있거나 느슨한 관계들에 치우쳐져 있는 것보다는 다른 특성의 관계들이 적절하게 결합되어 있는 것이 가장 이상적이라고 보았다.

배태성을 측정하는 또 다른 지표로서 밀도는 어떤 관계망에서 행위자들 사이에 연결된 정도이다(손동원, 2002). 밀도는 관계적 특성이 아닌 관계망의 구조 특성이기 때문에 관계 강도와는 달리 관계망에 포함되어 있는 많은 구성원들의 정보가 필요하다. 자아중심관계망(ego-centric network) 분석의 경우 응답자와 직접적으로 연결된 관계들에 대한 정보는 비교적 쉽게 얻을 수 있지만, 응답자와 연결되어 있는 타자들 사이의 관계망 구조까지 파악하기는 어렵다. 이 문제를 해결하기 위한 전략으로는 자아중심관계망 분석 설문지에 이름을 지명한 사람들끼리의 관계를 추가적으로 질문할 수 있다(김용학, 2007). 그러나 이 경우 질문의 양이 방대해질 뿐만 아니라 응답자가 자신이 아는 사람들 간의 관계에 대해서도 더 알아보고 생각하도록 요구하는 것이므로 응답률을 낮추는 결과로 이어질 수 있다.

그럼에도 불구하고, 자아중심관계망 분석을 한 연구들 중에서 밀도를 사용한 다수의 연구가 있다. 일반적으로 밀도는 관계망 내에서 연결 가능한 전체 수에서 실제 연결의 수를 나눈 값으로 사용된다. 그 관계망에서 연결 가능한 전체 연결의 수는 구성원의 수가 n이라 할 때 $n*(n-1)/2$이 된다. 이러한 측정법으로 밀도를 측정한 연구의 예가 Ibarra(1995)와 Morrison(2002)의 것이다. Ibarra(1995)는 응답자들로 하여금 그들과 연결되어 있는 타자들끼리도 서로 아는지를 물었다. 그리고 응답자를 제외하고 나머지 타자들끼리 가능한 연결 수에서 실제 연결 수로 나눈 값을 밀도로 사용하였다. 그러나 분석에서는 밀도를 단독 변수로 사용하지 않고 다른 세 변수들과 범위 변수로 묶어 사용하였다. Morrison(2002)은 정보관계망과 우정관계망 각각에 포함되는 타자들끼리 해당 시간 동안 서로 이야기를 나누었는지, 친교 활동을 하였는지에 대해 물음으로써 같은 방식, 즉 타자들의 수에 의해 연결 가능한 수 대비 실제 연결된 수로 밀도를 측정하여 분석하였다.

관계망의 다양성 지표로는 관계망 크기와 범위가 있다. 관계망 범위는 중심이 되는 개인과 다른 집단 또는 조직에 속해 있는 사람들과의 외부 연결

정도를 의미한다. Granovetter의 "약한 연결의 강점"은 사회적 자본에서 얻을 수 있는 다양성의 특성을 잘 반영하고 있다. 그는 그 개념을 설명하면서 강한 연결의 관계와는 달리 약한 연결의 관계에 있는 타자는 결속집단 밖의 다른 집단에 소속되어 있어서 강한 연결의 결속집단으로부터 얻을 수 없는 참신한 정보와 자원의 접근성을 가능하게 한다고 하였다. 강한 연결의 관계가 서로서로 엮여 있는 빽빽한 관계망 속의 관계라는 점은 직접적으로 언급하지는 않았지만 밀도와 연관지어 설명한 것이고, 약한 연결의 관계가 관계 맺고 있는 사람들끼리 중첩되지 않는 다른 집단의 사람들과의 관계라고 설명한 부분은 범위와 관련된 것이다. Burt의 '구조적 틈새'는 같은 집단에서는 낮은 밀도의 성긴 관계망 속에서 어떤 개인이 갖는 구조적 위치로 설명할 수 있는 부분이고, 다른 결속집단 또는 파당과의 관계에서 그것을 연결짓는 개인의 구조적 위치에 초점을 맞추면 범위와 관련한 것이다. Reagans & McEvily(2003)는 이 점에 주목하여 밀도와 범위가 구분되는 것이기는 하지만, 상호 배타적이지는 않다고 하였다. 그래서 그들은 밀도를 하나의 관계를 둘러싸고 있는 강한 제3자들의 연결의 존재로 측정하고, 범위를 다른 영역들로 가로지르는 연결들의 분포로 측정하였다.

관계망 연구에서 범위는 다양한 방식으로 측정되어 사용되었다. 사회적 자본의 다양성이 결속집단이나 조직으로부터 얻을 수 없는 차별적인 정보 획득을 가능하게 한다는 점에서, 몇몇 연구들은 중심 자아가 관계하고 있는 타자들 중 연구자의 기준에 의한 집단이나 조직을 벗어난 관계의 수 또는 그러한 관계의 비율로 범위를 측정하였다. Morrison(2002)과 Seibert, Kraimer, & Liden(2001)은 각각 타자가 중심 자아와는 다른 산업집단에 속하는 경우의 수와 다른 기능 부서에 속하는 경우의 수를 사용하였다. Oh et al.(2004)은 집단을 분석단위로 하여 수직적 외부 집단 간 연결로서의 범위로 각 집단 구성원이 다른 집단의 공식적 리더와 연결된 수를 사용하였다. 만약, 같은 조직의 여러 구성원이 하나의 다른 조직, 한 명의 리더와 연결되어 있다면 그렇게 연결되어 있는 구성원의 수만큼이 범위값이다. 다만, 집단의 규모가 다르기 때문에 동일한 기준으로 비교 가능하게 하기 위해 표준화된 점수를 사용하였다. 장지현・장원섭(2010, 2011)은 중심 자아와 다른 조직에 속해 있는 타자들의 비율로 관계망 범위를 측정하였다.

같은 집단이나 조직이 아닌 외부로의 확장으로서의 범위를 측정하기 위해 Blau(1977)의 다양성(heterogeneity) 지수를 사용한 예도 있다(김민정・오홍석 외, 2006; Oh et al., 2004). 단순히 같은 집단이나 조직이 아닌 관계들의 비율이 아니라 얼마나 다양하게 외부 집단 혹은 조직과 연결되어 있느냐를 보기 위해 이러한 지수를 사용한 것이다. 김민정・오홍석 외(2006)는 같은 군 관련 기관들 내에서 4개의 다른 군 조직을 기준으로 연구 대상자인 개인들이 나머지 다른 기관 소속으로 얼마나 다양하게 연결되어 있는지를 보기 위해 이 지표를 사용하였다. Oh et al.(2004)은 집단을 분석단위로 하여 수평적 집단 간 외부 연결 다양성으로서 각 집단 구성원들이 얼마나 다양하게 다른 집단 구성원과 연결되어 있는지를 보기 위해 이 지표를 사용하였다.

Burt(1992)의 구조적 틈새 측정법을 범위값으로 적용한 경우도 있다(서아영・신경식, 2009; Reagan & McEvily, 2003; Seibert et al., 2001). 구조적 틈새는 낮은 제약성으로 설명할 수 있다. 여기서 제약성은 타자들과의 관계가 직접 또는 간접적으로 상호 얼마나 중첩되어 있는지를 나타내는 값이다. 일반적으로 구조적 틈새는 1에서 제약성을 뺀 값으로 계산된다.[2]

관계망의 크기는 전체 관계망에 참여하는 모든 사람들의 수이다(손동원, 2002). 관계망의 크기가 다양성의 지표로 고려되는 것은 관계망의 외부 확장 정도를 보여주기 때문이다. 그리고 관계망의 크기는 밀도 또는 범위와 관련성이 높다. 보통 관계망의 크기가 커지면 그 관계망의 밀도는 낮아진다. 왜냐하면, 밀도는 관계망 전체 구성원들 간 가능한 연결 수로 나눠지기 때문이다. 범위는 보통 관계망의 크기와 정적 관계를 갖는다. 관계하고 있는 사람들이 많으면 많을수록 외부로 연결된 관계들도 그만큼 많아질 수 있다.

그러므로 관계망 크기는 다양성을 측정하는 하나의 지표로 관심을 받기도 하지만, 밀도와 범위의 효과를 분리해내기 위한 통제 변수로도 고려된다(Oh et al., 2004; Uzzi, 1999). 개발지원관계망 관련 연구들에서 관계망의 크기가 분석된 예로는 Morrison(1993), Reagans & McEvily(2003), Oh et al.(2004), 강혜정 외(2008), 김민정 · 오홍석 외(2006), 장지현 · 장원섭(2009, 2010, 2011)의 연구 등이 있다. 그러나 다수의 연구는 자아중심관계망 분석에서 이름을 지명한 타자들의 수만으로 제한된 관계망 크기를 사용하였다. 자아중심관계망 분석법은 이름을 지명하게 함으로써 비교적 더 감정적으로 친밀하고 강한 관계들을 이끌어내는 경향이 있다(Oh et al., 2004; Reagans & McEvily, 2003). 이러한 단점을 극복하기 위해 Reagans & McEvily(2003)와 Oh et al.(2004), 장지현 · 장원섭(2009, 2010, 2011)은 지명한 타자들 외에 약한 연결의 타자들을 포함하여 관계망 크기를 측정하였다.

사회적 자원으로서의 지위 또한 또 하나의 다양성 지표로 볼 수 있다. 지위로 인한 위계적 관계 구성 또한 다양성으로 설명할 수 있기 때문이다. 사회적 자본의 다양성이 주로 결속집단 또는 조직을 벗어난 관계로부터 얻을 수 있는 특성으로 설명되지만, 그러한 특성으로부터 얻는 이득은 높은 지위의 사람들로부터도 얻을 수 있다. 즉 다양성의 이득이 소속집단 또는 조직으로부터 얻을 수 없는 차별적인 정보 및 자원 획득과 접근성을 가능하게 한다는 것인데, 위계 구조에서 높은 지위의 사람들과의 관계도 동일한 지위계층집단으로부터 얻기 힘든 차별적인 정보 및 자원으로의 접근을 가능하게 한다(Lin, 1999; Lin, Vaughn, & Ensel, 1981).

그동안 멘토링 양자 관계 연구는 특정 멘토의 지위 변수를 조직 내 위계구조에서의 서열로서의 지위(이정재, 2006; Scandura & Viator, 1994), 또는 멘티와의 지위 차이값으로 사용하거나(Burke & McKeen, 1997) 연령 차이값으로 사용하기도 하였다(김우식, 2005). 관계망 연구는 타자들의 평균적인 지위를 사용하거나(장지현 · 장원섭, 2009, 2010, 2011; Morrison, 2002), 중심 자아의 지위보다 높은 지위의 타자 수를 사용하였다(Seibert et al., 2001).

개발지원기능

사회적 관계 또는 관계망으로부터 얻어지는 효과로 공통적으로 지적되는 두 가지는 정보 및 자원 획득 효과와 지원 효과이다(손동원, 2002). 정보 및 자원 획득 효과는 어떠한 관계 또는 관계망에 속함으로써 정보탐색에 필요한 비용과 시간을 절감할 수 있고 질적으로 우수한 정보를 얻을 수 있다는 것을 의미한다. 필요한 자원에 대한 접근 가능성도 높아진다. 필요한 정보나 자원을 면식이 없는 사람들로부터 얻어내기 위해서는 관계 형성을 위한 시간과 비용이 필요하고, 그것을 얻어낸 후에도 그것의 질에 대한 평가가 필요하게 된다. 그러나 이미 알고 지내는 사람들과의 관계에서는 얻고자 하는 정보 또는 자원에 대한 접근이 보다 수월해지고 제공자의 의도와 획득된 정보 또는 자원의 질에 대한 평가 노력도 줄어든다. 지원 효과는 관계를 맺고 있는 사람들로부터 정서적, 물리적 지원과 조언 및 충고, 상담을 받을 수 있다는 것이다.

사회적 관계 또는 관계망으로부터 얻을 수 있는 정보 및 자원획득 효과와 지원 효과는 특정 멘토와의 멘토링 양자 관계를 포함하는 개발지원관계 또는 개발지원관계망에서 개발지원기능에 상응한다. 개발지원기능은 개발지원관계 또는 개발지원관계망으로부터 얻을 수 있는 직접적 효과 변수이다. 개발지원기능은 경력기능, 심리사회기능, 역할모델링을 포함한다. 경력기능은 개인의 경력개발과 성장을 위해 제공되는 정보 및 자원의 획득과 접근성을 의미한다. 이것은 사회관계망 연구에서 다뤄지는 정보 및 자원획득 효과와 상응하는 것이다. 심리정서적 지원, 물질적 지원, 우정, 조언과 충고 등 사회관계망의 지원 효과는 심리사회기능과 동일한 내용을 의미한다. 역할모델링은 개발지원자로부터 직접적인 정보 및 자원획득 또는 접근성 확보는 아니지만, 개발지원자의 행동과 태도 등을 관찰하여 정보를 탐색함으로써 간접적으로 정보 및 자원의 획득을 가져온다. 즉 개발지원기능으로 정의되어 온 경력기능, 심리사회기능, 역할모델링은 사회적 관계망에서 얻을 수 있는 정보 및 자원획득과 지원의 효과에 해당한다.

멘티의 경력 개발에 도움을 주는 경력기능은 후원(sponsorship), 노출 및 소개(exposure-and-visibility), 코칭(coaching), 보호(protection), 도전적인 업무과제 부여(challenging assignment) 등을 포함한다(Kram, 1988). 후원, 노출 및 소개, 코칭, 보호, 도전적 업무과제 부여를 포함하는 경력기능은 조직에서의 성장과 승진을 향상시키는 관계의 면들이다. 그것은 개발지원자의 지위, 경험, 조직에서의 영향력 때문에 가능한 것들이다.

후원은 가장 빈번하게 관찰되는 경력기능으로 부서 이동과 같은 수평적 이동, 승진과 같은 수직적 이동과 관련한 직접적 또는 간접적 지원이다. 후원은 수평적 이동과 수직적 이동을 위해 지명하거나 추천하는 것을 포함한다. 그리고 승진 또는 부서 이동 결정에 참여하는 동료, 선임, 부하 직원들 간의 비공식적 일대일의 대화들뿐만 아니라 공식적인 승진을 결정하는 회의에서도 일어난다.

노출 및 소개는 낮은 직급의 사람에게 성장 잠재력을 판단할 수 있는 조직 내 주요 인물과의 관계 형성을 가능케 하는 책임 부여를 포함한다. 이러한 책임 부여는 개인이 들어가기 바라는 조직 부분들에 대해 배울 수 있게 한다. 또한 조직의 다른 부문이나 더 높은 지위에 있는 사람들과의 접촉을 통해 중간 관리자 또는 경영진의 조직생활에 대해 배울 수 있게 한다. 즉 노출 및 소개는 개인으로 하여금 조직생활 유지에 영향을 미칠 수 있는 사람들에게 노출하게 할 뿐만 아니라 장래를 위한 기회들에 그 개인을 노출시키는 역할을 한다.

코칭은 개인이 조직에서 효과적으로 생활할 수 있도록 필요한 지식과 이해를 향상시킨다. 멘토는 직장생활에서 멘티가 직무 목표를 수행하는 전략,

인정받기 위한 전략, 경력 열망을 성취하기 위한 전략 등을 제시한다. 특히 멘토는 조직 위계구조에서 경력 초기 단계에 있는 멘티에게 요구되는 것들이 무엇인가에 대한 조언을 제공한다.

보호는 멘토가 멘티를 불시에 일어나거나 잠재적으로 위협이 될 수 있는 접촉들과 상황들로부터 피할 수 있도록 도와주는 것이다. 특정 직무과제가 예정대로 진행이 안 되었거나 멘티가 어떤 분야에 익숙하지 않아서 아직은 좀 더 배워야 할 때, 멘토는 멘티가 외부로 노출되는 것이 더 이득이 되는 시점까지 멘티의 명성 관리를 위해 멘토가 대신 관련 선임 관리자들과의 접촉을 대신할 수 있다. 이와 같이 멘티가 만족스럽게 일을 성취할 만큼 기반을 잘 다져놓은 상태가 아닐 경우에 개입하는 것뿐만 아니라, 보호는 반대 상황에서 멘티에게 책망을 가하는 것까지 포함한다.

도전적인 업무과제 부여는 기술적인 훈련과 계속적인 성과 피드백과 함께 멘티가 특정 역량을 발전시키고 직업에서의 성취감을 경험하도록 돕는다. 도전적 업무과제 부여에서 제공되는 지식과 유용한 피드백은 멘토들을 종종 교사로 비유하게 한다.

심리사회기능은 수용 및 지원(acceptance-and-confirmation), 상담(counseling), 우정(friendship), 역할 모델링(role modeling) 등을 포함한다(Kram, 1988). 심리사회기능은 개인의 조직생활과 직업에 있어서 역량감, 정체성, 효과성을 증진시키는 관계의 면들이다.

심리사회기능 중 수용 및 지원은 다른 사람으로부터 주어지는 긍정적인 관심으로부터 자아감을 얻게 하는 것이다. 멘티가 일에서 역량 개발을 할 때, 멘토의 수용과 지원은 지지와 용기를 불어넣어준다. 이 기능은 신뢰를 바탕으로 멘티로 하여금 새로운 행동을 시험해볼 수 있게 하고 일과 관련하여 익숙하지 않은 방식에 대해 위험을 감수하고 모험하도록 촉진한다. 수용과 지원을 경험하는 멘티들은 좀 더 기꺼이 이의를 제기하고 관계 갈등을 주저하지 않는다. 그리고 이러한 기능을 제공하는 관계는 차이를 감내하고 자기 차별화를 허용한다.

상담은 조직에서의 긍정적인 자아감을 방해할 수 있는 개인적인 관심사나 걱정거리를 탐구할 수 있도록 돕는 기능이다. 상대적으로 더 경험이 많은 선임은 건전한 자기 탐색의 장을 제공하고, 대안적 관점으로서 개인적 경험들을 나누며, 경청과 공감을 통해 문제해결을 돕는다. 이러한 과정에서 멘티는 개인적 고민과 관심사들을 보다 효과적으로 대처할 수 있다.

우정은 상호 연계와 이해, 그리고 일과 관련해서뿐만 아니라 일 외의 것에 대한 비공식적 교환으로 이어지는 사회적 상호작용이다. 사람들은 개인적 경험을 공유하는 것을 즐길 수 있는, 같이 점심을 먹을 수 있는, 때때로 일에 대한 압박으로부터 함께 탈출할 수 있는 사람들을 찾는다. 결국 이러한 관계로부터의 상호작용은 초기와 중기의 경력단계에서 어려운 과업에 대한 작업을 향상시킬 수 있다. 그러나 우정기능에는 제한점들도 있다. 다른 성별 간의 관계에서는 우정기능이 다른 조직 구성원들의 관계에 대한 외부적 시선과 일대일 관계에 대한 불편함 때문에 제한적일 수 있다. 또한 상사이면서 우정관계일 때는 부하 직원에 대한 냉정하고 객관적인 평가와 판단을 내리는 데 있어서 죄책감을 느끼거나 상반되는 감정으로 갈등을 느낄 수 있다. 그러므로 이때의 멘토는 우정관계에 대한 경계를 유지하려고 한다.

역할 모델링은 멘토가 기대할 만한 예가 되고 멘티가 그것과 동일시하는 것이다(Kram, 1988; Noe, 1988). 역할 모델링은 가장 빈번하게 보고되는 심리사회기능이라고 언급되기도 한다. 선임의 태도, 가치, 행동은 후임이 모방하고자 하는 모델이 된다. 후임은 자신이 될 수 있는 특별한 이미지를 멘토에게서 찾으려고 한다. 그는 더 많은 권위와 책임을 갖는 지위를 열망할 때 멘토와 동일시함으로써 이러한 역할에서의 자신을 상상한다. 이때 멘토는 선망, 모방과 존경의 대상이 된다.

역할 모델링은 심리사회기능의 하나로 간주되기도 하지만(Kram, 1988), 어떤 경우에서는 경력기능, 심리사회기능과 더불어 또 하나의 기능으로 다루어지기도 한다(Scandura, 1992; Scandura & Ragins, 1993; Scandura & Viator, 1994). 역할모델기능은 내용적인 면에 있어서 경력기능, 심리사회기능과는 다른 의미를 가지고 있다. 역할모델링은 많은 멘토링 연구들에서 심리사회기능의 하위요인으로 포함되지만, 멘토가 능동적으로 제공하는 다른 심리사회기능 - 상담, 조언, 수용과 확인, 점심을 같이 먹는 등의 사교활동 등 - 과는 본질적으로 구분되는 것이다(Scandura & Viator, 1994). 역할모델링은 사회학습이론에서 매우 중요하게 다뤄지고 있는 학습기능 중 하나이다. 그것은 멘티가 멘토의 직장생활 태도 등에 대해 관찰하고 모방하거나 그것으로부터 학습하려는 능동적 의지 또는 태도이다. 이와는 달리, 경력기능과 심리사회기능은 멘토가 정보 및 자원 접근 가능성, 정서적 지원을 제공하는 능동적 활동이면서 멘티의 입장에서는 그것을 제공 받는 수동적 활동이다.

개발지원기능은 Kram(1988)이 1985년에 ≪Mentoring at Work≫의 초판에서 개발지원기능들을 소개한 후로 수많은 멘토링 연구들이 이것들을 멘토링의 직접적인 효과 변수로 다루어 왔다. 이 변수들을 측정하는 도구로는 Noe(1988)의 연구에서 사용한 것과 Scandura(1992)와 Scandura & Ragins (1993)의 것이 가장 많이 사용되어 왔다(Kammeyer-Mueller & Judge, 2008). 전자의 연구들에서는 Kram이 소개한 대로 개발지원기능을 경력기능과 역할모델기능을 포함하고 있는 심리사회기능 두 가지 하위 범주로 나누었고, 후자의 경우는 역할모델링을 별도로 구분하여 경력기능, 심리사회기능, 역할모델링, 세 가지 하위 범주로 구분하였다.

그런데, Noe의 척도는 Kram이 제시한 바와는 달리 코칭을 심리사회기능으로 포함하고 있다. 탐색적 요인분석 결과에 의존한 결과이다. 또한 요인부하량이 .30만 넘어도 요인으로 인정했다는 결함이 있다. 이후 Scandura (1992)는 개발지원기능을 측정하기 위해 경력기능과 심리사회기능에 해당하는 문항들을 요인분석하였다. 그 결과, 이 문항들이 분명하게 세 요인으로 구분되는 것을 확인하였다. 탐색적 요인분석과 확인적 요인분석 결과가 이를 지지하였다. 이어서 그는 Ragins와의 연구에서도 이를 입증하였다(Scandura & Ragins, 1993). 이에 역할모델기능을 별도의 기능으로 측정하는 Scandura(1992)와 Scandura & Ragins(1993)의 척도가 Noe의 척도와 함께 가장 많이 사용되어 왔다(Allen, Day, & Lentz, 2005; Kammeyer-Mueller & Judge, 2008).

개발지원관계망 특성과 기능의 효과

개발지원관계로서 멘토링 관계에 대해 지난 30여 년간 수많은 연구들이 축적되어 왔음에도 불구하고 그것을 관계망의 관점에서 접근한 연구는 많지 않다. 더구나 관계망 연구로 확장했다 하더라도 관계망의 구조적 특성은 물론 지원의 내용을 모두 포괄해 경력 결과 등 개발지원 결과와의 관계를 살펴본 연구는 찾아보기 어려웠다. 개발지원관계가 동시다발적인 다양한 관계들로부터 일어나는 현상이라는 점에 대한 합의는 이루어져 왔다. 그러나 개발지원관계에 대한 연구를 관계망 연구로 통합하고 확장하는 데에는 매우 미흡한 수준이었다. 최근에 와서야 비로소 개발지원관계를 관계망의 관점으로 통합하고 지원의 내용들까지 포괄한 연구가 국내에서 이루어졌다(장지현, 2010; 최재현・장지현, 2015).

대부분의 멘토링 연구에서 멘토링은 전통적인 관점에서 경험이 더 많고 나이나 지위가 더 높은 하나의 멘토와의 관계로부터 일어나는 현상으로 간주하였다. 그러나 오늘날 경력 개발을 위해 주도적인 개인들은 그것에 도움을 줄 만한 다양한 개발지원자들과의 관계 맺음을 위해 노력한다(김혜영・장지현, 2015). 그리고 그러한 노력은 결과적으로 관계망 형성을 위한 행동으로 이어진다(Blickle, Witzki, & Schneider, 2009b). 그러므로 개발지원관계는 관계망의 관점에서 이해되어야 하며, 멘토와 멘티 양자 관계에서 나타나는 속성뿐만 아니라 다양한 개발지원자들과의 관계들로부터 형성된 관계망의 구조와 형태 특성들로 검토되어야 한다.

대부분의 멘토링 연구가 아직까지 가지고 있는 또 하나의 제한점은 멘토링 양자 관계의 특성이 직접적 결과로서의 개발지원기능과 간접적 결과로서의 개발지원 결과들에 대해 어떠한 관계 구조 속에서 어떻게 영향을 미치는지에 대한 검토가 매우 부족하다는 것이다. 관계의 특성, 개발지원기능, 결과를 포괄하는 전체적인 관계 구조를 고려하여 검토하고자 노력한 멘토링 연구(Scandura & Viator, 1994; Burke & McKeen, 1997; Wu, Foo, & Turban, 2008)는 상대적으로 매우 적다.

Scandura & Viator(1994)는 멘토의 지위가 순차적으로 개발지원기능과 이직의도에 어떻게 영향을 미치는지를 살펴보았다. 이러한 검토는 이전에 Scandura(1992)가 개발지원기능과 경력 결과(주관적 성과 평가, 승진, 임금) 간의 관계 분석에서 개발지원기능이 그 원천, 즉 멘토-멘티 관계 특성에 따라 달라질 수 있음을 문제 제기한 후에 이루어진 것이다. Scandura & Viator(1994)는 개발지원기능의 원천으로서 멘토의 지위를 검토하였다. 경로 분석 결과, 멘토의 지위는 심리사회기능에 유의미한 정적 효과를 나타냈다. 그러나 그 효과가 이직의도에까지 미치지는 않았다. 반면, 멘토의 지위가 경력기능에 대해서는 영향을 미치지는 않았지만 경력기능은 이직의도를 낮추는 효과를 나타냈다. 결국 그들의 연구는 개발지원기능의 매개 역할을 밝히지 못했다. 그러나 그들은 심리사회기능이 경력기능과 함께 개발지원기능을 설명하는 중요한 요인이므로 경력기능의 바탕이 되어 경력기능이 이직의도에 대해 영향을 미치는 데 중요한 역할을 했을 것이라 유추하였다.

Burke & McKeen(1997)의 연구는 멘토와 멘티 간의 관계 강도로서 친밀도가 경력기능의 하위 요인들과 심리사회기능에 어떠한 영향을 미치는지와 이러한 기능 변수들이 관계 강도와 조직사회화 및 경력 결과 변수들 간의 관계를 매개하는지를 살펴보았다. 분석 결과, 관계 강도가 경력계획지원과 심리사회기능에 대해 유의미한 정적 효과를 나타냈고, 경력계획지원은 승진 전망에 대해 정적 효과를 나타냄으로써 경력계획지원이 관계 강도와 승진 전망 간의 관계에서 완전 매개 역할을 한다는 것을 보여주었다. 그러나 이들의 연구는 본문의 기술과 제시된 표 사이에 분석 결과 내용의 불일치가 발견될 뿐만 아니라, 상관이 매우 높을 수밖에 없는 경력기능의 하위 요인들과 심리사회기능을 각각 하나의 회귀 모형에 포함함으로써 결과를 신뢰하기 어렵게 하였다.

Wu et al.(2008)은 구조방정식을 통하여 멘토링 양자관계의 강도와 기능, 경력 결과들에 대한 관계 구조를 검토하였다. 분석 결과, 친밀도와 접촉 빈도로 각각 측정된 관계 강도는 심리사회기능과 경력기능 모두에 대해 긍정적으로 영향을 미친 반면, 경력기능만이 경력 만족과 승진에 긍정적 영향을 미쳤다. 즉 경력기능만이 관계 강도와 경력 결과들을 매개하였다. 관계 강도와 경력 결과들 간의 직접적 관계는 없었다. 그러나 이 연구 역시 멘토링을 전통적인 개념에 입각하여 다양한 개발지원자들과의 관계로부터 얻을 수 있는 효과를 고려하지 못했다.

최근 관계망의 관점에서 멘토링 현상을 이해하려는 연구들이 등장하고 있다. Blickle et al.(2009b)은 자신의 일을 가시화하고, 일과 관련한 상담과 조언을 얻으며, 경력적 이득을 얻고자 상급 관리자를 적극적으로 찾고 그들과의 관계 맺음을 위해 노력하는 자가착수 멘토링(self-initiated mentoring)의 행위가 다양한 개발지원관계망 형성을 위한 행동에 긍정적 역할을 한다는 연구 결과를 제시하였다. 그리고 다양한 개발지원자들과의 관계망 형성 행동이 개발지원기능뿐만 아니라 경력 성공의 객관적 지표인 높은 지위와 연봉에 직접적으로 긍정적인 작용을 한다는 결과를 제시하였다. 관계망 형성을 위한 노력으로서 자가착수 멘토링은 개발지원기능, 높은 지위, 연봉 등을 통해 경력 성공의 주관적 지표인 경력 만족에도 긍정적 영향을 미쳤다. 이와 같은 결과는 하나의 멘토가 아닌 많은 개발지원자들과의 적극적인 관계 맺음을 통한 관계망 형성이 개발지원기능과 경력 결과들에 긍정적으로 작용한다는 것을 보여준 것이다. 그리고 관계망 형성 행동의 측정이 다수의 개발지원자들과의 관계 맺음을 위한 노력을 포함하고 있으므로 개발지원관계망의 크기와 개발지원기능, 경력 결과들 간의 관계가 정적 관계일 수 있다는 점을 간접적으로 추측할 수 있게 한다. 또한 그들은 이러한 다수의 개발지원자들과의 관계에서 개발지원자의 지위가 어떤 의미를 갖는지도 살펴보았다(Blickle, Witzki, & Schneider, 2009a). 그 결과, 멘티의 지위 획득에 대해 개발지원자의 지위가 직접적으로도 긍정적 영향을 미치며, 관계망 형성 행동과의 정적 상호작용을 나타냄으로써 개발지원자의 지위가 높을수록 다수의 개발지원자들과의 관계망 형성 행동이 더 긍정적 영향을 미칠 수 있다는 것을 보여주었다. 이와 같은 분석 결과들은 경력 결과에 대해 개발지원기능이 다수의 개발지원자들로부터 일어날 때 더욱 긍정적일 수 있다는 점과, 개발지원자의 지위도 직·간접적으로 긍정적 영향을 미칠 수 있다는 점을 보여준 것이다. 그러나 이들의 연구는 다수의 개발지원자들과의 관계망 구조 및 형태 특성들을 고려하지 않았다. 그리고 이들은 개발지원자를 조직 내에서의 경험이나 지위가 높은 상급자로 한정함으로써 여전히 전통적 관점에서의 멘토링 개념을 크게 벗어나지 못하였다.

구성개념의 정의와 용어 사용에 다소 차이가 있기는 하지만, 개발지원관계들의 효과를 관계망의 관점에서 구조적 특성과 개발지원기능, 경력 결과들과의 전체적인 관계 구조 속에서 검토한 연구가 있다. Seibert et al.(2001)의 연구가 그것이다. 그들은 경력 개발지원관계들에서 나타나는 사회적 자본의 효과를 연구하면서 경력 개발지원관계망의 구조적 특성과 경력 결과들 간의 과정 변수로 정보 접근성, 자원 접근성, 경력 후원을 고려하였다. 이 세 가지 변수들의 내용은 개발지원관계들로부터 얻을 수 있는 사회적 자본의 정보 및 자원 획득의 효과에 해당하는 것으로서 부분적으로 개발지원기능 중 경력기능과 상응하는 변수들이다. 분석 결과, 기능 부서 기준에서 다양한 외부 관계들을 의미하는 범위 변수가 정보 접근성, 자원 접근성을 통해 경력 결과인 경력 만족, 승진, 임금에 간접적으로 영향을 미치는 것으로 확인하였다. 또한 높은 지위의 타자들의 수가 정보 접근성, 경력 후원 각각을 통해, 혹은 순차적으로 정보 접근성과 자원 접근성을 통해 경력 만족, 승진, 임금수준을 결정한다는 결과도 제시하였다. 관계망의 크기는 통제 변수로서만 고려하여 정보 접근성, 자원 접근성, 경력 후원 등을 포함한 전체적인 관계구조 속에서 그 효과를 살펴보지는 않았지만, 관계망 크기가 경력 만족과 정적 관계가 있다고 제시하였다. 이와 같은 결과들은 개발지원관계망의 구조적 특성으로서의 다양성에 해당하는 변수들이 경력 결과에 긍정적 영향을 미칠 수 있다는 예측을 가능하게 한다. 그리고 다양성의 지표 중 범위와 지위의 효과가 개발지원기능을 통해 경력 결과의 수준을 결정할 수 있는 가능성도 보여주었다. 그러나 이 연구는 개발지원기능의 심리사회적 기능에 해당하는 변수들을 포함하지 않았고, 사회적 자본의 효과를 검토할 때 중요하게 여겨지는 또 하나의 특성으로서 배태성에 해당하는 지표들을 함께 검토하지 않았다.

개발지원관계망을 다양성과 배태성의 관점 모두에서 그 구조적 특성을 포함하고 개발지원의 직접적 결과로서 개발지원기능과 간접적 결과로서 경력 결과에 대해 전체적인 관계 구조를 상정하여 그 효과를 검토한 연구는 찾아보기 어려웠다. 그러나 그동안 멘토링 연구와 관계망 연구에서 이루어진 파편적인 관계 분석 결과들은 이론적으로 개발지원관계망의 특성, 기능, 결과의 전체적인 관계 구조에 대한 개념적 모형을 세울 수 있을 정도로 실증적 근거들을 제공한다.

사회적 자본의 효과에 대한 논의들과 개발지원관계망 특성, 기능, 결과의 단편적 관계에 대한 연구 결과들을 종합하면 다음과 같다. 첫째, 개발지원관계망에 내재되어 있는 다양성과 배태성의 특성은 모두 각각 나름대로 멘티가 정보 및 자원의 획득과 접근성을 갖고, 심리적 지원을 받을 수 있도록 돕는다. 그리고 이러한 사회적 자본의 효과는 개발지원기능의 내용과 상응한다. 둘째, 개발지원기능의 수준은 멘티의 학습, 태도, 객관적 성과 등 개발지원 결과에 영향을 미친다. 즉 개발지원기능은 개발지원관계망 특성의 직접적 결과이고, 개발지원 결과는 간접적 결과라고 할 수 있다. 그러므로 개발지원기능은 개발지원관계망 특성과 개발지원 결과의 관계를 매개할 것이라고 볼 수 있다. 물론 셋째, 개발지원관계망 특성은 개발지원기능을 매개로 하지 않고 개발지원 결과에 대해 직접적으로 영향을 미칠 수도 있다. 따라서 개발지원관계망의 특성, 기능, 결과의 관계는 [그림 6-1]과 같이 도식화할 수 있다.

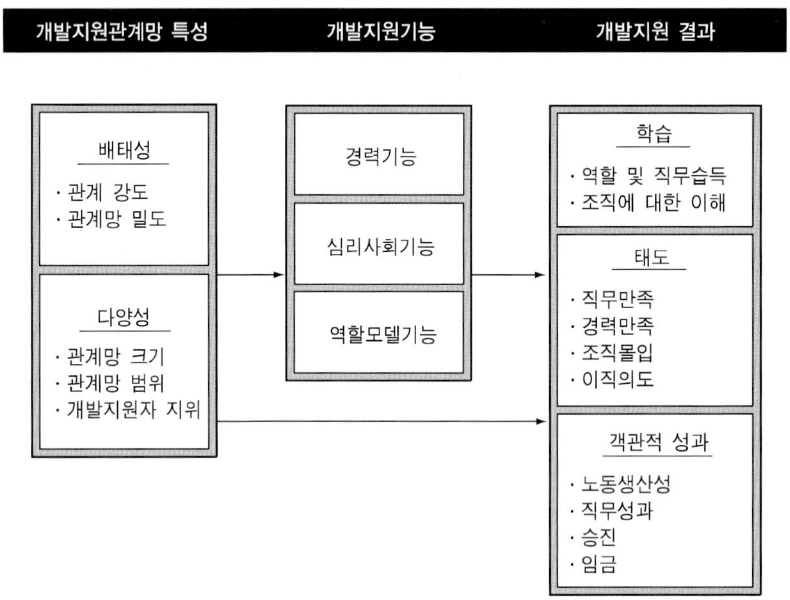

[그림 6-1] 개발지원 결과에 대한 개발지원관계망 특성과 개발지원기능 효과의 개념적 관계

[그림 6-1]은 개발지원관계망의 특성, 기능, 결과들 간의 관계만을 도식화한 것이다. 그런데 이 주요한 세 개념 간의 관계는 관련 연구에서 중요하게 다루어지고 있는 다른 요인들의 영향도 고려해야 한다. 따라서 이 세 개념 간의 관계를 연구하는 데 있어서 그것들에 영향을 미치는 요인들에 대한

분석도 함께 이루어져야 한다. 멘토링 양자 관계 특성의 효과 분석 연구에서 고려된 요인들로는 멘티의 연령, 성별과 같은 귀속적 특성과 성취적 요인으로서의 학력이 있다. 멘티가 조직에서 어떠한 위치에 있는지, 어느 정도의 경력을 가지고 있는지도 고려되는 요인들이었다. 또한 최근의 멘토링 연구에 대한 메타 분석 연구(Kammeyer-Mueller & Judge, 2008)는 개인 특성들이 개발지원기능과 관계없이 개발지원 결과에 영향을 미친다는 것을 확인시켜 주었다. 그러므로 관련 선행 연구에서 다루어진 이와 같은 개인 특성들은 개발지원관계망 특성과 기능의 효과 분석에서 함께 고려되어야 한다.

개발지원현상을 연구하는 데 있어서 조직요인 역시 고려해야 한다. 개발지원자들과의 관계를 통해 지원받고 학습, 변화하는 개인들과 개인들 간의 상호작용은 조직에 속해 있음으로 인해서 조직의 영향으로부터 독립적일 수 없기 때문이다(Bozionelos, 2004; Higgins & Kram, 2001; Ibarra, 1993; Ragins, 1997). 그러나 그동안 멘토링 또는 개발지원관련 관계망 연구는 조직요인을 상대적으로 소홀히 다루어 왔다. 실제로 이에 대해 체계적으로 실증적 접근을 한 연구는 찾기 어렵다. 몇몇 멘토링 양자관계 연구와 개발지원 관련 관계망 연구에서 조직요인 중 기업의 규모 또는 산업이 고려되었을 뿐이다(Allen et al., 2005; Bozionelos, 2004; Chao, Walz, & Gardner, 1992; Oh et al., 2004; Scandura & Ragins, 1993; Seibert et al., 2001; Sosik, Lee, & Bouqillon, 2005; Singh, Ragins, & Tharenou, 2009). 국내 연구 중 멘토링 또는 실행공동체 공식화가 조직수준의 성과와 학습에 긍정적일 수 있다는 연구 결과(장원섭 · 김민영 · 윤지혜, 2009; 장원섭 · 장지현 · 유지은, 2008)도 이와 같은 기업의 학습 촉진 전략이 개발지원현상에서 고려해야 할 조직요인으로서의 가능성을 보여준다.

| 미주 |

1 이 장은 장지현(2010). <조직사회화에 대한 개발지원관계망 특성과 개발지원기능의 효과 분석>. 연세대학교 박사학위 논문의 일부를 발췌하여 재구성한 글이다.

2 범위를 계산하는 보다 구체적인 수식은 장지현(2010)의 박사학위 논문 참조.

7 멘토링 관계와 조직의 비재무적 성과[1]

머리말

지식기반경제에서 인적자원개발은 기업의 성과를 증진시키기 위한 전제 조건이 된다. 조직에서 학습은 조직차원에서 지식을 획득, 공유하고 나아가 새로운 지식을 만들어내는 일련의 과정을 통해 구성원 개개인의 인적 자본을 증진할 뿐만 아니라 조직 내 사회적 자본의 창출에도 중요한 영향을 미친다(Naphiet & Ghoshal, 2000). 조직학습은 개인에게만 내재되지 않고, 개인들의 학습의 총합 이상인 것이다(Hedberg, 1981). 이에 따라 조직 구성원 간의 관계 맺음과 역동적 상호작용을 통한 학습이 중요하다(Brown & Duguid, 1991; Lave & Wenger, 1998; Elkjaer, 1999). 기업들이 비공식적인 사회관계망의 형태로 존재하는 실행공동체(community of practice)나 멘토링(mentoring) 등을 활성화시키는 것도 그러한 이유 때문이다(장주희, 2005; Burke & McKeen, 1989; Geiger-Dumond & Boyle, 1995; Zey, 1985).

많은 기업들이 조직구성원 간의 관계를 통한 학습을 공식화함으로써 조직성과를 향상시키고자 하는 강한 기대를 가진다. 구성원들 사이의 상호작용은 정보와 지식을 공유하거나 새로운 지식을 창출하며, 그 결과로 기업의 성과를 증진하는 데 기여할 수 있기 때문이다(Nonaka, 1994). 그럼에도 불구하고, 조직학습과 조직성과 간의 관계를 규명하는 실증 연구는 찾아보기 힘들다. 특히, 실행공동체나 멘토링을 도입한 기업들조차 그것이 과연 조직성과에 기여하는지에 대해 무지하고, 조직학습을 공식적으로 지원하여 활성화하는 것이 조직성과에 대해 긍정적인 결과를 가져올 것이라고 막연한 추측과 기대만을 할 뿐이다(Chao, Walz & Gardener, 1992; Ragins & Cotton, 1999).

과연 조직 내에서의 구성원들 사이의 관계를 통한 학습은 기업의 성과에 기여하는가? 그것을 공식화하였을 때 기업은 어떠한 조직성과를 얻을 수 있는가? 혹시 개입을 통한 공식화가 관계의 질과 내용을 형식화하여 오히려 이를 손상시키거나 훼손하는 것은 아닌가? 이런 문제들은 기업교육이 조직 책무성을 갖는다(Gilley, Eggland, & Gilley, 2002)는 점에서 반드시 대답해야 할 질문들이다.

이 장의 목적은 기업 내에서 이루어지는 멘토링[2]과 조직성과 간의 관계를 규명하는 것이다. 구체적으로 멘토링의 공식화와 구성원의 참여 정도가 조직의 비재무적 성과에 미치는 영향을 검토한다.[3] 이를 위한 연구 문제는 다음과 같다.

첫째, 기업이 멘토링을 공식화하는 것은 기업의 조직성과 수준에 차이를 만드는가? 또한 기업의 멘토링 공식화 여부와 관계없이 기업 내에서 이루어지는 멘토링의 참여율은 조직성과에 긍정적 영향을 미치는가?

둘째, 멘토링을 공식화한 기업에서 공식적 멘토링 참여율은 조직성과에 긍정적 영향을 미치는가? 그리고 비공식적 멘토링 참여율도 조직성과 수준에 긍정적 영향을 미치는가?

셋째, 멘토링을 공식화하지 않은 기업에서는 비공식적 멘토링 참여율이 기업의 조직성과에 긍정적 영향을 미치는가?

이론적 배경

관계를 통한 학습행위로서 멘토링의 개념

전통적으로 조직학습은 시스템 구축에 초점을 맞춘 체제-구조적이고 기술적인 관점이 지배하였다. 그러나 이러한 관점은 정보의 양적인 축적에만 치중하여 조직 내에서 지식이 교환되는 사회적 구조를 간과하였다는 반성이 일어났다(Easterby-Smith & Lyles, 2003).

근래에는 학습이 일어나는 상황과 조직 구성원 간의 상호작용을 강조하는 해석적 또는 사회적 관점의 중요성이 부각되고 있다(Daft & Huber, 1987; Easterby-Smith & Araujo, 1999). 사람들은 탈맥락적으로 개별적인 행동과 판단을 하는 것이 아니라 사회적 관계로 이루어진 체제 속에서 행동하고 판단한다(Granovetter, 1983). 조직학습은 구성원 간의 관계 맺음과 상호작용을 통한 학습을 촉진하기 위한 방향으로 이루어진다. 이를 반영하는 대표적인 조직학습의 형태로는 멘토링, 실행공동체, 팀학습 등을 들 수 있다.

이 가운데 멘토링은 조직구성원 간의 상호작용을 통해 이루어지는 학습방식 중 가장 전통적인 것이다. 많은 기업들이 공식적으로 이 제도를 채택하고 있다(Burke & McKeen, 1989; Geiger-Dumond & Boyle, 1995; Zey, 1985). 멘토링의 기원이 오디세이가 자신의 친구 멘토에게 자신의 아들 텔레마쿠스의 교육을 부탁한 데서 출발한 것처럼, 멘토링은 멘토 역할을 하는 경력자가 조언과 상담, 지원 등의 가르침을 제공하고 경력이 없는 멘티가 이를 통하여 조직에 적응하고 경력을 개발하는 관계를 이른다(정미향, 2004). 멘토링이 조직학습의 형태이자 전략으로 사용되는 것이나 멘토링 관계에서 일어나는 행위의 유형을 볼 때, 멘토링은 그 관계 속에 언제나 이미 학습을 내포하고 있는 개념이라 할 수 있다. 즉 멘토링은 그 자체로 조직학습을 위한 전략인 동시에 조직의 구성원 간의 관계를 통하여 발생하는 학습행위로 볼 수 있다.

조직성과에 대한 멘토링의 효과

멘토링은 원래 자연발생적인 관계의 양태를 띠었지만, 많은 기업들이 그것을 공식화, 전문화하고 있다. 여기에는 멘토링이 조직의 성과에 기여할 것이라는 기업의 기대가 전제되어 있다.

Kram(1983)은 멘토링의 기능을 경력개발과 심리사회적 기능 두 가지로 정리하고 이러한 기능을 통해 조직의 성과에 기여한다고 보았다. 그 밖에도 선행연구들은 멘토링 관계가 조직성과에 기여하고 있는 효과에 대하여 다양한 측면에서 제시하였다.

첫째, 멘토링은 구성원의 조직사회화를 촉진시킨다(Clawson, 1980; Phillips-Jones, 1983). 멘토링은 멘토로 하여금 조직의 초기 경력자들에게 새로운 조직에 들어오면서 발생할 수 있는 충격과 혼란을 제거하여 조직의 문화와 업무에 적응할 수 있도록 돕는다. 조직 내에서 새로운 진입자는 기존의 조직 구성원들과 관계를 형성, 상호작용을 하면서 업무를 배우게 된다(Phillips-Jones, 1983).

둘째, 멘토링은 구성원의 경력개발을 돕는다(Kram, 1983; Phillips-Jones, 1983; Ragins & Cotton, 1999). 멘토는 멘티가 조직에서 업무를 수행하는 데 필요한 능력을 습득할 수 있도록 돕는 동시에, 승진을 비롯한 경력개발에 도움이 되는 비공식적 정보와 지식을 제공한다(Kram, 1983; 정미향, 2004).

셋째, 멘토링 관계를 맺은 경우 멘티는 멘토가 없는 경우보다 더 많은 보상을 받는 것으로 나타났다(Chao, Walz & Gardener, 1992; Ragins & Cotton, 1999). 이는 멘토링이 위에서 설명한 경력개발기능과 심리사회적 기능을 담당함으로써 결국에는 멘티의 업무성과를 증진시킴으로써 급여를 비롯한 보상에서 유리한 위치를 차지한 것으로 볼 수 있다.

특히 최근 기업에서 나타나고 있는 멘토링의 공식화, 전문화와 관련하여 조직성과와 연결하여 검토한 선행연구들은 공식적 멘토링 관계보다는 비공식적 멘토링이 조직성과에 기여한다는 결과들을 보이고 있다. 이는 비공식적 관계가 친밀감, 역할모델링 등에 있어서 공식적 관계보다는 효과적이라고 평가하기 때문이다. 따라서 공식적 멘토링이 비공식적 멘토링과 같은 효과를 얻기 위해서는 관계를 형성하고 유지하는 데 있어서 신뢰와 친밀감을 높일 수 있도록 신중한 고려가 필요하다(Brown, 1990; Chao, Walz & Gardener, 1992; Kram, 1985; Noe, 1988; Ragins & Cotton, 1999).

선행연구들은 멘토링과 조직성과 간의 관계를 밝힘으로써 조직학습의 전략으로서 멘토링의 역할을 부각시켰다는 점에서 의미를 갖는다. 그러나 이들 연구의 대부분이 조직수준이 아니라 개인수준에서의 분석에 머물러 있다는 점에서 한계를 가지고 있다.

멘토링과 조직성과 관계에 대한 영향요인

멘토링을 비롯한 조직학습의 다양한 전략은 결국 조직의 성과를 향상시키는 것을 목적으로 한다. 각 전략들이 성공적인지, 혹은 성공적일 수 있는지를 확인하기 위해서는 그것에 영향을 미치는 다양한 다른 요인들을 동시에 고려해야 한다. 따라서 멘토링의 효과를 검증하기 위해서는 멘토링 외에 조직성과에 영향을 미칠 수 있는 다양한 요인들에 대한 검토가 선행되어야 한다.

그동안 이루어져 왔던 실증 연구들을 검토해보면, 여러 요인들이 각각 조직성과에 대한 상이한 연구 결과들을 보여주기도 한다. 이러한 결과들은 선행연구들이 조직성과에 영향을 미치는 다양한 요인들을 포괄적으로 고려하지 못한 것으로부터 비롯된 것일 수 있다. 또는 몇몇 요인들을 함께 고려하면서 다중공선성의 문제를 세심하게 검토하지 않았거나 단일 수준의 분석모형을 사용하면서 조직수준과 개인수준의 변수를 혼용하여 사용하는 등 연구방법상의 결함으로 인한 것일 수도 있다. 그러므로 멘토링과 조직성과

〈표 7-1〉 조직성과의 결정요인에 관한 선행 연구 분석

구분	결정요인	선행연구	선행연구 결과
기업 특성 변수	산업	Huselid(1995)	인당 매출액에 대해 산업별 유의미한 차이
		성상현(2005)	혁신성에 대하여 산업별 유의미한 차이
	규모	Gooding & Wagner III (1985)	조직 규모와 조직 생산성은 유의미한 정적 관계
		성상현(2005)	비재무적 성과 중 대외 이미지에 유의미한 정적 관계, 품질에 미미한 수준에서 유의미한 정적 관계
		박영배 · 박형권(2003)	재무적 성과와 조직혁신성에 유의미한 효과
	기업수명	Zaheer & Bell(2005)	시장점유율에 유의미한 정적 관계
		성상현(2005)	유의미하지 않음
		백윤정(2002)	유의미하지 않음
	전문경영체제	이병훈 · 김동배(2002)	지각된 성과 향상과 인당 매출액에 간접적인 효과
	고성과 HRM 도입	송보화(2004; 2006)	HRM 정책은 숙련 형성을 통해 이직률을 낮춤
	정보 시스템 활용	노승혁 외(2002)	품질적, 조직적 활용도가 물류성과에 유의미한 정적 관계
		윤대혁 · 장귀숙(2002)	정보시스템의 전략적 활용이 비재무적, 재무적 성과에 정적 효과
	기업문화	민승기 · 고종식(1994)	친화적, 진취적 기업문화가 직무만족에 유의미한 정적 관계 친화적, 합리적, 진취적 기업문화가 동조성에 유의미한 정적 관계 친화적, 합리적 기업문화가 적응성에 유의미한 정적 관계 친화적, 합리적 기업문화가 직무몰입에 유의미한 정적 관계
		강정애(1997)	조직문화유형에 따라 직무몰입, 직무동기에 유의미한 차이
	노조 유무	Huselid(1995), 성상현(2005), 이병훈 · 김동배(2002), 양혁승 · 이상우(2006)	유의미하지는 않음.
	협력적 노사관계	이병훈 · 김동배(2002)	지각된 성과 향상과 인당 매출액에 간접적인 효과
	이직률	Huselid(1995)	생산성과 유의미한 부적관계
	정규직 비율	양혁승 · 이상우(2006)	유의미하지 않음
	여성 비율	성상현(2005)	여성인력의 구성비율: 생산성, 혁신성과 유의미한 부적 관계
	학력 평균	백윤정 외(2002)	조직성과에 대해 유의미하지 않음
	학력 다양성	조봉순, 조경순(2002)	최고경영자 집단의 학력 다양성이 매출액 증가에 정적 효과
	연령 평균	성상현(2005)	정규직 종업원의 평균 연령: 혁신성과 유의미한 부적 관계
	연령 다양성	백윤정 외(2002)	최고경영진에서 ROA, 환경적응력, 주관적 성과에 유의한 부적 관계
	경력 다양성	백윤정 외(2002)	최고경영자집단에서 유의미하지는 않음
		Reagans&Zuckerman(2001)	유의미하지 않음
	업무지식 다양성	백윤정 외(2002)	최고경영자집단에서 환경적응력과 주관적 성과에 유의미한 정적 관계
기업 환경 변수	환경동태성 (환경불확실성)에 대한 인지도	박영배 · 박형권(2003)	조직혁신성에 유의미한 효과, 재무적 성과에 대해 학습지향성과 상호작용 효과(학습지향성과 재무적성과의 관계 강화)
		유원종(2001)	유연성과 고객만족 성과측정의 활용 정도와 환경불확실성의 상호작용은 매출증가율에 대해 정적 상호작용
		이관표 · 박형권(2006)	환경불확실성은 학습지향성에 정적 효과를 나타내며 학습지향성은 조직혁신성, 조직몰입, 종업원 단결력에 정적 효과
학습 관련 변수	학습지향성	박영배 · 박형권(2003)	학습지향성이 조직혁신성, 조직몰입과 유의미한 정적 관계
		배용태(2002)	조직혁신성과 조직몰입에 유의미한 효과
		이관표 · 박형권(2006)	학습지향성은 조직혁신성, 조직몰입, 종업원 단결력에 정적 효과

간의 관계규명을 위해서는 다양한 결정요인들을 함께 검토해야 하며, 이후 이들 요인들을 포함함에 있어 보다 정교한 연구설계가 필요하다.

이에 따라 이 연구는 멘토링 효과와 관련한 선행연구를 토대로 통계분석에서 고려해야 할 다양한 조직성과 결정요인들을 검토하였다. 비재무적 조직성과의 결정요인들은 〈표 7-1〉에서 보는 바와 같이 기업 특성, 기업 환경, 그리고 학습 등 크게 세 가지 영역으로 나누어 정리할 수 있다.

연구방법

연구대상

이 연구에서는 한국직업능력개발원이 2005년에 조사한 제1차 인적자원기업패널(HCCP)의 자료를 사용하였다.[4] 이 연구의 준거변수는 조직성과이므로 분석단위는 기업이다. 따라서 기업의 본사용 자료가 주로 사용되었고, 필요한 경우 팀장용 자료와 근로자용 자료가 집계화(aggregation)되어 포함되었다. HCCP의 본사용 자료는 453개 기업의 자료를 포함한다.

〈표 7-2〉 분석대상의 산업 · 규모별 특성

산업	사례 수(비율)	평균	표준편차	최솟값	최댓값	범위
제조업	303(66.9%)	911.66	1923.29	100	19330	19230
금융업	35(7.7%)	2785.31	5284.57	130	27322	27192
비금융서비스업	115(25.4%)	657.73	886.96	94	6849	6755
계	453(100%)	991.96	2247.74	94	27322	27228

변수

이 연구에서 사용된 준거변수는 기업의 비재무적 성과이다. 먼저, 비재무적 성과 변수는 HCCP 자료 중 팀장용 설문지에서 3가지 기업 경쟁력의 요소에 대해 현재의 성과 수준 또는 경쟁력 수준을 묻는 문항들을 사용하였다. 이 문항들은 총 16개의 문항으로 구성되어 있다. 문항의 내용들은 Kaplan & Norton(1996)이 균형성과기록표(Business ScoreCard)에서 비재무적 성과로 분류한 3가지 요소를 포함한다. 그것은 기업의 내부 프로세스 역량, 대고객 역량, 학습 및 성장 역량이다. 각각은 6개, 6개, 4개의 문항으로 구성되어 있고 각 문항들은 국내 평균 미달 수준 1로부터 세계적 수준 5까지 5점 척도로 되어 있다. 조직수준에서의 변수 생성을 위해 먼저 3가지 요소에 대해 응답자들이 응답한 것의 평균을 내었다. 그리고 그것을 각 기업별로 집계화하여 기업수준 자료에 통합하였다. 마지막으로 해석의 용이성과 가능성을 높이기 위해 평균을 50, 표준편차를 10으로 하는 T점수로 변환하여 최종적인 비재무적 성과 변수가 생성되었다.

이 연구는 선행연구들을 통하여 조직의 성과에 영향을 미치는 요인들로 검토된 변수들을 설명 변수로 사용하였다. 사용된 설명 변수들은 선행 연구에서 다루어졌던 요인들을 검토하여 HCCP에 포함되어 있는 자료들로부터 직접 또는 가공하여 추출한 것이다. 첫째, 기업특성 변수로는 산업, 규모, 기업수명, 전문경영체제, 정보시스템 활용, 고성과 HRM 시스템 도입 정도, 노조 유무, 협력적 노사관계와 같은 기업의 구조적 특성과 관련된 변수들과 비정규직 비율, 여성 비율, 학력 평균, 학력 다양성, 이직률과 같은 기업의 인적 구성과 관련된 변수들이 포함되었다. 둘째, 기업환경 변수로는 외부환경 변화 정도, 내부환경 변화 정도, 현재 국내 경쟁사 수가 사용되었다. 셋째, 멘토링 변수에는 멘토링의 공식화 여부, 멘토링 참여율(공식적, 비공식적인 멘토링 참여율 모두 포함된 변수), 공식적 멘토링 참여율, 비공식적 멘토링 참여

율(선배로부터의 학습 참여율, 동료·후배에게의 교수 참여율)이 포함되었다.[5]

분석방법

이 연구는 다음과 같은 분석 절차와 방법을 취하였다. 첫째, 멘토링의 공식화 여부에 따라 멘토링 참여율에 차이가 있는지와 비재무적 성과수준에 차이가 있는지를 확인하기 위하여 기술통계량의 분포를 확인하였다. 둘째, 연구문제에 대한 최종적인 결론을 내리기 위하여 회귀분석을 하였다. 이것은 관련 이론과 선행연구에서 조직성과에 영향을 줄 수 있을 것이라고 검토된 모든 설명 변수들과 준거변수인 비재무적 성과의 상관 분석을 기초로 하였다. 이 연구의 준거변수와 설명 변수들은 모두 기업, 즉 조직수준에서의 변수들로 이러한 분석 모형의 선택은 적합하다고 할 수 있다. 모든 분석을 위해 SPSS 12.0 프로그램이 사용되었다.

연구 결과

멘토링 공식화 여부에 따른 멘토링 참여율의 차이

멘토링을 공식화하였을 때 혹은 공식화하지 않았을 때, 멘토링의 공식적 혹은 비공식적 행태들의 참여율에 차이가 있는가를 보기 위해 공식화 여부에 따른 각각의 참여율이 검토되었다. 멘토링의 공식화 여부에 따라 멘토링의 참여율은 다음의 〈표 7-3〉에 제시된 바와 같다.

먼저 공식적 멘토링은 전체 기업에서 기업 내 평균 17% 정도가 참여하고 있는 것으로 확인된다. 멘토링의 공식화 여부에 따라 기업집단을 구분하여 비교하면, 공식화한 기업집단의 경우에는 평균 38%의 참여도를 나타내고

〈표 7-3〉 멘토링의 공식화 여부에 따른 관계를 통한 학습 참여율

구분		사례 수	평균	표준편차	최솟값	최댓값	범위
멘토링을 공식화한 기업	공식적 멘토링 참여율	187	0.38	0.18	0.00	0.88	0.88
	선배로부터의 학습 참여율	187	0.59	0.14	0.20	1.00	0.80
	동료 · 후배에게의 교수 참여율	187	0.71	0.14	0.32	1.00	0.68
멘토링을 공식화하지 않은 기업	멘토링 참여율	266	0.01	0.07	0.00	0.56	0.56
	선배로부터의 학습 참여율	266	0.56	0.18	0.00	1.00	1.00
	동료 · 후배에게의 교수 참여율	265	0.68	0.17	0.18	1.00	0.82
전체 기업	멘토링 참여율	453	0.17	0.22	0.00	0.88	0.88
	선배로부터의 학습 참여율	453	0.57	0.16	0.00	1.00	1.00
	동료 · 후배에게의 교수 참여율	452	0.69	0.16	0.18	1.00	0.82

있는 데 반해, 공식화하지 않은 집단에서는 1%의 매우 낮은 참여도를 보여 두 집단 간에 확연한 차이를 드러내고 있다. 이것은 멘토링을 공식화하지 않은 집단에서 멘토링을 공식화했을 때의 명칭인 멘토링을 구성원들이 비공식적으로 시행하고 있는 기업들이 있기는 하지만 대체로 이러한 명칭으로 멘토링을 하고 있지는 않다는 것을 보여준다.

멘토링의 비공식적 형태 중 하나인 선배로부터의 학습 참여율은 기업 전체적으로는 기업당 평균 57%를 나타낸다. 이 또한 공식화 여부에 따라 구분하여 살펴보면, 멘토링을 공식화한 기업들은 59%인 반면, 공식화하지 않은 기업은 57%였다. 멘토링을 공식화한 기업이 그렇지 않은 기업보다 선배로부터의 학습 참여율이 대체로 높은 수준이라는 것을 알 수 있다. 그런데 멘토링을 공식화하지 않은 기업에서의 최댓값이 공식화한 기업에 비해 높게 나타나고 있고, 최솟값과의 간격도 넓을 뿐만 아니라, 공식화하지 않은 집단의 사분위간 범위가 공식화한 집단보다 넓게 나타나 공식화하지 않은 집단이 공식화한 집단보다 선배로부터의 학습 참여율에 있어서 이질적이라는 것이 확인된다. 바꿔 말해, 멘토링을 공식화한 집단은 그렇지 않은 집단보다 멘토링의 비공식 형태 중 하나인 선배로부터의 학습 참여율에 있어서 동질적이라 할 수 있다.

멘토링의 또 다른 비공식적 형태인 동료·후배에게의 교수 참여율 또한 비슷한 결과를 나타내고 있다. 기업 전체의 기업 내 평균 참여율은 69%인데, 멘토링을 공식화한 기업은 이보다 높은 71%이다. 이에 반해 공식화하지 않은 기업은 68%로 나타났다. 멘토링을 공식화한 집단이 동료·후배에게의 교수 참여율에서 그렇지 않은 집단보다 체계적으로 높은 수준이었다. 그러나 동료·후배에게의 교수 참여율에 있어서도 멘토링을 공식화하지 않은 집단이 공식화한 집단에 비해 이질적이라는 것이다. 물론 선배로부터의 학습 참여율에서 멘토링을 공식화하지 않은 집단에서 보였던 만큼 두드러지게 이질적이지는 않다고 보여진다.

여기서 살펴본 멘토링 공식화 여부에 따른 공식적 또는 비공식적 멘토링 참여율의 차이는 분포상 확인되는 차이일 뿐 통계적으로 유의미한 결과는 아니다. 그러나 이렇듯 분포상 차이 확인은 상관분석과 회귀분석 과정에서 연구 결과를 해석하고 결론을 내리는 데 있어서 왜 그러한 결과와 결론이 도출되었는가에 대한 정보를 제공하는 중요한 선행과정이다. 이는 차후 결과 기술에서 다시 설명된다.

멘토링의 공식화 여부에 따른 비재무적 성과의 차이

멘토링을 공식화한 기업과 공식화하지 않은 기업 간의 비재무적 성과를 살펴보면 〈표 7-4〉와 같다. 전체 453개 기업의 비재무적 성과 평균은 50.00이고, 전체 중 멘토링을 공식화한 기업 187개의 비재무적 성과의 평균은 이보다 높은 52.45였다. 반면 공식화하지 않은 나머지 기업 266개의 비재무적 성과의 평균은 전체 평균보다 낮은 48.28이었다. 단순히 평균으로 보았을 때, 멘토링을 공식화한 기업은 그렇지 않은 기업에 비해 비재무적 성과가 더 높은 것으로 나타났다.

그러나 이러한 분포상 확인되는 차이는 멘토링 공식화와 비재무적 성과

지 않은 기업보다 더 높은 비재무적 성과를 보인다고 할 수 있다.

멘토링의 공식적 형태와 비공식적 형태를 모두 포함하는 멘토링의 참여율의 경우는 회귀계수가 7.549로 .05 수준에서 유의미한 것으로 나타났다. 이것은 기업이 멘토링을 공식화하든 공식화하지 않든 간에 기업 내에서 멘토링 참여율이 높아지면 높아질수록 조직의 비재무적 성과 또한 높아질 수 있다는 것을 예측하게 한다. 다시 말해, 기업에서 멘토링의 공식화 여부와 관계없이 조직 구성원들이 멘토링에 많이 참여하면 할수록 조직의 비재무적 성과는 향상될 것이라는 것이다.

〈표 7-6〉에 제시된 모형 2-1, 2-2, 2-3의 결과는 멘토링을 공식화한 기업

〈표 7-6〉 멘토링을 공식화한 기업에서 비재무적 성과에 대한 회귀분석 결과 (모형 2)

설명 변수	모형 2-1			모형 2-2			모형 2-3		
	B	SE	Beta	B	SE	Beta	B	SE	Beta
상수	40.679***	5.336		9.232***	5.817		47.626***	4.855	
기업특성 변수									
산업(참조: 제조업)									
금융업	−6.915**	2.197	−0.227	−7.203**	2.147	−0.241	−8.012***	2.152	−0.268
비금융업	−0.949	1.776	−0.041	−1.175	1.680	−0.051	−3.043+	1.689	−0.132
규모	1.628**	0.586	0.213	1.562**	0.577	0.205			
학력 다양성	11.419*	5.474	0.152						
이직률	−13.992+	7.308	−0.139	−14.824*	7.249	−0.147	−15.167*	6.959	−0.150
고성과 HRM시스템 도입 정도							15.719***	3.915	0.291
기업환경 변수									
외부환경 변화 정도				1.292	0.952	0.094	1.203	0.938	0.087
현재 국내 경쟁사 수	−1.143+	0.637	−0.129	−1.242+	0.634	−0.140	−1.287*	0.623	−0.145
멘토링 변수									
공식적 멘토링 참여율	1.901	3.862	0.035						
선배로부터의 학습참여율				9.158+	4.783	0.133			
동료 · 후배에게의 교수참여율							1.226	4.737	0.018
R^2	.185***			.189***			.208***		
F	5.682			5.875			6.650		
N	183			185			185		

+p<.10, *p<.05, **p<.01, ***p<.001

들만을 대상으로 비재무적 성과와 설명 변수들의 관계를 규명한다. 모형 2-1은 기업이 멘토링을 공식화하였을 때에 공식적 멘토링의 참여 정도가 과연 조직의 비재무적 성과에 어떠한 영향을 미치는지를 보고자 하는 것이다. 모형 2-2와 모형 2-3은 멘토링을 공식화한 상태에서 여전히 비공식적으로 이루어지고 있는 선배로부터의 학습, 동료・후배에게의 교수 참여 정도가 각각 조직의 비재무적 성과에 어떠한 영향을 미치는지를 보고자 하는 목적을 가지고 있다. 모형 2-1, 2-2, 2-3에 포함된 설명 변수들이 준거 변수인 비재무적 성과에 대해 설명하는 정도는 각각 18.5%, 18.9%, 20.8%이며, 이러한 설명력은 .001 수준에서 유의미하다. 분석을 위해 사용된 유효 사례는 각각 183, 185, 185개 기업이다.

멘토링을 공식화한 집단들만을 대상으로 공식적 멘토링 참여율과 비재무적 성과 간의 관계를 규명하기 위한 분석 모형 2-1에서 통제 변수들 중 유의미한 변수는 .01 수준에서는 산업 더미 중 금융업과 규모였고 .05 수준에서는 학력 다양성, .10 수준에서는 이직률과 현재 국내 경쟁사 수였다. 이들 변수들의 회귀 결과를 해석하면, 제조업이 금융업보다 비재무적 성과가 높고 규모가 커질수록, 기업 내 구성원들의 학력이 다양할수록, 이직률이 낮아질수록, 국내 경쟁사 수가 적을수록 비재무적 성과가 높아진다고 할 수 있다.

선배로부터의 학습 참여율과 비재무적 성과 간의 관계를 규명하기 위한 모형 2-2에서의 통제 변수들은 .01 수준에서 금융업과 규모, .05 수준에서는 이직률, .1 수준에서는 현재 국내 경쟁사 수가 유의미하였다. 금융업과 규모, 이직률, 현재 국내 경쟁사 수의 회귀계수에 대한 해석은 모형 2-1과 마찬가지다.

모형 2-3의 통제 변수들은 금융업과 고성과 HRM 시스템 도입 정도가 .001의 수준에서 유의미하였고, 이직률과 국내 경쟁사 수가 .05 수준에서 유의미하였으며, 비금융업이 .1의 수준에서 유의미하였다. 회귀계수에 대한 결과를 해석하면, 제조업이 금융업과 비금융업보다 비재무적 성과가 높고, 모형 2-2와 2-3의 경우와 마찬가지로 이직률과 국내 경쟁사 수가 적을수록 비재무적 성과가 높아지며, 고성과 HRM 시스템의 도입 정도가 높을수록 비재무적 성과가 높아진다고 할 수 있다.

멘토링을 공식화한 집단에서 공식적 멘토링 참여율이 비재무적 성과에 영향을 미치는가를 살펴보기 위한 모형 2-1, 2-2, 2-3에서 공식적 멘토링의 참여율, 선배로부터의 학습 참여율, 동료·후배에게의 교수 참여율 각각의 결과는 선배로부터의 학습 참여율만이 .1의 수준에서 유의미한 것으로 나타났다. 선배로부터의 학습 참여율의 회귀계수는 9.158로 나타나 멘토링을 공식화한 기업들에서 구성원들이 비공식적으로 선배로부터의 학습에 참여

〈표 7-7〉 멘토링을 공식화하지 않은 기업에서 비재무적 성과에 대한 회귀분석 결과 (모형 3)

설명 변수	모형 3-1			모형 3-2		
	B	SE	Beta	B	SE	Beta
상수	34.151***	4.588		32.896***	4.781	
기업특성 변수						
협력적 노사관계	2.060**	0.673	0.184	2.167**	0.671	0.194
비정규직 비율(참조: 0%)						
0.01–14.99%	2.041	1.360	0.101	1.894	1.358	0.093
15–29.99%	−1.302	1.969	−0.042	−1.636	1.969	−0.052
30% 이상	−1.875	1.793	−0.069	−2.376	1.797	−0.087
여성비율	−0.064+	0.033	−0.115	−0.065*	0.033	−0.118
기업환경 변수						
내부환경 변화 정도	2.214*	0.965	0.139	2.057*	0.968	0.129
현재 국내 경쟁사 수	−1.252*	0.531	−0.141	−1.185*	0.534	−0.133
멘토링 변수						
선배로부터의 학습 참여율	7.385*	3.290	0.131			
동료·후배에게의 교수 참여율				8.055*	3.459	0.135
R^2	.169***			.168***		
F	6.488			6.426		
N	264			263		

+p<.10, *p<.05, **p<.01, ***p<.001

하는 정도가 1% 증가할 때마다 비재무적 성과의 수준이 9.158만큼 높아진다고 해석될 수 있다.

〈표 7-7〉은 멘토링을 공식화하지 않은 집단을 대상으로 비재무적 성과에 대해 분석한 회귀 모형들을 제시한다. 모형 3-1은 다른 조건들을 동등화한 상태에서 멘토링의 비공식적 형태 중 하나인 선배로부터의 학습 참여율이 비재무적 성과에 어떻게 영향을 미치는지를 규명하기 위한 것이다. 이 모형의 설명력은 16.9%로 .001의 수준에서 유의미하다. 모형 3-2도 마찬가지로 비재무적 성과에 영향을 미치는 다른 요인들을 동등화한 상태에서 멘토링의 또 다른 비공식적 형태인 동료·후배에게의 교수 참여율과 비재무적 성과의 관계를 규명하기 위한 것이다. 이 모형은 16.8%의 설명력을 나타내고 있으며 이러한 결과는 .001의 수준에서 유의미하다.

멘토링을 공식화하지 않은 집단에서 선배로부터의 학습 참여율과 비재무적 성과의 관계를 규명하기 위한 모형 3-1에서 유의미한 것으로 확인된 통제 변수는 .01의 수준에서 협력적 노사관계, .05의 수준에서 내부환경 변화 정도와 국내 경쟁사 수, .1의 수준에서 정규직 여성비율이었다. 회귀계수의 결과를 해석하면, 협력적 노사관계가 좋을수록, 내부환경 변화 정도가 높을수록, 현재 국내 경쟁사 수가 적을수록, 여성비율이 적을수록 비재무적 성과가 높을 수 있음을 알 수 있다. 동료·후배에게의 교수 참여율과 비재무적 성과 간의 관계를 규명하기 위한 모형 3-2에서 유의미한 통제 변수는 협력적 노사관계와 내부환경 변화 정도, 현재 국내 경쟁사 수는 모형 3-1에서와 같은 유의 수준에서 유의미한 것으로 나타났고 여성비율만이 .05의 보다 높은 수준에서 유의미한 것으로 확인된다. 이들 변수의 회귀계수에 대한 해석은 모형 3-1에서와 같다.

멘토링을 공식화하지 않은 기업집단에서 멘토링의 참여율이 비재무적 성과에 영향을 미치는가를 확인하기 위한 모형 3-1과 3-2에서 선배로부터의 학습 참여율과 동료·후배에게의 학습 참여율 각각은 .05의 수준에서 유의미하였다. 회귀계수를 살펴보면, 선배로부터의 학습 참여율은 7.385로 나타나 멘토링을 공식화하지 않은 집단에서 선배로부터의 학습 참여율이 1% 증가할 때 평균적으로 비재무적 성과는 7.385만큼 증가함을 알 수 있다. 동료·후배에게의 교수 참여율은 8.055였으며, 이는 동료·후배에게의 교수 참여율이 1% 증가함에 따라 평균적으로 8.055만큼 비재무적 성과가 향상된다고 해석될 수 있다.

맺음말

이 연구는 조직차원에서 멘토링을 공식화하는 것과 기업 구성원들의 멘토링 참여 정도가 조직의 비재무적 성과에 어떤 영향을 미치는지를 검토하였다. 연구 결과를 종합하면 다음과 같다.

첫째, 기업이 멘토링을 공식화하는 것은 기업의 비재무적 성과 향상에 긍정적 영향을 준다. 멘토링 공식화는 기업 내 멘토링 참여율의 높고 낮음에 관계없이 그것 자체만으로도 조직성과 수준을 향상시킨다.

둘째, 기업이 관계를 통한 학습을 공식화하든 공식화하지 않든 간에 기업 내 멘토링 참여율은 비재무적 성과 향상에 긍정적 영향을 미친다. 즉 멘토링의 공식화 여부와 관계없이 멘토링의 참여율이 높을수록 기업의 비재무적 성과 수준은 높다.

셋째, 기업의 멘토링 공식화는 비재무적 성과에 긍정적 영향을 미치지만 공식화로 인해 전반적으로 증가한 공식적 멘토링의 양적인 참여율은 비재무적 성과수준에 차이를 만들지는 않는다. 다시 말해, 멘토링을 공식화하는 것이 기업의 비재무적 성과에 긍정적일 수 있지만 공식화를 함으로써 이루어지는 공식적 멘토링이 그 기업 내에서 많이 혹은 적게 이루어지는가는 비재무적 성과수준에 영향을 미치지 않는다.

넷째, 멘토링을 공식화한 기업들은 비공식적 멘토링의 참여율이 공식화하지 않은 기업들보다 높았지만 이러한 멘토링의 참여율과 비재무적 성과 간의 관계는 미미한 수준에서 발견되거나 발견되지 않았다. 선배를 통한 학습 참여율은 미미한 수준에서 비재무적 성과와 정적 관계가 있었으며 동료·후배에게의 교수 참여율은 비재무적 성과와 관계가 없었다.

다섯째, 멘토링을 공식화하지 않는다면 그러한 기업들에 속해 있는 구성원들이 자발적으로 비공식적인 멘토링에 어느 정도 참여하는지가 비재무적 성과수준에 영향을 미친다. 즉 멘토링을 공식화하지 않는 기업의 비재무적 성과수준은 비공식적 멘토링에 자발적으로 참여하는 구성원 수의 영향을 받는다.

이러한 연구 결과들로부터 얻을 수 있는 시사점은 기업이 조직의 비재무적 성과를 향상시키기 위한 하나의 전략으로서 멘토링의 공식화가 도움이 될 수 있다는 것이다. 멘토링을 공식화하는 것은 그 자체만으로도 조직성과 향상에 긍정적 영향을 미칠 수 있다. 그리고 멘토링의 공식화 여부와 상관없이, 기업에서 높은 멘토링 참여율은 조직의 성과 향상으로 이어질 수 있다. 무엇보다 특히 멘토링을 공식화하지 않았다면 그러한 기업의 구성원들이 자발적으로 참여하는 비공식적 멘토링의 참여율이 조직의 비재무적 성과수준에 차이를 만들어 낼 수 있다는 점은 해당 기업들이 조직성과의 향상을 위해 취해야 할 전략이 무엇인지를 알게 해 준다. 다시 말해서, 멘토링을 공식적으로 도입하지 않은 기업이 조직의 성과를 향상시키고자 한다면 기업 내 비공식적 멘토링의 참여율이 어떤지를 살펴보고 비공식적 멘토링의 참여율을 높이기 위한 조직문화를 형성하는 노력이 필요하다고 할 수 있다.

이 연구의 결과는 인적자원개발 분야에서 최근 관심을 가지고 있는 멘토링을 비롯한 관계를 통한 학습의 효과에 대한 실증적인 검토를 시도했다는 점에서 의미를 가진다. 특히 선행연구들이 개인수준에서 멘토링과 조직성과간의 관계를 분석한 데 머물렀다는 한계를 벗어나 조직수준에서 멘토링과 조직성과 간의 관계를 실증적으로 분석함으로써 조직차원에서 멘토링이 갖는 중요성을 보다 명확히 했다는 의의를 갖는다.

그러나 이 연구는 구체적으로 공식적 멘토링의 참여율과 같이 비공식적 멘토링의 참여율 역시 공식화로 인해서 증가하였는지와 그로 인해서 비재무적 성과에 어떤 변화를 초래하였는지는 밝힐 수 없었다. 즉 멘토링의 공식화 자체가 조직의 비재무적 성과 향상에 긍정적일 수 있으나 공식화가 공식적 멘토링과 함께 양적으로 비공식적 멘토링에 참여하는 정도를 높이고 또 그것이 조직성과에 긍정적으로 작용했다고 결론내릴 수는 없었다. 또한 멘토링의 공식화가 단순히 양적인 멘토링의 참여율 증가가 아니라 질적으로 멘토링의 특성을 어떻게 변화시켜서 궁극적으로 조직성과수준에 어떻게 영향을 미친 것인지도 확인할 수 없었다. 따라서 멘토링의 공식화와 그것으로 인한 양적인 멘토링의 참여율에 치중하는 데서 나아가 멘토링의 공식화와 더불어 멘토링이 질적으로 어떻게 접근되고 운영되는가에 대한 다각적이고 심층적인 연구가 필요하다. 다시 말해, 단순한 공식화 여부나 참여율이 아니라 멘토링의 방식과 내용 등을 더 구체적으로 검토하여 그 효과를 검증할 필요가 있다. 또한 향후 후속연구에서는 비재무적 성과를 학습 및 성장, 업무프로세스, 고객 등과 같이 여러 요인들로 구분하여 그 경로가 좀 더 구체적으로 분석될 필요가 있다. 그리고 비재무적 성과뿐만 아니라 재무적 성과와의 관계도 규명되어야 할 것이다.

| 미주 |

1 이 장은 장원섭 · 장지현 · 유지은(2008). '멘토링이 조직의 비재무적 성과에 미치는 영향.' 〈직업교육연구〉 27권 3호 논문을 수정 보완한 글이다.

2 멘토링은 Higgins & Kram(2001)의 정의에 따라 다중적 개발지원관계현상(multiple developmental relationship phenomenon)으로 개인이 경력개발에 필요한 도움을 받는 다양한 개인들과 맺고 있는 여러 관계들을 포함한다. 본 연구는 이러한 관계를 공식적이든 비공식적이든 간에 멘토링이라는 용어로 총칭하고 공식적으로 이루어지는 경우는 공식적 멘토링, 비공식적으로 이루어지고 있는 경우는 비공식적 멘토링이라 구분하여 사용한다. 비공식적 멘토링은 한국직업능력개발원에서 수행한 인적자본기업패널(Human Capital Corporate Panel, 이하 HCCP) 자료에서 '선배로부터 학습', '동료 · 후배 가르치기'라는 문항으로 측정된 것을 포함한다. 그런데 선배와의 관계를 통한 상호작용의 과정에서 배우는 행위만이 아니라 배우는 동시에 가르치는 행위도 일어날 수 있고, 동료 · 후배를 가르치는 행위 중에 배우는 행위 또한 일어날 수 있지만 HCCP의 측정 문항은 이를 간과하고 있다. 비공식적 멘토링이 HCCP 자료에 보다 더 포괄적으로 포함되어 있었다면 좀 더 의미 있는 연구 결과를 도출할 수 있었겠으나 부분적이나마 비공식적 멘토링에 대해 분석할 수 있었던 것만으로도 의미 있는 해석이 가능했다고 볼 수 있다.

3 기업들이 궁극적으로 기대하는 것은 재무적 성과의 향상이다(Kaplan & Norton, 1998). 그러나 선행 연구들은 비재무적 성과를 재무적 성과의 선행요인으로 지적하고 있다(Baker & Sinkula, 2005; Kaplan & Norton, 1998). 이 연구에서는 우선 비재무적 성과를 검증하고, 재무적 성과 분석은 후속연구로 남겨 두고자 한다.

4 HCCP의 표본과 각 수준별 표본(본사, 사업장, 팀장, 근로자)을 대상으로 조사된 내용과 구성, 조사방법과 과정 등 상세한 설명은 http://hccp.nhrd.net/jsp/index.jsp를 통해서 확인할 수 있다.

5 이 연구는 연구문제에 따라 다른 분석대상과 다른 연구모형들이 설정되었고, 각각의 연구모형들은 각기 다른 설명 변수들을 포함한다. 연구모형에 따라 다른 설명 변수들이 포함된 것은 설명하고자 하는 분석대상이나 연구문제가 다르기 때문이었다. 분석대상이 달라 설명 변수가 다르게 포함된 것은 분석대상이 달라짐으로 인해서 집단 성격이 달라지고, 이에 따라 통제해야 할 조건도 상이해짐으로 인한 것이다. 연구문제가 달라서 설명 변수가 다르게 포함되는 것은 다중공선성(multicollinearity)의 문제 등을 고려하여 주로 설명하고자 하는 변수가 무엇이냐에 따라 연구모형에 포함하는 것이 바람직한 변수와 포함하지 않는 것이 바람직한 변수들이 존재하기 때문이다.

8 초기 경력자의 멘토링 관계망 특성과 멘토링 기능[1]

머리말

멘토링은 초기 경력자가 직장생활과 관련하여 학습하고 적응하는 데 매우 의미 있고 가치 있는 전략이다. 조직사회화에 관한 연구들은 초기 경력자의 조직 내 학습과 적응을 촉진하고 향상시키는 데 기존 구성원의 지원과 도움이 중요한 역할을 한다고 밝힌다(김민수 외, 2009; 김상표 · 김태열, 2004; 박경규, 1996; 서철현 · 허양회, 2009; 옥주영 · 탁진국, 2003; Cable & Parsons, 2001; Jones, 1986; Van Maanen & Schein, 1979). 조직사회화를 촉진하는 사회화 전략과 초기 경력자의 능동성은 모두 다른 사람들과의 상호작용을 통한 일과 직장생활 관련 학습과정을 포함하고 있다. 멘토링은 조직사회화의 전략 중 사회적 사회화 전략의 하나이다. 멘토링이 조직 내에서 공식화되었을 때 그것은 제도화된 전략이 되고, 비공식적일 때는 개인화된 전략에 해당한다. 조직사회화를 촉진하는 개인의 능동성 역시 멘토링의 기능을 포함한다. 즉, 다른 사람으로부터의 정보 찾기와 피드백 찾기 등의 내용을 포함하고 있다. 결국, 초기 경력자의 일과 직장생활 관련 학습과 적응을 촉진하기 위해서는 멘토링과 같이 다른 사람들과의 상호작용이 중요하다.

멘토링 연구에서 멘토링 기능은 멘토링의 직접적 결과로 간주된다. 많은 연구들이 도구적 관점에서 멘토링이 조직사회화의 인접 결과와 원위 결과에 어떻게 영향을 미치는지를 검토하였다(Ashforth & Saks, 1996; Chao et al., 1994; Ostroff & Kozlowsi, 1992). 그러나 그 전에 이러한 학습과 적응 결과들이 나타나는 과정으로서 멘토링 기능에 대한 검토가 선행되어야 한다. 학습과 적응은 멘토링의 경력적 지원과 심리사회적 지원 등을 통한 간접적 결과들일 뿐이기 때문이다. 멘토링 기능과 결과들 사이의 관계에 대한 선행 연구들이 이를 뒷받침하고 있다(이만기, 2007; 현영섭 · 이성순, 2007; Blickle, Witzki & Schneider, 2009a; 2009b; Kammeyer-Mueller & Judge, 2008; Lankau & Scandura, 2002; Scandura & Viator, 1994).

다른 한편, 이 연구는 멘토링 기능에 대한 멘토링 효과를 분석함에 있어서 "개발지원관계망(developmental network)"의 관점에 기초한다(Higgins & Kram, 2001). 개발지원관계망의 관점에서 멘토링은 일대일의 멘토 관계가 아닌 다양한 멘토들과의 관계를 통해 이루어지는 것으로 상정된다. 기존의 수많은 멘토링 연구들은 멘토와 멘티의 일대일 관계에 초점을 맞췄다. 그러나 최근 경력과 일 환경이 더욱 복잡해지고 빠르게 변화함에 따라 한 사람이 아닌 다양한 여러 사람으로부터 멘토링 관계가 동시에 형성되는 경향이 강하게 나타나고 있다. 이런 가운데 멘토링 효과 연구에서 다대다의 멘토링 지원 관계들이 고려되어야 한다는 주장이 제기되고 있다(김민정 · 김민수 · 오홍석, 2006; 김민정 · 오홍석 · 김민수, 2006; 심우정, 2004; 장원섭 · 김정환, 2007; Higgins & Kram, 2001).

이 연구의 또 다른 관심은 멘토링 관계망 효과에 대한 조직요인의 영향이다. 일터에서 이루어지는 멘토링은 개인이 속한 조직환경의 영향을 받게 된다. 몇몇 학자들은 멘토링 효과를 검토함에 있어서 조직요인을 고려해야 한다고 주장하였지만(Higgins & Kram, 2001; Ibarra, 1993; Ragins, 1997), 지난 20여 년

간 이루어진 수많은 멘토링 연구에서 이에 대한 실증적 검토는 이루어지지 않았다. 여러 기업에 대한 자료 수집의 어려움과 방법론적 진화와 확장이 이루어지지 못한 것이 그 이유일 것으로 보인다.

이 장에서는 개발지원관계망의 관점에서 초기 경력자의 멘토링 관계망 특성이 멘토링 기능에 미치는 효과를 검토한다. 멘토링 관계망의 특성은 사회적 관계망에 내재되어 있는 사회적 자본의 특성인 다양성과 배태성을 중심으로 살펴본다. 또한 초기 경력자의 멘토링 관계망 특성과 멘토링 기능들 간의 관계에서 고려될 수 있는 조직요인을 규명하고자 한다. 이를 위해 국내 다수의 기업들과 그 기업들에 속해 있는 근로자들을 대상으로 조사한 자료를 분석하였다. 통계 분석 방법으로는 개인수준과 조직수준의 변수들을 동시에 분석하여 그 효과를 검증할 수 있는 다층 모형(Hierarchical Linear Model, 이하 HLM)을 적용하였다.

이론적 배경

멘토링 관계망 특성과 멘토링 기능의 관계

멘토링 기능은 1980년대 중반 이래 수많은 멘토링 연구들에서 멘토링의 직접적인 효과 변수로 다루어져 왔다(Kram, 1988). 여기서 멘토링 기능은 경력기능과 심리사회기능으로 구분하고, 역할모델기능은 심리사회기능의 하위요인으로 간주하였다. 이러한 관점에서 지난 20여 년간 Noe(1988)의 멘토링 기능 척도가 가장 많이 사용되어 온 척도 중 하나로 꼽힌다(Allen et al., 2008; Kammeyer-Mueller & Judge, 2008). 그런데 이 척도는 Kram이 제시한 바와는 달리 코칭을 심리사회기능으로 포함하고 있으며, 요인 부하량이 .30만 넘어도 요인으로 인정했다는 결함이 있다. 이후 Scandura(1992)는 멘토링 기능을 측정하기 위해 경력기능과 심리사회기능에 해당하는 문항들을 요인 분석한 결과, 이 문항들이 분명하게 세 요인으로 구분되는 것을 확인하였다. 탐색적 요인분석과 확인적 요인분석 결과가 이를 지지하였다. 이어서 그는 Ragins와의 연구에서도 이를 입증하였다(Scandura & Ragins, 1993). 이에 역할모델기능을 별도의 기능으로 측정하는 Scandura(1992)와 Scandura & Ragins(1993)의 척도가 Noe의 척도와 함께 가장 많이 사용되어 왔다(Allen et al., 2008; Kammeyer-Mueller & Judge, 2008).

멘토링 기능은 내용적인 면에서도 세 가지 기능으로 구분하여 살펴보는 것이 타당하다. 경력기능의 내용들은 개인의 경력에 도움이 될 만한 정보와 자원 접근 기회를 제공받는 것을 포함한다. 심리사회기능은 상담, 조언, 충고 등 심리적, 정서적인 지원과 지지의 내용을 의미한다. 역할모델기능은 심리사회기능의 하위 요인으로 간주되기도 하지만, 이것은 경력기능과 심리사회기능과는 다른 의미를 가지고 있다. 역할모델기능은 멘티가 멘토의 직장생활 태도 등에 대해 관찰하고 모방하거나 그것으로부터 학습하려는 능동적 의지 또는 태도에 초점이 맞춰져 있다. 반면, 경력기능과 심리사회기능은 멘티가 멘토로부터 정보 및 자원 접근 가능성, 정서적 지원을 받는 수동적 입장에 초점이 맞춰져 있다. 역할모델기능은 사회학습이론에서 매우 중요하게 다뤄지고 있는 학습기능 중 하나이기도 하다.

멘토링 관계의 효과는 멘토링 기능으로 나타난다. 내용적으로 멘토링 기능은 사회적 자본의 정보 획득 효과와 지원 효과에 상응하는 효과 변수라고 할 수 있다. 그러므로 멘토링 관계로부터 얻을 수 있는 정보 획득과 지원 효과의 이득은 사회적 자본의 형태인 다양성과 배태성으로 설명될 수 있다. 멘토링 관계는 사회적 관계이고 사회적 자본은 사회적 관계에 내재되어 있기 때문이다(김민정 · 오홍석 · 김민수, 2006; Higgins & Kram, 2001). 구체적으로, 사회적 자본의 다양성은 다른 조직 또는 집단에 속한 사람들과의 다양하고 중첩되지 않은 관계들로부터 얻을 수 있는 특성이다. 배태성은 같은 조직 또는 집단 내에서 상호호혜의 신뢰와 규범 등으로 결속되어 있는 강하고 밀접한 유대관계들로부터 얻을 수 있는 특성이다. 사회적 관계들에 내재되어 있는 사회적 자본의 다양성 이득은 관계를 맺고 있는 사람이 동일한 집단 또는 조직이 아닐 때 얻을 수 있다. 외부 조직과의 중개 역할을 통해 같은 조직 내에서 공유되고 있는 정보 또는 자원과는 다른 새롭고 다양한 정보와 자원으로의 접근 가능성을 높여 주기 때문이다(Burt, 1992; Granovetter, 1973). 관계망으로부터 결속을 통한 배태성의 이득은 같은 집단 또는 조직 구성원들과의 끈끈한 관계와 높은 밀도가 질적으로 우수하고 신뢰할 만한 정보와 자원으로의 접근성을 높여 준다는 사실에 따라 타당성을 주장할 수 있다(Coleman, 1987). 따라서 멘토링 관계들로부터 얻을 수 있는 사회적 자본의 다양성과 배태성은 각각 나름대로 정보 획득과 지원 효과의 이득을 가져다준다고 말할 수 있다.

사회적 자본의 배태성 지표로는 관계망의 관계 강도와 밀도가 있다. 관계 강도는 친밀도, 접촉 빈도, 지속성 등으로 측정되어 왔다. 일대일 양자관계로서의 멘토링 효과 연구에서 관계 강도는 멘토링 기능에 대해 긍정적 영향을 미치는 것으로 확인된 바 있다. 관계 강도로서 감정적 친밀도가 경력기능과 심리사회기능에 긍정적 관계를 나타내고 있다는 연구(Allen, Day & Lentz, 2005)와 접촉 빈도가 경력 및 심리사회기능을 모두 포함하는 멘토링 기능에 대해 긍정적이라는 연구(Blickle et al., 2009b)가 그것이다. 관계망의 관점에서 멘토링 특성 효과를 검증한 김민정・오홍석・김민수(2006)의 연구에서도 친밀도가 경력기능과 심리사회기능에 대해 긍정적 효과를 나타내었다. 관계망 특성의 배태성을 측정하는 또 하나의 변수, 밀도는 관계망 연구들에서 발견되고 있으나(서아영・신경식, 2009; Oh, Chung & Labianca, 2004), 멘토링 관계망의 기능에 대한 효과 연구에서는 아직까지 발견되지 않고 있다.

관계망의 다양성 지표로는 관계망 크기와 범위가 있다. 관계망의 크기는 관계하고 있는 사람들의 수이고 범위는 중심이 되는 개인과 다른 집단 또는 조직에 속해 있는 사람들과의 연결 정도를 의미하는데 다양한 방식으로 측정되고 있다. 관계망의 크기는 멘토링 관계망과 유사한 정보 제공 관계망, 우정관계망, 신뢰 관계망, 지식 관계망 연구에서 다양한 조직 내 개인의 결과 변수들에 따라 영향을 미치지 않거나 긍정적 영향을 미치는 등 일관적이지 않은 결과를 나타내고 있다(강혜정 외, 2008; 박찬웅, 1999; 서아영 · 신경식, 2009; Morrison, 2002). 멘토링 기능에 대해 멘토링 관계망의 다양성에 해당하는 변수를 고려한 김민정 · 오홍석 · 김민수(2006)의 연구에서는 관계망의 범위가 경력기능, 심리사회기능에 대해 긍정적일 수 있음을 보여줬고, 관계망 크기는 심리사회기능에 대해서는 부정적 영향을, 경력기능에 대해서는 영향을 미치지 않는 것으로 나타났다. 그러나 관련 연구들에서 다양성을 측정하는 관계망 크기와 범위 변수들의 측정과 측정을 위한 분석단위 기준이 달라 결과에 대한 해석에 신중을 기해야 한다.

멘토링 관련 조직요인

멘토링은 멘티가 속해 있는 일터에서 이루어진다. 즉, 멘토링은 조직의 맥락에서 이루어진다고 볼 수 있다. 멘토링을 연구하는 몇몇 학자들은 멘토링이 조직 맥락과 상관없이 일어나는 것이 아니므로 멘토링 효과를 분석함에 있어서 조직 맥락이 함께 고려되어야 한다고 주장했다(Higgins & Kram, 2001; Ibarra, 1993; Ragins, 1997).

조직학습은 조직에 속해 있는 구성원들 간의 상호작용을 통해 일어난다. 구성원들의 의사소통과 인지적/행동적 상호작용을 통해 조직 문화, 관례, 구조 등에 개인 구성원들이 적응하고 학습하도록 만드는 것은 Giddens(1984)의 구조화 이론, 의미 형성에 대한 Weick(1995)의 조직이론과 Crossan, Lane & White(1999)의 조직학습이론 모형을 통해 이해될 수 있다. 구성원들 간의 의사소통과 상호작용은 조직수준에서 개인수준으로의 정보획득과 공유뿐만 아니라 의미 형성을 위한 공유된 해석을 가능하게 한다. 물론 개인이 가지고 있던 생각과 정보, 기술 등도 구성원들 간의 상호작용을 통해 조직문화, 관례, 구조 등의 변화를 일으키기도 한다. 여기서 중요한 것은 개인 구성원들 간의 의사소통과 상호작용은 개인에 의해서도 영향을 받지만, 조직의 요소들과 분리될 수 없다는 것이다.

그러나 멘토링 일대일 양자 관계 연구 또는 멘토링 관계망 연구에서 개인수준의 준거 변수에 대해 조직요인을 조직수준에서 접근하고 분석한 연구는 이루어지지 않았다. 멘토링 연구에서 다뤄지고 있는 조직 내 개인 결과 변수들에 대한 여타의 연구들과 조직수준 준거 변수에 대한 조직요인 연구를 통해 어떠한 요인들이 고려될 수 있는지 추정할 수 있을 뿐이다.

노동시장 결과와 개인의 경력 결과에 대한 연구에서 종종 기업의 규모와 기업이 속해 있는 산업이 영향을 미치는 요인으로 고려되곤 한다(장원섭, 2006; 장지현, 2006). 조직수준에서 조직 구성원들의 학습 및 성장, 내부 프로세스, 고객 관점의 성과에 대한 멘토링 효과 연구에서도 기업의 규모와 산업이 고려되었다(장원섭 · 장지현 · 유지은, 2008). 멘토링 공식화도 개인수준에서의 멘토링 효과 연구에서 고려될 수 있는 조직요인이다. 사회적 사회화 전략으로서의 멘토링은 조직 내에서 공식화됨으로써 제도화된 전략으로 볼 수 있다. 제도화된 전략은 개인에 의해 구성되거나 실행되는 것이 아니므로 조직 차원의 전략이라 할 수 있다. 그러므로 멘토링 공식화는 개인수준이 아닌 조직수준에서 분석되어야 한다. 조직요인을 고려한 개인의 멘토링 결과에 대한 실증 연구는 발견되지 않고 있지만, 장원섭 외(2008)의 연구는 조직수준에서 멘토링 공식화가 구성원 전체의 학습 및 성장을 포함하는 비재무적 성과에 긍정적 영향을 미친다는 것을 증명하였다. 이는 조직학습의 과정 가운데 하나인 멘토링의 개인수준 결과에도 긍정적일 수 있는 가능성을 보여주는 것이다.

연구방법

분석대상

이 연구에서 분석한 대상은 기업과 기업조직에 속해 있는 평균적으로 약 20개월, 최대 8년 이하의 초기 경력자들이다. 분석자료는 2007년 한국고용정보원과 연세대학교 교육학과가 공동으로 실시한 '대졸 청년층의 직장생활 적응능력 향상 연구'의 조사자료이다. 최종적으로 분석한 자료는 80개의 기업과 그 기업에 속해 있는 828명의 초기 경력자의 정보를 포함한다. 원 자료는 176개 기업과 그 기업에 속한 1,461명의 초기 경력자 정보이다. 이 중에서 멘토링 관계망 효과 분석을 위해 근로자 응답자 중 개발지원자가 없거나 개발지원자에 대해 응답하지 않은 사례를 제외하였더니 1,412명의 사례가 남았다. 기업 사례는 그대로 176개였다. 마지막으로, 다층모형 적용을 위해 초기 경력자의 수가 10명 이상인 기업과 그 기업 소속 초기 경력자들의 자료만을 분석하였다.

변수

:: 멘토링 기능 변수

멘토링 기능은 많은 멘토링 연구들과 마찬가지로 Scandura(1992)와 Scandura & Ragins(1993)가 멘토링 기능을 세 가지 기능으로 구분하여 사용한 것을 따랐다. 즉, 멘토링 기능의 하위 요인으로 경력기능, 심리사회기능, 역할모델기능을 구분하고 각각의 기능을 분석하였다.

경력기능을 측정하는 문항의 예는 '이 분은 나의 미래 경력 발전에 도움이 될 만한 사람들과 자주 접촉할 기회를 제공한다', '이 분은 나의 직장생활과 업무수행에 도움이 되는 특별한 방법을 알려준다' 등이다. 심리사회기능을 측정하는 문항은 '이 분은 내가 상의했던 관심과 고민 등을 진심으로 공감하고 도와준다', '이 분은 나를 인간적으로 존중해준다' 등을 포함하고 있다. 역할모델기능은 '이 분이 직장에서 생활하는 방법을 닮으려고 노력한다', '이 분을 나는 존경한다' 등이다. 경력기능 5문항, 심리사회기능 5문항, 역할모델기능 3문항에 대해 '1=전혀 그렇지 않다'부터 '5=매우 그렇다'까지 5점 리커트 척도를 적용하였다.

먼저, 분석자료가 멘토링 기능들을 경력기능, 심리사회기능, 역할모델기능으로 구분하는지를 확인하기 위해 탐색적 요인분석을 실시하였다. 분석을 위해 '이름 적기(name generating)' 질문법을 실시함으로써 응답자가 직장생활과 관련하여 도움을 받는 사람이라고 지명한 사람들에 대해 각 문항 응답을 평균하였다. 일반적으로 가장 많이 쓰이고 있는 주성분 분석(principal component analysis)에 직각 회전(varimax)방식을 적용하였다. 분석 결과, 멘토링 기능은 두 요인으로 나타났다. 심리사회기능 중 역할모델기능이 경력기능과 하나의 요인으로 구분되었다.

이러한 결과에도 불구하고 이 연구는 멘토링 기능을 경력기능과 심리사회기능 두 가지로 구분하여 분석하지 않는다. 이 연구에서 역할모델기능은 심리사회기능과 하나의 요인으로 묶이지 않고 경력기능과 하나의 요인으로 확인되었다. 여타의 멘토링 연구들에서도 역할모델기능이 심리사회기능보다는 경력기능으로 묶이는 경우가 종종 발견된다. 그러나 역할모델기능은 경력기능과 내용적으로 다른 의미를 가지고 있기 때문에 이 기능을 경력기능과 하나의 요인으로 간주하고 분석하는 것은 바람직하지 않다. 그러므로 이 연구에서는 멘토링 기능을 경력기능, 심리사회기능, 역할모델기능으로 구분하였다. 각각은 순서대로 .858, .860, .844의 높은 신뢰도를 나타내었다. 멘토링 기능 각각에 대한 기술통계량은 다음 〈표 8-1〉과 같다.

〈표 8-1〉 멘토링 기능에 대한 기술통계분석 결과

구분	사례 수	평균	SD	최소	최대	왜도	첨도
경력기능	820	3.531	0.607	1.228	5	−0.066	0.365
심리사회기능	819	3.836	0.586	1.200	5	−0.374	0.872
역할모델기능	818	3.594	0.658	1	5	−0.273	0.750

:: 멘토링 관계망 특성 변수

사회적 관계망에 내재되어 있는 사회적 자본의 형태 중 다양성을 측정하는 지표인 관계망의 크기와 범위는 멘토링 관계망을 중심으로 〈표 8-2〉와 같은 내용과 방법으로 측정되었다. 관계망 범위는 이름 적기 질문법으로 7명의 범위 안에서 지명된 개발지원자의 조직 외 관계 수로 사용하였다. 그러나 관계망의 크기는 이름 지명을 하기 전에 직장 내외에서 비교적 도움을 많이 주거나 영향을 많이 미치고 있다고 생각하는 개발지원자들의 수를 응답하게 한 것으로 사용하였다.

〈표 8-2〉 멘토링 관계망 특성 변수의 내용과 측정방법

변수명	유형	측정	
다양성			
관계망 크기	연속	내용	최근 직장 내외에서 직장생활과 관련한 도움을 얻기 위해 상호작용하는(직접 또는 다양한 매체를 통해 의사소통하거나 접촉하는) 사람들 중 비교적 도움을 많이 주거나 영향을 많이 미치고 있다고 생각하는 사람은 몇 명인가?
		방법	직접 기입한 사람들의 수
관계망 범위	연속	내용	같은 직장 내에 있는 사람들인가?
		방법	7명까지 도움의 정도 혹은 영향 정도에 따라 순서대로 기입한 사람들 중 이 문항에 대해 아니라고 응답한 사람들의 수
배태성			
관계망 강도 –친밀도	서열	내용	어느 정도 친밀하다고 느끼는가?
		방법	7명까지 지명한 사람들에 대해 '1=전혀 친밀하지 않음'부터 '5=매우 친밀함'까지 응답한 것의 평균값
기타			
멘토지위	서열	내용	사회적 지위는 당신과 비교할 때 어떠한가?
		방법	7명까지 지명한 사람들에 대해 '1=높다', '0=비슷하다', '−1=낮다'를 응답한 것의 평균값

배태성을 측정하는 지표로는 관계망의 관계 강도를 사용하였다. 여기서는 이름 적기 질문법으로 지명된 개발지원자들과의 친밀도에 대한 응답을 평균한 값으로 관계 강도를 측정하였다. 관계 강도를 측정하는 방법으로는 접촉 빈도, 관계의 지속성, 친밀도 등이 있다(Granovetter, 1973). 최근까지 멘토링 연구 또는 관계망 연구에서 관계 강도를 측정하는 여러 방법들이 혼용되고 있는 가운데 친밀도가 관계 강도를 측정하여 사용하는 데 가장 바람직하다고 주장된 바 있다(Marsden, 1990; Marsden & Campbell, 1984). 이 연구에서도 이 세 가지 측정법으로 관계 강도를 측정하였고 이에 대한 검토가 이루어졌다. 검토 결과, 이 세 변수들 간의 상관이 매우 높아 하나의 모형에 포함하는 것이 바람직하지 않을 수 있음을 보여주었다. 또한 지속성과 접촉 빈도는 다양성의 지표인 관계망 크기, 범위와 매우 높은 상관을 나타냄으로써 다중공선성의 문제가 우려되었다. 이에 따라 본 연구에서는 관계 강도로서 친밀도를 사용하는 것이 최적이라는 판단하에 이 측정 지표를 사용하였다.

다양성과 배태성의 관점에서 구분되는 관계망 특성 지표는 아니지만 멘토들의 평균적인 지위가 관계망 특성 변수로 포함되었다. 멘티의 개발지원을 돕는 상대 멘토의 지위는 멘토링 연구들에서 중요하게 다뤄지고 있는 변수 중 하나이다. 관계망의 특성 효과 연구들에서도 관계하고 있는 타자의 지위가 중요한 의미를 가지고 있는 것으로 고려되기도 한다. 또한 모형을 결정하는 과정에서 이 변수는 멘토링 기능에 대해 설명력이 높은 것으로 확인되었다. 따라서 이 변수가 분석 모형에 포함되었다.

멘토링 관계망 특성 변수들의 기술통계 결과는 〈표 8-3〉과 같다. 관계망 크기[2]의 평균은 대략 4명으로 초기 경력자들이 개발지원을 받고 있다고 생각하는 사람은 평균적으로 4명 정도 된다는 것을 알 수 있다. 범위 평균으로 볼 때, 지명된 개발지원자들 중 평균적으로 1명 정도는 같은 조직이 아닌 외부 조직 소속의 사람이다. 지명된 개발지원자들과의 친밀도는 약간 친밀한 정도 이상이다. 이들의 지위는 평균적으로 자신보다는 높은 지위이다. 이 변수의 값이 1에 보다 더 가깝지 않은 경우는 동료 또는 자신보다 낮은 지위의 사람으로부터도 개발지원을 받고 있다는 것이다.

〈표 8-3〉 멘토링 관계망 특성 변수의 기술통계 결과

구분	사례 수	평균	SD	최소	최대	왜도	첨도
관계망 크기	828	4.198	2.635	0	11	1.019	0.434
관계망 범위	827	1.169	1.606	0	7	1.435	1.593
관계 강도-친밀도	824	4.277	0.648	1	5	-1.030	1.985
멘토 지위	825	0.538	0.409	-1	1	-0.302	-1.017

:: 조직 특성 변수

조직 특성 요인은 산업, 규모, 멘토링 공식화이다. 규모는 '1=99명 이하'부터 '4=1,000명 이상'까지 서열 변수로 사용되었고, 멘토링 공식화는 공식화한 경우가 1인 더미 변수이다. 전체 기업의 21.5%가 멘토링을 공식화하고 있다. 산업은 절반 이상인 58.8%를 차지하고 있는 제조업을 참조 집단으로 하여 금융/사업 서비스업 더미, 기타 서비스업 더미 변수가 사용되었다. 각 변수들의 기술통계 결과는 다음 〈표 8-4〉와 같다.

〈표 8-4〉 조직 특성 변수 기술통계 결과

구분	사례 수	평균	SD	최소	최대	왜도	첨도
규모	80	2.388	0.934	1	4	0.289	-0.737
제조업 더미	80	0.588	0.495	0	1	-0.362	-1.917
금융/사업 서비스업 더미	80	0.275	0.449	0	1	1.027	-0.970
기타 서비스업 더미	80	0.138	0.347	0	1	2.146	2.670
멘토링 공식화	79	0.215	0.414	0	1	1.413	-0.004

:: 기타 통제 변수

다른 여타의 변수들을 고려하여 멘토링 관계망 특성과 멘토링 기능 간의

순수한 관계를 규명하기 위해 멘토링 효과 또는 관계망 효과 선행 연구에서 다루어 왔던 통제 변수들을 검토하여 이 연구에 포함하였다. 최종적인 분석 모형에 포함된 통제 변수로는 개인의 귀속요인으로서 초기 경력자의 성별, 사회경제적 배경 변수 중 하나인 아버지의 학력이 포함되었다. 인적 자본에 해당하는 학력 또한 포함되었다. 일 관련 맥락 변수로서 근속연수가 월 단위로 측정되어 포함되었고, 주중 평균 근로시간도 통제 변수로 사용되었다[3].

성별은 남자가 1인 더미 변수이다. 부학력은 '1=무학'부터 '7=대학원 졸업'까지, 본인의 학력은 '1=2~3년제 졸업'부터 '3=대학원 졸업'까지 서열 척도이다. 근속월수는 연속 변수로 사용했다. 근로시간은 '1=40시간 이하'부터 '6=81시간 이상'까지 서열 척도이다. 각 변수들의 기술통계 결과는 〈표 8-5〉와 같다.

〈표 8-5〉 통제 변수 기술통계 결과

구분	사례 수	평균	SD	최소	최대	왜도	첨도
성별	828	0.691	0.462	0	1	−0.827	−1.319
부학력	820	4.429	1.350	1	7	0.204	−0.668
학력	827	1.932	0.397	1	3	−0.568	2.999
근속월수	825	18.761	16.893	1	88	1.297	1.150
근로시간	828	2.139	0.932	1	6	1.111	1.956

분석방법

변수를 선정하고 분석 모형을 결정하기 위해 우선적으로 요인분석, 기술통계, 상관 분석이 이루어졌다. 이는 SPSS 12.0 통계 프로그램을 통해 실시되었다. 다층분석을 위해서는 HLM 6.0을 사용하였다.

다층분석은 경력기능, 심리사회기능, 역할모델기능 각각에 대해 기초 모형, 개인 특성들만을 통제한 상태에서 멘토링 관계망 특성 모형, 조직 특성 추가 통제 모형이 단계적, 누가적으로 적용되었다. 각각의 모형을 수식으로 나타내면 다음과 같다.

기초 모형

개인수준: $Y_{ij} = \beta_{0j} + e_{ij},\ e_{ij} \sim N(0, \sigma^2)$

기업수준: $\beta_{oj} = \gamma_{00} + u_{oj},\ u_{oj} \sim N(0, \tau)$

개인 특성 통제 모형

개인수준: $Y_{ij} = f(\text{개인 특성} + \text{멘토링 관계망 특성}) + e_{ij},\ e_{ij} \sim N(0, \sigma^2)$

기업수준: $\beta_{oj} = \gamma_{00} + u_{oj},\ u_{oj} \sim N(0, \tau)$

조직 특성 추가 모형

개인수준: $Y_{ij} = f(\text{개인 특성} + \text{멘토링 관계망 특성}) + e_{ij},\ e_{ij} \sim N(0, \sigma^2)$

기업수준: $\beta_{oj} = f(\text{조직 특성}) + u_{oj},\ u_{oj} \sim N(0, \tau)$

기초 모형은 설명 변수로 분산을 설명하기 전에 분석단위별로 분산을 추정하기 위한 것이다. 여기서 집단 내 상관(Intra-Class Correlation, ICC)으로 전체 분산에서 조직, 즉 기업수준 분산이 차지하는 정도를 파악할 수 있다. 설명 변수들이 투입된 모형들에서는 1수준의 절편만이 무선 효과를 갖는 것으로 상정하였다. 개인수준 변수들이 투입되고 난 후 절편은 개인의 특성과 관계망 특성으로 준거 변수를 설명하고 나서 그 개인수준 변수들만으로는 설명되지 않는 부분이다. 이것이 무선 효과를 갖는다는 것은 개인 변수 외에도 2수준인 기업수준 요인에 의해 설명되는 부분이 있을 수 있다는 것을 의미한다. 1수준에 투입된 개인 변수들이 고정 효과를 갖는다는 것은 그 변수들이 2수준의 기업수준 변수와 상호작용을 하지 않을 것이라는 것을 의미한다. 마지막 모형은 조직요인을 추가한 모형으로 개인 특성만을 고려한 모형에서 여전히 기업수준 분산이 유의하게 나온 경우, 어떠한 조직요인이 멘토링 기능에 대해 영향을 미치는지를 보기 위한 것이다.

모형에 포함되는 설명 변수들은 더미 변수인 개인수준의 성별과 기업수준의 멘토링 공식화, 산업 변수들을 제외하고 해석의 용이성을 위해 전체 평균으로 중심점 교정(grand mean centering)을 하였다. 전체 평균으로 중심점 교정을 하면 1수준의 절편은 준거 변수의 전체 평균이 된다.

연구결과

경력기능, 심리사회기능, 역할모델기능에 대한 기초 모형, 개인 특성 변수를 통제한 모형, 조직요인을 추가한 모형 각각의 분석 결과는 다음과 같다(표 8-6 참조). 먼저, 준거 변수들 중 경력기능에 대해서만 기업수준 분산이 유의한 것으로 확인되었다. 심리사회기능은 기초 모형에서조차도 기업수준 분산이 유의하지 않아 조직요인 추가 모형을 분석할 필요가 없었다. 역할모델기능은 기초 모형에서 기업수준 분산이 .1의 수준에서 유의하기는 하였으나 개인 특성 변수들을 추가하자 더 이상 조직수준 분산이 유의하지 않아 조직요인 추가 모형 분석을 할 필요가 없었다. 이러한 결과는 멘토링 기능 중 경력기능만이 조직요인의 영향을 받을 수 있다는 것을 알려준다. 심리사회기능과 역할모델기능은 조직요인과는 상관없이 개인수준의 특성 변수와 멘토링 관계망 변수들만으로 설명될 수 있다는 것이다.

경력기능에 대한 기초 모형에서 기업수준 분산은 .01 수준에서 유의미하였다. 기업집단 내 상관인 ICC는 .055로 5.5% 정도의 기업수준 분산이 경력기능에 대해 설명하고 있다는 것을 보여준다. 개인 특성만을 통제한 상태에서 멘토링 관계망 특성이 경력기능에 대해 어떻게 영향을 미치는가를 확인한 모형에서도 여전히 4.2% 정도의 기업수준 분산이 경력기능에 대해 설명하고 있는 것으로 확인된다. 기업수준 변수인 멘토링 공식화와 규모, 산업 등을 통제하자, 기업수준 분산은 3.5%로 줄었다. 설명 분산도 개인 특성

〈표 8-6〉 멘토링 기능에 대한 다층분석 결과

준거 변수		경력기능						심리사회기능				역할모델기능			
설명 변수군		기초 모형		개인특성 통제모형		조직특성 추가모형		기초 모형		개인특성 통제모형		기초 모형		개인특성 통제모형	
1수준(개인)		계수	(오차)	계수	(오차)	계수	(오차)	계수	(오차)	계수	(오차)	계수	(오차)	계수	(오차)
	절편(경력기능 전체 평균)	3.534***	(.026)	3.430***	(.037)	3.407***	(.044)	3.836***	(.022)	3.886***	(.033)	3.595***	(.026)	3.537***	(.044)
관계망 특성	크기			.011	(.009)	.012	(.008)			.000	(.009)			.004	(.009)
	범위			−.048**	(.013)	−.048***	(.012)			.013	(.014)			−.034*	(.013)
	강도			.323***	(.036)	.330***	(.031)			.450***	(.039)			.364***	(.043)
	멘토 지위			.353***	(.053)	.353***	(.049)			.070	(.047)			.401***	(.061)
개인 특성	성별			.143***	(.038)	.145**	(.043)			−.076+	(.039)			.081	(.050)
	부학력			.020	(.016)	.020	(.015)			.025	(.017)			.016	(.018)
	학력			.177***	(.047)	.182**	(.053)			.109*	(.052)			.178**	(.059)
	근로시간			−.018	(.021)	−.019	(.022)							−.032	(.021)
	근속월수			−.002	(.001)	−.001	(.001)							−.001	(.001)
2수준(기업)															
조직 특성	규모					−.037	(.027)								
	멘토링 공식화					.142*	(.059)								
	산업(참조: 제조업)														
	−금융/사업 서비스업					.006	(.052)								
	−기타 서비스업					−.074	(.068)								
분산															
기업수준		.025**		.012**		.010*		0.005		0.000		0.011+		0.005	
개인수준		.351***		.282***		.282***		0.341		0.262		0.428		0.351	
전체		.376		.294		.292		0.346		0.262		0.439		0.356	
ICC		.055		.042		.035		0.014		0.000		0.025		0.013	
설명 분산															
기업수준				.505		.584				0.996				0.589	
개인수준				.196		.196				0.233				0.179	
전체				.216		.459				0.244				0.189	

+p<.1, *p<.05, **p<.01, ***p<.001

요인만을 통제했을 때 개인수준 설명 분산은 19.6%였는데 조직요인을 추가해도 그대로 19.6%를 나타냈고, 기업수준 설명 분산만이 증가하였다.

경력기능에 대해 멘토링 관계망 특성 중 유의미한 변수는 범위, 관계 강도, 멘토의 평균적 지위였다. 관계망 크기는 유의미하지 않았다. 관계 강도는 경력기능에 대해 긍정적인 영향을 미치는 것으로 확인된다. 즉, 초기 경력자가 지명한 비교적 중요한 멘토들과의 관계 강도가 강할수록 초기 경력자가 경력 지원을 더 잘 받고 있다는 것이다. 멘토의 평균적인 지위도 초기 경력자보다 높은 지위일수록 초기 경력자가 경력기능 제공을 더 잘 받는 것으로 확인된다. 초기 경력자가 속해 있는 기업조직이 아닌 다른 기업조직에 속해 있는 사람들과의 관계 정도를 의미하는 범위는 경력기능에 대해 부정적인 영향을 미치고 있다고 확인된다. 이러한 결과는 초기 경력자가 가지고 있는 멘토링 관계망에 같은 조직이 아닌 다른 조직 소속의 사람과의 관계가 많을수록 경력 지원을 제공받는 것에 부정적 결과를 초래할 수 있다는 것을 보여준다.

조직요인을 추가한 모형에서 멘토링 공식화가 경력기능에 긍정적 영향을 미치는 것으로 확인되었다. 즉, 멘토링을 공식화한 기업에서의 초기 경력자들이 그렇지 않은 기업에서의 초기 경력자들보다 멘토들로부터 경력 지원을 더 잘 받고 있는 것이다. 이때, 멘토링 관계망 변수들의 효과 정도는 대체로 일관성을 보이고 있다. 즉, 조직요인인 멘토링 공식화는 관계망 특성 변수들과 거의 상호 영향을 미치지 않은 채로 순수하게 경력기능에 대해 영향을 미치고 있다고 볼 수 있다. 기타 개인수준에서의 통제 변수 중에는 성별과 학력만이 경력기능에 유의미한 영향을 나타내고 있다. 남성이 여성보다 경력 지원을 더 많이 받고 있고, 학력이 높을수록 더 많이 경력 지원을 받고 있다.

심리사회기능에 대해서는 관계망 특성 중 관계 강도만이 유의한 것으로 나타났다. 관계망의 크기, 범위, 멘토의 지위는 심리사회기능에 대해 영향을 미치지 않았다. 즉, 초기 경력자가 직장생활에서 심리사회적 지원을 받기 위해서는 멘토링 관계망 속에 있는 사람들과의 끈끈한 친밀성이 중요할 수 있음을 보여준다. 심리사회기능에 대한 개인수준 통제 변수들 중 성별과 본인의 학력이 유의하였다. 성별은 .1의 수준에서 여성이 남성보다 심리사회적 지원을 더 많이 받고, 학력이 높을수록 심리사회적 지원을 더 많이 받고 있다.

역할모델기능에 대해서는 경력기능에 대한 결과와 마찬가지로 관계망 특성 변수 중 범위, 강도, 멘토의 지위가 유의했다. 효과의 방향 또한 경력기능에 대한 분석 결과와 같았다. 범위는 역할모델기능에 대해 부정적 영향을 미치고 있었다. 즉, 조직 외 관계가 멘토링 관계망에 많을수록 역할모델기능은 부정적 결과를 낳고 있는 것으로 보인다. 관계 강도는 역할모델기능과 정적 관계를 나타내고 있으며, 이는 경력기능, 심리사회기능에 대한 결과에서와 마찬가지로 관계 강도가 강할수록 역할모델기능 제공 또한 긍정적일 수 있다는 것을 보여준다. 멘토들의 평균적인 지위가 초기 경력자보다 높을수록 역할모델 효과도 높아졌다. 개인 특성 통제 변수 중에는 학력만이 유의했다. 학력이 높을수록 초기 경력자는 개발지원자들로부터 역할모델 학습을 더 많이 하는 것으로 볼 수 있다.

맺음말

이 연구는 개발지원관계망의 관점에서 초기 경력자들을 대상으로 멘토링 관계망 특성과 멘토링 기능 간의 관계를 실증적으로 검토하고 이와 더불어 조직요인의 효과를 검증하였다. 분석 결과를 기초로 할 때 다음과 같은 논의점과 결론을 도출할 수 있었다.

첫째, 초기 경력자들의 멘토링 관계망 특성 중 배태성을 나타내는 관계 강도는 경력기능, 심리사회기능, 역할모델기능 모두에 긍정적인 영향을 미치는 중요한 변수였다. 즉, 사회적 자본의 배태성을 대표하는 지표로서 멘토링 관계망의 관계 강도는 강할수록 경력 지원, 심리사회적 지원, 역할모델 학습이 더 잘 이루어지도록 하고 있었다. 이 연구에서 관계망 특성으로 고려된 관계 강도는 친밀도이다. 그것은 다른 관계망 특성을 오염시키지 않으므로 최적의 관계 강도 척도라 평가 받는다(Marsden, 1990; Marsden & Campbell, 1984). 분석을 위한 검토 과정에서도 지속성이나 접촉 빈도에 비해 친밀도가 분석을 위해 더 적절한 변수임이 확인되었다. 그러므로 이 연구에서 초기 경력자들은 멘토 관계에 있는 사람들과 친밀할수록 제공받는 멘토링 기능에 있어서 더 좋은 결과를 얻을 수 있다고 결론지을 수 있다. 이는 멘토링 일대일 관계에서 친밀도가 경력 및 심리사회기능에 대해 긍정적 영향을 미치는 것으로 확인한 Allen et al.(2005)의 연구나 멘토링 관계망의 특성으로서 관계 강도로 친밀도를 포함했던 김민정·오홍석·김민수(2006)의 연구를 지지하는 것이었다.

둘째, 관계망 특성 중 다양성의 지표인 범위는 멘토링 관계망에서 초기 경력자의 경력기능과 역할모델기능에 대해 부정적 영향을 미치는 변수였다. 이 연구에서 범위는 초기 경력자가 중요하다고 판단하여 지명한 개발지원자, 즉 멘토가 같은 기업이 아닌 다른 기업에 속해 있는 정도이며, 조직 외 관계 수이다. 그러므로 이 연구에서 범위가 경력기능, 역할모델기능과 부적 관계를 나타낸 것은 초기 경력자의 멘토들 중 조직 외 관계가 많을수록 초기 경력자의 경력 지원과 역할모델 학습에 부정적 결과를 초래할 수 있다고 볼 수 있다. 이러한 결과는 멘토링 관계망의 범위가 멘토링 기능에 대해 긍정적 영향을 미칠 것이라는 가정하에 수행된 김민정·오홍석·김민수(2006)의 연구 결과와는 상반된 결과이다. 그러나 면밀히 살펴보면, 김민정·오홍석·김민수(2006)의 연구와 이 연구의 결과는 상반된 것이라기보다는 다른 의미를 가지고 있는 것으로 이해되어야 한다. 우선, 두 연구는 분석 대상이 다르다. 이들의 연구는 초기 경력자가 아닌 군 관리자들을 대상으로 하고 있다. 초기 경력자와 관리자는 경력단계에 있어서 다른 위치에 있으므로 멘토링 효과가 달리 나타날 수 있다. 관리자는 조직 내 일과 직장 생활에 이미 적응되어 있어 이것에 대한 주요 학습 대상이 아니다. 그보다 이들은 조직에 이미 공유되고 있는 정보나 자원과는 다른 차별적이고 새로운 정보와 자원을 통해 정체되어 있는 경력 발전을 기해야 할 사람들이다. 이에 반해, 초기 경력자는 조직 내 일과 직장생활 자체가 새로운 것일 수 있고 이것에 대해 집중적으로 학습하고 적응해야 하는 조직사회화의 초점 대상이다. 따라서 직장 내 멘토들로부터의 정보와 자원 접근 기회를 얻는 것이 이들의 성장에 더 도움이 될 수 있다. 조직 외 관계는 오히려 조직 내 일과 직장생활에 대한 정보와 자원 접근성에 대한 혼란을 가중시킬 수 있다. 분석대상에서의 차이뿐 아니라, 김민정 외의 연구와 이 연구는 범위에 대한 분석단위 기준이 다르다. 외부 중개역할에 대한 다양성을 강조하는 외부적 관점과 결속의 배태성을 강조하는 내부적 관점 구분은 분석 단위와 관점의 문제라고 주장된다(Adler & Kwon, 2002). 김민정 외의 연구는 육, 해, 공군과 군 관련 기관이라는 매우 유사한 성격을 가지고 있는 4개의 기관을 사회적 범주로 하여 Blau의 다양성 지표 산출법에 따라 개인 내 다른 범주의 비율을 범위 변수로 사용하였다. 즉 군이라는 하나의 조직 내 4개의 기관을 범주로 다양성을 측정한 것이다. 이에 반해 이 연구에서의 범위는 독립적인 기업조직들을 분석 기준으로 하여 외부 연결을 기업조직 외 관계로 상정하고 분석한 것이다. 이러한 점 또한 연구 결과에서의 차이를 초래했을 가능성이 있다.

셋째, 다양성을 나타내는 것으로 간주되는 또 다른 관계망 특성 변수로서 관계망 크기는 유의하지 않았다. 이러한 결과는 경력기능에 대한 김민정·오홍석·김민수(2006)의 연구 결과와 동일하다. 그러나 김민정 외의 연구에서 관계망 크기가 심리사회기능에 대해서는 부적 관계가 있는 것으로 나타났었다. 경력기능과 심리사회기능을 하나의 변수로 하여 분석한 Blickle et al.(2009b)의 연구에서는 관계망 크기가 멘토링 기능에 대해 긍정적인 것으로 나타났었다. 두 선행 연구는 멘토링 관계망의 크기를 응답자들이 지명한 멘토의 수로 사용하였다. 그러나, 이 연구에서 멘토링 관계망의 크기는 구체적으로 지명된 멘토의 수가 아니라 직장생활과 관련한 도움을 제공하는 여러 관계들 중 비교적 영향 정도가 큰 개발지원자의 전체 수이다. 관계망 크기와 같이 멘토링 관계망에 대한 일관적이지 못한 측정과 결과에 대해서는 후속 연구를 통해 보다 면밀히 검토되어야 할 부분이다.

넷째, 멘토링 관계망 특성과 멘토링 기능 간의 관계에서 조직요인 또한 고려되어야 할 변수임이 증명되었다. 멘토링 기능 중 심리사회기능과 역할모델기능에 대해서는 조직요인을 고려할 필요가 없었지만, 경력기능은 조직요인에 의해 설명될 수 있다는 것이 확인되었다. 그 중에서 멘토링 공식화가 경력기능에 대해 긍정적인 결과를 초래하고 있는 것으로 나타났다.

이 연구는 다양한 기업에 속한 초기 경력자의 멘토링 관계망 특성이 사회적 자본의 다양성과 배태성을 중심으로 멘토링 기능에 대해 어떻게 영향을 미치는지를 규명하였다는 점과 이러한 관계에서 조직요인을 확인하였다는 점에서 의의가 있다. 그러나 후속 연구에서 극복해야 할 한계가 있다. 사회적 자본의 배태성을 나타내는 것으로 고려되고 있는 또 하나의 지표, 밀도 변수가 이 연구에서는 포함되지 않았다. 밀도는 조직 내 80% 이상 구성원의 정보를 포함하는 완전 관계망 분석이나, 자아중심관계망 분석에서 응답자가 지명한 타자들 간의 관계에 대한 질문을 통해 얻어낼 수 있다(손동원, 2002). 그러나 전자는 많은 기업들에 대한 자료 접근 가능성의 어려움으로 실행 가능성이 낮다. 비교적 후자의 경우가 전자보다는 수월하겠지만 이 또한 설문지 양이 많아져 응답 가능성을 낮출 우려가 있다. 범위의 경우, 이 연구에서는 단순히 개발지원자로 지명된 사람이 같은 기업조직 소속인지 아닌지에 대해서만 응답하게 했다. 외부 중개 역할을 통한 사회적 자본의 다양성은 조직 외 관계들 간에 중복 정도가 낮을수록 이득을 얻을 수 있다고 주장된다(손동원, 2002; Burt, 1992). 따라서, 범위는 조직 외 관계들 간의 연결 여부에 대한 정보도 포함하는 것이 더 바람직하다. 밀도는 조직 내 관계들 간의 연결 여부를 확인하고, 범위는 조직 외 관계들 간의 연결 여부를 확인하여 변수로 포함하면 될 것이다. 전자보다 후자의 경우가 더 확인하기 어렵고 복잡할 수 있다. 그 밖에 이 연구를 시발점으로 후속 연구에서는 멘토링 관계망 연구들에서 고려될 수 있는 다양한 조직요인들이 무엇인지 더 많이 검토되고 분석되어야 할 것이다.

| 미주 |

1 이 장은 장지현 · 장원섭(2009). '초기 경력자의 멘토링 기능에 대한 멘토링 관계망 특성과 조직 요인 효과.' 〈직업능력개발연구〉 12권 3호 논문을 수정 보완한 글이다.

2 원 자료에서 관계망의 크기가 정규성에 문제가 있는 것으로 확인되어 연속 및 서열 변수로 수정되었다. 10까지의 누적 분포가 97.5%에 달했고, 12부터 50까지의 값들은 산재되어 있어 이 값들을 11로 변경하였다. 그 결과, 표에서 확인할 수 있는 바와 같이 분포가 양호해졌다.

3 그 밖에 연령, 사회경제적 배경 변수 중 하나인 가구 소득과 직급 또한 검토하였다. 그러나 이 변수들은 준거 변수에 대해 유의하지 않은 상관을 보이면서 다른 독립 변수들과 높은 상관을 나타내는 등의 문제를 나타냈다. 이에 분석 모형에 포함하는 것이 바람직하지 않다고 판단하여 제외하고 상대적으로 중요하다고 판단된 다른 변수들을 선택하여 모형에 포함하였다.

9 초기 경력자의 개발지원관계망 특성과 조직사회화[1]

머리말

경력 초기는 경력발달단계 중에서 조직사회화가 특히 강조되는 시기이다. 경력 초기에 개인은 직업 세계로 진입하여 직업인으로서의 정체성을 확립하고 성취를 위한 열정에 기초하여 급격한 성장을 이루어 간다(Greenhaus, Callanan, & Godshalk, 2000; Kram, 1988). 이를 위해 가장 먼저 요구되는 것이 자신이 택한 조직에서의 사회화 과정이다. 이 과정에서 초기 경력자는 역할과 직무에 대해 학습하고 조직이 요구하는 태도를 익힌다. 성공적인 조직사회화를 이룰 때 그 개인은 조직에서 인정받고 더욱 성장할 수 있다.

조직사회화를 홀로 이룰 수는 없다. 그 과정에는 많은 다른 사람들의 지원이 필수적이다. 조직 내 상사와 동료들은 초기 경력자의 학습을 돕는다. 초기 경력자는 일과 직장생활에 대한 불확실성과 불안 수준이 상당히 높다. 그것을 낮추기 위해서는 적극적인 정보 탐색과 획득, 의미 형성의 과정이 필요하다. 정보의 획득은 다양한 원천과 통로로부터 얻어질 수 있다. 조직사회화에 대한 연구들은 무엇보다 대인적 자원으로부터의 정보 획득을 강조하였다(Louis, 1980; Morrison, 1993; Reidhers, 1987). 조직사회화에 관한 수많은 실증 연구들이 대인관계를 통해 개인이 능동적으로 정보를 찾고 피드백을 구한다고 보여주었다. 다른 사람들을 관찰하는 것과 같은 인지적・행동적 상호작용과 이것을 촉진하기 위한 사회화의 전략이 조직사회화에 효과적이라는 것을 증명하였다(김민수 외, 2009; 김상표・김태열, 2004; 박경규, 1996; Cable & Parsons, 2001; Ostroff & Kozlowski, 1992; Wanberg & Kammeyer-Mueller, 2000).

그럼에도 불구하고, 조직사회화 연구는 개인의 개발을 지원하는 대인관계의 질적 특성과 수준에 따라 조직사회화의 결과가 달라질 수 있다는 점을 심층적으로 접근하지 못하고 있다. 따라서 이 연구는 조직 내에서 초기 경력자들의 조직사회화를 조력하는 사람들 사이의 관계를 구체적으로 검토하고자 하였다. 즉, 개발지원자들과의 관계들로 이루어진 관계망[2]의 구조와 특성에 따라 조직사회화가 어떻게 나타나는지에 대해 실증적으로 분석하였다.

조직사회화와 관련한 관계망 효과 연구가 몇몇 이루어진 바가 있기는 하다(깅혜정 외, 2008; 장지현・장원섭, 2010; Morrison, 2002; Reagans & McEvily, 2003). 그러나 선행 연구의 또 다른 제한점은 관계망 효과를 검토하는 데 있어서 조직사회화의 인접 결과(proximal outcomes)인 학습 결과와 원위 결과(distal outcomes)인 태도 변수들 간의 인과관계를 포괄한 통합적 연구 모형을 제시하고 그 타당성을 실증적으로 검증하지 못하였다는 것이다. 최근 조직사회화 연구에 대한 메타 분석 결과는 다른 사람들과의 상호작용을 통한 정보 획득의 능동적 행위와 전략이 조직사회화의 태도 결과에 대해 직접적으로 영향을 미치기도 하지만, 학습 결과에 의해 간접적으로 매개되는 것이기도 함을 분명하게 보여주었다(Bauer et al, 2007). 따라서 같은 방식으로 개발지원자들과의 관계망 특성과 조직사회화의 학습 결과 및 태도 결과 간의 영향 관계를 가정할 수 있으며, 이에 대한 실증적 검토가 필요하다.

이 연구는 또한 개발지원현상으로서 조직사회화를 연구하기 위해 조직요인을 고려하였다. 그동안 개발지원현상은 조직 내에서 이루어지는 것이므로 조직의 맥락으로부터 독립적인 것이 아니라는 주장(Bozionelos, 2004; Higgins & Kram, 2001; Ibarra, 1993; Ragins, 1997)이 제기되어 왔다. 그럼에도 불구하고 아직까지 이에 대한 실증적 검토는 매우 부족하다. 개발지원현상과 관련한 몇몇 연구들은 조직요인에 대한 고려를 하였지만, 대부분 일반화하기 어려운 대상을 분석하였다. 조직수준의 요인을 개인수준과 동일한 수준에서 분석하였다는 방법론적인 결함도 가지고 있었다.

따라서 이 장은 조직사회화의 인접 결과로서 학습 결과와 원위 결과로서 태도 결과까지 연구 모형을 확장하여 개발지원관계망 특성의 효과를 살펴보고, 방법론적으로는 다층 모형(multilevel model 또는 Hierarchical Linear Model)(강상진, 1995; Raudenbush & Bryk, 2002)을 적용함으로써 조직사회화의 과정이 어떠한 메커니즘을 통해 나타나는지를 검토하였다. 구체적으로 다양한 개인 특성과 조직요인들을 고려하면서 개발지원관계망의 특성이 조직사회화의 태도 결과에 어떠한 효과를 나타내며, 이러한 효과가 조직사회화의 학습 결과에 의해 매개되는 것인지를 살펴보았다.

이론적 배경

개발지원관계망 특성

지식 기반 사회에서 다양한 정보의 획득과 의미해석은 일터에서의 개인에게 경력적 성장과 발전을 위해 매우 중요하다. 특히 경력 초기의 개인은 자신이 들어간 새로운 조직과 조직에서의 일과 직무에 대한 불확실성이 크기 때문에 보다 더 적극적이고 능동적인 정보 탐색과 의미 형성의 과정이 필요하다. 그리고 이 과정에서 대인적 자원이 강조된다((Louis, 1980; Morrison, 1993; Reidhers, 1987). 이러한 점에서 과거 초기 경력자들의 조직사회화에 대한 멘토링 효과 연구가 활발하게 이루어졌다[3]. 그러나 대부분의 멘토링 연구는 전통적 개념으로서의 특정 멘토와의 양자 관계에 초점을 맞춤으로써 초기 경력자의 일과 직장생활에 도움을 주는 다양한 개발지원자들과의 상호작용을 간과하였다. 초기 경력자의 경력적 성장과 발전을 위해 일과 직장생활에 대한 정보를 주고 의미해석의 과정을 돕는 것은 비단 특정 멘토에 의해 단독적으로 이루어지는 것이 아니라 동시적으로 일어나는 다양한 개발지원자들과의 관계들 속에서 일어나는 현상이다. 따라서 조직사회화의 과정은 관계망 관점에서 전통적 개념의 특정 멘토뿐만 아니라 상사, 선배, 동료, 조직 외 지인 등 다양한 개발지원자들과의 동시적 상호작용을 통한 관계망 현상으로 보아야 한다. Higgins & Kram(2001)은 이와 같은 관계망을 개발지원관계망(developmental network)이라 명명하였다.

그동안 다수의 관계망 연구는 관계망의 특성을 사회적 자본에서의 배태성과 다양성의 관점에서 논의하고 각 관점에서의 지표들을 측정하여 각 지표들의 효과를 분석해 왔다. 왜냐하면, 사회적 자본은 관계 및 관계망에 내재되어 나타나는 자본이기 때문이다(김용학, 2003; 손동원, 2002; Adler & Kwon, 2002). 배태성은 강하고 밀접한 관계들에서 나타나는 특성으로 질적으로 우수하고 신뢰할 만한 정보와 자원의 획득과 접근 가능성의 강점을 갖는 것으로 주장된다(Coleman, 1987). 다양성은 중첩되지 않은 관계들로부터 얻을 수 있는 특성으로, 참신하고 차별적인 정보 및 자원의 획득과 접근성의 이득이 있다고 주장된다(Granovetter, 1973; Burt, 1992). 과거 이 두 가지 특성은 상반된 것처럼 취급되었지만 최근에 와서는 두 가지 특성 모두가 각각 독립적으로 중요하며 양립할 수 있다고 본다(김민정 · 김성국, 2006; 김민정 · 오홍석 외, 2006; 장지현 · 장원섭, 2009, 2010; Adler & Kwon, 2002; Burt, 2005; Higgins & Kram, 2001; Kim & Kim, 2007; Uzzi, 1999). 그러므로 개발지원관계망 연구에서도 이 두 가지 특성이 각각 나름대로 중요하게 작용하는지를 살펴보아야 한다.

일반적으로 배태성의 대표적인 지표는 연결된 사람들과의 관계 강도(tie strength)와 관계망이 얼마나 빽빽하고 치밀한지를 보는 관계망 밀도(density of network)이다. 관계 강도는 엄밀히 관계적 특성이지만 Higgins & Kram(2001)은 배태성의 지표로 관계망에서의 관계 강도를 제시하였고, 다수의 관계망 연구는 관계망의 평균적 관계 강도로서 관계망의 배태성을 측정했다(강혜정 외, 2008; 김민정 · 오홍석 · 김민수, 2006; 장지현 · 장원섭, 2009, 2010; Morrison, 2002). 그리고 관계 강도는 관계의 지속성, 친밀도, 접촉 빈도 등으로 혼용되어 왔다. 그러한 가운데 친밀도가 다른 관계망 지표들에 의해 오염되지 않으므로 관계 강도 척도로서 가장 바람직하다고 주장된 바 있다(Marsden, 1990; Marsden & Campbell, 1984). 밀도는 어떤 관계망에서 행위자들 사이에 연결된 정도이다(손동원, 2002). 밀도는 관계 강도와는 달리 관계망에 포함되어 있는 많은 구성원들의 정보가 필요하다. 자아중심관계망(ego-centric network) 분석의 경우 응답자와 직접적으로 연결된 타자들에 대한 정보는 비교적 쉽게 얻을 수 있지만, 응답자와 연결되어 있는 타자들 간의 연결 정도를 파악하기는 어렵다. 그럼에도 불구하고 자아중심관계망 분석에서 밀도를 측정하여 사용한 예가 있기는 하다(Ibarra, 1995; Morrison, 2002).

다양성의 대표적 지표로는 관계하고 있는 사람들이 얼마나 많은지를 나타내는 관계망 크기(network size)와 연결된 사람들 간의 관계들이 중첩되지 않은 정도를 나타내는 관계망 범위(range of network)가 있다. 관계망 크기는 관계망에 참여하는 모든 사람들의 수이다(손동원, 2002). 관계망 크기가 다양성의 지표로 사용되는 것은 관계망의 외부 확장 정도를 보여주기 때문이다. 개발지원관계망 관련 연구에서 관계망 크기를 분석한 다수의 예가 있지만(강혜정 외, 2008; 장지현 · 장원섭, 2009, 2010; Morrison, 2002; Oh, Chung, & Labianca, 2004; Reagans & McEvily, 2003; Seibert, Kraimer, & Liden, 2001), 이들 중 Reagans & McEvily(2003)의 연구를 제외하고 나머지 연구들은 자아중심관계망 분석에서 이름을 지명한 사람들의 수만으로 제한된 관계망 크기를 측정하여 사용하였다. 그러나 자아중심관계망 분석에서 지명한 사람들의 수는 비교적 강한 관계들만으로 제한한다는 문제점이 지적된 바 있다(Oh et al., 2004; Reagans & McEvily, 2003). 관계망 범위는 중심이 되는 개인과 다른 집단 또는 조직에 속해 있는 사람들과의 외부 연결 정도를 의미한다. 관계망 범위는 관계망 연구에서 다양한 방식으로 측정되었다. 사회적 자본의 다양성이 결속집단이나 조직으로부터 얻을 수 없는 차별적 정보 획득을 가능하게 한다는 점에서, 몇몇 연구는 연구자의 기준에 의한 집단이나 조직 경계를 벗어난 수 또는 그러한 관계들의 비율로 범위를 측정했다(장지현 · 장원섭, 2009, 2010; Morrison, 2002; Oh et al., 2004; Seibert et al., 2001). 그 밖에 Blau(1977)의 다양성 지수를 사용한 예들(김민정 외, 2006; Oh et al., 2004)과 Burt(1992)의 구조적 틈새 측정법을 응용하여 적용한 예들(서아영 · 신경식, 2009; Reagans & McEvily, 2003; Seibert et al., 2001)도 있다.

사회적 자원으로서 지위 또한 다양성 지표로 볼 수 있다. 왜냐하면, 지위로 인한 위계적 구성 또한 동등한 지위 계층으로부터 얻기 힘든 차별적 정보 및 자원으로의 접근을 가능하게 해주기 때문이다(Lin, 1999; Lin, Vaughn & Ensel, 1981). 관계망 연구에서 지위는 관계하고 있는 타자들의 평균적 지위로 측정하거나(장지현 · 장원섭, 2009, 2010; Morrison, 2002) 중심이 되는 개인의 지위보다 높은 지위의 타자 수로 측정하였다(Seibert et al., 2001).

개발지원관계망 특성과 조직사회화 학습 결과 간의 관계

조직사회화 연구는 관계망의 관점에서 접근할 필요가 있다. 왜냐하면 조직사회화의 과정은 초기 경력자를 중심으로 그들의 개발을 돕는 다양한 사람들과의 상호작용을 통해 이루어지는 것이기 때문이다. 조직사회화 연구는 조직사회화의 과정을 통해 나타나는 결과 변수로 조직과 일에 대한 학습 및 태도 결과를 제시한다. 또한 이와 같은 결과들이 나타나도록 하는 선행요인으로 사회화의 능동적 행위와 사회화 전략을 제시한다. 즉 사회화의 능동적 행위와 사회화의 전략이 조직사회화의 결과를 결정한다는 것이다. 다수의 실증적 조직사회화 연구가 이를 증명해 왔다(김상표 · 김태열, 2004; Ostroff & Kozlowski, 1992; Wanberg & Kammeyer-Mueller, 2000). 그런데 실증적 연구에서 사회화의 능동적 행위와 사회화 전략 변수의 내용을 살펴보면, 다른 사람들로부터의 정보 추구와 피드백, 적극적인 관계 구축 및 긍정적 관계 형성과 그들로부터의 지원의 내용을 포함하고 있다. 즉 다른 사람들과의 관계와 상호작용을 통해 조직과 일에 대한 정보 탐색과 획득, 지원이 이루어짐으로써 조직사회화의 결과가 결정된다고 보는 것이다. 그러나 대인적 원천의 중요성을 강조하면서도 조직사회화 연구는 정작 사회화를 돕는 사람들과의 관계망 특성에 대한 관심은 소홀했다. 대인적 원천들이 제공하는 정보와 정보를 공유하며 해석하는 과정은 질적으로 동일할 수 없다. 즉 어떠한 사람들과 어떠한 관계들을 형성하고 있는지가 정보 탐색 및 획득, 의미 형성을 통한 해석의 과정에 영향을 미칠 수 있고 그것은 결국 조직사회화의 결과를 결정할 것이다. 그러므로 조직사회화 연구는 개발지원자들과의 관계망 특성과 조직사회화의 결과 간의 관계를 좀 더 심층적으로 검토할 필요가 있다.

몇몇 관계망 연구에서 조직사회화의 학습 관련 변수들을 준거 변수로 하여 상기 두 관계망 특성 지표들의 효과를 검토한 바가 있기는 하다. Morrison(2002)의 연구가 그 예이다. 그의 연구에서 배태성의 대표적 지표인 관계 강도와 다양성의 지표인 관계망 크기, 관계망 범위가 각각 일부 조직사회화의 학습 결과 변수에 대해 긍정적 효과를 나타냈다. 또 개발지원자의 지위 역시 일부 조직사회화의 학습 결과에 대해 긍정적이었다. 초기 경력자들에 대한 연구는 아니지만, Reagans & McEvily(2003)의 정보관계망 연구에서도 지식 전이 수월성에 대해 관계 강도와 관계망 범위가 긍정적 효과를 나타냈다. 관계망 크기는 지식 전이 수월성에 대해 정적으로 유의했지만 다른 관계망 변수를 추가하자 유의하지 않았다.

정리하면, 초기 경력자가 개발지원자들과 형성한 관계망에서 나타나는 배태성과 다양성은 각각 학습 결과 변수들에 대해 긍정적 영향을 미칠 것이라고 가정할 수 있다. 좀 더 구체적으로 배태성의 지표인 관계 강도와 다양성의 지표인 관계망 크기, 관계망 범위, 개발지원자의 지위는 각각 초기 경력자의 조직사회화에서 학습 결과에 대해 긍정적 영향을 미칠 것이라고 볼 수 있다. 그러나 Morrison(2002)의 연구와 Reagans & McEvily(2003)의 연구는 특정 대상을 분석함으로써 일반화하기 어렵다는 한계를 가지고 있었다. 더구나 후자의 경우는 엄밀히 초기 경력자들을 대상으로 조직사회화의 학습 결과에 대한 효과를 분석한 연구도 아니었다. 따라서 좀 더 일반화할 수 있는 자료를 통해 개발지원관계망의 특성이 조직사회화의 학습 결과에 대해 어떻게 영향을 미치는지 실증적으로 검토할 필요가 있었다.

개발지원관계망 특성과 조직사회화의 학습 및 태도 결과 간의 관계

조직사회화는 개인이 속해 있는 조직에서 필요한 역할과 직무를 학습하고 조직의 가치를 수용하며, 조직 구성원으로서 기대되는 행위와 태도를 익히는 조직으로의 동화과정이다. 그러므로 조직사회화의 과정이 성공적으로 이루어졌는가는 요구되는 지식의 획득과 태도의 습득 정도로 확인할 수 있다. 그런데 과거 조직사회화 학자들은 비효과적인 조직사회화가 이직의도의 증가, 낮은 성과, 불만족, 부정적 직무태도와 관련이 있다고 보았다(Ostroff & Kozlowsky, 1992; Van Maanen & Schein, 1979). 따라서 대부분의 실증적 사회화 연구는 이와 같은 전통적 사회화의 결과 변수들에 의존했다. 그것들은 행위 및 태도와 관련된 것으로서 직무만족, 조직몰입, 이직의도 등이다.

그러나 이후 전통적 조직사회화 결과 변수들은 수많은 선행요인들이 존재하므로 가장 적절한 조직사회화의 결과 변수가 아니며, 초기 경력자가 조직사회화의 과정을 통해 보다 더 직접적으로 얻게 되는 결과는 조직 내 영역들(조직, 집단, 과업, 역할 등)에 대한 지식의 획득, 즉 학습과 관련이 있다고 주장되었다. 또한 학습 결과는 좀 더 장기적 결과로서 태도와 관련된 전통적 조직사회화의 결과에 앞서 이루어진다고 보았다(Chao, O'Leary-Kelly, Wolf, Klein & Gardner, 1994; Saks & Ashforth, 1997; Ashforth et al., 2007; Ostroff & Kozlowski, 1992). 이러한 점에서 조직사회화 연구는 조직사회화의 직접적 결과로서 학습 결과를 인접(proximal) 결과 변수로, 간접적 결과로서 태도 결과에 해당하는 전통적 조직사회화 변수를 원위(distal) 결과 변수로 구분하였다(김상표・김태열, 2004; Ashforth et al., 2007; Ostroff & Kozlowski, 1992; Saks & Ashforth, 1997; Saks et al., 2007).

그러므로 전통적 조직사회화 변수인 태도 결과 변수에 대한 개발지원관계망 특성의 효과는 직접적인 것이 아니라, 학습 결과에 의해 간접적으로 나타나는 것일 수 있다. 최근 실증적으로 접근하는 사회화 연구는 사회화의 능동적 행위와 사회적 사회화 전략이 태도 결과 간의 관계에서 학습 결과 변수를 매개 변수로서 고려하고 있다. 그 예로, 국내 연구 중 김상표・김태열(2004)의 연구는 학습 결과로서 조직가치수용과 역할명료성이 직무만족, 조직몰입, 이직의도의 선행요인으로서 사회적 사회화 전략과 사회화의 원위 결과인 직무만족, 조직몰입, 이직의도 사이에서 매개 역할을 한다는 것을 보여주었다. 다만, 이직의도의 경우만 사회화 전략이 학습 결과를 매개하지 않고 직접적으로도 관계가 있는 것으로 나타났고 직무만족과 조직몰입의 경우는 모두 학습 결과가 사회화 전략을 완전 매개하였다.

다른 사람들과의 상호작용을 통한 정보획득 행위와 사회화의 원위 결과인 태도 변수 사이에서 학습 결과의 매개 역할은 최근 해외에서의 조직사회화 연구에 대한 메타 분석 결과(Bauer et al., 2007)에서 보다 더 분명하게 확인할 수 있다. 이 연구는 70개의 조직사회화 연구(개인 표본=12,279)를 대상으로 하였으며, 측정과 방법론, 횡단과 종단 연구를 불문하고, 학교 졸업 후 첫 직장에 진입한 경우뿐만 아니라 조직에서 조직으로의 경력 변환의 경우에서의 조직사회화 연구를 모두 고려하였다. 그 결과, 정보 추구의 능동적 행위가 조직몰입에 대해, 조직의 사회화 전략이 직무만족과 잔류의지에 대해 직접적으로 긍정적 영향을 미쳤다. 또한 동시에 학습 결과로서 역할명료성, 역할 및 직무학습, 조직에서의 사회적 인정이 정보 추구의 능동적 행위 및 사회화 전략과 직무성과, 직무만족, 조직몰입, 잔류의지, 이직 간의 관계를 매개하였다.

종합하면, 조직사회화는 초기 경력자의 일과 직장생활을 돕는 개발지원자들과의 상호작용을 통한 정보획득의 과정을 통해 나타나는 것이므로 이러한 관계들에 의해 나타나는 특성은 조직사회화의 태도 결과에 영향을 미칠 것이라고 볼 수 있다. 또한 이러한 영향은 조직사회화의 인접 결과로서 학습 결과에 의해 매개될 것이라고 가정할 수 있다. 이를 도식화한 개념적 연구모형은 [그림 9-1]과 같다.

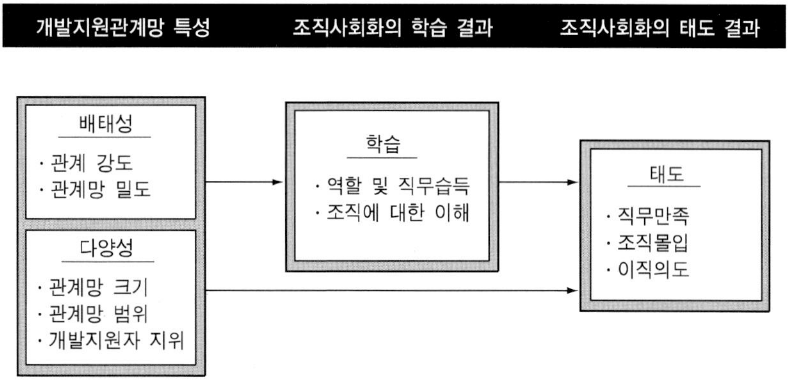

[그림 9-1] 개발지원관계망 특성과 조직사회화의 학습 결과 및 태도 결과 간의 관계

그러나 그동안 초기 경력자를 대상으로 개발지원관계망의 특성이 조직사회화의 학습 결과와 태도 결과에 대해 어떠한 방식으로 영향을 미치는지에

대한 실증적 연구는 없었다. 몇몇 관계망 연구가 조직사회화의 태도 결과에 대한 관계망 특성의 효과를 검토했을 뿐이다(강혜정 외, 2008; Morrison, 2002). Morrison(2002)은 조직몰입에 대한 정보관계망과 우정관계망의 효과를 살펴보았는데, 배태성에 해당하는 관계 강도와 밀도, 다양성에 해당하는 관계망 크기가 조직몰입에 대해 아무런 효과가 없음을 보여주었다. 그의 연구에서 관계망 범위만이 조직몰입에 대해 긍정적 효과를 나타냈다. 그러나 이러한 효과가 직접적인 것인지 혹은 간접적인 것인지는 살펴보지 않았다. 그리고 그의 연구 결과는 미국의 한 회계회사의 1년차 회계사라는 특정 대상을 분석하여 일반화할 수가 없었다. 국내에서 강혜정 외(2008)는 직무만족에 대한 관계 강도와 관계망 크기 효과를 분석하였는데, 이 역시 유의하지 않았다. 그들의 연구도 국내 한 지방자치단체 공무원이라는 특정 대상을 분석한 것이었다. 따라서 일반화에 어려움이 없는 자료로 분석해야 하는 것은 물론 [그림 9-1]과 같은 관계구조가 타당한지와 이러한 관계구조 속에서 개발지원 관계망의 특성이 조직사회화의 학습 결과와 태도 결과에 대해 어떻게 영향을 미치는지에 대한 실증적 검토가 필요하다.

조직사회화 과정에서의 조직요인

조직사회화는 개인수준에서 이루어지는 조직학습의 과정이다. 또한 새로 조직으로 영입된 구성원이 조직의 문화와 구조, 관례뿐만 아니라 조직 내에서 필요한 역할과 직무를 학습하고 적응함으로써 조직으로 동화되는 과정이다. 조직이론이나 조직학습 모델은 이러한 과정에서 전제조건이자 핵심적인 위치를 차지하는 것이 구성원들 간의 인지적·행동적 상호작용이라고 설명한다(Daft & Huber, 1987; Dixon, 1992; Fisher & White, 2000; Huber, 1991; Weick, 1995). 그러므로 개발지원자들과의 상호작용을 통해 일어나는 조직사회화의 과정은 조직의 맥락으로부터 독립적일 수 없다. 이러한 관점에서 개발지원현상으로서 조직사회화는 조직요인들과 함께 고려되어야 한다. 그러나 과거 개발지원현상이 조직요인과 함께 고려되어야 한다는 주장(Bozionelos, 2004; Higgins & Kram, 2001; Ibarra, 1993; Ragins, 1997)이 제기되어 왔음에도 불구하고 조직사회화를 준거 변수로 한 연구를 포함해 개발지원관계 또는 관계망 연구에서 조직요인들을 실증적으로 검토한 경우는 매우 드물다.

개발지원관계들 중 특정 멘토와의 양자 관계를 다루는 멘토링 연구에서 조직 특성을 통제하려는 노력들(Chao, Walz & Gardner, 1992; Scandura & Ragins, 1993; Bozionelos, 2004; Sosik, Lee & Bouqillon, 2005; Allen, Day & Lentz, 2005; Singh, Ragins & Tharenou, 2009)이 있었다. 관계망 연구 중에는 경력 성공 결과에 대한 경력 개발지원관계망의 효과를 분석한 Seibert, Krimer & Liden(2001)의 연구가 조직요인을 고려하였다. 이 연구들에서 고려한 조직요인은 대체로 기업이 속해 있는 산업과 규모였다. 그러나 이 연구들은 모두 연구자의 편의에 의한 표집으로 인해 특정 기업 또는 소수의 기업들에 속한 근로자들을 분석하였다. 또한 개인수준과는 다른 조직수준 자료를 반영한 분석법을 택하지 않았다.

다른 한편, 국내에서 장원섭 · 장지현 · 유지은(2008)은 조직수준에서 멘토링 공식화가 학습성과를 포함한 기업의 비재무적 성과에 대해 긍정적 효과를 나타낸 연구 결과를 제시한 바 있다. 장원섭 · 김민영 · 윤지혜(2009)의 연구는 실행공동체의 공식화가 조직학습에 대해 긍정적이라는 결과는 제시했다. 두 연구 모두 조직수준에서 분석한 것이기는 하지만, 멘토링 공식화나 실행공동체 공식화는 조직에서의 사회적 관계를 통한 학습을 촉진하는 제도적 전략이며, 이것이 조직에서의 학습에 긍정적이라는 것을 보여준 것이다. 이러한 점에서 장지현 · 장원섭(2009)의 연구는 개발지원기능에 대한 개발지원관계망의 효과 분석을 위해 산업과 규모를 포함하여 멘토링 공식화를 조직요인으로 고려하였다. 그 결과, 개발지원기능에 대한 개발지원특성의 효과 분석에서 조직요인에 대한 고려의 필요성과 개발지원기능에 대한 멘토링 공식화의 긍정적 효과를 확인하였다.

상기 내용을 정리해볼 때, 개발지원현상으로서 조직사회화에 대한 연구에서도 조직요인으로서 산업, 규모, 멘토링 공식화를 고려해볼 만하다. 게다가 멘토링 공식화는 기업이 개발지원관계를 촉진하고자 하는 것이므로 사회화의 전략 중 제도적인 사회적 사회화의 전략이라고 볼 수 있다. 그러나 그동안 조직사회화 연구는 물론 관련 연구에서도 조직요인에 대한 실증적 근거는 충분치 않다.

연구방법

분석대상

이 연구의 분석대상은 경력 전체 중 경력 초기에 해당하는 사람들이다[4]. 분석자료는 2007년 한국고용정보원과 연세대학교 교육학과가 공동으로 실시한 '대졸 청년층의 직장생활 적응능력 향상 연구'의 조사자료이다. 자료수집은 1차적으로 2007년 8월 초부터 9월 말까지 이루어졌다. 자료수집 전문업체를 통해 기업 방문 조사가 실시되었으며, 보완 조사가 2008년 2월 중순부터 3월 중순, 2008년 7월 중순부터 8월 중순까지 2회 진행되었다.[5]

원 자료는 176개 기업과 그 기업에 속한 1,461명의 초기 경력자 정보이다. 이 중에서 먼저 초기 경력자 중 개발지원자가 없거나 개발지원자에 대해 응답하지 않은 사례를 제외하였다. 그 결과, 1,412명의 사례가 남았다. 마지막으로, 다층모형 적용을 위해 초기 경력자의 사례 수가 10명 이상인 기업과 그 기업 소속 초기 경력자들의 자료를 정비하였다. 최종적인 다층분석자료는 79개의 기업과 그 기업에 속해 있는 814명의 근로자 정보이다.

분석자료의 근로자 일반 특성은 다음과 같다. 성별은 전체 814명 중 남성이 69.5%를 차지한다. 초기 경력자의 학력은 2-3년제 대졸이 11.6% 이상이고, 4년제 졸업이 680명으로 83.6%, 대학원 이상이 4.8%이다. 현 기업에서의 근속기간은 1년 이하가 가장 많은 387명으로 절반에 가까운 47.7%이다. 근속기간은 1년 초과~2년 이하의 경력자가 24.5%이고, 2년 초과~3년 이하는 12.1%로 3년 이하까지의 초기 경력자가 전체 초기 경력자의 대부분인 84.3%를 차지한다.

분석자료의 일반적인 기업 특성은 제조업이 절반 이상인 58.2%를 차지하고 있고, 금융 서비스업이 22개로 27.8%를 차지하며, 비금융 서비스업이 11개로 13.9%이다. 규모는 100명 이상 299명 이하의 중규모 기업이 35개로 절반에 가까운 44.3%를 차지하고, 300명 이상 999명 이하의 기업이 19개로 24.1%를 차지하며, 99명 이하의 작은 기업과 1,000명 이상의 큰 기업이 각각 16.5%(13개)와 15.2%(12개)이다.

측정 변수

:: 개발지원관계망 특성

이 연구는 자아중심관계망(ego-centric network) 분석을 하였다. 그리고 기존의 관계망 연구를 바탕으로 배태성과 다양성의 관점에서 개발지원관계망의 특성을 측정하였다. 배태성 지표로서 관계 강도[6]는 '이름 적기(name generating)' 질문법으로 최대 7명까지 지명한 개발지원자들과의 친밀도를 '1=전혀 친밀하지 않음'부터 '5=매우 친밀함'까지 5점 척도로 측정하여 평균하였다.[7] 다양성의 지표는 관계망의 크기[8], 관계망 범위, 개발지원자의 지위를 포함하였다. 관계망 범위는 이름 적기 질문법으로 지명된 개발지원자의 조직 외 관계비율로 사용하였다. 관계망 크기는 이름 지명 전에 직장 내외에서 도움을 많이 주거나 영향을 많이 미치고 있다고 생각하는 개발지원자들의 수를 응답하게 한 것이다. 개발지원자의 지위는 지명한 개발지원자들에 대해 '1=높다'부터 '−1=낮다'의 3점 척도에 대해 응답하게 한 후 그것

〈표 9-1〉 개발지원관계망 특성 변수의 기술통계 결과[9]

구분	사례 수	평균	SD	최소	최대
관계 강도	810	4.275	.650	1.000	5.000
관계망 크기	811	6.529	3.449	.000	13.000
관계망 범위	813	.256	.333	.000	1.000
개발지원자 지위	811	.542	.406	−1.000	1.000

에 대한 평균값을 사용하였다.

개발지원관계망 특성의 기술통계 결과는 상기 〈표 9-1〉과 같다. 관계망 크기의 평균은 대략 7명이었다.[10] 즉 초기 경력자들이 개발지원을 받고 있다고 생각하는 사람은 평균적으로 7명 정도이다. 범위의 평균은 .256이었다. 이는 초기 경력자가 중요한 개발지원자라 지명한 사람들의 관계망에서 평균적으로 조직 외 관계가 25.6%를 차지하고 있다는 것을 의미한다.[11] 지명된 개발지원자들과의 친밀도는 약간 친밀한 정도 이상이었다. 즉, 지명된 개발지원자들은 대체로 강한 연결의 관계였다. 그리고 이들의 지위는 평균적으로 자신보다는 높은 지위였다.

:: 조직사회화의 학습 결과

이 연구에서 조직사회화의 학습 결과 변수는 조직가치수용과 역할 · 직무학습을 포함하였다.[12] 이 학습 결과 변수들은 '대졸 청년층의 직장생활 적응능력 향상 연구'의 자료에서 조직사회화 문항들을 요인분석한 결과로 구성하였다. 그리고 이 문항들은 Chao et al.(1994)의 척도에서 6가지 영역 중 2가지 영역인 조직 목표와 가치, 직무와 역할에 대한 학습에 해당한다. 조직가치수용 문항은 '회사가 제시하는 가치관은 내 개인 신념과 많은 부분 일치한다.'를 포함하여 4문항이다. 역할 · 직무학습은 '나는 나의 책임과 역할, 의무가 무엇인지 안다.'를 포함한 4문항이다. 각 문항은 '1 = 전혀 그렇지 않다'부터 '5 = 매우 그렇다'까지 5점 리커트 척도를 적용하였다. 조직가치수용

4문항의 신뢰도는 .806이었으며, 역할 · 직무학습 4문항의 신뢰도는 .755였다. 학습 결과의 기술통계 결과는 다음의 〈표 9-2〉와 같다. 각각의 변수값은 해당 문항들을 평균한 것이다.

〈표 9-2〉 조직사회화의 학습 결과에 대한 기술통계 분석 결과

구분	사례 수	평균	SD	최소	최대
조직가치수용	814	3.467	.591	1.000	5.000
역할 · 직무학습	814	3.760	.478	1.000	5.000

:: 조직사회화의 태도 결과

태도 결과에 해당하는 조직사회화 변수는 직무만족, 조직몰입, 이직의도(역)이다.[13] 직무만족은 '나는 현재 하고 있는 업무가 마음에 든다.'를 포함한 4문항이다. 조직몰입은 '나는 다른 회사를 선택하지 않고 현 회사를 선택한 것에 대해 매우 잘한 일이라고 생각한다.'를 포함한 3문항이다. 이직의도(역)는 '나는 현 직장이 아닌 다른 직장을 찾아볼 의도가 있다.'를 포함한 2문항이다. 이 문항들도 학습 결과들과 마찬가지로 5점 리커트 척도를 적용했다. 다만, 이직의도(역)는 해석의 용이성을 위해 이직의도에 대한 응답을 역코딩하였다.[14] 직무만족, 조직몰입, 이직의도(역)의 알파계수 신뢰도는 각각 .868, .865, .724이었다. 태도 결과 변수의 기술통계 결과는 다음의 〈표 9-3〉과 같다.

〈표 9-3〉 조직사회화의 태도 결과에 대한 기술통계 분석 결과

구분	사례 수	평균	SD	최소	최대
직무만족	814	3.620	.625	1.00	5.00
조직몰입	814	3.429	.701	1.00	5.00
이직의도(역)	814	3.228	.795	1.00	5.00

:: 개인 특성

통제 변수로서 분석에 포함된 개인 특성 변수는 성별, 아버지 학력, 본인의 학력이었다. 일 관련 맥락 변수로서 근속기간과 근로시간도 포함하였다[15]. 성별은 남자가 1인 더미 변수이다. 아버지의 학력은 '1=무학'부터 '7=대학원 졸업'까지, 본인의 학력은 '1=2~3년제 대학 졸업'부터 '3=대학원 졸업'까지 서열 척도이다. 근속기간은 1년 이하를 참조집단으로 하여 1년 초과~3년 이하와 3년 초과~8년 이하의 더미 변수이다.[16] 근로시간은 '1=40시간 이하'부터 '6=81시간 이상'까지 10 단위를 기준으로 구분한 서열 척도이다.[17]

개인 특성의 기술통계 분석 결과(표 9-4), 남성은 69.5%였다. 아버지의 학력 평균은 고졸 이상, 2~3년제 대졸 이하였다. 본인의 학력 평균은 4년제 대졸에 가깝다. 근속기간은 1년 이하가 47.7%, 1년 초과 3년 이하 36.6%, 3년 초과 8년 이하 15.7%였다. 평균 근로시간은 약 41~50시간이었다.

〈표 9-4〉 개인 특성 변수 기술통계 분석 결과

구분	사례 수	평균	SD	최소	최대
성별	814	.695	.461	.000	1.000
부학력	806	4.421	1.349	1.000	7.000
학력	813	1.932	.399	1.000	3.000
근속기간 - 1년 이하 (참조)	811	.477	.500	.000	1.000
- 1년 초과 3년 이하	811	.366	.482	.000	1.000
- 3년 초과 8년 이하	811	.157	.364	.000	1.000
근로시간	814	2.144	.936	1.000	6.000

:: 조직 특성

이 연구에서 고려한 조직 특성 변수는 산업, 규모, 멘토링 공식화이다. 규모는 연속 변수로서 정규성을 위해 자연로그(ln)를 취했다. 멘토링 공식화는 공식화가 1인 더미 변수이다. 산업은 제조업을 참조집단으로 하여 금융/사업 서비스업과 기타 서비스업의 더미 변수를 사용하였다.

각 변수들의 기술통계 결과는 〈표 9-5〉와 같다. 자연 로그값인 규모의 평균은 5.660이었으며, 이를 환산하면 평균 근로자 수는 약 287.15명이다. 산업은 58.2%가 제조업, 금융/사업 서비스업이 27.8%, 기타 서비스업은 13.9%였다. 그리고 전체 기업의 21.5%가 멘토링을 공식화하였다.

〈표 9-5〉 조직 특성 변수 기술 통계 결과

구분	사례 수	평균	SD	최소	최대
규모	79	5.644	1.149	2.996	9.013
산업 - 제조업 더미(참조)	79	.582	.496	.000	1.000
- 금융/사업 서비스업 더미	79	.278	.451	.000	1.000
- 기타 서비스업 더미	79	.139	.348	.000	1.000
멘토링 공식화	79	.215	.414	.000	1.000

분석방법

이 연구는 두 개의 축으로 단계적인 분석을 실시하였다. 하나의 축은 2수준인 조직수준까지의 다층분석이 필요한지를 확인하기 위한 단계적 분석이다. 또 하나의 축은 개발지원관계망 특성과 조직사회화의 태도 결과 사이에서 조직사회화의 학습 결과가 매개 역할을 하는지를 보기 위한 단계적 분석이다.

먼저 조직사회화의 학습 결과(조직가치수용, 역할·직무학습)와 태도 결과(직무만족, 조직몰입, 이직의도)에 대한 조직요인 검토의 필요성을 확인하기 위해 기초 모형, 개인수준의 개인 특성과 관계망 특성 변수가 투입된 모형(개인 특성 통제 모형), 기업수준의 조직 특성 변수가 추가된 모형(조직 특성 추가 통제 모형)의 순서로 단계적인 다층분석이 이루어졌다. 첫째, 기초 모형 분석은 일원분산분석과 동일한 것으로서 ICC[18](집단 내 상관)값을 통해 전체 분산 중 2수준의 기업 분산이 차지하는 비율을 확인하였다. 또한 기초 모형에서 2수준 기업 분산의 χ^2 검정 통계량 유의 수준을 확인하여 일차적으로 다층분석의 진행 여부를 결정하였다. 둘째, 개인 특성 통제 모형에서는 관계망 특성 변수들과 함께 개인 특성 변수들을 투입하였다. 여기서 기업 분산이 여전히 유의한지를 확인하여 유의한 경우 셋째, 2수준의 조직 특성 변수들까지 투입하여 분석하였다[19].

기초 모형[20]

개인수준: $Y_{ij} = \beta_{0j} + e_{ij},\ e_{ij} \sim N(0, \sigma^2)$

기업수준: $\beta_{0j} = \gamma_{00} + u_{0j},\ u_{0j} \sim N(0, \tau)$

개인 특성 통제 모형[21]

개인수준: $Y_{ij} = f(\text{개인 특성, 관계망 특성}) + e_{ij},\ e_{ij} \sim N(0, \sigma^2)$

기업수준: $\beta_{0j} = \gamma_{00} + u_{0j},\ u_{0j} \sim N(0, \tau)$

조직 특성 추가 통제 모형[22]

개인수준: $Y_{ij} = f(\text{개인 특성, 관계망 특성}) + e_{ij},\ e_{ij} \sim N(0, \sigma^2)$

기업수준: $\beta_{0j} = f(\text{조직 특성}) + u_{0j},\ u_{0j} \sim N(0, \tau)$

2수준 조직요인까지 고려한 모형의 적합성 여부를 판단한 후에는 관계망 특성과 조직사회화의 태도 결과 사이에서 학습 결과 변수가 매개 역할을 하는지를 확인하기 위한 단계적인 분석을 실시하였다. 조직사회화 학습 결과 변수의 매개 효과를 확인하기 위한 절차는 Baron & Kenny(1986)의 방식을 따랐다. 그 절차는 다음과 같았다. 첫째, 조직사회화의 학습 결과 변수를 준거 변수로 하여 개발지원관계망 특성 변수들의 효과를 살펴보았다. 둘째, 조직사회화의 태도 결과 변수를 준거 변수로 하여 조직사회화의 학습 결과 변수를 모형에 포함하지 않은 상태에서 개발지원관계망 특성 변수들의 효과를 검토하였다. 셋째, 조직사회화의 태도 결과 변수를 준거 변수로 한 분석에서 조직사회화의 학습 결과 변수를 모형에 추가함으로써 추가 전후로 개발지원관계망 특성 변수의 효과 변화를 살펴보았다. 그런데 앞서 다층모형의 적합성 여부를 판단하기 위해 분석해본 결과, 조직사회화의 태도 결과 변수들에 대한 개인 특성 통제 모형의 기업 분산은 여전히 유의미한 것으로 나타났다. 따라서 조직사회화의 학습 결과 변수는 조직 특성 추가 통제 후 포함하였다. 그것을 수식화하면 다음과 같다.

조직 특성 추가 통제 후 학습 결과 변수 포함 모형

개인수준: $Y_{ij} = f$(개인 특성, 관계망 특성, 조직사회화의 학습 결과)

$+ e_{ij}, e_{ij} \sim N(0, \sigma^2)$

기업수준: $\beta_{0j} = f$(조직 특성)$+ u_{0j}, u_{0j} \sim N(0, \tau)$

연구 결과

조직사회화 학습 결과에 대한 개발지원관계망 특성의 효과

조직사회화의 학습 결과 중 조직가치수용에 대한 다층 분석 결과는 〈표 9-6〉과 같다. 분석 결과, 기초 모형의 ICC는 .141로 나타났다. 이는 전체 분산 중 기업 분산이 차지하는 비율이 14.1%나 된다는 것을 보여준다. 또한 기업 분산을 통해 기업 간 차이에 대한 검정 통계량(χ^2)도 .001의 수준에서 유의미하였다. 이로써 조직가치수용에 대해 다층분석의 적합성을 확인하였다. 이에 따라, 순차적으로 1수준의 개인 특성과 관계망 특성 변수들을 먼저 모형에 포함하였다. 그 결과, 기업수준과 개인수준의 분산이 모두 기초 모형에 비해 줄어들어 모형의 설명력이 12.4%가 되었다. 그러나 기업수준의 분산이 여전히 .001의 수준에서 유의미한 것으로 나타나 2수준의 조직 특성 변수들을 추가한 분석을 실시하였다. 그러나 결과적으로 이 연구에서 고려한 조직 특성 변수들의 추가적인 고려는 적합하지 않은 것으로 나타났다. 〈표 9-6〉에서 확인할 수 있는 바와 같이, 2수준에서 추가한 조직 특성 변수들은 조직가치수용에 대해 설명하지 못할 뿐만 아니라, 모형의 전체 설명력을 줄어들게 하였기 때문이다. 따라서 이 연구는 최종적으로 개인 특성 변수들만을 통제한 모형 2-1-2에서 조직가치수용에 대한 관계망 특성의 효과를 검토하였다.

조직가치수용에 대한 분석(모형 2-1-2)에서 회귀계수들을 구체적으로 살펴보면, 관계망 특성 중 유의미한 변수는 관계 강도와 관계망 크기, 개발지원자의 지위였다. 관계망의 범위는 별다른 효과를 나타내지 않았다. 배태성의 지표로서 개발지원자들과의 평균적 친밀도로 측정된 관계 강도의 효과가 긍정적으로 나타난 것은 초기 경력자가 개발지원자들과 좀 더 끈끈한 관계를 유지할수록 자신이 속한 기업의 조직가치를 잘 수용할 수 있다는 것을 의미한다. 다양성의 지표로서 관계망 크기가 긍정적으로 나타난 것은 초기 경력자가 다수의 개발지원자들과 연결되어 있는 것이 조직의 가치를 수용할 가능성을 높인다는 것으로 해석할 수 있다. 또 다른 다양성의 지표로서 개발지원자들의 평균적 지위로 측정된 개발지원자의 지위가 긍정적으로 나타난 결과는 초기 경력자가 관계 맺고 있는 개발지원자들의 지위가 그들보다 높을수록 조직의 가치를 잘 수용할 수 있다는 것을 의미한다. 그러나 조직 외 관계의 비율을 나타내는 관계망 범위는 초기 경력자의 조직가치수용과는 무관한 것으로 나타났다.

조직가치수용에 대한 분석에서 통제 변수로서 고려한 개인 특성 변수들 중에 유의한 것으로 나타난 변수는 성별, 학력, 근로시간, 근속기간이었다. 성별은 남성이, 학력은 높을수록 조직가치수용의 수준이 높았다. 이에 반해 근로시간은 길수록 조직가치수용의 수준이 낮았고, 근속기간의 경우도 1년 이하의 초기 경력자의 조직가치수용의 수준이 가장 높고 근속기간이 길수록 조직가치수용의 수준이 낮았다. 그런데 1수준 개인 특성 변수들을 통제

〈표 9-6〉 조직가치수용에 대한 다층분석 결과

설명 변수	모형 2-1-1	모형 2-1-2	모형 2-1-3
1수준 (개인수준)	계수 (오차)	계수 (오차)	계수 (오차)
절편(전체 평균)	3.463***(.031)	3.464***(.028)	3.464***(.027)
관계망 특성			
관계 강도		.102** (.034)	.104** (.033)
관계망 크기		.033***(.007)	.032***(.006)
관계망 범위		.000 (.063)	.000 (.063)
개발지원자 지위		.128* (.049)	.128* (.050)
개인 특성			
성별		.181***(.046)	.180***(.046)
부학력		-.005 (.015)	-.005 (.015)
학력		.140* (.056)	.138* (.055)
근로시간		-.072** (.024)	-.073** (.024)
근속기간(참조: 1년 이하)			
-1년 초과 3년 이하		-.200***(.045)	-.197***(.045)
-3년 초과 8년 이하		-.137* (.059)	-.132* (.062)
2수준(기업수준)			
조직 특성			
규모			.001 (.028)
멘토링 공식화			.096 (.069)
산업(참조: 제조업)			
-금융/사업 서비스업			-.013 (.066)
-기타 서비스업			-.075 (.093)
분산			
기업수준(τ_{00})	.049***	.036***	.037***
개인수준(σ^2)	.301	.271	.270
전체	.350	.307	.308
ICC	.141	.117	.121
설명 분산(R^2)			
기업수준		.272	.249
개인수준		.100	.100
전체		.124	.121

+p<.1, *p<.05, **p<.01, ***p<.001

한 상태에서 관계망 특성 효과 분석 후 여전히 기업 분산이 유의미하여 2수준 조직 특성 변수들을 투입하였다. 그러나 이 연구에서 고려한 그 어떠한 조직 특성 변수도 유의미하지 않았고, 이 변수들을 투입함으로써 전체 설명력이 오히려 저하되어 2수준 조직 특성을 고려한 분석은 결과적으로 적합하지 않았다. 즉 이 연구에서 고려한 조직 특성 변수들은 조직가치수용을 설명하지 못했다.

둘째로, 학습 결과 변수 중 역할·직무학습에 대한 분석이 이루어졌다. 〈표 9-7〉에서 확인할 수 있는 바와 같이, 역할·직무학습에 대한 기초모형의 ICC는 .029였다. 이는 전체 분산 중 기업 분산이 차지하는 비율이 2.9%에 불과하다는 것을 의미한다. 그러나 기업 간 차이가 .05의 수준에 유의미

〈표 9-7〉 역할·직무학습 결과에 대한 다층분석 결과

설명 변수	모형 2-2-1	모형 2-2-2
1수준 (개인수준)	계수 (오차)	계수 (오차)
절편(전체 평균)	3.760***(.019)	3.761***(.017)
관계망 특성		
관계 강도		.061* (.029)
관계망 크기		.026***(.005)
관계망 범위		−.018 (.049)
개발지원자 지위		.076+ (.043)
개인 특성		
성별		.008 (.035)
부학력		−.003 (.012)
학력		.139** (.040)
근로시간		−.043+ (.022)
근속기간(참조: 1년 이하)		
−1년 초과 3년 이하		−.043 (.037)
−3년 초과 8년 이하		−.003 (.038)
분산		
기업수준(τ_{00})	.007*	.003
개인수준(σ^2)	.221	.206
전체	.228	.209
ICC	.029	.014
설명 분산(R^2)		
기업수준		.558
개인수준		.068
전체		.083

+p<.1, *p<.05, **p<.01, ***p<.001

하였기 때문에 다층분석을 하였다. 순차적으로 먼저 1수준의 개인 특성과 관계망 특성변수를 투입하였다. 그 결과, 기업수준 분산이 줄어들었고, 기업 간 차이는 더 이상 유의미하지 않았다. 따라서 2수준의 조직 특성 변수들을 추가 고려한 분석이 필요치 않았다. 개인 특성 변수들을 고려한 상태에서 관계망 특성 효과를 분석한 최종 분석 모형(모형 2-2-2)의 전체 설명력은 8.3%였다.

학습 결과에 대한 분석에서 구체적으로 유의미한 관계망 특성 변수는 유의 수준에 다소 차이는 있으나 조직가치수용에 대한 분석과 마찬가지로 관계 강도, 관계망 크기, 개발지원자의 지위였다. 이와 같은 결과는 조직가치수용에 대한 분석에서와 마찬가지로 개발지원자들과의 평균적 관계 강도가 강할수록, 다수의 개발지원자들과 관계를 맺고 있을수록, 개발지원자들의 평균적인 지위가 높을수록 초기 경력자의 역할 및 직무학습 정도가 높다고 해석할 수 있다.

통제 변수로서 고려한 개인 특성 변수들 중 유의미한 변수는 학력과 근로시간이었다. 학력은 높을수록, 근로시간은 적을수록 초기 경력자의 역할 및 직무학습수준이 높았다. 1수준 분석에서 기업 간 차이는 더 이상 유의미하지 않았으므로 2수준 조직요인에 분석은 필요치 않았다. 이와 같은 결과는 초기 경력자가 역할 및 직무를 학습하는 데 있어서 조직요인은 영향을 미치지 않는다고 해석할 수 있다.

조직사회화 태도 결과에 대한 개발지원관계망 특성의 효과와 조직사회화 학습 결과의 매개 효과

조직사회화의 태도 결과 중 직무만족에 대한 분석 결과는 〈표 9-8〉과 같다. 분석 결과, 기초모형의 ICC는 .094였다. 즉 전체 분산 중 기업 분산이 차지하는 비율은 9.4%였다. 또한 기업 분산이 .001의 수준에서 유의미하였

〈표 9-8〉 직무만족에 대한 다층분석 결과

설명 변수	모형 2-3-1	모형 2-3-2	모형 2-3-3	모형 2-3-4	모형 2-3-5
1수준(개인수준)	계수 (오차)	계수 (오차)	계수 (오차)	계수 (오차)	계수 (오차)
절편(전체 평균)	3.617***(.030)	3.621***(.027)	3.621***(.026)	3.623***(.019)	3.620***(.023)
관계망 특성					
관계 강도		.126** (.040)	.126** (.039)	.071* (.032)	.090** (.030)
관계망 크기		.040***(.007)	.039***(.007)	.022***(.006)	.022** (.006)
관계망 범위		.070 (.060)	.070 (.060)	.061 (.052)	.081 (.052)
개발지원자 지위		.141** (.046)	.138** (.045)	.066+ (.039)	.091* (.036)
개인 특성					
성별		.179** (.052)	.176** (.051)	.078* (.038)	.165***(.042)
부학력		.003 (.016)	.005 (.016)	.006 (.014)	.007 (.014)
학력		.085 (.055)	.087+ (.051)	.019 (.047)	.001 (.040)
근로시간		−.103** (.031)	−.108** (.031)	−.063* (.026)	−.079** (.027)
근속기간(참조: 1년 이하)					
−1년 초과 3년 이하		−.189***(.047)	−.187***(.047)	−.088* (.040)	−.158** (.044)
−3년 초과 8년 이하		−.221** (.063)	−.215** (.066)	−.149** (.054)	−.200** (.060)
학습 결과					
조직가치수용				.529***(.043)	
역할 · 직무학습					.627***(.041)
2수준(기업수준)					
조직 특성					
규모			.022 (.027)	.023 (.021)	.012 (.025)
멘토링 공식화			−.034 (.066)	−.085+ (.048)	−.005 (.061)
산업(참조: 제조업)					
−금융/사업 서비스업			−.045 (.063)	−.036 (.044)	−.075 (.059)
−기타 서비스업			−.190* (.090)	−.148* (.059)	−.228** (.068)
분산					
기업수준	.037***	.028***	.026***	.007+	.021***
개인수준	.354	.311	.311	.242	.232
전체	.391	.339	.337	.249	.253
ICC(기업집단 내 상관)	.094	.081	.078	.026	.083
누가된 설명 분산					
기업수준		.247	.283	.821	.427
개인수준		.123	.123	.317	.346
전체		.134	.138	.364	.353

+p<.1, *p<.05, **p<.01, ***p<.001

으므로 다층분석의 적합성을 확인하였다. 그런데 단계적으로 1수준의 개인 특성과 관계망 특성을 투입한 모형 2-3-2도 기업 분산은 .001의 수준에서 여전히 유의미하였다. 이에 따라 직무만족에 대한 분석은 2수준 조직 특성 변수들까지 투입한 분석이 이루어졌다. 2수준 조직 특성까지 고려한 직무만족에 대한 분석 모형(모형 2-3-3)의 전체 설명력은 13.8%였다.

학습 결과 변수를 투입하지 않은 상태에서 조직요인까지 고려한 모형 2-3-3에서 관계망 특성 변수들 중 유의미한 변수는 관계 강도, 관계망 크기, 개발지원자의 지위였다. 그리고 이 변수들 모두 직무만족에 대해 긍정적 효과를 나타냈다. 이는 개발지원자들과의 관계 강도가 강할수록, 다수의 개발지원자들과 관계를 맺고 있을수록, 개발지원자들의 평균적 지위가 높을수록 초기 경력자의 직무만족 수준이 높다고 해석할 수 있다.

이때 함께 고려한 개인 특성들 중 유의미한 변수는 성별, 학력, 근속기간, 근로시간이었다. 성별은 남성의 경우, 학력은 높을수록 직무만족의 수준이 높았고, 근로시간은 길수록 직무만족의 수준이 낮았다. 근속기간의 경우 1년 이하의 초기 경력자의 직무만족 수준이 가장 높았고, 3년 초과 8년 이하의 경력자가 가장 낮은 수준을 나타내 근속기간의 경우도 근로시간과 마찬가지로 직무만족에 대해 부정적 효과를 나타냈다. 다음으로는 직무만족에 대한 조직요인의 효과를 살펴보기 위해 2수준의 조직 특성을 추가하였다. 그 결과, 산업 변수의 일부가 유의미한 차이를 나타냈다. 제조업이 직무만족에 대해 가장 높은 수준을 나타냈으며, 기타 서비스업과 유의미한 차이를 나타냈다.

학습 결과의 매개 효과를 밝히기 위해 조직가치수용 변수를 투입한 결과는 〈표 9-8〉의 모형 2-3-4와 같다. 조직가치수용의 직무만족에 대한 효과는 .529로 .001의 수준에서 유의미하였다. 모형의 전체 설명력도 36.4%까지 증가하였다. 조직가치수용을 투입한 모형 2-3-4에서 관계망 효과를 살펴보면, 관계 강도, 관계망 크기, 개발지원자의 지위가 여전히 유의미하였으나 학습 결과를 투입하기 전 관계 강도, 관계망 크기, 개발지원자의 지위 효과가 줄어든 것을 확인할 수 있다. 관계 강도, 관계망 크기, 개발지원자의 지위는 조직가치수용에 대한 분석(표 9-6 참조)에서 유의미한 변수들이었으며, 학습 결과 변수를 투입한 모형 2-3-4에서 이 세 변수의 효과가 학습 결과를 투입하기 전 모형 2-3-3에서보다 줄었으므로 조직가치수용의 학습 효과는 직무만족에 대한 이 세 관계망 특성의 효과를 부분적으로 매개하였다고 결론내릴 수 있다. 즉, 관계 강도, 관계망 크기, 개발지원자의 지위는 부분적으로 조직가치수용을 통해 간접적으로 직무만족에 대해 영향을 미친다고 볼 수 있다. 또한 조직가치수용이 부분적으로 매개하였다는 것은 세 관계망 특성 효과가 조직가치수용을 통하지 않고도 직무만족에 대해 영향을 미쳤다고도 볼 수 있다.

역할·직무학습을 포함한 모형 2-3-5의 결과에서 관계망 특성의 효과도 조직가치수용의 매개 효과 분석 결과와 동일하게 해석할 수 있다. 역할·직무학습의 효과도 .627로 .001의 수준에서 유의미하였다. 모형의 전체 설명력도 35.3%까지 증가하였다. 관계 강도, 관계망 크기, 개발지원자의 지위는 역할·직무학습에 대한 분석(표 9-7 참조)에서도 긍정적 효과를 나타냈으며, 직무만족에 대한 분석에서도 이 세 관계망 특성의 효과가 역할·직무학습 변수를 포함하기 전(모형 2-3-3)보다 포함한 후(모형 2-3-5)에 줄었으므로 역할·직무학습이 이 세 관계망 특성 변수를 부분적으로 매개하였다고 할 수 있다. 즉 관계 강도, 관계망 크기, 개발지원자의 지위가 역할·직무학습을 통해 직무만족에 대해 부분적으로 간접적인 영향을 미치며, 역할·직무학습과 관계없이 직접적인 관계도 있다고 볼 수 있다.

직무만족에 대한 관계망 효과와 학습 결과의 매개 효과를 살펴보고자 한 분석에서 통제 변수로 고려한 개인 특성 변수들 중 유의미한 변수는 성별과 근로시간, 근속기간이었다. 성별은 남성의 직무만족 수준이 높았으며, 근로시간과 근속기간은 직무만족에 대해 부정적 효과를 나타냈다.

직무만족에 대한 관계망 효과와 역할·직무학습의 매개 효과를 살펴보고자 한 분석에서 통제 변수로 고려한 개인 특성 변수들 중 유의미한 변수는 성별과 근로시간, 근속기간이었다. 이러한 결과는 학습 결과에 대한 매개 효과를 분석한 결과에서와 마찬가지였다. 성별에서는 남성이 직무만족 수준이 높게 나타났으며, 근로시간과 근속기간은 직무만족에 대해 부정적 효과를 나타냈다.

조직 특성 중 직무만족에 대해 유의미한 변수는 산업 변수였다. 제조업이 다른 산업에 비해 가장 높은 직무만족 수준을 보였으며, 제조업과 기타 서비스업 간 차이가 유의미하였다. 멘토링 공식화는 개인 특성과 관계망 특성은 물론 조직 특성이 동일하고 조직가치수용의 수준도 동일할 때 직무만족에 대해 긍정적 효과가 있는 것으로 나타났다.

조직몰입에 대한 관계망 효과의 직·간접적 효과와 학습 결과 변수의 매개 효과를 확인하기 위한 단계적 분석 결과는 다음의 〈표 9-9〉와 같다. 먼저 기초 모형에서 ICC는 .143으로 기업 분산이 전체 분산에서 차지하는 비율은 14.3%나 되었다. 기업 간 차이에 대한 검증 결과도 .001의 수준에서 유의미하였다. 이에 따라 순차적으로 1수준의 개인 특성 변수들과 관계망 특성 변수가 투입되었다(모형 2-4-2). 이 모형에서 기업수준과 개인 분산이 모두 줄어들었으나 기업 분산은 여전히 .001의 수준에서 유의미하였다. 즉 조직요인을 고려한 분석이 필요함을 확인할 수 있다. 따라서 조직 특성 변수들을 투입한 2수준의 분석이 이루어졌다. 그러나 이 연구에서 고려한 조직 특성 변수들은 조직몰입을 설명하지 못하는 것으로 나타났다. 게다가 기업수준의 분산이 다소 늘어나기까지 하였다. 결과적으로 조직몰입에 대한 분석은 모형 2-4-2가 가장 적합한 것으로 판명되었다. 모형 2-4-2의 전체 설명력은 14.3%였다.

조직몰입에 대한 분석(모형 2-4-2)에서도 관계망 특성 중 유의미한 변수는 관계 강도, 관계망 크기, 개발지원자의 지위였다. 이 세 변수 모두 조직몰입에 대해 긍정적 효과를 나타냈다. 즉 개발지원자의 평균적 관계 강도가 강할수록, 개발지원자의 수가 많을수록, 개발지원자의 평균적 지위가 높을수록 조직몰입의 수준은 높았다.

〈표 9-9〉 조직몰입에 대한 다층분석 결과

설명 변수	모형 2-4-1	모형 2-4-2	모형 2-4-3	모형 2-4-4	모형 2-4-5
1수준(개인수준)	계수 (오차)	계수 (오차)	계수 (오차)	계수 (오차)	계수 (오차)
절편(전체 평균)	3.423***(.037)	3.426***(.033)	3.426***(.033)	3.430***(.021)	3.425***(.032)
관계망 특성					
관계 강도		.101* (.039)	.102** (.039)	.036 (.031)	.072* (.033)
관계망 크기		.034***(.008)	.033***(.008)	.014* (.006)	.020** (.007)
관계망 범위		.022 (.074)	.024 (.073)	.025 (.058)	.030 (.073)
개발지원자 지위		.200** (.056)	.199** (.055)	.109* (.048)	.162** (.054)
개인 특성					
성별		.150** (.055)	.148** (.054)	.029* (.041)	.140** (.050)
부학력		−.002 (.020)	−.004 (.020)	.001 (.016)	−.001 (.019)
학력		.066 (.057)	.052 (.055)	.011 (.046)	−.010 (.052)
근로시간		−.157***(.034)	−.159***(035)	−.110***(.025)	−.130***(.029)
근속기간(참조: 1년 이하)					
−1년 초과 3년 이하		−.270***(.052)	−.268***(.052)	−.123** (.035)	−.246***(.049)
−3년 초과 8년 이하		−.347***(.065)	−.351***(.067)	−.222***(.049)	−.336***(.063)
학습 결과					
조직가치수용				.699***(.038)	
역할 · 직무학습					.517***(.052)
2수준(기업수준)					
조직 특성					
규모			.041 (.038)		
멘토링 공식화			.040 (.077)		
산업(참조: 제조업)					
−금융/사업 서비스업			.010 (.088)		
−기타 서비스업			−.083 (.096)		
분산					
기업수준	.070***	.053***	.054***	.010*	.050***
개인수준	.421	.368	.368	.254	.314
전체	.491	.421	.422	.264	.364
ICC(기업집단 내 상관)	.143	.125	.128	.038	.139
누가된 설명 분산					
기업수준		.248	.228	.857	.281
개인수준		.125	.126	.396	.254
전체		.143	.141	.462	.258

+p<.1, *p<.05, **p<.01, ***p<.001

함께 고려한 개인 특성 변수들 중 유의미한 변수는 성별, 근로시간과 근속기간이었다. 성별은 남성이 조직몰입의 수준이 높았고, 근로시간과 근속기간은 부정적 효과를 나타냈다. 근속기간의 경우 1년 이하의 초기 경력자가 가장 높은 조직몰입의 수준을 나타냈다.

학습 결과 변수 중 조직가치수용의 매개 효과를 검토하기 위해 이 변수를 추가한 모형 2-4-4에서 조직가치수용의 계수는 .699로 .001의 수준에서 유의미하였다. 즉 초기 경력자의 조직가치수용의 수준이 높을수록 조직몰입의 수준은 높을 것이라고 예측할 수 있다. 모형의 전체 설명력도 46.2%까지 증가하였다. 이때 관계망 특성의 효과를 살펴보면, 관계 강도는 조직가치수용 변수를 추가하기 전에는 긍정적으로 나타났으나, 조직가치수용 변수를 추가하자 더 이상 유의미하지 않은 것을 확인할 수 있다. 관계 강도는 조직가치수용에 대한 분석에서 유의미하게 긍정적 효과를 나타냈던 변수이며 조직몰입에 대한 분석에서 조직가치수용의 추가 전후 효과가 유의미하게 긍정적이었다가 더 이상 유의미하지 않게 나타났으므로 조직가치수용이 조직몰입에 대한 관계 강도의 효과를 완전하게 매개한 것으로 볼 수 있다. 이를 해석하면, 개발지원자들과의 끈끈한 관계는 조직몰입과 직접적으로 관련이 있는 것이 아니라, 조직가치수용의 수준을 높임으로써 간접적으로 조직몰입의 수준을 결정하였다고 할 수 있다. 조직몰입에 대한 관계망 크기와 개발지원자의 지위 효과는 조직가치수용 변수를 추가하자 여전히 유의미하였지만 그 효과의 크기는 줄었다. 이와 같은 결과는 앞서 관계망 크기와 개발지원자의 지위가 조직가치수용에 대해 유의미하게 긍정적 효과를 나타냈으므로 조직몰입에 대한 관계망 크기와 개발지원자 지위 효과를 조직가치수용이 부분적으로 매개 역할을 하였음을 보여준 것이다. 즉, 관계망 크기와 개발지원자의 지위는 조직몰입에 대해 직접적 관계가 있음은 물론, 조직가치수용을 통한 간접적 관계도 있다고 볼 수 있다.

모형 2-4-4에서 통제 변수로 고려한 개인 특성 변수들 중 유의미한 변수는 조직가치수용을 포함하기 전인 모형 2-4-2에서와 마찬가지로 성별과 근로시간, 근속기간이었다. 성별은 남성이 여성보다 높은 조직몰입 수준을 나타냈고, 근로시간과 근속기간은 부적 효과를 나타냈다.

역할 · 직무학습의 매개 효과를 분석하기 위해 최종적으로 검토한 모형 2-4-5에서 역할 · 직무학습의 계수는 .517로 .01의 수준에서 유의미하였다. 전체 설명력도 25.8%까지 증가하였다. 관계망 특성 중 유의미한 변수는 관계 강도, 관계망 크기, 개발지원자의 지위였으며, 이 세 변수의 긍정적 효과는 역할 · 직무학습 변수를 투입하기 전보다 줄었다. 이 세 변수는 역할 · 직무학습에 대한 분석에서도 긍정적 효과를 나타냈으므로 조직몰입에 대해 역할 · 직무학습이 부분적으로 매개 역할을 하였다고 볼 수 있다. 다시 말해 관계 강도, 관계망 크기, 개발지원자의 지위는 역할 · 직무학습과 무관하게 조직몰입과 직접적 관계가 있음은 물론 역할 · 직무학습을 통한 간접적 관계도 있다고 해석할 수 있다.

역할 · 직무학습 변수를 설명 변수로 추가한 모형 2-4-5에서 고려한 개인 특성 변수들 중 유의미한 변수는 성별, 근로시간, 근속기간이었다. 성별은 남성이, 근로시간과 근속기간은 부정적 효과를 나타냈다. 즉 남성이 여성보다 조직몰입 수준이 높고 근로시간과 근속기간이 길수록 조직몰입의 수준은 낮아진다고 볼 수 있다.

다음은 이직의도(역)를 준거 변수로 단계적인 다층모형 분석을 하였다. 그 결과, 〈표 9-10〉에서 확인할 수 있는 바와 같이, 이직의도(역)에 대한 기초모형의 ICC는 .141로 기업 분산이 전체 분산에서 차지하는 비율은 14.1%나 되었다. 이에 따라, 일차적으로 개인수준의 변수들을 투입한 결과 기업수준과 개인 분산이 모두 줄었다. 그러나 여전히 기업 간 차이는 .001의 수준에서 유의미한 것으로 나타나 조직요인에 대한 분석의 필요성을 확인할 수 있었다. 따라서 조직 특성 변수들을 추가한 2수준의 분석이 이루어졌다. 그 결과, 기업수준의 분산이 좀 더 줄었고 전체 설명력은 13.9%에 이르렀다.

〈표 9-10〉 이직의도(역)에 대한 다층분석 결과

설명 변수	모형 2-5-1	모형 2-5-2	모형 2-5-3	모형 2-5-4	모형 2-5-5
1수준(개인수준)	계수 (오차)	계수 (오차)	계수 (오차)	계수 (오차)	계수 (오차)
절편(전체 평균)	3.223***(.042)	3.221***(.040)	3.220***(.038)	3.223***(.029)	3.220***(.037)
관계망 특성					
관계 강도		.054 (.049)	.056 (.050)	−.002 (.042)	.036 (.046)
관계망 크기		.038***(.008)	.036***(.008)	.017** (.006)	.026** (.008)
관계망 범위		.074 (.081)	.076 (.080)	.071 (.069)	.082 (.079)
개발지원자 지위		.241***(.064)	.239***(.063)	.162** (.056)	.213** (.063)
개인 특성					
성별		.196** (.070)	.195** (.070)	.101+ (.059)	.186** (.067)
부학력		.026 (.020)	.021 (.020)	.023 (.017)	.023 (.020)
학력		−.152+ (.085)	−.182* (.085)	−.255** (.071)	−.233** (.081)
근로시간		−.173***(.032)	−.174***(.033)	−.132***(.030)	−.156***(.033)
근속기간(참조: 1년 이하)					
−1년 초과 3년 이하		−.314***(.054)	−.309***(.054)	−.190***(.045)	−.293***(.054)
−3년 초과 8년 이하		−.304***(.077)	−.313***(.078)	−.220** (.074)	−.305***(.075)
학습 결과					
조직가치수용				.582***(.050)	
역할 · 직무학습					.363***(.063)
2수준(기업수준)					
조직 특성					
규모			.073+ (.042)	.074* (.032)	.068 (.043)
멘토링 공식화			.147 (.098)	.090 (.075)	.164+ (.098)
산업(참조: 제조업)					
−금융/사업 서비스업			.030 (.098)	.042 (.074)	.013 (.098)
−기타 서비스업			−.028 (.119)	.014 (.082)	−.050 (.108)
분산					
기업수준	.090***	.079***	.073***	.035***	.075***
개인수준	.543	.472	.472	.394	.444
전체	.633	.552	.545	.429	.519
ICC(기업집단 내 상관)	.141	.144	.134	.082	.144
누가된 설명 분산					
기업수준		.113	.185	.607	.163
개인수준		.130	.131	.275	.182
전체		.128	.139	.322	.179

+p<.1, *p<.05, **p<.01, ***p<.001

이직의도(역)에 대한 분석에서 관계망 특성 중 유의미한 변수들은 관계망 크기와 개발지원자의 지위였다. 두 변수는 모두 이직의도(역)에 대해 긍정적 효과를 나타냈다. 해석의 용이성을 위해 이직의도 변수가 역으로 코딩되었으므로 이 두 변수가 긍정적 효과를 나타냈다는 것은 관계망이 크고 개발지원자들의 평균적 지위가 높으면 이직의도가 낮고 조직에 남아 있으려는 잔류 의지가 높다는 것을 의미한다. 여타의 적응 변수들, 즉 직무만족, 조직몰입에 대한 분석 결과와 달리 이직의도에 대한 관계 강도 효과는 유의미하지 않은 것으로 나타났다.

이직의도(역)에 대한 분석 모형 2-5-3에서 함께 고려한 개인 특성 변수 중 유의미한 것으로 나타난 변수는 성별, 학력, 근로시간, 근속기간이었다. 효과의 방향을 보면, 남성의 이직의도가 낮고(조직에 남아 있으려는 잔류 의지가 높고), 학력이 높을수록 이직의도가 높으며(잔류의지가 낮으며), 근로시간과 근속기간은 길수록 이직의도가 높았다(잔류 의지가 낮았다). 조직 특성 중 규모 또한 긍정적 효과를 나타냈다. 이는 규모가 작은 기업에 속한 초기 경력자들보다 큰 기업에 속한 초기 경력자들의 이직의도가 낮다(잔류 의지가 높다)는 것을 의미한다.

이직의도(역)에 대한 분석에서 조직가치수용의 매개 효과를 살펴보기 위한 모형 2-5-4의 분석 결과, 조직가치수용은 이직의도에 대해서도 긍정적 효과를 나타냈다. 계수는 .582였으며 이는 .001의 수준에서 유의미한 것이었다. 이러한 결과는 초기 경력자의 조직가치수용의 수준이 높은 경우 이직의도는 낮고 조직에 남아 있으려는 의지는 높다는 것을 알려준다. 조직가치수용 변수가 추가되자 이직의도(역)에 대한 분석 모형 2-5-4의 전체 설명력은 32.2%까지 증가하였다. 관계망 특성 중 유의미한 변수는 조직가치수용 변수를 추가하기 전의 모형 2-5-3과 동일하게 관계망 크기와 개발지원자의 지위였다. 다만 그 효과의 크기가 줄었을 뿐이다. 관계망 크기와 개발지원자의 지위는 조직가치수용에 대한 분석에서도 유의미하게 긍정적 효과를 나타냈으므로 이와 같은 결과는 이직의도(역)에 대한 관계망 크기와 개발지원자의 효과를 조직가치수용이 부분적으로 매개하고 있음을 보여주는 것이다. 즉 관계망의 크기와 개발지원자의 지위 효과는 이직의도(역)에 대해 직접적으로 나타나기도 하지만, 조직가치수용을 통해 간접적으로도 나타난다고 볼 수 있다.

이직의도(역)에 대한 역할·직무학습의 매개 효과를 검토하기 위한 모형 2-5-5에서 역할·직무학습도 .001의 수준에서 긍정적 효과를 나타냈다. 계수는 .363이었다. 역할·직무학습을 추가함으로써 이직의도(역)에 대한 분석모형의 전체 설명력은 17.9%가 되었다. 조직가치수용을 추가했을 때와 마찬가지로 역할·직무학습을 추가한 후 유의미한 관계망 특성 변수도 관계망 크기와 개발지원자의 지위였다. 그리고 이 두 변수의 효과도 역할·직무학습 변수를 추가하자 줄었다. 이 역시 역할·직무학습이 이 두 변수와 이직의도 간의 관계를 부분적으로 매개하고 있다고 볼 수 있다. 즉 초기 경력자의 개발지원자의 수와 개발지원자들의 평균적 지위는 이직의도와 직접적으로 관계가 있기도 하지만, 역할·직무학습의 수준을 결정함으로써 간접적으로 이직의도에 영향을 미친다고 할 수 있다.

모형 2-5-4와 모형 2-5-5에서 고려한 개인 특성 변수들 중 유의미한 변수는 학습 결과 변수들을 추가하기 전 모형 2-5-3에서 일관적으로 나타났다. 유의 수준에서는 다소 차이가 있었지만 성별, 학력, 근로시간, 근속기간은 여전히 유의미하였으며, 효과의 방향도 동일하였다. 성별은 남성이 여성보다 이직의도가 낮고, 학력은 높을수록 이직의도가 높아졌다. 근로시간과 근속기간도 길어질수록 이직의도가 높아졌다. 모형 2-5-4, 모형 2-5-5 두 모형에서 유의미한 조직 특성 변수는 각각 규모와 멘토링 공식화였다. 모형 2-5-4에서는 모형 2-5-3에서와 마찬가지로 규모가 클수록 이직의도가 낮은 것으로 나타났고, 모형 2-5-5에서는 유의 수준이 .1로 낮지만 멘토링 공식화가 이직의도를 낮추는 것으로 나타났다.

맺음말

이 연구는 개발지원현상으로서 초기 경력자의 조직사회화 과정을 Higgins & Kram(2001)과 같이 관계망의 관점에서 살펴보았다. 초기 경력자의 경력 발달을 위한 주요 과업으로서 조직사회화의 과정은 다수의 개발지원자들과의 관계를 통해 이루어질 수 있기 때문이다.

개발지원관계망 특성이 조직사회화의 학습 결과에 대해 어떤 영향을 미치는지를 분석한 결과는 다음과 같이 논의할 수 있다. 첫째, 배태성의 지표로서 개발지원자들과의 평균적 관계 강도는 초기 경력자의 조직가치수용과 역할·직무학습 모두에 대해 긍정적이었다. 이것은 Morrison(2002)과 Reagans & McEvily(2003) 같은 선행 연구와 유사한 결과였다.

둘째, 다양성의 지표로서 관계망 크기도 초기 경력자의 조직가치수용과 역할·직무학습 모두에 대해 긍정적 영향을 미쳤다. 이런 결과는 외국의 선행 연구들과는 다소 차이가 있는 것이다. 그러나 선행 연구들은 편의 표집에 의해 특정 대상을 분석하였고, 관계망 크기 측정에 있어서도 결함을 가지고 있는 경우(예, Morrison, 2002)도 있다. 반면, 이 연구의 결과는 국내 기업에 종사하는 초기 경력자들을 대상으로 체계적인 표집 절차를 거쳐 수집한 자료를 분석하였을 뿐만 아니라 관련 선행 연구에서 나타난 관계망 크기의 측정상 문제점을 극복했기 때문에 더 신뢰할 만한 것이라고 할 수 있다.

셋째, 또 다른 다양성 지표로서 개발지원자들의 평균적 지위는 초기 경력자의 조직가치수용과 역할·직무학습 모두에 대해 긍정적이었다. 이 결과는 개발지원자의 평균적 지위가 일부 조직사회화의 학습 결과에 대해 긍정적 효과를 나타냈던 Morrison(2002)의 연구를 지지하는 것이었다.

반면에 넷째, 다양성의 지표로서 관계망 범위는 초기 경력자의 학습 결과 모두에 아무런 영향을 미치지 않았다. 이런 결과 역시 외국의 선행 연구들과는 다른 결과였다. 국내 기업에 종사하는 초기 경력자에게 있어서 관계망 범위가 학습 결과에 유의미한 효과를 나타내지 못한 것은 경력 초기가 조직으로의 동화과정에 집중해야 할 시기이기 때문인 것으로 보인다. 조직으로의 동화과정에서 조직 외 관계는 별다른 도움이 되지 못했을 것이다.

이상의 조직사회화 학습 결과에 대한 분석 결과를 종합하면, 초기 경력자가 조직과 자신의 역할 및 직무에 대해 성공적으로 학습하기 위해서는 개발지원자들과의 관계들에서 배태성과 다양성이 모두 요구된다고 할 수 있다. 배태성의 관점에서 초기 경력자는 조직에서의 성공적 학습을 위해 개발지원자들과의 친분을 유지해야 하고, 다양성의 관점에서는 다수의 개발지원자들과의 관계 형성과 유지를 위해 노력해야 한다. 또한 조직사회화를 위한 학습에서 관계망에 내재되어 있는 자원으로의 지위 이득을 보기 위해서는 자신보다 높은 지위의 개발지원자들과 관계 맺는 것이 중요하다. 그러나 초기 경력자가 조직 내 구성원이 아닌 다른 조직 사람들과 개발지원관계를 맺는 것은 그다지 도움이 되지 않는다고 결론 내릴 수 있다.

조직사회화의 학습 결과에 대한 분석에 이어 다음으로 개발지원관계망의 특성이 조직사회화의 원위 결과로서 태도 결과에 대해서도 어떠한 효과를 나타내는지를 분석하였다. 또한 조직사회화의 학습 결과와 태도 결과 간의 인과관계를 고려하여 개발지원관계망의 특성이 태도 결과에 영향을 미치는 메커니즘을 실증적으로 검토하였다. 다시 말해, 개발지원관계망의 특성과 태도 결과 간의 관계와 학습 결과의 매개 역할을 분석하였다. 그 결과와 논의는 다음과 같다.

첫째, 배태성의 지표로서 개발지원자들과의 평균적 관계 강도는 직무만족과 조직몰입에 대해 긍정적인 영향을 미쳤다. 그리고 이러한 영향은 학습 결과인 조직가치수용과 역할·직무학습에 의해 매개되는 것이었다. 조직몰입에 대해 조직가치수용이 관계 강도의 효과를 완전하게 매개하는 것을 제외하고 나머지의 경우는 학습 결과 변수들이 관계 강도의 효과를 부분적으로 매개하였다. 즉 관계 강도가 조직가치수용을 통해 간접적으로만 조직몰입에 대해 긍정적 영향을 미치는 것을 제외하고, 관계 강도는 학습 결과들과 관계없이 태도 직무만족과 조직몰입에 직접적 효과를 나타내기도 하지만 학습 결과들을 통해서 간접적으로 긍정적 영향을 미치기도 했다. 그러나 이직의도에 대해서 관계 강도는 아무런 효과를 나타내지 않았다. 직무만족, 조직몰입과는 달리, 이직의도는 개발지원자들과의 관계 강도보다는 다른 요인들에 의해 결정되는 것으로 보인다.

둘째, 다양성의 지표로서 관계망 크기는 모든 태도 결과에 대해 긍정적 효과를 나타냈다. 그리고 이러한 효과는 모두 조직가치수용과 역할·직무 학습에 의해 부분적으로 매개되는 것이었다. 다시 말해, 관계망의 크기는 태도 결과들과 직접적으로 긍정적 관계가 있음은 물론, 학습 결과들을 통해 간접적으로도 나타나는 것임을 확인할 수 있었다.

셋째, 개발지원자들의 평균적 지위 역시 모든 태도 결과에 대해 긍정적이었다. 그리고 이러한 효과는 모두 부분적으로 조직가치수용과 역할·직무 학습의 학습 결과를 통해 간접적으로 나타나는 것이었다. 즉 사회적 자원으로서 개발지원자들의 높은 지위는 그 자체만으로도 태도 결과들에 대해서 긍정적 효과를 가지고 있을 뿐만 아니라, 이러한 효과는 학습 결과들을 통해 간접적으로 나타나기도 한다는 것을 확인하였다.

이상의 연구 결과는 최근 조직사회화 연구에 대한 메타 분석 결과(Bauer et al., 2007)에서 확인하였던 바와 같이 정보 추구의 능동적 행위 및 사회적 사회화의 전략 등 적극적인 다른 사람들과의 상호작용이 조직사회화의 태도 결과에 대해서 직접적으로 긍정적 영향을 미치기도 하지만, 이것이 학습 결과에 의해 매개되기도 한다는 점을 지지하는 것이라 볼 수 있다. 그러나 조직사회화 연구는 구체적으로 다른 사람들과의 관계망 특성 중 어떠한 특성이 이와 같은 방식으로 조직사회화의 학습 결과 및 태도 결과에 대해 영향을 미치는지에 대해서는 규명하지 못했다. 이 연구에서 비로소 보다 끈끈한 관계, 다수의 관계, 높은 지위의 개발지원자들과의 관계가 조직사회에서 요구되는 태도 형성에 긍정적일 수 있고, 이것은 학습을 통해 간접적으로 형성되기도 한다는 것을 확인할 수 있었다. 이러한 결과는 초기 경력자가 조직과 일에 대해 갖추어야 할 태도를 형성하기까지 초기 경력자가 어떠한 노력을 해야 하고 기업조직은 사회화 전략을 위해 어떠한 점에 주목해야 하는지에 대해 구체적인 실천적 시사점도 제공한다.

반면, 이 연구에서 관계망의 범위는 학습 결과에 대한 분석에서와 마찬가지로 태도 결과에 대해서도 영향을 미치지 않는 것으로 나타났다. 이러한 결과는 조직사회화가 초기 경력자가 속해 있는 조직 내에서의 경력 성장과 발전을 위한 내용을 내포하고 있음으로 인해 초래된 것이라고 볼 수 있다. 초기 경력자는 조직 외 경력 성장과 발전에 초점을 맞추기보다는 현 조직에서의 학습과 적응에 초점을 맞추어야 하는 대상이다. 그러므로 조직 외 관계는 조직사회화의 태도 결과에 대해서도 별다른 도움이 되지 않았을 것으로 보인다.

이 연구는 또한 조직사회화 결과에 대한 개발지원관계망 특성의 효과를 검토하기 위해서 통제 변수로서 개인 특성뿐만 아니라 조직요인에 대해서도 고려하였다는 점에서 또 다른 의미와 가치가 있다. 분석 결과, 조직사회화의 학습 결과 중 조직가치수용에 대해 조직요인에 대한 고려의 필요성을 실증적으로 확인하였다. 그리고 조직가치수용과 달리 역할·직무학습에 대해서는 조직요인에 대한 고려가 필요치 않을 수 있는 가능성도 실증적으로 확인하였다. 그러나 조직가치수용에 대한 구체적인 조직요인이 규명되지는 않았다. 조직사회화의 태도 결과에 대해서도 조직요인에 대한 고려의 필요성을 실증적으로 밝혀냈다. 일부 태도 결과에 대한 분석에서 구체적인 조직요인도 확인하였다. 직무만족에 대해서는 산업 간 차이가 나타났고, 이직의도(역)에 대해서는 규모와 멘토링 공식화가 긍정적 효과를 나타냈다.

이 연구는 조직사회화 연구를 관계망의 관점에서 접근하고 조직사회화의 과정에서 중요한 원천으로 간주되는 다양한 개발지원자들과의 관계들이 어떻게 초기 경력자의 학습 및 태도 형성에 영향을 미치는지에 대한 실증적 근거를 마련하였다는 점에서 큰 의미와 가치가 있다. 또한 연구 결과들로부터 기업조직에 속해 있는 초기 경력자들이 성공적인 조직사회화를 위해 어떻게 노력해야 하고 기업조직은 사회화 전략을 위해 어떠한 점에 주목해야 하는지에 대한 시사점을 제공하였다.

그러나 더 발전적인 후속 연구를 위해서는 다음과 같은 몇 가지 제언을 할 수 있다.

첫째, 배태성의 또 다른 지표로서 관계망 밀도에 대한 분석도 이루어질 필요가 있다. 이 연구는 자료의 한계로 인해 밀도에 대한 분석을 할 수 없었다. 자아중심관계망 분석에서 밀도를 측정하는 것이 수월하지는 않으나 다양성의 지표로서 관계망 크기와 범위가 다른 결과를 보여주었듯 배태성의 지표인 관계망 밀도 역시 어떠한 효과를 나타내는지에 대한 분석이 필요하다.

둘째, 조직사회화 결과에 대한 개발지원관계망 특성의 효과를 연구하는데 있어서 고려해야 할 구체적인 조직요인들에 대한 규명이 더 이루어져야 한다. 이 연구는 학습 결과인 조직가치수용과 조직사회화의 태도 결과에 대한 분석에서 개발지원관계망 특성과 개인 특성, 조직 특성 등을 고려하였으나 여전히 기업 간 차이가 있었다. 향후에는 개발지원관계망 특성과 조직사회화 결과 변수의 관계를 연구하는 데 있어서 고려해야 할 구체적인 조직요인들에 대한 규명이 더 이루어져야 한다.

셋째, 조직사회화의 학습 결과와 태도 결과에 대한 분석에서 방법론적으로 다층구조방정식의 적용이 요구된다. 관계망의 관점에서 실증적 조직사회화 연구가 아직까지 많이 축적되지 않았고, 조직요인에 대한 고려의 필요성조차도 실증적으로 확인되지 않은 상황에서는 탐색적 분석이 먼저 선행되었어야 했다. 그러나 개인수준과 조직수준의 요인들을 동시에 고려하여 분석할 수 있는 다층구조방정식의 적용을 통해 개발지원관계망 특성의 직·간접적 효과의 크기를 확인할 필요가 있다.

| 미주 |

1 이 장은 장지현·장원섭(2010). '조직사회화의 학습 결과에 대한 개발지원관계망 특성과 조직 요인 효과.' 〈직업교육연구〉 29권 4호 논문과 장지현·장원섭(2011). '개발지원관계망 특성이 조직사회화의 학습 및 태도 결과에 미치는 영향.' 〈직업교육연구〉 30권 3호 논문을 재구성하여 정리한 글이다.

2 Higgins & Kram(2001)은 동시다발적으로 일어나는 개발지원현상에서 다양한 개발지원자들과의 관계들로 형성된 연결들의 집합적 형태 및 구조를 개발지원관계망(developmental networks)이라 명명하였다.

3 대부분의 멘토링 연구는 특정 멘토와의 양자 관계에서 나타나는 관계적 특성 또는 특정 멘토로부터의 지원수준이 조직사회화의 학습 결과 및 태도 결과 변수들에 대해 어떠한 효과를 나타내는지에 대해 살펴보았다. 조직사회화 결과에 대한 양자 관계 특성의 효과를 연구한 예로는 관계 강도 효과를 연구한 Lankau & Scandura(2002), 지위 효과를 연구한 Scandura & Viator(1994)가 있으며, 멘토의 지원수준 효과를 연구한 예로는 Chao, Walz, & Gardner(1992)를 비롯하여 최근 그동안의 멘토링 연구에 대한 메타분석을 한 Kammeyer-Mueller & Judge(2008) 등 다수의 연구가 있다.

4 이 연구에서는 초기 경력자가 현재의 조직에 진입한 지 최대 8년까지 경과한 사람들이다. Greenhaus et al.(2000)에 의하면, 경력 초기는 정착과 성취의 시기로 조직사회화가 강조되는 시기이며, 연령의 범위는 일반적으로 25~40세까지라고 제시하였다. 그런데 그들은 정착과 성취는 직업이나 조직이 바뀌는 경력 변환에서 재활성화될 수 있고 그 필요성이 더 강화된다고 주장하였다. 그러므로 현 조직에서의 근속기간 8년 이하는 현 조직에서의 정착과 성취를 위한 조직사회화가 강조되는 시기라고 볼 수 있다.

5 기업 자료는 2007년 초 한국직업능력개발원 '기업의 대학교육 만족도 조사'의 표본이 된 기업들을 대상으로 수입되었다. 기업 표본은 확률 표본추출방법(probability sampling method) 중 다단표집(multistage sampling)에 의해 추출되었다. 다단표집은 1단계에서 층별 표집(stratified sampling)을 하였다. 이를 위해 기업이 속한 산업을 4개(지식 기반 제조업, 기타 제조업, 지식 기반 서비스업, 기타 서비스업)로 분류하고 규모를 4개

(30~99명, 100~299명, 300~999명, 1,000명 이상)로 분류하여 총 16개의 층 내에서 임의 표집(random sampling)하였다. 2단계에서는 자료 수집에 응한 기업의 인사담당자의 협조하에 실시하였다. 이때에도 임의 표집을 추구하였으나 표본으로 선정된 기업들의 협조에 의해 설문이 이루어질 수밖에 없었다는 이유와, 다층 자료분석을 가능하게 하기 위한 자료 확보의 이유로 사실상 편의표집(convenience sampling)되었다. 1차 조사에서 회수된 설문지는 1,035부였으며, 보완 조사에서 추가되어 1,461명의 초기 경력자 자료가 포함되었다.

6 본 연구는 평균적 관계 강도뿐만 아니라, Uzzi(1996, 1999)가 제시한 관계망 수준의 배태성 측정 지표도 검토하였다. 이 지표는 강한 연결과 약한 연결들이 어떻게 구성되어 있는지를 보여주는 것이다. 분석자료를 검토한 결과, 자아중심관계망 분석법이 비교적 강한 관계들을 이끌어내는 경향이 있다는 지적대로(Oh et al., 2004; Reagans & McEvily, 2003) 응답자들이 약한 연결의 개발지원자들은 지명하지 않아 그 값의 분포가 고르지 않게 나타났다. 따라서 Uzzi의 지표는 분석 모형에 포함할 수 없었다.

7 관계 강도는 접촉 빈도, 관계의 지속성, 친밀도 등으로 측정된다(Granovetter, 1973). 최근까지 관계 강도를 측정하는 여러 방법들이 혼용되고 있지만, 친밀도가 관계 강도를 측정하는 데 가장 바람직하다고 주장된 바 있다(Marsden, 1990; Marsden & Campbell, 1984). 이 연구도 이 세 가지 측정법으로 관계 강도를 측정하여 검토하였다. 그 결과, 이 세 지표 간 상관이 매우 높았고, 지속성과 접촉 빈도는 다른 관계망 지표들과도 매우 높은 상관을 나타내어 다중공선성의 문제가 우려되었다. 따라서 이 연구는 관계 강도로서 친밀도를 사용하였다.

8 다수의 관계망 연구에서 관계망 크기는 이름 적기 질문법에 의해 지명된 사람들의 수로 측정되었다. Morrison(2002)의 연구가 그 예이다. 이 경우 관계망 크기는 비교적 강한 연결의 관계들만을 포함하는 경향이 있다는 문제점을 가진다. 관계망 크기는 약한 연결의 관계들까지 포함해야 다양성의 지표로서 의미가 있다. Reagans & McEvily(2003)는 이를 극복하고자 보다 더 포괄적으로 관계망 크기를 측정하였다. 이 연구 역시 이와 같은 측정상의 문제점을 극복코자 전체 개발지원자의 수를 별도로 조사하였다.

9 기술통계 결과에서 사례 수는 각 변수별 사례 수이다. 각 변수들의 사례 수가 다른 것은 자료의 충분성을 확보하기 위해 모든 변수들의 결측치를 한 번에 제거하지 않고 분석을 할 때마다 결측치를 제거하도록 하였기 때문이다. 따라서 준거 변수에 따라, 그리고 준거 변수별로 단계적 분석을 진행함에 따라 모형에 포함되는 설명 변수들과 준거 변수의 결측치 조합에 의해서 최종적인 사례 수가 결정되었다.

10 원 자료에서 관계망의 크기가 정규성에 문제가 있는 것으로 확인되어 연속 및 서열 변

수로 수정하였다. 10까지의 누적 분포가 85.5%에 달했고, 11부터 90까지의 값들이 산재되어 있어 이 값들을 서열 변수로 변경하였다. 그 결과, 분포의 정규성이 양호해졌다.

11 개발지원자들 중 조직 외 관계에 있는 개발지원자의 수는 평균 1.169였다. 이러한 조직 외 개발지원자가 초기 경력자의 개발지원관계망 내에서 차지하는 비율이 평균 25.7%이다.

12 이 연구에서 조직사회화의 결과 변수는 인접 결과인 학습 변수를 중심으로 살펴본다. 조직사회화의 원위 결과인 적응 변수들은 분석에서 제외한다. 학습 결과 변수들은 '대졸 청년층의 직장생활 적응능력 향상 연구'의 조사 자료의 문항들을 검토하여 구성하였다. 조직가치수용과 역할 · 직무학습은 해당 문항들을 가지고 조직사회화의 학습 결과를 설명하는 요인과 요인 수를 결정하기 위해 탐색적 요인분석을 실시한 결과 추출된 요인이다. 또 하나의 요인으로 조직 소속감에 해당하는 3문항이 있었으나, 신뢰도가 .514로 다소 낮게 나타나 분석에서 제외시켰다.

13 조직사회화의 태도 결과로 검토한 하위 요인들은 직무만족, 직장생활 만족, 조직몰입, 이직의도(역)이다. 각각의 문항 수는 직무만족 7문항, 직장생활 만족 3문항, 조직몰입 4문항, 이직의도(역) 2문항이었다. 이 문항들에 대해 요인과 요인 수를 결정하기 위한 탐색적 요인분석과정에서 먼저 공통성이 .5 미만인 문항들을 제외하였다. 그 결과, 직무만족 5문항, 조직몰입 3문항, 이직의도(역) 2문항이 남았다. 고윳값이 1 이상인 경우를 요인으로 묶도록 한 결과에서는 2개의 요인이 나타났다. 직무만족에 해당하는 문항들은 하나의 요인으로 구분되었지만, 조직몰입과 이직의도(역)는 하나의 요인으로 확인되었다. 그러나 이론적 근거와 문항의 내용들로 볼 때, 조직몰입과 이직의도(역)는 별도의 요인으로 구분하는 것이 타당하다. 따라서 인위적으로 3개의 요인으로 추출하도록 분석하였다. 그 결과, 직무만족, 조직몰입, 이직의도(역)가 3개의 요인으로 구분되었다.

14 값이 높아질수록 긍정적 결과로서 이직의도가 낮아지고 조직에 남아 있으려는 잔류의지가 높아짐을 의미하도록 하였다.

15 이 연구는 다층 모형에 포함할 설명 변수들의 다중공선성(multicollinearity) 문제를 단계적인 절차를 통해 검토하였다. 첫째, 상관 분석을 통해 높은 상관을 나타내는 변수들을 확인하였다. 그리고 높은 상관을 나타낸 변수들 중 준거 변수에 대해 유의하지 않은 상관을 보이면서 연구에서 상대적으로 중요하지 않은 변수는 일차적으로 제외하였다. 그러나 .5 이상의 높은 상관을 나타내지 않은 변수들 간에도 다중공선성이 일어날 수 있기 때문에 다양한 진단적 과정이 필요하다(Shieh & Fouladi, 2003). 따라서 둘째, 다층 모형을 단계적으로 적용하여 표준오차와 설명력의 변화를 검토하였다. 설명 변수를 추가함에 따라 표준오차가 증가하거나 설명력이 낮아지는 문제가 나타난 경우 상대

적으로 중요한 변수를 선택하였다. 판단의 기준은 이 연구의 주요 설명 변수가 최우선 순위이며, 통제 변수들 간에 혼재 효과가 나타난 경우 주요 설명 변수의 추정값을 양호하게 하는 변수를 택하였다. 이러한 과정을 통해 통제 변수로 고려하였으나 제외하게 된 변수가 연령, 가구 소득, 직급이었다. 직업 변수는 사례 수가 많이 소실되어 포함하지 않았다.

16 근속기간의 자료를 검토해본 결과, 90개월 다음으로 140개월로 갑자기 값이 커져 140개월 이상인 6개 사례 이상치(outlier)로 무효 처리하였다. 그리고 1년 이하 근속기간에 절반에 가까운 사례 수가 몰려 있는 등 자료의 정규성이 좋지 않아 더미 변수로 변환하였다. 10년 단위 서열 변수로 범주화한 경우부터 준거 변수들에 대한 분산분석을 실시하여 유의미한 차이가 없는 집단을 묶는 방식으로 범주화한 결과, 1년 이하, 1년 초과 3년 이하, 3년 초과 8년 이하로 구분되었다.

17 근로시간의 원 자료는 연속 변수였으나 자료를 검토해본 결과, 주로 40, 50, 60 등 10 단위로 집중 응답한 경향으로 인해 분포가 고르지 못하여 서열 변수로 변경하였다.

18 Intra-Class Correlation(ICC)의 산출 공식은 $\tau_{00}/(\tau_{00}+\sigma^2)$이다.

19 1수준(개인) 변수들을 투입하고 난 후 기업 분산이 여전히 유의미하고, 조직 특성 변수들을 추가하고 난 후의 모형이 개인 특성 변수들만을 통제한 1수준(개인) 모형보다 더 적합한 모형이라는 것이 확인된 경우에는 조직 특성 변수를 추가하여 분석하였다. 반대로, 조직 특성 추가 모형이 개인 특성 통제 모형에 비해 바람직하지 않은 모형으로 판단되는 경우에는 1수준의 개인 특성 변수들만을 통제한 상태에서 분석하였다. 결과적으로 조직사회화의 태도 결과 변수까지 확장하여 검증한 이 연구에서 조직사회화의 태도 결과 변수들이 준거 변수인 모형은 모두 조직요인을 포함한 조직 특성 추가 통제까지 이루어졌다. 선행 연구인 장지현 · 장원섭(2010)의 연구에서 조직사회화의 학습 결과 중 역할 · 직무학습을 준거 변수로 한 분석만 2수준 조직요인을 포함한 조직 특성 추가 모형을 분석할 필요가 없었다.

20 Y_{ij}는 j번째 기업의 i번째 사람의 준거 변수 수준을 의미하며, β_{0j}와 e_{ij}는 각각 j번째 기업의 준거 변수 평균과 i번째 개인의 오차이다.

21 이 연구는 해석의 용이성을 위해 분석 모형에 포함되는 모든 설명 변수들은 전체 평균으로 중심점 교정(grand mean centering)하였다. 전체 평균으로 중심점 교정을 하면 절편의 추정값은 준거 변수의 전체 평균이 된다(강상진 · 정혜경, 2002). 전체 평균으로 중심점 교정을 하였으므로 여기서 β_{0j}는 개인수준 설명 변수들의 값이 전체 평균일 때 j번째 기업의 교정된 준거 변수 평균을 의미하고 e_{ij}는 그것에 대한 i번째 개인의 오차이다. γ_{00}와 u_{0j}는 각각 개인수준 설명 변수가 전체 평균으로 교정된 후 준거 변수의

교정된 전체 평균과 j번째 기업이 갖는 전체 평균과의 오차이다.

22 기업수준의 식에 설명 변수가 추가되면 γ_{00}는 개인수준과 조직수준 설명 변수들의 값이 전체 평균일 때 교정된 준거 변수의 전체 평균이며, u_{0j}는 그것에 대한 j번째 기업의 오차이다.

10 대졸 여성 초기 경력자의 일터에서의 대인관계와 조직 내 학습과 적응[1]

머리말

여성 인력 활용의 중요성이 증가하고 있다. 여성의 전반적인 교육수준이 높아지고 있으며, 여성의 경제활동 참가율은 이미 50%를 돌파했다(통계청, 2006). 그러나 전반적인 고용상황을 보았을 때, 여성의 사회적 지위는 여전히 낮은 수준에 머물러 있다. 여성의 경제활동 참여는 비정규직의 증가와 특정 직종에 집중되어 있다. 여전히 조직 내 여성 상급자의 수도 남성에 비해 크게 부족한 상황이다(원숙연, 2005; 장영, 2006).

여성의 낮은 조직 내 사회적 지위는 초기 경력단계에서부터 시작된다. 전통적으로 조직은 남성에 의해 구성되어 왔고(Bierema, 1999), 지금도 남성 중심의 문화를 가지고 있다(강혜련 · 조미영, 2007; 박기남, 2001; 이은아, 1999). 조직에 새로 진입한 여성 초기 경력자는 소수자로서 남성 중심의 조직문화에서 소외되기 쉽다(강혜련 · 조미영, 2007; 이은아, 1999; Ibarra, 1993). 이런 상황에서 여성 초기 경력자는 남성에 비해 조직 안에서 학습하고 적응하는 데 있어서 어려움을 겪을 가능성이 크다.

일터에서 인간관계는 개인의 학습과 적응에 필요한 정보와 심리적 지원을 제공함으로써(Higgins, & Kram, 2001; Higgins, & Thomas, 2001; Kram, 1985) 조직사회화를 촉진하는 주요한 요인이 된다. 여성은 일터에서의 비공식적 관계망 형성에서 남성에 비해 불리한 위치에 놓여 있다(Brass, 1985; Ibarra, 1993). 여성의 관계망은 남성의 관계망에 비해 중심성이나 영향력이 떨어지게 되고, 이는 결과적으로 여성이 영향력 있는 정보를 획득하는 데 불리하게 작용한다. 남성 중심 문화와 남성 중심의 관계망에서 배제될 경우 여성은 일터에서 학습하고 적응하는 데 어려움을 갖게 된다(박기남, 2001; 원숙연, 2005; 이은아, 1999; Brass, 1985; Ibarra, 1993).

국내외의 많은 연구들이 일터에서의 대인관계와 조직사회화 사이의 긍정적인 관계를 실증적으로 밝혔다(김한얼 · 이진규, 1993; 김태형 · 신완룡, 1999; 박경규 외, 1999; 윤종록, 1998; 심우정, 2004; 장주희, 2005; Fisher, 1985; Morrison, 2002; Setton & Adkins, 1997). 그러나 선행 연구들에서는 성별에 따른 차이에 크게 주목하지 않았다. 몇몇 국내 문헌에서 성별에 따라 일터에서의 대인관계에 차이가 있고, 여성이 남성들의 관계망으로부터 소외되고 있음을 주장하였다(박기남, 2001; 원숙연, 2005; 이은아, 1999). 하지만 이들은 일터에서의 관계 차이의 양상을 보여주었을 뿐이다. 일터에서의 관계망이 성별에 따라 조직사회화에 어떠한 영향을 미치는지에 대해서는 구체적이고 심층적으로 다루고 있지 않았다. 특히, 고학력 여성 인력 활용의 중요성이 크게 대두하고 있음에도 불구하고, 대졸 여성 초기 경력자를 대상으로 이들이 인간관계를 통해 조직 내에서 어떻게 학습하고 적응하는지를 실증적으로 검토하지는 못하였다.

따라서 이 장에서는 대졸 여성 초기 경력자들의 일터에서의 관계망이 조직에서의 학습 및 적응에 어떠한 영향을 미치는지를 검토한다. 이를 위해 구체적으로 여성의 일터에서의 대인관계의 특성과 기능이 조직에서 학습하고 적응하는 데 어떠한 영향을 미치는지를 남성집단과 비교 분석하여 실증적으로 살펴보고자 한다.

이론적 배경

여성의 대인관계를 통한 조직사회화

조직에 처음 진입한 초기 경력자는 남성이든 여성이든 상관없이 모두 그 조직에서 학습하고 적응하는 과정을 겪게 된다. 이러한 과정을 조직사회화라고 한다(Chao, et al., 1994; Feldman, 1981). 조직사회화에 대한 논의는 오래 전부터 시작되었지만, 그동안 조직사회화에 있어 성별의 차이는 큰 관심의 대상이 아니었다. 그러나 대부분의 조직이 여전히 남성 중심의 문화를 가지고 있는 현실에 비추어 볼 때(강혜련 · 조미영, 2007; 박기남, 2001; 이은아, 1999) 여성과 남성의 조직사회화의 과정은 서로 다른 양상을 보일 가능성이 크다.

실제로, 여성은 남성 주도적인 조직문화에의 적응이 조직사회화에 결정적인 영향을 미치게 된다(강혜련, 1999; 이은아, 1999). 우리나라 대다수의 기업은 여전히 남성의 수, 특히 남성 상급자의 수가 많고 남성 중심의 문화를 가지고 있다(강혜련 · 조미영, 2007; 이은아, 1999). 남성들이 만들어낸 조직문화는 결국 남성 중심의 권력구조를 강화시키는 기제가 된다(Bierema, 1999). 이에 따라 여성은 남성 중심의 조직문화 속에서 남성에 비해 더 큰 어려움을 겪게 된다.

조직에 대한 학습과 적응은 비형식적이고 비공식적이며 맥락적으로 이루어지는 경향이 강하다(Holton Ⅲ, 1996). 특히, 초기 사회화 과정은 주변 사람들이 자신이 무엇을 어떻게 할지를 바라는가에 대한 정확한 이해가 필요하며, 이때 주변 인물, 즉 중개자의 역할이 중요하다. 상사나 부하 또는 동료 등과의 인간관계는 비공식적인 상황에서 자연스럽게 조직에 대해 학습하고 적응하는 기회로 작용한다(장원섭 · 장지현 · 유지은, 2006). 신참자와 기존 구성원의 상호작용과 적극적인 쌍방 노력, 상호작용의 빈도가 긍정적 자세 및 사회화 속도에 영향을 미친다(Reichers, 1987).

이런 관계망의 형성을 통한 학습과 적응과정에서 누구를 사회화의 중개자로 선택할 것인가가 매우 중요한 영향을 미치게 된다. 대개는 상사나 고참자가 조직사회화의 중개자가 되는 경우가 많다. 그런데 조직 내 상사가 남성일 가능성이 높다는 점을 고려할 때, 이는 여성들의 사회화 과정에 제약요인으로 작용할 수 있다. 결국, 여성은 상대적으로 비공식적인 관계를 통한 학습에서 남성에 비해 불리하고 남성 중심의 조직에서 학습하고 적응하는 것이 쉽지 않게 된다(Brass, 1985; McGuire, 2002; Ibarra, 1993, 1995).

해외의 실증적 연구 결과들은 그런 가능성을 확인시켜준다. 기업들은 조직사회화 전략으로 공식적 오리엔테이션, 연수원 훈련, 동료 관계, 멘토나 후원자, 상사, 동료들과의 일상적 상호작용, 일과 관련된 사람들과의 사회적 활동, 출장 등을 활용한다(Louis, et al., 1983). 이 가운데 동료, 상사 등과의 상호작용이 가장 중요한 사회화 지원 요소로 나타난다(Louis, et al., 1983; Posner & Powell, 1985; Nelson & Quick, 1991). 특히 직속 상사나 멘토 등은 여성이 남성에 비해 쉽게 활용할 수 있는 전략이다. 그러나 이런 조직사회화 전략에 있어서 여성이 남성에 비해 그 가용성과 도움 정도에서 낮은 수준을 보인다고 보고된다(Posney & Powell, 1985). 즉, 여성의 경우 멘토 관계의 형성이 남성에 비해 어려우며(원숙연, 2005; Ibarra, 1993; Noe, 1988; Ragins & Cotton, 1991), 상사와의 관계에 있어서도 동일한 성별을 내 집단으로 분류하여 남성 상사의 경우 남성 부하 직원과의 상호작용이 더욱 두드러지게 된다(원숙연, 2005; Noe, 1988). 이러한 성별에 따른 대인관계를 통한 조직사회화 전략의 차이가 결과적으로 조직에서의 학습과 적응에 영향을 미치게 된다.

여성 초기 경력자의 조직 내 관계망과 학습 및 적응

조직 내에서의 관계망 형성은 초기 경력 여성이 학습하고 적응하는 데 매우 중요하게 작용한다. Bierema(1999)에 따르면, 초기 경력기의 여성은 일반적으로 자신의 능력에 대한 충분한 확신을 갖지 못한다. 스스로에 대한 확신보다는 주위 사람들, 특히 권력을 가진 상사 등에게 자신의 능력을 확인받기를 원한다. 이러한 점에서 특히 여성 초기 경력자의 일터에서의 학습에는 관계적 요인이 더욱 중요하게 작용한다고 할 수 있다. 더군다나, 여성 학습이론에 근거하여 볼 때, 여성은 남성에 비해 관계에서 친밀함을 추구하고 관계를 통한 협동적인 학습을 선호한다(Hays, 2001). 한 마디로 여성 초기 경력자의 조직 적응에서 관계 지향적 협동학습은 주요한 기초가 된다.

실증 연구에서도 일터에서의 관계망은 조직에서의 학습과 적응에 유의미한 결과를 가져오는 것으로 나타났다. Morrison(2002)에 따르면, 경력개발과 관련되는 정보관계망에서 밀도와 강도, 지위가 업무숙련과 역할명료성에 유의미한 영향을 나타냈고, 관계망의 크기는 조직의 지식이나 역할명료성에 유의미한 것으로 나타났다. 반면, 심리적 지원과 관계되는 우정관계망에서는 강도가 사회적 통합이나 조직몰입에 유의미한 영향 관계를 보였으며, 크기와 지위는 조직몰입에 유의미한 결과를 보였다. Higgins & Thomas(2001)의 연구에서도 관계망의 지위가 높을수록 더욱 영향력 있는 정보를 제공할 수 있어 조직 적응에 효과적으로 작용하는 것으로 나타났다.

정리하면, 관계망의 크기는 개인이 다양한 사람으로부터 다양한 정보를 얻을 수 있게 한다. 다양한 정보는 경력 발달에 긍정적인 영향을 미칠 수 있다. 또한 일터에서의 여러 사람과의 관계는 조직에 대한 애착과 편안함을 가져와, 조직에 오래 남고, 몰입하도록 한다. 관계망의 지위는 보다 영향력 있는 정보를 얻을 수 있도록 함으로써 역할명료성이나 직무만족에 영향을 줄 수 있다(Ibarra, 1995; Lin, 1982). 관계의 강도는 친밀함을 바탕으로 심리적 안정을 제공할 수 있어 조직소속감에 영향을 줄 뿐만 아니라, 신뢰할 수 있는 정보를 제공하여 직무숙련과 역할수행, 직무만족에 긍정적인 영향을 미칠 수 있다(Burt, 2005).

그런데 문제는 일터에서의 관계망 형성에 있어 여성이 남성에 비해 불리하다는 것이다. 여성의 관계망은 크기가 작고 강한 관계로 구성되는 경향이 있다(Campbell, 1988). 이에 따라 남성에 비해 사회적 관계망을 통해 획득하는 정보의 다양성이 부족하다. 또한 여성의 관계망은 주로 친밀함을 바탕으로 한 강한 연결(strong tie)의 특징을 보인다. 이러한 여성의 관계망과 같이 좁고 강한 연결 관계망은 정보의 중첩을 발생시켜 그렇지 않은 남성의 관계망에 비해 비효율적으로 작용하게 된다(심우정, 2004; 유지은, 2006; Granovetter, 1973; Ibarra, 1993).

다음으로 관계망 구성에 있어서 동질성(homophily)은 한 행위자와 다른 행위자들 간의 유사성 정도로(Ibarra, 1992, 1993), 대부분의 사람들은 자신과 유사한 사람들과 관계망을 형성하려고 한다(김용학, 2004). 사람들은 일터에서 같은 부서에 속하거나, 같은 직무를 하는 사람들과 의사소통이 용이하고, 상호간의 신뢰를 높이기 쉽다(Ibarra, 1993). 따라서 이러한 동질성이 관계망의 결속을 높이는 중요한 요소가 된다(심우정, 2004). 또한 사람들은 같은 성별의 대상과의 사회적 관계를 더욱 선호하는 경향을 보인다(김용학, 2004; Dreher & Cox, 1996; Tsui & O'Reilly, 1989). 성별 동질성을 추구하는 것은 남성 중심의 우리나라 조직에서 여성들에게는 큰 제약요인으로 작용할 수 있다. 실제로 남성 중심의 조직에서 일터에서의 비공식적 관계망은 여성을 배제하고 남성을 중심으로 형성되는 경향이 있다. 직장 밖에서의 사적인 모임을 통해 형성된 남성적 유대는 일터에서의 관계를 돈독히 하는 장치가 되고, 이를 통해 여성은 더욱 배제된다(강혜련 · 조미영, 2007; 이은아, 1999; 정영애, 1996).

마지막으로 일터에서의 관계망에서 지위(status)는 성별 차이에 중요한 영향을 미치는 요인이 된다. 관계망에서 지위는 관계망의 위계에서 차지하고 있는 위치로, 관계망 지위가 높을수록 영향력 있는 정보의 획득은 물론, 정보의 범위가 넓어지게 된다(심우정, 2004; 유지은, 2006; Ibarra, 1995; Lin, 1982). 일반적으로 남성 중심적 조직에서 남성 상급자의 수가 더 많고, 평균적으로 남성의 지위가 여성에 비해 높은 위치에 있다는 점에서 남성이 관계망을 통해 얻는 이익이 더 크다고 볼 수 있다. 물론 초기 경력자의 경우, 성별에 따라 개인이 관계망에서 차지하는 지위에는 큰 차이를 보이지 않는다. 그러나 동일성 선호의 원칙에 따라 성별에 따라 개인이 접촉할 수 있는 대상의 지위에는 차이가 있을 수 있다(Lin, 1982). 조직 내 남성은 성별 동질성 추구에 따라서 여성보다는 남성 초기 경력자와의 관계 형성을 선호하게 된다(김용학, 2004). 이는 곧 여성 초기 경력자는 상대적으로 높은 수준의 사람과 관계를 형성하거나 그러한 관계망에 배제될 수 있음을 의미한다(박기남, 2001; 이은아, 1999; Brass, 1985). 그럴 경우, 이러한 접촉 대상의 지위 차이가 정보의 영향력이나 중심성의 차이를 가져올 수 있고, 여성의 관계망은 남성의 관계망에 비해 가치 있는 정보와 자원, 지지를 받기 어렵게 된다(Brass, 1985; Lin, 1982; McGuire, 2002).

요약하면, 여성은 사회적 관계망 형성에 있어서 불평등한 조직 내부에서 스스로 폐쇄적인 관계망을 만들어냄으로써 장벽을 만들어낸다. 여성은 유유상종을 추구하면서 좁고 닫힌 관계를 형성하기에 제한적이고 비공식적인 관계망을 형성한다. 상층으로 갈수록 여성의 수가 적은 일터 환경에서 여성들과의 유유상종적인 관계 형성은 남성과의 관계망에서 배제됨으로써 승진 및 경력 개발에 필요한 영향력 있는 정보 획득의 어려움을 가져온다(김용학, 2004; 이은아, 1999; Brass, 1985; McGuire, 2002).

이러한 사회적 관계망 구성의 차이는 남성과 여성의 관계망 활용 패턴의 차이를 가져온다(Kirchmeyer, 1998; Nabi, 2001). 남성은 동료나 관계망으로부터 정보획득 등의 도구적인 목적으로 지원을 받는 반면, 여성은 보다 개인적인 친구와 같은 관계를 활용하며, 덜 도구적이라고 나타났다(Nabi, 2001). 즉, 남성은 관계망을 통해 경력지원기능을 더 많이 받는 반면, 여성의 경우는 심리적 지원기능을 더 추구하는 것으로 해석할 수 있다. 또한 여성은 같은 여성집단보다는 남성과의 관계망에 속하는 것이 경력개발이나 승진 등, 즉 경력지원기능에서 더 유리한 것으로 나타났다(김용학, 2004; Brass, 1985; Ibarra, 1992).

결국, 성별에 따른 관계망의 구성과 기능의 차이는 초기 경력자의 학습과 적응에 각기 다른 영향을 미칠 수 있다. 한 마디로 여성의 일터에서의 관계망 형성에 있어서의 불리함은 조직에서 학습하고 적응하는 데 있어서도 부정적인 영향을 미칠 가능성이 크다. 따라서 본 연구에서는 여성의 일터에서의 관계망은 남성과 어떠한 차이를 갖는지, 그리고 이러한 차이가 각각 학습과 적응에 미치는 영향에 어떠한 차이를 가져오는지를 실증적으로 살펴보고자 한다.

연구방법

연구대상

이 연구는 한국고용정보원과 연세대학교가 공동으로 실시한 '대졸 청년층의 직장생활 적응능력 향상 연구(이하 '한고원-연세대 연구')'의 설문조사 자료를 분석하였다. '한고원-연세대 연구'는 초기 경력자의 직장생활 적응에 영향을 미치는 요인들을 알아보기 위해 전국의 기업을 연구대상으로 설문조사를 실시하였다. 157개의 기업에서 근무하는 1,168명의 대졸 근로자를 조사하였다. 이 가운데 불성실한 응답자, 직장 경력이 5년 이상으로 초기 경력기에 해당하지 않는 자,[2] 그리고 전문대학 졸업자 등 214명을 제외한 905명을 최종 표본으로 삼았다. 결국, 이 연구에서 분석의 대상은 4년제 대학 졸업 이상의 초기 경력자였다.

분석대상의 일반적인 특성은 다음 〈표 10-1〉과 같다. 분석대상 중 남성은 전체 분석대상자 중 70.5%에 해당하는 638명이었고, 여성은 26.7%, 267명이었다. 이들의 연령은 평균 28세로, 30세 미만이 82.5%를 차지했다. 83.6%에 해당하는 784명이 미혼이었고, 최종 학력은 4년제 대학교 출신이 94.7%로 대다수를 이루었다. 분석대상의 95.2%가 정규직이었고, 79.0%가 일반사원이었다. 23.5%만이 이직경험이 있었고, 현 직장에서의 근무연한을 살펴보았을 때, 절반에 가까운 47.6%가 1년 이하의 초기 경력자에 해당하는 것으로 나타났다.

〈표 10-1〉 연구대상의 일반적 특성

구 분		응답자 수(명)	구성비(%)
성별	남성	638	70.5
	여성	267	29.5
연령	25세 이하	73	8.1
	26~30세	673	74.4
	31세 이상	159	17.6
혼인상태	미혼	784	83.6
	기혼	121	13.4
최종학력	4년제 대학교	857	94.7
	대학원	48	5.3
고용형태	정규직	862	95.2
	비정규직	43	4.8
직급	사원	715	79.0
	대리 이상	190	21.0
현 직장 근무연한	1년 이하	431	47.6
	1년 초과~3년 이하	361	39.9
	3년 초과~5년 이하	113	12.5
이직경험	유	213	23.5
	무	692	76.5
합 계		905	100

조사도구

조사에 사용된 설문지는 크게 응답자의 기본정보와 일반사항, 현 직장에서의 생활과 학습, 이전 직장생활의 네 부분으로 구성되었다(표 10-2 참조). 본 연구에서는 현 직장에서의 일터에서의 관계와 학습 및 적응을 살펴보았기 때문에 이전 직장생활에 대한 부분은 연구에 활용되지 않았다. 응답자의 기본정보에서는 본 연구의 핵심 주제인 성별에 대한 정보가 포함되어 있다. 그 밖에 연령과 혼인 여부와 같은 개인의 인구통계학적 특성을 물었다. 일반 사항 중에서는 적응에 영향을 미칠 수 있는 개인의 심리사회적 특성을 물어보는 문항이 포함되어 있다. 현 직장에서의 생활과 학습 영역에서는 개인의 고용형태, 직급, 직무 등과 같은 기본 정보와, 교육활동에 대한 문항으로 구성되어 있다. 조직적응에 관해서는 24개의 세부 문항으로 이루어져 있었고, 요인분석과 신뢰도 분석을 통해 종속변수로 변수화하였다. 교육활동 문항 중에서 이 연구에서는 현 직장 내에서 대인관계를 통한 학습경험을 주요 독립변수로 살펴보았다.

〈표 10-2〉 조사도구의 구성

구 분	내 용
응답자 기본정보	인구통계학적 특성(성별, 출생연도, 혼인상태 등)
I. 일반사항	가족 수, 가족 소득, 부모 학력, 본인 학력, 학부 재학, 대학 재학 중 생활, 심리사회적 특성(대인관계능력, 자기관리능력, 적합성, 개방성 등)
II. 현 직장에서의 생활과 학습	현 직장생활(구인정보 경로, 근무기간, 월평균 임금, 소득만족도, 고용형태, 직무, 직급, 근로시간, 학력일치도, 전공일치도, 조직적응), 현 직장 학습경험(공식적 교육 경험, 비공식적 교육 경험), 직업기초능력, 이직 경험 등
III. 이전 직장생활	이직사유, 이전 직장생활(구인정보 경로, 근무기간, 월평균 임금, 소득만족도, 고용형태, 직무, 직급, 근로시간, 학력일치도, 전공일치도) 등

분석방법

이 연구에서는 여성과 남성 각 성별집단에 따라 조직에서의 학습과 적응에 영향을 미치는 요인의 차이를 살펴보기 위해 다중회귀분석 방법을 사용하였다[3]. 이 분석에서 종속변수는 조직에서의 학습(역할명료성, 조직가치수용)과 적응(직무만족, 조직몰입, 이직의도)의 두 영역으로 구분하여 분석하였다.[4] 독립변수로는 일터에서의 관계 특성과 기능, 현 직장 특성, 그리고 개인의 심리사회적 특성 등을 사용하였다(표 10-3 참조). 일터에서의 관계 특성 변수의 경우, Higgins & Kram(2001), Morrison(2002), 심우정(2004) 등에서 제시한 개인의 경력개발과 심리적 지원에 영향을 주는 관계망들의 특성에 기초하여 크기, 지위, 동질성, 접촉빈도, 친밀도 변수를 추출하였다. 일터에서의 관계기능 변수는 요인분석을 통해 경력개발기능과 심리적 지원기능의 두 변수가 추출되었다.

학력은 일반적인 개인 특성 변수로 고려되지만, 이 연구에서는 대학 졸업 이상의 학력을 가진 집단을 연구대상으로 상정하였기에 개인의 학력 변수는 큰 차이를 보이지 않았으며, 따라서 최종 분석에서 고려하지 않았다. 개인 특성 변수 중 혼인유무와, 현 직장에서의 특성 변수 중 고용형태의 경우에도 응답자의 90% 이상이 미혼이고, 정규직인 것으로 나타나 연구대상에 큰 차이를 보이지 않았다. 따라서 혼인유무와 고용형태의 변수도 최종 분석에서 제외하였다.

〈표 10-3〉 변수의 구성 및 특성

변수	문항 수	변수유형	세부사항
종속변수			
학습 및 적응 변수			
역할명료성	5	연속	5점 척도, 요인분석, 문항 간 평균값, 신뢰도 0.758
조직가치수용	4	연속	5점 척도, 요인분석, 문항 간 평균값, 신뢰도 0.734
직무만족	6	연속	5점 척도, 요인분석, 문항 간 평균값, 신뢰도 0.865
조직몰입	5	연속	5점 척도, 요인분석, 문항 간 평균값, 신뢰도 0.874
이직의도	2	연속	5점 척도, 요인분석, 문항 간 평균값, 신뢰도 0.750
독립변수			
일터에서의 관계 특성			
관계망 크기	1	연속	
관계망 지위®	1	연속	1=높음, 2=같음, 3=낮음 각각 역으로 코딩 후 합산 평균
관계망 동질성_구조	3	연속	동일=1, 다름=0 각각 코딩 후 합산 평균, 요인분석, 신뢰도 0.752
관계망 동질성_업무	1	연속	5점 척도
관계망 동질성_성별	1	더미	동일=1, 다름=0
관계망 접촉빈도	1	연속	5점 척도
관계망 친밀도	1	연속	5점 척도
일터에서의 관계 기능			
경력개발기능	9	연속	5점 척도, 요인분석, 문항 간 평균값, 신뢰도 0.914
심리적 지원기능	5	연속	5점 척도, 요인분석, 문항 간 평균값, 신뢰도 0.854
현 직장 특성			
학력일치도	1	더미	불일치=0, 일치=1
소득만족도	1	연속	5점 척도
전공일치도	1	연속	5점 척도
주당 평균 근로시간	1	연속	
근무연한	1	연속	총 개월 수로 환산
개인의 심리사회적 특성			
대인관계능력	5	연속	5점 척도, 요인분석, 문항 간 평균값, 신뢰도 0.829
자기관리능력	5	연속	5점 척도, 요인분석, 문항 간 평균값, 신뢰도 0.776
적합성	5	연속	5점 척도, 요인분석, 문항 간 평균값, 신뢰도 0.792
개방성	5	연속	5점 척도, 요인분석, 문항 간 평균값, 신뢰도 0.758

연구 결과

기술통계분석 및 t-test 분석 결과

본 분석에 들어가기에 앞서, 일터에서의 관계망 변수에 대한 기술통계분석을 실시하였다. 또한 여성과 남성 초기 경력자의 일터에서의 사회적 관계망 구성에 차이가 있는지를 검증하기 위하여 t-test 분석을 실시하였다. 기술통계분석과 t-test 결과는 〈표 10-4〉와 같다.

〈표 10-4〉 성별에 따른 일터에서의 관계 구성 및 특성의 기술통계 및 t-test 결과

구 분	성별	N	평균	표준편차	t	유의확률
관계망 크기	여	267	3.4246	2.0962	2.9857*	0.003
	남	638	3.8994	2.3727		
관계망 지위®	여	267	2.4992	0.3861	1.9636*	0.050
	남	638	2.5562	0.4267		
관계망 동질성_구조	여	267	0.6189	0.2852	4.9298*	0.000
	남	638	0.7233	0.2928		
관계망 동질성_업무	여	267	3.8516	1.0097	3.1382*	0.002
	남	638	4.0831	1.0127		
관계망 동질성_성별	여	267	0.5613	0.3536	14.8560*	0.000
	남	638	0.9055	0.2091		
관계망 접촉빈도	여	267	3.9874	1.1428	−0.1618	0.871
	남	638	3.9729	1.2600		
관계망 친밀도	여	267	4.3503	0.5384	−2.7766*	0.006
	남	638	4.2320	0.6817		
경력개발기능	여	267	3.5171	0.5779	1.6418	0.101
	남	638	3.5882	0.5999		
심리적 지원기능	여	267	3.9779	0.5564	−4.3510*	0.000
	남	638	3.7947	0.5865		

*p<.05

먼저 일터에서의 관계망 크기를 살펴본 결과, 남성과 여성집단의 차이는 유의수준 0.05에서 유의미한 차이가 나타났다. 남성의 경우가 일터에서 도

움을 받는 사람의 수를 의미하는 관계망의 범위에 있어 평균 3.90으로 여성의 평균 3.42보다 큰 것으로 나타났다. 관계망의 동질성과 관련하여 구조와 업무, 성별 동질성에 대한 성별집단 간의 차이 또한 유의미했다. 남성의 경우 구조와 업무, 성별에 대한 동질성이 여성보다 높았다. 관계망의 지위에 있어서도 남녀집단 간의 차이가 유의미하게 나타났다. 반면, 관계망의 접촉빈도에 대한 남녀집단 간에는 유의미한 차이가 나타나지 않았지만, 성별에 따른 관계망의 친밀도 차이에 대해서는 0.05 수준에서 유의미한 것으로 나타났다.

다음으로 일터에서의 관계망 기능에 대해서는 경력개발기능과 심리적 지원기능 중 심리적 지원기능만이 0.05 수준에서 유의미한 결과를 보였다. 심리적 지원기능은 여성이 남성에 비해 통계적으로 유의미하게 더 높은 평균값을 나타내었다(여성: M=3.98, 남성: M=3.79). 이는 일터에서의 관계를 통해 여성들은 높은 심리적 지원기능을 얻는 것으로 해석할 수 있다.

학습영역 다중회귀분석 결과

:: 역할명료성

먼저 조직에서의 학습 영역 중의 하나인 역할명료성에 대한 다중회귀분석 결과는 다음 〈표 10-5〉와 같다. 모형 1은 개인의 현 직장 특성 변수와 심리사회적 변수만을 투입한 경우이다. 여성 초기 경력자의 경우, 이 모형에서 개인의 현 직장 특성 변수인 학력일치($p<0.05$)와 근무연한($p<0.1$)만이 유의미한 것으로 나타났다. 그러나 남성 초기 경력자에게서는 개인의 현 직장 특성 변수는 유의미하지 않게 나타났다. 즉, 여성 초기 경력자의 경우 역할이 학력수준에 적합할수록, 그리고 근무연수가 길어질수록 역할명료성은 높아짐을 알 수 있다. 개인의 심리사회적 특성 변수 중에서는 대인관계능력($p<0.001$)과 자기관리능력($p<0.001$)에서 유의미한 결과를 나타내었다. 남

성의 경우에는 대인관계능력과 자기관리능력 외에도 적합성 또한 모두 p< 0.001 수준에서 역할명료성에 유의미한 영향을 나타내었다.

〈표 10-5〉 역할명료성에 대한 다중회귀분석 결과

구 분	여			남		
	모형 1	모형 2	모형 3	모형 1	모형 2	모형 3
(상수)	1.665***	1.777***	1.800***	1.389***	1.366***	1.416***
학력일치	0.103*	0.099*	0.098*	0.004	0.006	0.008
소득만족도	−0.007	−0.009	−0.010	0.008	0.009	0.010
전공일치	0.001	0.001	0.003	0.008	0.006	0.006
주당 평균 근로시간	0.001	0.002	0.002	0.002	0.001	0.001
근무연한	0.002+	0.003*	0.003*	0.001	0.001	0.001
대인관계능력	0.210***	0.210***	0.214***	0.088***	0.090***	0.095***
적합성	0.060	0.052	0.050	0.210***	0.212***	0.216***
자기관리능력	0.186***	0.186***	0.186***	0.222***	0.214***	0.213***
개방성	−0.010	−0.006	−0.006	0.014	0.014	0.015
관계망 크기		0.003	0.003		−0.003	−0.002
관계망 지위®		0.001	−0.013		0.024	0.032
관계망 동질성_구조		0.017	−0.001		−0.108+	−0.102+
관계망 동질성_업무		0.016	0.014		0.036*	0.036*
관계망 동질성_성별		0.029	0.037		−0.012	−0.004
관계망 접촉빈도		−0.009	−0.009		−0.010	−0.009
관계망 친밀도		−0.038	−0.041		−0.004	0.011
경력개발기능			0.041			−0.025
심리적 지원기능			−0.031			−0.025
R 제곱	0.330	0.336	0.339	0.391	0.402	0.406
수정된 R 제곱	0.307	0.294	0.291	0.383	0.386	0.388
F	14.088	7.922	7.065	44.879	26.051	23.483
N	267	267	267	638	638	638

+p<.10, *p<.05, **p<.01, ***p<.001

모형 2는 모형 1에서 일터에서의 관계망 구성 및 특성 변수를 추가한 모형이고, 모형 3은 일터에서의 관계망 기능 변수를 추가적으로 투입한 경우의 모형이다. 그러나 여성 초기 경력자의 경우 모형 2와 3에 추가된 변수에서 유의미한 변수가 나타나지 않았다. 즉, 여성 초기 경력자의 경우 일터에서의 관계 변수는 역할명료성에 유의미한 영향을 미치지 못하는 것으로 볼 수 있다. 그보다는 개인의 대인관계능력(β=.214)이나 자기관리능력(β=.186)이 역할명료성에 유의미한 영향을 보였다.

반면, 남성 초기 경력자집단은 여성 초기 경력자집단과 큰 차이를 보였다. 모형 2에서 추가로 일터에서의 관계 구성 및 특성 변수를 투입하였을 때, 남성집단에서 일터에서의 관계망의 구조적 동질성과($p<0.1$) 업무적 동질성($p<0.05$)이 유의미한 것으로 나타났다. 이 중 같은 직장, 부서, 직종을 의미하는 관계망의 구조적 동질성은 역할명료성에 부정적인 영향을 미치는 것으로 나타났다. 이러한 부정적 영향 관계는 남성 초기 경력자가 같은 직장, 부서, 직종에 속하는 사람들과 관계를 형성하는 것은 오히려 역할이 중복되고, 자신만의 역할 정체성이 확립되지 못할 수 있음을 의미한다. 즉, 관계망 내에서 지나친 구조적 동질성은 오히려 개개인의 역할 구분을 모호하게 하는 요인이 될 수 있다. 또한 업무적 동질성이 높을수록 남성 초기 경력자의 역할명료성에 긍정적인 영향을 미치는 것으로 나타났다. 이는 남성 초기 경력자의 경우 구조적인 동질성보다는 업무수행상 동질성을 추구하는 것이 역할명료성에는 더 유리하게 작용함을 의미한다. 그러나 이러한 결과는 남성 초기 경력자에 한해서만 유의미하게 나타났다. 마지막으로 남성 초기 경력자의 경우, 일터에서의 관계 기능 변수를 투입한 모형 3에서 유의미한 변수는 나타나지 않았다.

이상의 여성과 남성 초기 경력자집단의 결과를 비교해 보았을 때, 여성 초기 경력자의 경우에서는 일터에서의 관계가 역할명료성에 유의미한 영향을 갖지 못한 반면, 남성 초기 경력자에게 일터에서의 관계는 관계망의 구조적 동질성과 업무적 동질성에서 유의미한 결과를 보였다. 설명력에 있어서는 여성의 경우 33.9%, 남성의 경우 40.6%로 6.7% 정도의 설명력 차이를 보였다.

:: 조직가치수용

다음으로 조직에서의 학습 영역으로 조직가치수용에 대한 다중회귀분석 결과는 다음 〈표 10-6〉과 같다. 조직가치수용은 조직에 대한 학습과 이해의 증가로 조직에 대한 소속감이 높아지는 것을 의미한다.

〈표 10-6〉 조직가치수용에 대한 다중회귀분석 결과

구 분	여			남		
	모형 1	모형 2	모형 3	모형 1	모형 2	모형 3
(상수)	0.411	0.518	0.621+	0.592**	0.399+	0.436+
학력일치	0.047	0.048	0.048	0.048	0.050	0.047
소득만족도	0.026	0.024	0.022	0.067***	0.066***	0.065***
전공일치	0.017	0.016	0.019	−0.015	−0.015	−0.013
주당 평균 근로시간	0.004	0.004	0.004	−0.002	−0.002	−0.002
근무연한	0.000	0.000	0.000	−0.001	−0.001	−0.001
대인관계능력	0.163**	0.163**	0.159**	0.222***	0.213***	0.211***
적합성	0.322***	0.323***	0.326***	0.370***	0.359***	0.358***
자기관리능력	0.164**	0.153**	0.163**	0.098*	0.099*	0.098*
개방성	0.076*	0.077*	0.080*	0.067*	0.072*	0.073*
관계망 크기		0.008	0.008		0.009	0.008
관계망 지위®		0.021	0.012		0.043	0.033
관계망 동질성_구조		0.028	0.013		−0.002	−0.024
관계망 동질성_업무		−0.010	−0.010		−0.013	−0.014
관계망 동질성_성별		0.045	0.051		0.016	0.013
관계망 접촉빈도		−0.025	−0.024		0.020	0.019
관계망 친밀도		−0.011	0.012		0.014	0.020
경력개발기능			0.008			0.053
심리적 지원기능			−0.062			−0.050
R 제곱	0.440	0.446	0.449	0.437	0.442	0.444
수정된 R 제곱	0.420	0.410	0.409	0.429	0.428	0.428
F	22.408	12.556	11.216	54.120	30.740	27.441
N	267	267	267	638	638	638

+p<.10, *p<.05, **p<.01, ***p<.001

조직가치수용 변수의 경우 여성 초기 경력자의 경우에는 현 직장 특성 변수 중에서는 어떠한 변수도 유의미한 결과를 보이지 않았다. 심리사회적 특성변수 중에서는 대인관계능력(p<0.01)과 적합성(p<0.001), 자기관리능력

($p<0.01$), 개방성($p<0.05$) 모두에서 유의미한 결과를 보였다. 이 중에서도 조직과 직무에 대한 이해와 적합도($\beta=.322$)가 조직가치수용에 큰 영향을 주는 것으로 나타났다. 반면 남성 초기 경력자의 경우, 개인 특성 변수 중 소득만족도($p<0.001$)가 유의미한 영향력을 나타내었다. 즉, 소득에 대한 만족도가 높을수록 조직에 대한 학습 및 이해 정도가 높게 나타남을 의미한다. 개인의 심리사회적 특성 변수는 모두 여성집단과 마찬가지로 유의미한 것으로 나타났다(대인관계능력: $p<0.001$, 적합성: $p<0.001$, 자기관리능력: $p<0.05$, 개방성: $p<0.05$ 수준에서 유의미함).

모형 2와 3에서 일터에서의 관계의 특성 및 기능 변수를 추가적으로 투입하였을 때, 일터에서의 관계 변수에 대해서는 여성과 남성 초기 경력자 모두에게서 어떠한 변수도 유의미하지 않은 결과를 보였다. 그럼에도 모형의 설명력에 있어서는 여성의 경우 44.9%, 남성의 경우 44.4%로 비교적 높은 설명력을 보였다. 이는 조직 가치에 대한 이해와 학습은 일터에서의 관계보다는 개인적인 특성에 의해, 그 중에서도 조직 내 개인의 대인관계능력이나 조직 및 직무와의 적합성과 같은 개인의 심리사회적 특성에 의해 설명될 수 있는 부분임을 의미한다.

적응 영역 다중회귀분석 결과

:: 직무만족

초기 경력자의 조직에서의 적응 영역으로 직무만족에 대한 다중회귀분석 결과는 다음 〈표 10-7〉과 같다. 개인의 현 직장 특성 변수와 심리사회적 변수만을 투입한 모형 1에서, 여성 초기 경력자의 경우에서는 학력일치($p<0.001$)와 전공일치($p<0.1$), 적합성($p<0.001$), 자기관리능력($p<0.01$), 개방성($p<0.05$)이 직무만족에 유의미한 영향을 나타내었다. 이 중에서도 학력일치($\beta=.348$)와 적합성($\beta=.354$)이 직무만족에 큰 영향을 보였다. 본인이 맡은 직무와 학력

〈표 10-7〉 직무만족에 대한 다중회귀분석 결과

구 분	여			남		
	모형 1	모형 2	모형 3	모형 1	모형 2	모형 3
(상수)	0.343	0.593	0.662	0.399*	0.129	0.088
학력일치	0.348***	0.344***	0.340***	0.202***	0.206***	0.207***
소득만족도	0.042	0.047	0.045	0.059**	0.060**	0.060**
전공일치	0.042*	0.040*	0.047*	0.052***	0.053***	0.052***
주당 평균 근로시간	-0.001	-0.002	-0.002	-0.001	0.000	0.000
근무연한	0.002	0.002	0.002	-0.002*	-0.003*	-0.003*
대인관계능력	0.096	0.062	0.076	0.113**	0.086*	0.085*
적합성	0.354***	0.309***	0.300***	0.536***	0.502***	0.500***
자기관리능력	0.203**	0.193**	0.190**	0.069	0.065	0.066
개방성	0.098*	0.098*	0.099*	0.056+	0.064*	0.063*
관계망 크기		0.034**	0.034**		0.034***	0.034***
관계망 지위®		-0.078	-0.122		0.087*	0.088*
관계망 동질성_구조		0.151	0.090		-0.002	0.008
관계망 동질성_업무		0.060+	0.056+		-0.032	-0.031
관계망 동질성_성별		-0.018	0.006		-0.012	-0.014
관계망 접촉빈도		-0.053+	-0.051+		0.017	0.017
관계망 친밀도		0.022	0.010		0.044+	0.034
경력개발기능			0.135*			-0.018
심리적 지원기능			-0.096			0.038
R 제곱	0.496	0.531	0.540	0.510	0.533	0.533
수정된 R 제곱	0.479	0.501	0.507	0.503	0.521	0.520
F	28.131	17.663	16.195	72.547	44.245	39.301
N	267	267	267	638	638	638

+p<.10, *p<.05, **p<.01, ***p<.001

이 일치할 때, 그리고 스스로가 적합하다고 여기는 정도가 높을 때 직무만족이 높은 것을 알 수 있다.

반면, 남성 초기 경력자집단의 경우, 개인의 현 직장 특성 변수에서 주당 평균 근로시간을 제외한 나머지 변수인 학력일치(p<0.001), 소득만족도(p<0.01), 전공일치(p<0.001), 근무연한(p<0.05)이 직무만족에 유의미한 영향력을 갖는 것으로 나타났다. 근무연한의 경우 직장에서의 근무기간이 길어질수록 오히려 직무만족은 떨어지는 것으로 나타났는데, 이는 같은 직무에 대한 반복

적 수행이 오히려 직무에 대한 만족을 떨어뜨리는 것으로 해석할 수 있다. 개인 특성 변수인 심리사회적 변수 중 대인관계능력($p<0.01$)과 적합성($p<0.001$), 개방성($p<0.1$) 변수 또한 유의미한 영향 관계를 보였다.

일터에서의 관계 구성 및 특성 변수를 추가적으로 투입한 모형 2에서 여성 초기 경력자의 경우에는 관계망의 크기($p<0.01$), 관계망의 업무적 동질성($p<0.1$), 관계망의 접촉빈도($p<0.1$)가 직무만족에 유의미한 결과를 보였다. 관계망의 크기가 커질수록, 그리고 관계망을 구성하는 사람들과 유사한 업종을 수행할수록 직무만족에는 긍정적인 영향을 나타내었다. 흥미로운 점은 접촉빈도가 높아질수록 오히려 직무만족이 떨어지는 것으로 나타났다는 점이다. 이는 관계망의 접촉빈도가 질적으로 긍정적인 영향을 주지 않음을 시사한다. 즉, 관계망의 단순 접촉 횟수보다는 질적인 측면에서 긍정적 접촉의 내용이 중요하게 작용할 수 있다.

그러나 남성 초기 경력자집단에서는 여성과는 다른 양상을 보였다. 남성 초기 경력자의 경우, 관계망의 크기($p<0.001$), 관계망 지위($p<0.05$), 관계망 친밀도($p<0.1$)가 유의미한 영향을 나타내었다. 즉, 남성 초기 경력자의 경우에는 관계망의 크기가 커질수록, 그리고 관계망을 구성하는 사람들과의 관계가 친밀하고, 지위가 높을수록 직무만족에는 긍정적인 영향을 나타내었다.

마지막으로 일터에서의 관계기능을 추가하였을 때, 여성에게는 경력개발기능($p<0.05$)이 직무만족에 유의미한 영향력을 갖는 것으로 나타났다. 이는 여성 초기 경력자의 경우 경력에 대한 조언과 보호와 같은 직무수행과 관련된 지원활동이 직무만족에 긍정적인 영향을 미친다고 해석할 수 있다. 반면 남성집단에서는 관계망의 기능 변수에 대해서는 유의미한 결과를 보이지 않았다. 또한 모형 2에서 유의미했던 관계망 친밀성 변수는 모형 3에서는 통계적으로 유의미하지 않은 것으로 나타났다.

이상의 여성과 남성 초기 경력자집단의 결과를 비교해 보았을 때, 여성 초기 경력자의 경우에서는 관계망의 크기와 업무적 동질성, 관계망 접촉빈도의 일터에서의 관계 구성 및 특성 변수가, 일터에서의 관계기능 중에서 경력개발기능이 직무만족에 유의미한 영향을 나타내었다. 반면, 남성 초기 경력자의 경우에는 관계망의 크기와 지위만이 유의미한 결과를 보였다. 최종 모형의 설명력에 있어서는 여성의 경우 54.0%, 남성의 경우 53.3%로 큰 차이를 보이지 않았다.

:: 조직몰입

조직몰입에 대한 성별집단에 따른 다중회귀분석 결과는 다음 〈표 10-8〉

〈표 10-8〉 조직몰입에 대한 다중회귀분석 결과

구 분	여			남		
	모형 1	모형 2	모형 3	모형 1	모형 2	모형 3
(상수)	0.403	0.442	0.320	0.601**	0.639*	0.606*
학력일치	0.230**	0.232**	0.231**	0.169**	0.167**	0.169**
소득만족도	0.228***	0.226***	0.227***	0.261***	0.263***	0.265***
전공일치	0.021	0.023	0.022	0.001	0.000	−0.002
주당 평균 근로시간	−0.011**	−0.012**	−0.012**	−0.011***	−0.011***	−0.011***
근무연한	0.000	0.001	0.001	−0.006***	−0.005***	−0.005***
대인관계능력	0.092	0.073	0.085	0.139***	0.125**	0.126**
적합성	0.412***	0.365***	0.357***	0.530***	0.512***	0.513***
자기관리능력	0.171*	0.171*	0.156+	−0.020	−0.012	−0.011
개방성	0.042	0.044	0.041	0.037	0.039	0.038
관계망 크기		0.030*	0.029+		0.020*	0.021**
관계망 지위®		−0.020	−0.025		0.006	0.016
관계망 동질성_구조		0.357*	0.355*		0.067	0.089
관계망 동질성_업무		0.011	0.009		0.000	0.001
관계망 동질성_성별		0.012	0.012		−0.018	−0.014
관계망 접촉빈도		−0.031	−0.031		0.004	0.005
관계망 친밀도		0.001	−0.037		−0.025	−0.029
경력개발기능			0.043			−0.052
심리적 지원기능			0.052			0.047
R 제곱	0.487	0.512	0.516	0.554	0.561	0.562
수정된 R 제곱	0.469	0.481	0.481	0.548	0.550	0.550
F	27.065	16.403	14.685	86.825	49.676	44.191
N	267	267	267	638	638	638

+p<.10, *p<.05, **p<.01, ***p<.001

과 같다.

모형 1은 개인의 현 직장 특성 변수와 심리사회적 변수만을 투입한 경우이다. 여성 초기 경력자의 경우, 조직몰입에 영향을 미치는 개인의 현 직장 특성 변수에서 학력일치($p<0.01$), 소득만족도($p<0.001$), 주당 평균 근로시간($p<0.01$)이 유의미한 것으로 나타났다. 이 중에서 주당 평균 근로시간은 조직몰입에 부정적인 영향을 미치는 것으로 나타났는데, 이는 주당 평균 근로시간이 길어질수록 조직에 대한 몰입도가 떨어진다고 해석할 수 있다. 개인 특성 변수인 심리사회적 변수 중에서는 적합성($p<0.001$)과 자기관리능력($p<0.05$)에서 유의미한 결과를 나타내었다. 특히 개인 스스로 느끼는 조직과 개인 사이의 적합성은 조직몰입에 큰 영향을 미치는 변수($\beta=.412$)로 나타났다.

남성집단의 경우, 이 모형에서 개인의 현 직장 특성 변수에서 여성 초기 경력자와 마찬가지로 학력일치($p<0.01$), 소득만족도($p<0.001$), 주당 평균 근로시간($p<0.001$)이 조직몰입에 유의미한 영향력을 갖는 것으로 나타났다. 또한 여성집단의 경우와는 달리 근무연한($p<0.001$)도 통계적으로 유의미했는데, 근무연한이 길어질수록 조직몰입에는 부정적인 영향을 미치는 것으로 나타났다. 대인관계능력과 적합성 변수 또한 $p<0.001$ 수준에서 유의미한 영향관계를 보였으며, 적합성 변수의 경우 그 영향 정도가 크게 나타났다($\beta=.530$).

모형 2에서 추가로 일터에서의 관계 구성 및 특성 변수를 투입하였을 때, 여성 초기 경력자집단에서 관계망의 크기와 관계망의 구조적 동질성이 $p<0.05$ 수준에서 유의미한 것으로 나타났다. 특히 같은 직장이나 같은 부서, 같은 직종에 있다는 구조적 동질성이 조직몰입에 상대적으로 큰 영향을 미치는 것으로 볼 수 있다($\beta=.357$). 그러나 모형 3에서 일터에서의 관계기능 변수를 추가한 경우, 일터에서의 관계기능은 유의미한 결과를 보이지 않았다.

남성 초기 경력자의 경우 일터에서의 관계 변수가 추가된 모형 2와 3에서 개인의 특성변수에 대한 유의미한 영향 관계는 차이를 보이지 않았다. 모형 2의 경우 일터에서의 관계 구성 및 특성 변수 중에서 관계망의 크기($p<0.05$)만이 유의미한 것으로 나타났고, 그 외의 변수들에서는 유의미한 값을 보이지 않았다. 즉, 관계망의 크기는 개인의 조직에 대한 이해를 높여 몰입할 수 있도록 하는 중요한 변수가 된다. 그러나 일터에서의 관계기능 변수를 추가적으로 투입한 모형 3의 경우에는 유의미한 결과가 나타나지 않았다.

이상의 여성과 남성 초기 경력자집단의 결과를 비교해 보았을 때, 여성 초기 경력자의 경우에서는 관계망의 크기와 구조적 동질성만이 조직몰입에 유의미한 영향을 나타내었다. 반면, 남성 초기 경력자의 경우에는 관계망의 크기만이 유의미한 결과를 보였다. 최종 모형의 설명력은 여성의 경우 51.6%, 남성의 경우 56.2%로 남성집단에서 4.6% 정도 높았다.

:: 이직의도

적응 영역 변수 중 마지막으로 살펴본 것은 이직의도이다. 이직의도 감소에 대한 남녀집단별 다중회귀분석 결과는 〈표 10-9〉와 같다. 여성 초기 경력자의 경우, 개인의 특성 변수 중 오직 학력일치($p<0.001$, $\beta=.353$)와 소득만족도($p<0.001$, $\beta=.247$)만이 유의미한 영향력을 갖는 것으로 나타났으며, 나머지 변수들에서는 유의미한 결과가 도출되지 않았다. 이와는 달리 남성 초기 경력자의 경우 전공일치를 제외한 개인의 현 직장에서의 특성 변수는 이직의도에 유의미한 영향력을 갖고 있는 것으로 나타났다(학력일치: $p<0.005$, 소득만족도: $p<0.001$, 주당 평균 근로시간: $p<0.001$, 근무연한: $p<0.01$). 심리사회적 특성 변수 중에는 여성은 적합성($p<0.01$)만이, 남성은 대인관계능력($p<0.1$)과 적합성($p<0.0001$)만이 유의미한 결과를 보였다. 남녀 초기 경력자 모두 조직과 직무에 대한 이해와 적합도가 이직의도를 감소시키는 데 큰 영향을 갖는 것으로 나타났다(여성: $\beta=.293$, 남성: $\beta=.513$).

〈표 10-9〉 이직의도 감소에 대한 다중회귀분석 결과

구 분	여			남		
	모형 1	모형 2	모형 3	모형 1	모형 2	모형 3
(상수)	1.741**	1.814**	2.128**	1.063**	0.658	0.645
학력일치	0.353***	0.382***	0.382***	0.160*	0.161*	0.170*
소득만족도	0.247***	0.249***	0.245***	0.245***	0.243***	0.248***
전공일치	0.001	−0.001	0.005	0.008	0.006	0.002
주당 평균 근로시간	−0.005	−0.006	−0.006	−0.011**	−0.011**	−0.011***
근무연한	−0.002	−0.002	−0.002	−0.006**	−0.006**	−0.006**
대인관계능력	−0.107	−0.093	−0.112	0.110+	0.078	0.088
적합성	0.293**	0.295**	0.308**	0.513***	0.474***	0.483***
자기관리능력	0.055	0.050	0.083	−0.020	−0.009	−0.007
개방성	−0.076	−0.097	−0.089	−0.081	−0.067	−0.069
관계망 크기		0.025	0.026		0.036**	0.038**
관계망 지위®		0.041	0.026		0.086	0.120+
관계망 동질성_구조		0.193	0.165		−0.018	0.043
관계망 동질성_업무		−0.094+	−0.092+		−0.006	−0.005
관계망 동질성_성별		−0.197	−0.183		0.132	0.151
관계망 접촉빈도		0.001	0.004		0.059*	0.063*
관계망 친밀도		0.031	0.110		−0.022	−0.012
경력기능_평균			−0.022			−0.159*
심리기능_평균			−0.169			0.081
R 제곱	0.229	0.248	0.261	0.326	0.347	0.353
수정된 R 제곱	0.202	0.200	0.207	0.316	0.331	0.335
F	8.485	5.155	4.858	33.771	20.669	18.799
N	267	267	267	638	638	638

+p<.10, *p<.05, **p<.01, ***p<.001

일터에서의 관계 변수를 추가적으로 투입한 모형 2와 모형 3에서도 여성과 남성 초기 경력자집단 사이에 뚜렷한 차이가 나타났다. 여성집단에서는 일터에서의 관계망의 업무적 동질성(p<0.1)이 유의미한 변수로 나타났다. 여성 초기 경력자에게 있어 관계망의 업무적 동질성은 이직의도 감소에 부정적인 영향을 미치는 것으로 나타났는데, 이는 비슷한 업무를 수행할수록 오히려 이직의도가 높아짐을 나타낸다. 즉, 자신이 하는 업무와 유사한 업무를 수행하는 사람과의 관계는 업무수행의 중첩으로 오히려 자신만의 고유

업무에 대한 자부심을 상실케 할 수 있고, 이에 이직의도를 높일 수 있음을 의미한다. 반면, 남성집단의 경우에는 관계망의 크기($p<0.001$)와 관계망의 접촉빈도($p<0.05$)가 유의미한 영향 관계를 가진 것으로 나타났다. 또한 일터에서의 관계기능 변수를 투입한 모형 3에서는 추가적으로 관계망의 지위($p<0.1$)가 유의미한 영향을 나타내었고, 기능 변수 중 경력개발기능이 $p<0.05$ 수준에서 유의미한 결과를 보였다. 이 중에서 경력개발기능은 이직의도 감소에 긍정적인 영향을 나타낼 것이라는 예상과는 달리 부정적인 영향 관계를 나타내었다. 초기 경력자는 관계망을 통해 경력에 대한 조언과 상담을 받음으로써 자신의 능력에 대해 재인식하게 되고, 보다 체계적인 경력개발을 위해 이직을 결심할 가능성을 생각해 볼 수 있다. 실제로 이철선(2007)의 연구 결과에 따르면 현 직장에서 자신의 경력개발이 어렵다고 판단될 때(35.8%)가 가장 큰 이직사유로 나타났다.

이상의 여성과 남성 초기 경력자집단의 결과를 비교해 보았을 때, 여성 초기 경력자의 경우 관계망의 업무적 동질성만이, 남성 초기 경력자의 경우 관계망의 접촉빈도, 지위, 크기, 경력개발기능이 유의미한 결과를 나타내었다. 최종 모형에 대한 설명력에 있어서는 여성의 경우 26.1%, 남성의 경우 35.3%로 9.2%의 큰 차이를 나타냈다. 여성 초기 경력자집단에서의 낮은 설명력은 여성 초기 경력자의 경우 이직의도를 설명할 수 있는 개인의 특성 변수나 일터에서의 관계 변수 외에 다른 변수들이 이직의도 감소에 영향을 줄 수 있음을 의미한다.

다중회귀분석 결과 비교

이상의 다중회귀분석 결과를 비교해보았을 때, 여성과 남성 초기 경력자의 일터에서의 관계와 학습 및 적응에는 다음 〈표 10-10〉과 같은 차이를 보였다.

〈표 10-10〉 여성과 남성 초기 경력자의 일터에서의 관계와 학습 및 적응 차이

		여성 초기 경력자	남성 초기 경력자
학습영역	역할명료성	(유의미한 변수 없음)	관계망 동질성_구조(-)+ 관계망 동질성_업무*
	조직가치수용	(유의미한 변수 없음)	(유의미한 변수 없음)
적응영역	직무만족	관계망 크기** 관계망 동질성_업무+ 관계망 접촉빈도(-)+ 경력개발기능*	관계망 크기*** 관계망 지위*
	조직몰입	관계망 동질성_구조* 관계망 크기+	관계망 크기**
	이직의도 감소	관계망 동질성_업무+	관계망 크기** 관계망 접촉빈도* 관계망 지위+ 경력개발기능(-)*

+p<.10, *p<.05, **p<.01, ***p<.001

종합적으로, 일터에서의 관계가 학습 및 적응에 미치는 영향은 성별에 따라 차이가 있었다. 특히 역할명료성, 조직가치수용의 학습 영역에서 여성 초기 경력자는 일터에서의 대인관계에 통계적으로 유의미한 영향을 주는 변수가 없었다. 이에 반해 적응 측면에서는 일터에서의 관계가 유의미한 영향 관계를 나타냈다. 즉, 여성 초기 경력자의 관계망은 심리적인 만족과 몰입을 가져올 수 있는 적응 측면을 중심으로 형성되어 있었다(Nabi, 2002).

여성 초기 경력자의 경우, 직무만족과 조직몰입의 적응 영역에서 관계망의 구조적 동질성과 업무적 동질성이 각각 유의미한 결과를 보였다. 이는 여성 초기 경력자가 자신이 속한 조직과 부서, 직종 안에서, 혹은 같은 업무를 수행하는 사람들과의 관계에서 도움을 받는 경우가 많음을 의미한다. 또한 여성 초기 경력자는 이러한 동질적 집단 내에서 심리적인 소속감을 높임으로써 적응을 향상시키는 경향이 있음을 보여준다. 그러나 업무적 동질성의 경우에는 오히려 이직의도를 높이는 부정적인 영향을 나타내었다는 점에서 지나치게 업무적으로 동질성이 높을 경우에는 오히려 중복된 업무 수행으로 이직의도를 높일 수 있음을 알 수 있다.

반면, 남성 초기 경력자들은 여성 초기 경력자와는 달리 구조적으로 동질의 집단 내에서의 관계 형성이 오히려 남성 초기 경력자의 역할명료성에 부정적인 영향을 주는 것으로 나타났다. 즉, 남성 초기 경력자는 여성 초기 경력자와는 달리 조직 내 다양한 사람들과 관계를 형성하며 학습하고, 조직과 직무에 대한 애착을 갖게 됨으로써 조직에 오래 머물고자 한다고 해석할 수 있다. 또한, 관계망의 지위가 직무만족과 이직의도 감소에 유의미한 영향 관계를 나타냈다. 즉, 남성의 경우 자신보다 높은 사람들과의 관계 형성 정도가 높아짐에 따라 영향력 있는 정보를 획득함으로써 여성보다 상대적으로 높은 지위를 형성하게 되어 직무에 대한 만족이 높아지고, 이직의도를 감소시키는 것으로 해석할 수 있다(Higgins & Thomas, 2001).

맺음말

고학력 여성인력 활용에 대한 관심이 높아지고 있다. 그러나 우리나라 기업은 여전히 남성 중심 문화를 갖고 있어 여성이 조직에서 학습하고 적응하는 데 어려움을 느끼고 있다. 일터에서의 인간관계는 초기 경력자의 학습과 적응에 중요한 역할을 한다. 남성 중심 조직문화에서 여성은 일터에서의 대인관계 형성에 어려움을 갖게 되고, 결과적으로 학습 및 적응에도 영향을 미치게 된다.

이 연구에서는 성별에 따른 일터에서의 대인관계와 학습 및 적응에 미치는 영향의 차이를 우리나라 기업의 근로자를 대상으로 실증적으로 밝히고자 하였다. 대졸 초기 경력자 905명을 대상으로 남녀 성별 집단별로 각각의 학습 및 적응과의 영향 관계를 살펴본 결과, 여성 초기 경력자와 남성 초기 경력자의 경우 각기 다른 양상을 보였다.

구체적으로, 여성 초기 경력자는 학습 영역에서 어떠한 대인관계 관련 변수도 유의미한 영향을 갖지 못했다. 그 대신 개인의 심리사회적 요소에 더 큰 영향을 받고 있었다. 반면, 남성 초기 경력자는 역할에 대한 학습 영역에서 구조적, 업무적 동질성에 영향을 받는 것으로 나타났다. 이런 결과는 여성 초기 경력자가 남성과는 달리, 조직에서의 역할 학습과 관련하여 인간관계를 통해서는 필요한 도구적 도움을 얻지 못하고 있음을 의미한다.

다른 한편, 적응 영역에서는 여성과 남성 초기 경력자 모두에게 관계망의 여러 특성요인들이 다양한 방식으로 직무만족과 조직몰입에 유의미한 영향을 미치고 있었다. 특히, 성별에 상관없이 초기 경력자들은 일터에서 보다 많은 사람들과 상호작용함으로써 적응에 긍정적인 영향을 받게 된다. 그러나 그 밖의 대인관계망 특성의 영향에 있어서는 성별에 따라 다소간의 차이를 보였다. 남성 초기 경력자의 경우 관계망의 지위가 직무만족과 이직의도 감소에 유의미한 영향을 나타냈다. 이는 관계망에서 지위가 높을수록 더 영향력 있는 정보를 제공함으로써 조직 적응에 효과적으로 작용한다는 선행연구를 통해 살펴볼 때, 남성 초기 경력자의 지위가 여성에 비해 상대적으로 영향력 있게 작용함을 알 수 있다(Higgins & Thomas, 2001). 반면, 여성 초기 경력자는 구조적, 업무적 동질성에 대해 조직생활 적응에 긍정적인 영향을 받는 것으로 나타났는데, 이는 여성이 구조적으로 동질성을 지닌, 같은 직장과 부서, 직종 내에서 혹은 같은 업무를 수행하는 사람들과의 관계망을 통해 심리적 안정을 갖게 되고, 도움을 받는 정도가 크다는 것을 의미한다(김용학, 2004; Nabi, 2002).

결국 대졸 여성 초기 경력자의 관계망은 남성에 비해 도구적인 도움을 통한 학습보다는 친밀감을 중심으로 심리적인 만족과 몰입을 가져올 수 있는 적응을 중심으로 형성되어 있는 경향이 있다(Nabi, 2002). 그러나 여성 초기 경력자의 경력개발을 위해서는 학습 측면에서도 일터에서의 대인관계는 매우 중요하다. 이를 위해서는 조직차원에서 여성 초기 경력자의 관계 형성과 학습 및 적응을 도울 수 있는 다양한 프로그램을 운영할 필요가 있다.

예를 들어, 멘토링 프로그램의 공식화는 일터에서의 대인관계 형성이 조직적으로 잘 이루어질 수 있도록 지원해 줄 뿐만 아니라 경력개발 및 심리적 지원에도 효과적으로 작용할 수 있을 것이다(김태형 · 신완룡, 1999; 김한얼 · 이진규, 1993; Noe, 1988).

이 연구는 전국 기업의 근로자를 대상으로 성별에 따른 일터에서의 관계와 조직 내 학습과 적응 차이를 파악하고자 하였다. 그러나 본 연구에서는 데이터상의 한계로 조직수준의 변수와 다층의 변수들을 고려한 통계분석이 불가능하였다. 따라서 보다 심층적인 연구를 위해서는 실제로 여성이 속해 있는 조직에 대한 변수들을 추가하여 다층분석과 같은 정교한 통계적 기법을 사용한 분석을 시도하여 조직 특성에 따른 차이가 있는지 살펴볼 필요가 있다. 한편으로는 실제로 여성들이 조직에서 학습하고 적응하는 데 어떠한 어려움을 겪는지를 대표적 사례를 뽑아 심층면접을 통해 질적 분석을 할 필요도 있다. 이러한 후속 연구들이 진행되었을 때, 양성 평등의 조직문화를 수립하기 위한 조직의 정책 마련이 가능해질 것이다.

| 미주 |

1 이 장은 장원섭 · 김민영(2008). '대졸 여성 초기 경력자의 일터에서의 대인관계가 조직 내 학습과 적응에 미치는 영향 분석.' 〈직업교육연구〉 27권 1호 논문을 수정 보완한 글이다.

2 이 연구에서 초기 경력자는 Feldman(1988)이 제시한 경력 초기 단계의 사람들 중 주로 '시도기'에 있는 자로서, 전체 경력이 5년 이내인 사람으로 한정하였다. 초기 경력 5년은 직장생활에서의 학습과 적응이 가장 활발하게 일어나는 시기이고, 이에 실패할 경우 이직이 발생하기 가장 쉬운 단계이기 때문이다(참고: 장원섭 외, 2007).

3 이 연구는 대졸 초기 경력자인 여성의 대인관계 변수들이 조직 내에서 학습하고 적응하는 데 남성의 그것들과 어떻게 각기 다른 영향을 미치는지 비교하기 위해, 하나의 모형 안에 성별을 더미변수로 투입하지 않고, 남녀 표본을 따로 분류하여 통계 분석하였다.

또한 본 연구에서 사용된 데이터의 특성상 조직수준을 고려한 다층분석이 불가능하였기에, 개인수준의 변수만을 고려하여 다중회귀분석을 실시하였다.

4 학습과 적응은 조직사회화에 관한 선행연구들(참고: Adkins, 1995; Feldman, 1981; 1988; Fisher; 1986; Ostroff & Kozlowski, 1992)에 기초하여 문항들을 개발, 조사하고, 그 문항들에 대해 요인분석을 실시한 결과이다.

강상진(1995). 다층통계모형의 방법론적 특성과 활용방법. 교육평가연구, 8(2), 63- 94.

강상진 · 정혜경(2002). 다층모형에서 예측변수 척도의 중심점 교정과 모수 추정치의 변화. 교육평가연구, 15(2), 21-42.

강정애(1997). 조직문화적 특성에 따른 조직성과에 관한 연구: Rousseau의 조직문화 모형을 중심으로. 경영학연구, 26(3), 513-530.

강혜련(1999). 신규여성인력의 조직사회화 훈련방향. 한국심리학회지: 여성, 4(1), 15-26.

강혜련 · 조미영(2007). 남녀관리자의 경력성공 모형 비교. 인사 · 조직연구, 15(2), 1-38.

강혜정 외(2008). 멘토링 연결망이 직무만족, 경력열망 및 승진에 미치는 영향. 기업경영연구, 15(1), 101-118.

강혜정 · 구자숙 · 김효선 · 박찬희(2008). 멘토링 연결망이 직무만족, 경력열망 및 승진에 미치는 영향. 기업경영연구, 26(0), 101-118.

김민수 외(2009). 목표지향성이 신입사원의 조직사회화에 미치는 영향: 사회화전략의 매개효과를 중심으로. 한국심리학회지: 산업 및 조직, 22(2), 209-231.

김민정 · 김민수 · 오홍석(2006). 조직 내 멘토링 네트워크에서 멘토의 네트워크 특성이 멘토와 프로테제의 조직기반 자긍심에 미치는 영향 연구. 한국심리학회지: 산업 및 조직, 19(3), 499-521.

김민정 · 김성국(2006). 프로테제 개인의 성격이 멘토링 연결망 특성에 미치는 영향에 관한 연구. 인사조직연구, 14(1), 143-181.

김민정 · 오홍석 · 김민수(2006). 조직 내 개인의 멘토링 네트워크 특성이 멘토링 기능에 미치는 영향에 관한 연구. 한국심리학회지: 산업 및 조직, 19(2), 229-258.

김상표 · 김태열(2004). 조직의 사회화 전략들과 근거리 사회화 결과들 그리고 원거리 사회화 결과들 사이의 관계에 관한 연구. 경영학연구, 33(6), 1781-1808.

김용학(2004). 사회연결망이론. 서울: 박영사.

김용학(2007). 사회연결망분석. 서울: 박영사.

김우식(2005). 지방정부조직에서 멘티의 멘토관계 구조 및 경험과 멘토링효과. 한국사회와 행정 연구, 15(4), 75-96.

김태형 · 신완룡(1999). 멘토링 기능과 조직몰입과의 관련성. 경영연구, 3(1), 99-121.

김한얼 · 이진규(1993). 조직사회화 과정에서 멘토의 역할. 경영학연구, 22(2), 269- 294.

김혜영 · 장지현(2015). 주도적 성격이 개발지원관계망 특성을 매개로 조직사회화에 미치는 영향. 직업교육연구, 34(1), 51-72.

노승혁 · 김철민 · 서근하(2002). 물류정보시스템 활용도가 물류성과에 미치는 영향에 관한 연구: 부산지역 중소기업을 중심으로. 중소기업연구, 25(3), 299-327.

민승기 · 고종식(1994). 기업문화의 특성에 따른 조직성과에 관한 연구. 인사관리연구, 18, 65-90.

박경규(1996). 멘토시스템을 통한 신입사원의 조직사회화 전략. 서강경영논총, 7(0), 95-109.

박경규 · 윤종록 · 임효창(1999). 신입사원의 조직사회화에 대한 종단적 연구. 인사 · 조직연구, 7(1), 43-82.

박기남(2001). 대기업 내 관리직 여성 노동에 관한 연구: 성별 직무분리를 중심으로. 산업노동연구, 7(2), 35-68.

박영배 · 박형권(2003). 조직의 학습지향성이 조직성과에 미치는 영향과 상황요인의 조절효과에 관한 연구. 인사관리연구, 29(2), 83-109.

박찬웅(1999). 경쟁의 사회적 구조—기업 내 신뢰의 사회적 연결망과 개인의 조직 내 성과. 한국사회학, 33(4), 789-817.

배용태(2002). 조직학습이 조직변화와 조직성과에 미치는 영향. 조선대학교 행정학과 박사학위 논문.

백윤정 · 정진철 · 최순권(2002). 최고경영진의 지식다양성과 사회적 범주 다양성이 조직성과에 미치는 영향. 인사 · 조직연구, 10(2), 1-34.

서아영 · 신경식(2009). 가상 팀의 지식네트워크, IT 활용, 성과 간의 관계에 관한 연구: 사회 네트워크 분석을 중심으로. 경영학연구, 38(1), 75-103.

서철현 · 허양회(2009). 조직사회화를 위한 멘토링의 기능이 항공사직원의 역할스트레스와 직무성과에 미치는 영향. 호텔경영학연구, 18(1), 239-256.

성상현(2005). 한국 기업의 다양성에 대한 탐색적 연구: 다양성 관리전략, HR제도, 다양성 수용 정도와 성과 간의 관계. 연세대학교 경영학과 박사학위 논문.

손동원(2002). 사회 네트워크 분석. 경문사.

송보화(2004). HRM 관행과 기업성과 연계. 제3회 사업체패널학술대회 발표논문.

송보화(2006). 인적자원관리시스템과 조직성과의 연계에 대한 실증적 고찰: 제조업을 중심으로. 경영학연구, 35(1), 331-363.

심우정(2004). 초기 경력자의 학습과 적응에서 개발지원관계망의 역할. 석사학위 논문, 연세대학교 대학원.

양혁승 · 이상우(2006) 고성과 HR 시스템과 HR 운영기조가 조직성과에 미치는 영향 : 비정규직 고용의 조절효과 검증을 중심으로. 제1회 사업체패널학술대회 발표논문.

옥주영 · 탁진국(2003). 개인과 환경변인의 조직사회화에 미치는 영향. 한국심리학회지: 산업 및 조직, 16(1), 1-18.

원숙연(2005). 조직 내 여성과 멘토링: 멘토관계 형성의 장애요인을 중심으로 한 시론적 연구. 한국행정연구, 14(2), 3-32.

유원종(2001). 비재무적 성과측정 활용과 재무적 성과와의 관계에 관한 연구: 환경불확실성의 조절효과. 회계연구, 6, 111-139.

윤대혁 · 장귀숙(2002). 정보시스템의 전략적 활용이 기업성과에 미치는 영향에 관한 연구. 인적자원관리연구, 4, 295-316.

윤종록(1998). 멘토관계와 신입사원의 조직적응. 대학경영학회, 19, 665-697.

이관표 · 박형권(2006). 호텔기업의 환경불확실성, 학습지향성, 조직성과의 구조적 인과관계 탐색에 관한 연구. 관광연구, 20(3), 304-328.

이만기(2007). 기업에서 멘토링 제도 도입에 따른 멘토링 기능과 조직성과 그리고 그 조절요인과의 관계 연구. 인적자원관리연구 14권 봄호, 205-222.

이병훈 · 김동배(2002). 작업시스템의 유형, 영향요인, 조직성과. 산업관계연구, 12(1), 39-70.

이은아(1999). 기업 내 남성네트워크와 여성 배제에 관한 연구. 이화여자대학교 석사학위논문.

이정재(2006). 신입사원의 멘토링과 조직적응: 적극성을 조절변수로. 인력개발연구, 8(2), 1-35.

장영(2006). 유리천장의 지각과 직무만족: 통제의 위치의 조절영향을 중심으로. 인적자원개발연구, 8(1), 149-176.

장원섭(1997). 교육과 일의 사회학. 서울: 학지사.

장원섭(2006). 일의 교육학. 학지사.

장원섭 · 김민영 · 윤지혜(2009). 실행공동체 공식화가 조직학습에 미치는 영향. 직업교육연구, 28(3), 209-226.

장원섭 · 김정환(2007). 고용형태에 따른 초기 경력자의 학습과 적응 방식의 차이 연구: 기업 내 개발지원관계를 중심으로. 직업능력개발연구, 10(2), 25-50.

장원섭 · 김형만 · 김소영 · 장서영(2007). 대졸 청년층 직장생활 적응능력향상 연구. 한국고용정보원.

장원섭 · 심우정(2005). 기업교육의 패러다임 전환. 직업교육연구, 24(1), 89-109.

장원섭 · 장지현 · 유지은(2006). 관계를 통한 학습이 조직성과에 미치는 영향 분석. 제1회 인적자본기업패널 학술대회 발표 논문. 한국직업능력개발원.

장원섭 · 장지현 · 유지은(2008). 멘토링이 조직의 비재무적 성과에 미치는 영향. 직업교육연구, 27(3), 109-138.

장주희(2005). 초기 경력자의 실행공동체 참여와 학습 및 적응과의 상관성 연구. 연세대학교 교육학과 석사학위 논문.
장지현(2006). 대졸자의 노동시장성공에 대한 구직 정보 획득경로 비교 연구. **한국교육**, 33(4), 141-165.
장지현 · 장원섭(2009). 초기 경력자의 멘토링 기능에 대한 멘토링 관계망 특성과 조직요인 효과. **직업능력개발연구**, 12(3), 1-25.
장지현 · 장원섭(2010). 조직사회화의 학습 결과에 대한 개발지원관계망 특성과 조직요인 효과. **직업교육연구**, 29(4), 263-283.
장지현 · 장원섭(2011). 개발지원관계망 특성이 조직사회화의 학습 및 태도 결과에 미치는 영향. **직업교육연구**, 30(3), 373-403.
정미향(2004). 호텔조직에 있어서 멘토링 관계가 조직성과에 미치는 영향에 관한 연구. 세종대학교 경영학과 박사학위 논문.
조봉순 · 조경순(2002). 최고경영자 팀(TMT)의 다양성이 조직성과에 미치는 영향: 집단 내 갈등의 매개효과에 대한 실증적 분석. **인사 · 조직연구**, 10(2), 119-147.
최재현 · 장지현(2015) 개발지원관계망 특성이 개발지원기능을 매개로 경력메타역량에 미치는 영향. **직업교육연구**, 34(2), 197-225.
통계청(2006). 경제 활동 인구조사.
현영섭 · 이성순(2007). 멘토의 경력개발기능과 프로테제의 직무만족 및 경력만족간의 관계에 영향을 미치는 중재변인으로서 역할모델링의 효과. **한국교육학연구**, 13(1), 221-241.
Adkins, C. L. (1995). Previous Work Experience and Organizational Socialization: A Longitudinal Examination. *Academy of Management Journal, 38*(3), 839-862.
Adler, P. S. & Kwon, S. W. (2002). Social Capital: Prospects for a New Concept. *Academy of Management Review, 27*(1), 17-40.
Allen, T. D. et al. (2008). The State of Mentoring Research: A Qualitative Review of Current Research Methods and Future Research Implications. *Journal of Vocational Behavior, 73*(3), 343-357.
Allen, T. D., Day, R. & Lentz, E. (2005). The Role of Interpersonal Comfort in Mentoring Relationships. *Journal of Career Development, 31*(3), 155-169.
Ashforth, B. E. & Saks, A. M. (1996). Socialization Tactics: Longitudinal Effects on Newcomer Adjustment. *Academy of Management Journal, 39*(1), 149-176.
Baker, W. E. & Sinkula, J. M. (2005). Environmental Marketing Strategy and Firm Performance: Effects on New Product Performance and Market Share. *Journal of Academy of Marketing Science, 33*(4), 461-475.

Baron, R. M. & Kenny, D. A. (1986). The Moderator-Mediator Variable Distinction in Social Psychological Research: Conceptual, Strategic and Statistical Considerations. *Journal of Personality and Social Psychology, 51*, 1173-1182.

Bauer, T. N., Bodner, T., Erdogan, B., Truxillo, D. M., & Tucker, J. S. (2007). Newcomer Adjustment during Organizational Socialization: A Meta-analytic Review of Antecedents, Outcomes, and Methods. *Journal of Applied Psychology, 92*(3), 707-721.

Bierema, L. L. (1999). A Model of Executive Women's Learning and Development. *Adult Education Quarterly, 49*(2), 107-122.

Blau, P. M. (1977). *Inequality & Heterogeneity-A Primitive Theory of Social Structure.* New York: Free Press.

Blickle, G., Witzki, A. H. & Schneider, P. B. (2009a). Self-initiated Mentoring and Career Success: A Predictive Field Study. *Journal of Vocational Behavior, 74*(1), 94-101.

Blickle, G., Witzki, A. H. & Schneider, P. B. (2009b). Mentoring Support and Power: A Three Year Predictive Field Study on Protege Networking and Career Success. *Journal of Vocational Behavior, 74*(2), 181-189.

Bozionelos, N. (2004). Mentoring Provided: Relation to Mentor's Career Success, Personality, and Mentoring Received. *Journal of Vocational Behavior, 64*(1), 24- 47.

Brass, D. J. (1985). Men's and Women's Networks: a Study of Interaction Patterns and Influence in an Organization. *Academy of Management Journal, 28*(2), 327- 343.

Brown, J. S. & Dugiud, P. (2000). Organizational Learning & Communities-of- Practice: Toward a Unified View of Working, Learning, and Innovation. In Cross, R. & Israelit (Eds.), *Strategic Learning in Knowledge Economy: Individual, Collective, and Organizational Learning Process* (pp. 143-166). Boston: Butterworth Heinemann.

Brown, J. S., & Duguid, P. (1991). Organizational Learning and Communities-of-Practice: Toward a Unified View of Working, Learning, and Innovation. *Organization Science, 1*, 40-57.

Brown, T. L. (1990). Match Up with a Mentor. Industry Week, 239, Oct, 18.

Burke, R. J. & McKeen, C. A. (1997). Benefits of Mentoring Relationships among Managerial and Professional Women: A Cautionary Tale. *Journal of Vocational Behavior, 51*(1), 43-57.

Burke, R. J., & McKeen, C. A. (1989). Developing Formal Mentoring Programs in Organizations. *Business Quarterly, 53*, 76-99.

Burke, R. J., McKeen, C. A., & McKenna, C. (1994). Benefits of Mentoring in Organizations. *Journal of Managerial Psychology, 9*(3), 23-33.

Burt, R. S. (1992). *Structural Holes: The Social Structure of Competition.* Cambridge: Harvard University Press.

Burt, R. S. (2005). *Brokerage and Closure: An Introduction to Social Capital.* Oxford: Oxford University Press.

Cable, D. M. & Parsons, C. K. (2001). Socialization Tactics and Person-Organization Fit. *Personnel Psychology, 54*(1), 1-23.

Chao, G. T. et al. (1994). Organizational Socialization: Its Content and Consequences. *Journal of Applied Psychology, 79*(5), 730-743.

Chao, G. T., O'Leary-Kelly, A. M., Wolf, S., Klein, H. J., & Gardner, P. D. (1994). Organizational Socialization: Its Content and Consequences. *Journal of Applied Psychology, 79*(5), 730-743.

Chao, G. T., Walz, P. M., & Gardner, P. D. (1992). Formal and Informal Mentorships: A Comparision on Mentoring Fuctions and Contrast with Nonmentored Counterparts. *Personnel Psychology, 45*, 619-636.

Clawson, J. G. (1980). Mentoring in Managerial Careers. in Deer, C. B. (Ed.), *Work Family and Career, Praeger.* New York.

Coleman, J. S. (1987). Families and Schools. *Educational Researcher, 16,* 32-38.

Collin, K. & Valleala (2005). Interaction among Employees: How Does Learning Take Place in the Social Communities of the Workplace and How Might Such Learning Be Supervised? *Journal of Education and Work, 18*(4), 410-420.

Comez-Mejia, L. R. (1983). Sex Difference During Occupational Socialization. *Academy of Management Journal, 26*(3), 492-499.

Crossan, M. M., Lane, H. W. & White, R. E. (1999). An Organizational Learning Framework: From Institution to Institution. *Academy of Management Review, 24*(3), 522-537.

Daft, R. L., & Huber, G. P. (1987). How Organizations Learn: A Communication Framework. *Research in Sociology of Organizations, 5*, 1-36.

Dixon, N. M. (1992). Organizational Learning: A Review of the Literature with Implications for HRD Professionals. *Human Resource Development Quarterly, 3*(1), 29-49.

Easterby-Smith, M., & Araujo, L. (1999). Organizational Learning: Current Debates and

Opportunities. In Easterby-Smith, M., Araujo, L., & Burgoyne, J. (Eds.), *Organizational Learning and the Learning Organization*. SAGE Publications.

Easterby-Smith, M., & Lyles, M. A. (2003). Introduction: Watersheds of Organizational Learning and Knowledge Management. In M. Easterby-Smith & M. A. Lyles (Eds.), *The Blackwell Handbook of Organizational Learning and Knowledge Management*. MA: Blackwell Publishing.

Feldman, D. C. (1981). The Multiple Socialization of Organization Members. *Academy of Management Review, 6*(2), 309-318.

Feldman, D. C. (1988). *Managing Careers in Organizations*. Glenview, IL: Scott, Foresman.

Fisher, C. D. (1985). Social Support and Adjustment to Work: A Longitudinal Study. *Journal of Management, 11*(3), 39-53.

Fisher, S. R., & White, M. A. (2000). Downsizing in a Learning Organization: Are There Hidden Costs? *Academy of Management Review, 25*(1), 244-251.

Geiger-Dumond, A. H., & Boyle, S. K. (1995). Mentoring: A Practitioner's Guide. *Training and Development, 49*, 51-54.

Giddens, A. (1984). *The Constitution of Society: Outline of the Theory of Structuration*. Cambridge, UK: Polity Press.

Goh, S. C. (1991). Sex Differences in Perceptions of Interpersonal Work Style, Career Emphasis, Supervisory Mentoring Behavior, and Job Satisfaction. *Sex Roles, 24*, 701-710.

Gooding, R. Z., & Wagner III, J. A. (1985). A Meta-Analytic Review of the Relationship between Size and Performance: The Productivity and Efficiency of Organizations and Their Subunits. *Administrative Science Quarterly, 30*(4), 462-481.

Granovetter, M. S. (1973). The Strength of Weak Ties. *American Journal of Sociology, 78*(6), 1360-1380.

Granovetter, M. S. (1983). The Strength of Weak Ties: A Network Theory Revisited. *Sociological Theory, 1*, 201-233.

Greenhaus, J. H., Callanan, G. A., & Godshalk, V. M. (2000). *Career Management* (3rd eds.). Fort Worth, TX: Harcourt College Publishers.

Hayes, E. R. (2001). A New Look at Women's Learning. *New Directions for Adult and Continuing Education, 89*, 35-42.

Higgins, M. C. & Kram, K. E. (2001). Reconceptualizing Mentoring At Work: A

Developmental Network Perspective. *Academy of Management Review, 26*(2), 264-288.

Higgins, M. C., & Thomas, D. A. (2001). Constellations and Careers: Toward Understanding the Effects of Multiple Developmental Relationships. *Journal of Organizational Behavior, 22*, 223-247.

Holton III, E. F. (1996). New Employee Development: A Review and Reconceptualization. *Human Resource Development Quarterly, 7*(3), 233-252.

Huber, G. P. (1991). Organizational Learning: The Contributing Processes and The Literatures. *Organization Science, 2*(1), 88-115.

Huselid, M. A. (1995). The Impact of Human Resource Management Practices on Turnover, Productivity, and Corporate Financial Performance. *Academy of Management Journal, 38*(3), 635-672.

Ibarra, H. (1993). Personal Networks of Women and Minorities in Management: A Conceptual Framework. *Academy of Management Review, 18*(1), 56-87.

Ibarra, H. (1995). Race, Opportunity, and Diversity of Social Circles in Managerial Networks. *Academy of Management Journal, 38*(3), 673-704.

Jones, G. R. (1986). Socialization Tactics, Self-efficacy, and Newcomers' Adjustment to Organizations. *Academy of Management Journal, 29*(2), 262-279.

Kammeyer-Mueller, J. D. & Judge, T. A. (2008). A Quantitative Review of Mentoring Research: Test of a Model. *Journal of Vocational Behavior, 72*(3), 269- 283.

Kaplan, R. S., & Norton, D. P. (1998). **가치실현을 위한 통합경영지표 BSC**. (송경근, 성시중 역). 서울: 한언.

Kim, S. & Kim, M. (2007). Mentoring Network and Self-Monitoring Personality. *Management Revue, 18*(1), 42-54.

Kirchmeyer, C. (1995). Demographic Similarity to the Work Group: A Longitudinal Study of Managers at the Early Career Stage. *Journal of Organizational Behavior, 16*(1), 67-83.

Kofman, F. & Senge, P. M. (1993). Communities of Commitment: The Heart of Learning Organizations. *Organizational Analysis, 3*, 10-23.

Kram, K. E. (1985). Improving the Mentoring Process. *Training and Development Journal, April*, 40-43.

Kram, K. E. (1985). *Mentoring at Work: Development Relationships in Organizational Life*. Glenview, IL: Scott Foresman and Company.

Kram, K. E. (1988). *Mentoring at work: Developmental Relationships in Organizational*

Life. MD: University Press of America.

Lankau, M. J. & Scandura, T. A. (2002). An Investigation of Personal Learning in Mentoring Relationships: Content, Antecedents, and Consequences. *Academy of Management Journal, 45*(4), 779-790.

Lave, J. & Wenger, E. (2000). Legitimate Peripheral Participation in Communities of Practice. In Cross, R. & Israelit (Eds.), *Strategic Learning in Knowledge Economy: Individual, Collective, and Organizational Learning Process*. Boston: Butterworth Heinemann. pp. 167-182.

Lin, N. (1982). Social Resources and Instrumental Action. In Marsden, P. V.l, & Lin, N. (Ed.). *Social Structure and Network Analysis*. CA: Sage Publications.

Lin, N. (1999). Social Networks and Status Attainment. *Annual Review of Sociology, 25*(1), 467-487.

Lin, N., Vaughn, J. C., & Ensel, W. M. (1981). Social Resources and Occupational Status Attainment. *Social Forces, 59*(4), 1163-1181.

Louis, M. R. (1980). Surprise and Sense Making: What Newcomers Experience in Entering Unfamiliar Organizational Setting. *Administrative Science Quarterly, 25*(2), 26-251.

Marsden, P. V. & Campbell, K. E. (1984). Measuring Tie Strength. Social Forces, 63, 482-501.

Marsden, P. V. (1990). Network Data and Measurement. *Annual Review of Sociology, 16*(1), 435-463.

Marsick, V. J. (2009). Toward a Unifying Framework to Support Informal Learning Theory, Research and Practice. *Journal of Workplace Learning, 21*(4), 265-275.

Marsick, V. J., & Watkins, K. E. (1999). Theory and Practice of Informal Learning in the Knowledge Era. *Advances in Developing Human Resources; Aug* 1999, 1, 80-95.

Marsick, V. J., & Watkins, K. E. (2001). Informal and Incidental Learning. *New Directions for Adult & Continuing Education; Spring 2001, 89*, 25-34.

McGuire, G. M. (2002). Gender, Race, and the Shadow Structure: A Study of Informal Networks and Inequality in a Work Organization. *Gender & Society, 16*(3), 303-322.

Morrison, E. W. (1993). Longitudinal Study of the Effects of Information Seeking on Newcomer Socialization. *Journal of Applied Psychology, 78*(2), 173-183.

Morrison, E. W. (2002). Newcomers' Relationships: The Role of Social Network Ties during Socialization. *Academy of Management Journal, 45*(6), 1149-1160.

Nelson, D. L., & Quick, J. C. (1991). Social Support and Newcomer Adjustment in Organizations: Attachment Theory at Work? *Journal of Organizational Behavior, 12*, 543-554.

Noe, R. A. (1988). An Investigation of the Determinants of Successful Assigned Mentoring Relationships. *Personnel Psychology, 41*(3), 457-479.

Noe, R. A. (1988). Women and Mentoring: A Review and Research Agenda. *Academy of Management Review, 13*(1), 65-78.

Nonaka, I. (1994). A Dynamic Theory of Organizational Knowledge Creation. *Organizational Science, 5*(1), 14-37.

Oh, H. S., Chung, M. H. & Labianca, G. (2004). Group Social Capital and Group Effectiveness: The Role of Informal Socializing Ties. *Academy of Management Journal, 47*(6), 860-875.

Ostroff, C. & Kozlowsi, S. W. (1992). Organizational Socialization as a Learning Process: The Role of Information Acquisition. *Personnel Psychology, 45*(4), 849-874.

Phillips_Jones, L. (1983). Establishing a Formalized Mentoring Program. Training and Development Journal, 37(2), 38-42.

Posner, B. Z., & Powell G. N. (1985). Female and Male Socialization Experiences: An Initial Investigation. *Journal of Occupational Psychology, 58*, 81-85.

Ragins, B. R. & Cotton, J. L. (1999). Mentor Functions and Outcomes: A Comparison of Men and Women in Formal and Informal Mentoring Relationships. *Journal of Applied Psychology, 84*(4), 529-550.

Ragins, B. R. (1997). Diversified Mentoring Relationships in Organizations: A Power Perspective. *Academy of Management Review, 22*(2), 482-521.

Ragins, B. R., & Cotton, J. L. (1999). Mentor Functions and Outcomes: A Comparison of Men and Women in Formal and Informal Mentoring Relationships. *Journal of Applied Psychology, 84*(4), 529-550.

Reagans, R., & McEvily, B. (2003). Network Structure and Knowledge Transfer: The Effects of Cohesion and Range. *Administrative Science Quarterly, 48*(2), 240-267.

Reagans, R., & Zuckerman, E. W. (2001). Networks, Diversity, and Productivity: The Social Capital of Corporate R&D Teams. *Organization Science, 12*(4), 502-517.

Reichers, A. E. (1987). An Interactionist Perspective on Newcomer Socialization Rates. *Academy of Management Review, 12*(2), 278-287.

Saks, A. M. & Ashforth, B. E. (1997). Organizational Socialization: Making Sense of the Past and Present as a Prologue for the Future. *Journal of Vocational Behavior, 51*(2), 234-279.

Scandura, T. A. & Ragins, B. R. (1993). The Effects of Sex and Gender Role Orientation on Mentorship in Male-Dominated Occupations. *Journal of Vocational Behavior, 43*(3), 251-265.

Scandura, T. A. & Viator, R. E. (1994). Mentoring in Public Accounting Firms: An Analysis of Mentor-Protege Relationships, Mentorship Function, and Protege Turnover Intentions? *Accounting, Organizations & Society, 19*(8), 717-734.

Scandura, T. A. (1992). Mentorship and Career Mobility: An Empirical Investigation. *Journal of Organizational Behavior, 13*(2), 169-174.

Scandura, T. A., & Ragins, B. R. (1993). The Effects of Sex and Gender Role Orientation on Mentorship in Male-dominated Occupations. *Journal of Vocational Behavior, 43*(3), 251-265.

Scandura, T. A., & Viator, R. E. (1994). Mentoring in Public Accounting Firms: An Analysis of Mentor-Protege Relationships, Mentorship Functions, and Protege Turnover Intentions? *Accounting, Organizations & Society, 19*(8), 717-734.

Seibert, S. E., Kraimer, M. L., & Liden, R. C. (2001). A Social Capital Theory of Career Success. *Academy of Management Journal, 44*(2), 219-237.

Setton, R. P., & Adkins, C. L. (1997). Newcomer Socialization: The Role of Supervisors, Coworkers, Fiends and Family Members. *Journal of Business and Psychology, 11*(4), 507-516.

Shieh, Y. -Y., & Fouladi, R. T. (2003). The Effect of Multicollinearity on Multilevel Modeling Parameter Estimates and Standard Errors. *Educational and Psychological Measurement, 63*(6), 951-985.

Simon, H. (1969). The Sciences of the Artificial. Cambridge: MIT Press.

Singh, R., Ragins, B. R., & Tharenou, P. (2009). What Matters Most? The Relative Role of Mentoring and Career Capital in Career Success. *Journal of Vocational Behavior, 75*(1), 56-67.

Singh, R., Ragins, B. R., & Tharenou, P. (2009). Who Gets a Mentor? A Longitudinal

Assessment of The Rising Star Hypothesis. *Journal of Vocational Behavior, 74*(1), 11-17.

Sosik, J. J., Lee, D., & Bouqillon, E. A. (2005). Context and Mentoring: Examining Formal and Informal Relationships in High Tech Firms and K-12 Schools. *Journal of Leadership & Organizational Studies, 12*(2), 94-108.

Tsui, A. S., & O'Reilly III, C. A. (1989). Beyond Simple Demographic Effects: The Importance of Relational Demography in Supervisor-Subordinate Dyads. *Academy of Management Journal, 32*(2), 402-423.

Tsui, A. S., & O'Reilly III, C. A. (1992). Being Different: Relational Demography and Organizational Attachment. *Administrative Science Quarterly, 37*, 549-579.

Uzzi, B. (1996). The Sources and Consequences of Embeddedness for The Economic Performance of Organizations: The Network Effect. *American Sociological Review, 61*(4), 674-698.

Uzzi, B. (1999). Embeddedness in the Making of Financial Capital: How Social Relationships and Networks Benefit Firms Seeking Financing. *American Sociological Review, 64*(4), 481-505.

Van Maanen, J. & Schein, E. H. (1979). Toward a Theory of Organizational Socialization. Research in Organizational Behavior, 1, 209-264.

Wanberg, C. R. & Kammeyer-Mueller, J. D. (2000). Predictors and Outcomes of Proactivity in the Socialization Process. *Journal of Applied Psychology, 85*(3), 373-385.

Weick, K. E. (1995). *Sensemaking in Organizations*. Thousand Oaks, CA: SAGE Publications.

Wenger, E., McDermott, R., & Snyder, W. M. (2002). *Cultivating Communities of Practice: A Guide to Managing Knowledge*. Boston, Massachusetts: Harvard Business School Press.

Woolcock, M. (1998). Social Capital and Economic Development: Toward a Theoretical Synthesis and Policy Framework. *Theory & Society, 27*(2), 151-208.

Wu, P.-C., Foo, M.-D., & Turban, D. B. (2008). The Role of Personality in Relationship Closeness, Developer Assistance, and Career Success. *Journal of Vocational Behavior, 73*(3), 440-448.

Zaheer, A. & Bell, G. (2005). Benefiting from Network Position: Firm Capabilities, Structural Holes, and Performance. *Strategic Management Journal, 26*, 809-825.

Zey, M. G. (1985). Mentor Programs: Making the Right Moves. *Personnel Journal, 64*, 53-57.

PART

IV

문화역사적 활동이론

11 성인의 함께 배우기[1]
- 공동육아에 참여한 부모들의 사례 -

머리말

사람들이 함께 배우는 모습은 사회 어디서나 흔하게 찾아볼 수 있다. 사람들이 모여 있는 곳에서는 언제나 서로 이야기를 나누고 그런 가운데 자신들이 가지고 있는 경험과 정보를 상대방과 공유한다. 이러한 상호작용을 통해 개개인은 앎의 영역을 확장하고, 그렇게 획득한 지식을 통해 실제 행동과 삶의 변화도 이룬다. 함께 배움을 통한 지식의 공유와 확산은 개인의 역량이나 기술을 증진할 뿐만 아니라 자기 자신의 정체성과 그들이 속한 집단 전체의 변화까지도 이끌 수 있다.

사람들이 모여 함께 학습하는 현상은 집단학습, 팀학습, "실행공동체(community of practice)", 학습공동체 등과 같은 개념을 통해 이해되어 왔다(Kasl, Marsick & Dechant, 2000; Lave & Wenger, 2000; Wilson, et al., 2007). 그러나 기존의 집단적 학습에 관한 대부분의 논의들은 집단의 효율성을 증진시키는 과정에 초점을 맞추어 왔다(박현숙, 2007; 박세일, 2007; 최미나 · 유영만, 2003; 이영현, 2001; 정홍천 외, 2006; Wenger, McDermott & Snyder, 2006). 이러한 기능론적 입장에서는 집단적 학습을 조직 목표를 달성하기 위한 더 효과적인 과정으로 간주한다. 즉, 조직 내에서 개인들이 조직의 과제들을 경험하고 조직을 위해 그 상황을 탐구함으로써 조직 생산성을 높여 나가는 과정으로 본다(Argyris & Schön, 1996). 그렇게 조직의 목적을 달성하기 위해 집단적으로 학습하는 과정은 순조롭고 평화롭게 이루어지는 것으로 전제하는 경향이 있다(Kofman & Senge, 1993; Wenger, McDermott & Snyder, 2006).

그러나 집단학습의 과정은 그렇게 단순하지만은 않다. 사람들이 함께 배우는 과정은 많은 경우에 사람들 사이의 경쟁과 갈등을 통해서, 그리고 그러한 문제상황을 해결해나가는 가운데 이루어진다(Contu & Willmott, 2003; Coopey & Burgoyne, 2000; Dovey, 1997; Elkjaer, 2001; Engeström, 2008). 그리고 그 학습의 결과는 공동체적 정체성의 형성으로 나타나게 된다(Lave & Wenger, 2000). 따라서 기존의 기능주의적 공동체 학습론을 통해서는 모순과 갈등 속에서 발생하는 학습의 사회적 현상을 이해하기에 역부족이다. 집단의 구성원들이 어떻게 서로 다른 입장들을 조율하고 공동체의 비전과 정체성을 만들어 가고, 그 과정에서 어떻게 함께 배우기를 실천하는지를 파악하기 위해서는 새로운 관점이 필요하다.

이런 점에서 문화역사적 활동이론은 공동체적 학습을 더 깊게 그리고 폭넓게 이해하는 데 기여할 수 있다. 이 이론은 능동적이고 적극적인 주체로서 학습자가 매개체들을 사이에 두고 객체들과 상호작용하는 활동 시스템들을 통해 학습의 과정을 분석한다. 그 과정에서 나타나는 모순이나 갈등에 의한 시스템의 변화와 발전을 체계적으로 파악한다. 그럼으로써 기존의 집단학습 관점에서는 해결하기 어려웠던 문제들에 대한 확장학습의 과정으로서 공동체적 학습을 이해하는 새로운 틀을 제공한다(Engeström, 2001; 2008).

이 장에서는 문화역사적 활동이론의 관점에 기초하여 성인의 공동체적 학습의 과정을 살펴본다. 구체적으로 공동육아시설인 '모두 함께(가칭)'에 참여한 부모들이 어떻게 서로 함께 배우는지를 질적 사례분석을 통해 검토한다. 이를 위해 Engeström(2001)이 사례분석을 하는 데 사용했던 틀을 이 연구에 적용한다. 그것은 학습의 주체, 학습의 이유, 학습의 내용, 그리고 학습의 과정에 대한 질문들로 이루어진다. 이 연구의 문제는 다음과 같다. 첫째, 학습의 주체는 누구인가? 이들을 어떻게 정의할 수 있는가? 둘째, 그들이 학습하는 이유는 무엇인가? 셋째, 그들은 무엇을 학습하는가? 즉, 학습의 내용과 결과는 무엇인가? 넷째, 그들은 어떻게 학습하는가? 학습의 과정은 어떤 방식으로 나타나는가?

이론적 배경

함께 배우기

집단학습, 팀학습, 학습조직, 학습공동체 등은 모두 사람들이 함께 배우는 현상을 나타내기 위해 사용되는 용어들이다. 이 개념들은 '함께'를 구체화한 조직, 집단, 팀 또는 공동체라는 단어와 '배우기'를 의미하는 학습이라는 단어가 결합하여 있다. 어떤 용어를 통해 표현하든, 그것은 본질적으로 사람들이 함께 배우는 현상이자 실천방식이다.[2]

그러나 함께 배우기에 관한 기존의 논의들은 '함께'와 '배우기'를 바라보는 서로 다른 입장에 따라 다양한 접근법들로 구분된다. 그것들은 대체로 두 가지 관점으로 정리할 수 있다. 집단적 학습의 효율성을 강조하는 입장과 학습의 공동체성을 강조하는 입장이 그것들이다(Barton & Tusting, 2005; Huysman, 1999; Patriotta, 2006).

먼저, 함께 배우기의 효율성을 강조하는 입장에서 집단적 학습은 개인보다는 집단의 목적과 그 목적을 더 효과적으로 달성하기 위한 수단이 된다.

이 관점에서는 빠르게 변화하는 경제와 사회환경에 대한 적응과 생존을 위한 효과적인 학습방법으로서 함께 배우기를 활용한다. 기업이나 학교 등에서 자의적으로 또는 타의적으로 조직되고 지원되는 학습팀은 구성원들의 지식을 효과적으로 증대시키고, 그럼으로써 업무의 성과를 높이기 위한 효율적인 수단으로서 이해된다(박현숙, 2007; 박세일, 2007; 최미나 · 유영만, 2003; 이영현, 2001; 정홍천 외, 2006; Wenger, McDermott & Snyder, 2006). 이러한 입장에서 학습조직은 일상적인 업무활동 속에서 지식을 신속하고 효과적으로 창출, 공유하고, 이를 바탕으로 지속적으로 성과를 향상시키고 조직원의 학습능력을 높여 가는 조직으로 정의된다(이영현, 2001). 실행공동체 역시 조직의 목적과 비전에 부합하도록 조율되고 궁극적으로 조직의 성과에 기여할 수 있도록 이끌어져야 하는 것이라고 본다(최미나 · 유영만, 2003). 결국, 함께 배운다는 것은 더 효과적이고 효율적으로 지식을 획득하고 업무성과를 달성하기 위한 하나의 수단인 것이다.

반면에, 함께 배우기의 공동체성을 강조하는 입장에서는 구성원 각자의 성장을 우선시하는 동시에 그를 통한 공공적 가치의 달성을 이루고자 한다. 이 관점은 배움 그 자체가 곧 사회적인 과정이라고 전제한다(Lave & Wenger, 2000). 지식은 개인의 머릿속에만 존재하는 것이 아니고 학습은 개인적인 활동일 수 없다. 지식과 학습은 사람들 사이의 관계 속에 놓여 있다. 그런 관계 속에서 의미가 형성되는 과정이 학습활동의 본질인 것이다. 따라서 학습은 사람들의 사회적 교류의 과정 속에서 집합적으로 나타나며(Brown & Duguid, 2000; Lambert et al., 1997), 자신의 삶뿐만 아니라 그가 참여한 공동체에서 그것이 무엇을 의미하는지에 대한 공유된 이해로 발생한다(Lave & Wenger, 2000). 결국, 학습은 그 자체로 필연적인 공동체적 속성을 가지고 있다. 즉, 학습은 곧 함께 배우기로서 공동체 구성원 모두에게 확산된 집합적 지식의 축적이고 공동체적 정체성 형성의 과정인 것이다(Brown, 2002; Cook & Brown, 1999; Lave & Wenger, 2000).

이러한 두 가지 관점은 모두 사람들이 함께 배우는 현상을 의도적으로 또는 자연스러운 과정으로 드러내고 있다는 점에서 실천적으로뿐만 아니라 학문적으로도 기여하였다. 특히, 후자의 관점은 학습의 사회적 맥락과 공유된 정체성 형성을 강조함으로써 상당한 설득력을 제공한다. 그럼에도 불구하고, 함께 배우기가 내포하고 있는 본질적인 현상 그 자체는 간과하고 있다. 그것은 함께 배우는 과정에서 나타나는 구성원들 사이의 상호감시와 갈등의 문제이다. 실제로 함께 배우기가 수단화되었을 경우 그것은 이미 관리와 통제의 기제로 작동하고 학습팀은 서로를 감시하는 하나의 "철창(iron cage)"이 될 수 있다(Barker, 1993; Elkjaer, 2001). 또한, 함께 배운다는 것이 사람들 사이의 관계 맺음의 현상이기 때문에 그 안에서는 언제나 이미 권력관계를 통한 정치적 협상의 과정이 존재한다(Coopey & Burgoyne, 2000; Dovey, 1997). 결국, 함께 배우기 활동은 서로 다른 입장을 가진 사람들 사이의 상호작용을 통한 관계 맺음의 과정이며 그 활동이 이루어지는 상황 속에서 발생하는 모순과 갈등, 그리고 그것의 해소과정이다(Engeström, 2001; 2008).

문화역사적 활동이론과 확장학습

이 연구에서는 기존의 인지론적 학습 관점과는 달리, 학습자들이 실제로 살아가는 삶의 과정에서 함께 경험하고 배워가는 공동체적 과정으로 학습을 본다. 따라서 문화역사적 활동이론은 이 연구의 중요한 기반이 된다. 활동이론(activity theory)은 1920년대와 1930년대 Vygotsky에 의해 처음 제시된 이래 1960년대 Leont'ev가 2세대 이론을 형성하였고, 근래에는 Engeström에 의해서 제3세대 이론으로 발전하였다(Engeström, 2001).

먼저, 제1세대 활동이론을 태동시킨 Vygotsky는 인간활동을 단순한 자극과 반응 사이의 관계로만 파악하지 않았다. 그 대신, 그 주체와 객체 사이를 매개하는 사회문화적 중재의 역할을 강조하였다. '근접발달영역(Zone of

Proximal Development)'은 구체적인 사회적 상황 속에서 개인들 사이의 협력적 관계를 통한 학습활동을 나타내는 개념이다(Moll, 1990). Vygotsky가 총체적 관점에서 인간의 학습활동을 파악하였음에도 불구하고, 개인에 초점을 둔 분석이라는 한계를 갖는다(Engeström, 2001).

Leont'ev에 의해 발전된 제2세대 활동이론은 개인적 차원의 활동체계를 집단적 활동체계로 확장한다. 그는 개인의 행위가 집단활동의 맥락에서 의미를 가질 수 있다고 보았다. 특히, 도구와 언어가 문화사회적 요소로서 집단활동 속에서 개인과 사물을 잇고 타인과의 활동을 중재하는 중요한 역할을 수행하고 있다고 주장하였다. 그러나 제2세대적 활동이론 역시 서로 다른 전통이나 관점들 사이의 다양성과 대화의 문제를 인식하는 데는 미흡하였다(Engeström, 2001).

제2세대 활동이론의 이러한 문제를 해결하기 새롭게 제시된 활동이론이 Engeström의 제3세대 문화역사적 활동이론이다. Engeström(2001; 2008)은 상호작용하는 집단적 활동체계들 사이의 대화와 다중적 관점, 그리고 관계망을 이해하기 위해 활동관계망과 탈경계화의 개념을 제시한다. 인간이 살아가는 환경에는 여러 가지 활동체계가 있고, 각 활동체계는 역사적, 사회적으로 서로 영향을 주고받으며 인간의 삶을 발전시킨다. 하나의 활동체계는 주체와 객체, 그리고 이들을 매개하는 매개체가 규칙과 공동체, 그리고 분업으로 구성된다. 활동체계의 구성요소 중 주체는 활동체계의 참여자로 개인 또는 집단이며, 객체는 활동의 대상으로 실행의 도구가 되는 매개체를 통해서 결과물로 변환된다. 활동의 과정에는 지켜야 할 규칙이 있으며, 활동주체가 속한 상위집단으로서 공동체가 존재한다. 또한 사람들은 분업을 통해 목표를 달성하기 위한 역할 분담을 한다. 이런 요소들을 통해 인간활동의 전 과정이 활동체계를 통해 설명된다. 더 나아가, 서로 다른 활동체계 간의 상호작용에서 생겨나는 갈등과 강화관계의 설정은 인간행동과 삶의 발전적인 측면까지 다룰 수 있다. 구체적으로, 객체는 최초의 원재료(raw material)

상태인 ‘객체 1’에서 활동체계에 의해 집단적으로 의미를 가지는 ‘객체 2’로 이동하고, 결국은 다른 활동체계의 객체와 상호작용하여 공유되거나 합의하여 도출된 ‘객체 3’을 형성한다.

활동체계들 사이의 상호작용의 과정은 곧 ‘확장학습(expansive learning)’의 가능성으로 이어진다. 확장학습은 집단 내의 공동체에서 사람들이 상호작용하는 학습의 사회적 과정을 설명함으로써 조직 또는 집단에서의 학습과정을 분석하는 유용한 틀이 된다. 기존의 지식이나 기술로는 새로운 문제를 해결할 수 없을 때, 활동체계는 어떻게 체계 내의 개인이나 집단이 문제를 해결해가면서 함께 배우는지를 분석하는 틀을 제공한다. Engeström에 의하면, 학습은 사람들 사이의 갈등과정 중에서 발생하게 되며, 갈등은 활동체계 내에서 혹은 활동체계 간에서 나타난다. 이러한 갈등은 더 적합한 중재 매개체를 형성하게 하여 문제해결의 방향으로 움직이게 한다. 한 마디로, 갈등은 활동에서 불가피한 요소로서 발달과 변형의 근원으로 작용한다. 갈등은 활동체계 내에서 장애와 불안정을 생성하기 시작하면서, 이를 해결하기 위해 요소들의 변형으로 변화하는 것이다. 이에 따라 활동은 일련의 확장된 순환과정 내에서 질적으로 새로운 국면으로 전환된다. 따라서 함께 배우기는 비판적 자기성찰과정을 통해 새로운 인식과 관점을 구성함으로써 새로운 공동체적 정체성을 형성하는 ‘전환적’ 학습활동이다(Craton, 1994; Mezirow, 1997).

결국, 문화역사적 활동이론은 능동적이고 적극적인 주체로서 학습자를 상정하면서, 주체와 객체 사이에 매개체를 통해 서로 상호작용하면서 활동체계를 구축하고, 그 과정에서 발생하는 모순이나 갈등이 기존의 테두리에서는 해결하기 어려웠던 문제들을 극복하면서 확장적으로 배워나가는 공동체적 학습을 이해하기 위한 분석틀을 제공한다.

연구방법

연구대상

이 연구는 공동육아시설인 '모두 함께'[3]에 참여한 부모들의 공동체적 학습 사례를 관찰과 면담을 통해 분석하였다. '모두 함께'는 '우리의 아이들을 함께 키우자'는 목적으로 만들어진 조합이다. 이 모임은 총회, 이사회, 소위원회, 교사회로 조직되어 있다. 총회는 전체 조합원이 참여하는 최고의결기구로 연 2회 정기총회를 개최한다. 이사회는 이사장, 대표교사, 각 소위 이사로 구성되며, 월 1회 모인다. 소위원회는 5개의 소위원회(교육소위, 홍보소위, 시설소위, 운영소위, 재정소위)로 구성되어 있으며, 모든 조합원은 처음 2~3개월간 교육소위에 소속되었다가 본인의 희망과 조합의 필요에 따라 이사회에서 소위를 배정받는다. 교사회는 대표교사, 정교사, 임시교사로 구성된다.

〈표 11-1〉 면접대상자의 배경 특성

별명	개인 배경	소속과 직위	활동기간
갈대	7세 남자아이 아빠, 개나리와 부부	이사장	4년
개나리	7세 남자아이 엄마, 갈대와 부부	홍보소위 소속	4년
갯버들	5세 남자아이 엄마	교육소위 소속	4개월
국화	5세 남자아이 아빠	재정이사	1년
냉이	6세 남자아이 엄마	운영소위	10개월
난초	5세, 7세 여자아이 엄마	운영이사	3년
단풍나무	7세 남자아이 엄마	전운영소위이사	3년
다알리아	5세, 7세 남자아이 엄마	식단담당	3년
달맞이꽃	5세 남자아이 엄마	운영소위(신입)	2개월
대나무	7세 남자아이 엄마	교육이사	3년
도라지	6세 여자아이 아빠	시설이사	2년
동백꽃	6세 남자아이 엄마	홍보이사	2년
등나무	6세 남자아이 엄마, 레몬과 부부	교육소위 소속	4개월
레몬	6세 남자아이 아빠, 등나무와 부부	교육소위 소속	4개월

연구대상자는 '모두 함께'에 소속되어 있는 조합원들 가운데 사례연구기간 중에 열린 1회의 이사회와 2회의 소위원회 회의, 그리고 신입조합원 교육에 참석한 이들이었다. 일차적으로는 조합원들 가운데 이사회를 중심으로 각 소위별 소위원장을 선정하였지만, 일반 조합원들도 면접을 하였다. '모두 함께' 참여자는 교사, 부모, 아이들이 있지만, 이 연구에서는 공동육아의 주체로서 부모들만을 대상으로 하였다. 14명의 면접대상자의 구체적인 배경 특성은 〈표 11-1〉과 같다.[4]

자료 수집과 분석

이 연구에서 사용한 사례연구의 방법은 관찰과 면접이었다. 연구진은 '모두 함께'의 교육과 회의 현장을 직접 방문하여 관찰하고 조합원을 면접하는 방식으로 자료를 수집하였다. 모임 일정이 부정기적으로 이루어졌기 때문에 방문하는 간격과 횟수 역시 일정하지는 않았다. 연구진은 2009년 4월부터 6월까지 약 3개월간 정기이사회, 소위별 모임, 신입 조합원 교육에 참여하였다. 그 후, 참여관찰과 면접 결과를 해석하면서 필요한 자료들을 이사장을 통해 추가적으로 요청하고 응답받았다.

먼저, 연구진은 '모두 함께'의 이사장을 통해 전반적인 공동육아에 대한 역사적 배경과 운영원칙 등에 대해 들었고, 유대관계를 형성하였다. 이 만남을 통해 연구진은 연구의 목적과 내용을 소개하고 이사장을 통해 전체 조합원들에게 연구를 위한 동의를 얻었다.

그 후에 연구진은 정기이사회와 각 분과별 소위 모임, 신입조합원 교육을 관찰하였다. 또한 교육 또는 이사회와 소위 모임 종료 후에 개별 혹은 집단 면접을 실시하였다. 이사회와 소위 모임은 2시간에서 4시간 정도로 이루어졌는데, 연구진은 조합원들이 개별 안건에 대해 의견을 나누는 모습을 이들 뒤편 혹은 그들 중간에 앉아 관찰하였다. 연구진은 완전한 참여자라기보다는 "소극적 참여(passive participation)"의 수준에서 관찰하였다(Spradley, 1980). 그럼으로써 전체 조합원들과 객관적인 거리를 유지하면서도 이들이 대화를 나눌 때의 맥락과 표정까지 포착할 수 있었다. 관찰 중에는 조합원들의 허락을 받아 그들의 대화를 보이스레코더로 녹음하고 관찰일지를 작성하였다.

관찰이 끝난 후 면접을 실시하였다. 초기 질문은 반구조적, 생성적 형식으로 진행되었다. 먼저 연구목적을 간략하게 설명하고, 이들이 공동육아에 자녀를 맡기게 된 계기와 공동육아 경험을 통해 자신의 삶의 변화에 대해서 이야기해줄 것을 요청하였다. 면접대상자들은 구체적인 질문에 대한 답변뿐만 아니라 자신의 일상적인 생활에 대한 이야기를 공동육아 전과 후를 비교해가며 생각나는 대로 이야기하였다. 초기 질문은 주로 공동육아에 참여하게 된 계기가 무엇인지, 공동육아 내에서의 학습과 지식들이 어떻게 생성되고 다른 사람들에게 어떻게 전달되고 있는지, 조합원들 사이의 문제나 갈등이 있었는지, 공동육아 전·후의 생활변화는 어떤지, 공동육아를 경험하면서 자신들이 바라고 있는 점은 무엇인지 등이었다. 추가 질문은 1차면담의 연장선에서 혹은 이사회나 소위 모임 가운데 미처 연구자들이 이해하지 못했던 부분들에 대한 것이었다. 그들은 대부분 1차면담과 동일한 종류의 경험과 감상을 좀 더 자세하게 다시 말하는 경향을 보였으며, 다른 조합원들에게 질문하였음에도 불구하고 동일하거나 비슷한 응답을 하는 경우가 많았다. 따라서 개별적인 면접은 2차로 종료하였다. 각 면접에 소요된 시간은 대략 2시간에서 2시간 30분 정도였다.

본격적인 자료수집이 진행된 2009년 4월부터 6월까지의 모든 관찰과 면접은 공동육아시설과 소위장의 가정을 방문하여 이루어졌다. 모든 관찰과 면접 때마다 관찰기록과 현장기록을 하였다. 면접과정에서 생겨난 연구진의 생각을 이론적 노트에 작성하고 공동연구자들과 함께 의미를 해석하였다. 관찰과 면접 내용은 연구 참여자들의 동의를 얻어 보이스레코더로 녹취하고 그 내용을 필사하여 기록하였다.

연구의 타당성 확보를 위해 이 연구에서는 삼각측정법을 활용하였다. 이 연구에서 사용한 삼각측정법은 자료의 삼각측정법(data triangulation)과 탐색적 삼각측정법(investigative triangulation)이었다. 자료의 삼각측정법을 통하여 연구자들이 모은 자료를 놓고 검토하였다. 여러 시기에 다양한 공간에서 연구자들에 의해 모아진 자료 자체를 놓고 검토하였다. 또한 탐색적 삼각측정법을 통해 지나치게 개인적인 생각으로 현상을 인식하는 것을 상쇄하기 위해 서로 피드백하면서 특정 결론으로 이끌어나갔다. 즉, 수집한 자료를 연구자들이 번갈아 읽어보고 피드백하면서 각 연구자의 기억과 다른 내용이 있는지, 그리고 지나치게 자의적인 해석은 없는지를 확인하였다.

연구 결과

학습 주체로의 변화: '아마'의 정체성

'모두 함께'는 공동육아를 위하여 부모가 자신의 자녀를 보내면서 구성된 학습공동체이다. 부모는 여러 가지 이유 때문에 자녀를 일반 유치원이나 어린이집에 보내지 않았다. 아이들의 건강상의 이유나 기존 유치원이나 어린이집에 대한 거부감 등이 그것들이었다. 주위의 권유로 공동육아시설로 보내는 경우도 있었다.

> 제가 결혼 전에 유치원에서 일을 해봐서 내 아이를 낳고 보니까 도저히 일반 사립 유치원을 못 보내겠더라고요...... 그래서 여기저기 고민하다가 알게 된 곳이 공동육아였어요. — 갯버들, 2009. 4. 25. 신입 조합원 생태교육 후 인터뷰

나는 내 신조가 원래 애들은 초등학교 가기 전까지 뛰어놀아야 한다. 그런데 어느 날 우리 윗집애가 3월인데 새까맣게 탄 거야. 그래서 그 엄마한테 "어머, 어디 놀러갔다 왔나 봐요" 했더니, 그 엄마가 "우리 애는 공동육아해요." 했어요. 매일 뛰어논다는 거 그게 제 생각이랑 딱 맞았어요. — 단풍나무, 2009. 6. 4. 운영소위 모임 중 대화

저는 우리 아이가 처음에 아토피 때문에 그 한의원 선생님이 일반 어린이집 가지 말라고 했어요. 공동육아 어린이집이라는 게 있다. 거기 다니라고 해서 근데 그때 우리 옆집에 애가 다니고 있었어요. 그래서 알게 된 계기로 해서.
— 난초, 2009. 6. 4. 운영소위 모임 후 인터뷰

'모두 함께'는 대안적 육아공동체로서 전통적인 교사와 어린이, 그리고 학부모의 관계를 벗어나 있었다. 교수학습의 과정은 교사와 아이들의 관계 속에서 이루어지고, 부모는 단순히 그들로부터는 떨어져 있는 객체가 아니었다. '모두 함께'는 아이들을 학습의 주체로 인정하는 동시에 부모들이 교육에 동참하였다. 공동육아에 참여하는 부모들은 초기 적응과정에서 공동체의 일원으로서 여러 가지 불편함이나 어색함을 느끼기도 하였다. 그러나 그런 과정을 거치면서 단순한 집단육아의 수준을 넘어선 학습공동체를 만들어갔다.

부모는 다른 구성원들과 평등한 관계 속에서 새로운 공동체의 일원이 되어 갔다. 그 구체적인 방법의 하나가 '별명 부르기'였다. '모두 함께'에서는 본래 가지고 있는 이름이 아닌 새로운 이름으로서 별명을 불렀다. 부모는 아빠 엄마의 줄임말인 '아마'로 통했다. 교사, '아마', 아이들이 대등한 관계를 가진다는 사실은 서로가 존댓말을 사용하지 않는 것으로부터도 확인할 수 있었다. 그것은 누구의 엄마, 누구의 아빠, 누구의 아이가 아니라 평등하면서 개별적인 인격체로서 존중받을 수 있도록 하기 위한 사회적 장치였다.

공동체 안에서 새로운 이름과 역할에 기초하여 부모들은 자신의 정체성과 존재감을 형성하고 있었다. '아마'들은 새로운 학습자이자 교사가 되기

위해 공동체의 학습활동에 참여하였다. '모두 함께'에서는 구성원 모두가 학습자였다. 특히, '아마'는 학부모로서 교육을 지켜보는 입장이 아니라 직접 학습현장으로 뛰어 들어가 자녀들과 함께 호흡하면서 새로운 가치관을 배우고 있었다.

> 처음에는 아이들을 새로운 환경 그러니까 제도권의 영향을 받는 교육기관에 맡기기 싫어서 공동육아를 하기로 했는데, 지금은 엄마 아빠인 내가 더 많이 배우고 있어요. 생각과 성장과정이 다른 사람들이 모여 어린이집을 운영하기 위해 서로 소통하고 민주적으로 의사결정하는 방법을 깨우쳐가면서, 그리고 아이들을 돌보는 일에 적극적으로 참여하고 아이들이 살아갈 세상을 고민하면서 아이와 더불어 내가 성장하고 있다는 것을 느껴요. — 갈대, 2009. 4. 13. 인터뷰

더군다나, '아마'들이 학습하는 장은 공동육아시설인 '터전'[5]에만 국한된 것이 아니었다. 그들은 가정을 개방하여 서로가 한 가족처럼 생활하며 그 안에서 더불어 살아가는 법을 학습하는 공동체로 발전해 갔다. 서로 독립된 가정을 가지고 있지만 서로를 위해 집을 개방하면서 자연스럽게 자신들이 추구하는 학습의 장을 넓혀갔다. '아마'들은 서로의 집을 방문하여 회의를 했고 독서모임을 운영하기도 하였다. '터전'을 중심으로 만난 '아마'들은 장소를 가리지 않고 서로 배우는 적극적인 학습자의 모습을 가졌다. 터전으로부터 가정으로 그들의 학습의 장을 넓혀가고 있는 것이었다. 이렇게 학습의 장을 확장하는 과정에서 '아마'들은 서로가 서로에게 가르침과 배움을 주고받았다. 그럼으로써 사회에 대한 이해의 수준을 높였고, 사회현상을 해석하는 시각을 넓혔으며, 함께 추구해야 할 미래를 바라보았다.

> 교육이 있을 때는 미리 관련된 책을 몇 권 선정해요. 그런 다음에 집에서 아이 아빠랑 같이 읽어보고 또 소위별로 모여서 책에 대해 이야기도 하고 궁금한 거 있으면 서로 물어보기도 하고 그래요. 무슨 교육을 한다고 해도 부모도 모르는 건 마찬

가지니까. 이런 식으로 교육이 있을 때마다 관련된 걸 미리 읽기도 하고, 그냥 주기적으로 소위원들끼리 정해서 책 몇 권 정해서 집에서 부모들이 먼저 읽고 토론하고...... 처음에는 되게 어색했는데 이제는 좋아요. 미용실에서 읽는 잡지나 모 그런 거 읽는 게 아니라 진짜 책을 읽는 거니까 점점 읽은 책도 많아지고 …(중략)… 또 전에는 집에서 아빠, 엄마 일이 정해져 있었고, 잔소리도 많이 하고 그랬는데 처음에는 낯설었지만 공동육아하고 난 다음에는 ○○아빠에서 벗어나 사람 자체로서 바라보게 되고 공동체에서의 삶이 가정 전체로 확대되었다고 할까.

— 달맞이꽃, 2009. 4. 13. 인터뷰

결국, '아마'들은 단순히 자녀를 육아시설에 위탁한 방관적 존재로서의 학부모가 아니었다. '모두 함께'라는 공동체 안에서 적극적인 학습의 주체로서 거듭나고 있었다. '아마'들은 자신의 배움을 그 내용과 장의 측면에서 확장하면서 함께 성장하고 있었다.

학습 목적의 확장: 기능에서 관계로, 그리고 가치 추구로

'아마'들의 배움의 확장은 학습하는 이유와 목적이 확장됨에 따라서 나타나는 하나의 결과였다. 그들이 조합에 가입한 초기에는 단순히 자신의 자녀를 잘 양육하기 위한 학습을 할 뿐이었다. 공동육아가 어떤 것이고, 자신이 조합원으로서 해야 할 역할이 무엇인지를 학습하였다. 한 마디로 자신의 자녀를 잘 양육하기 위한 기능적 학습에 불과했다.

'아마'들은 모두 자녀들을 잘 양육하기 위해서 공동육아에 참여하였기 때문에 초기에 익숙하지 않은 조합활동에 참여하고 학습하는 것은 모두 자신의 아이를 위한 노력이었다. 처음에는 조합에서 하라는 것도 많고, 오라는 일도 많아서 부담스러웠다. 과연 자신이 그렇게 고생을 하면서 공동육아를 해야 하는지를 고민하기도 했다. 그럼에도 불구하고, 이들은 모두 자녀를 위해 노력했다.

저만 해도 정말 공동육아 싫었거든요. 아, 정말로. 정말 싫었는데, 계속 고민은 하고 있었는데 엄두가 안 나가지고, 애 둘 다 키워 놓고 하나 또 낳았는데, 얘 땜에 내가 이런 생고생을 또 해야 되나 싶은 게. 이거 아무도 이해 못할 거야 정말. 내가 13년 동안 애를 키우고 있는데, 이렇게 생각하니까 엄두가 안 났는데. 막상 들어와서 보니까 그것도 노력하면 되지. — 냉이, 2009. 6. 4. 운영소위 모임 후 인터뷰

특히, 공동체에의 참여는 많은 노력이 들어가는 일이었다. 신입 조합원에게 공동육아 공동체가 가지고 있는 독특한 분위기와 가치는 익숙하지 않았다. 그럼에도 불구하고, 부모가 다른 조합원들과 어떻게 관계 맺는지에 따라 아이들의 적응 정도가 달라지기 때문에 공동체에 적극적으로 참여하고자 하였다. 이런 노력을 통해 낯설었던 공동체가 점차 익숙해져 갔다.

서로 관계가 좋아야지. 다 거기에서 싹 트는 거 같아요. 관계가 일단 안 좋고 서먹서먹하면 그게 오래 못가요. 애한테도. 애도 벌써 느끼거든요. 엄마가 뭔가 안 좋구나. 그러면 뜨악하잖아요. 그러면 걔도 잘 적응을 못하고 힘들어지더라고요.
— 냉이, 2009. 6. 4. 운영소위 모임 후 인터뷰

기능적 이유 때문에 시작했던 학습과 적응의 과정은 공동체적 관계 형성이라는 새로운 차원으로 넘어가는 디딤돌이 되었다. 초기 적응기를 지나면서 '아마'들은 다른 조합원들과의 개인적 관계 맺음을 통해 새로운 정체성을 형성하였다. 단순히 자녀를 위한 학습이 아니라 자기 발견과 성장의 학습이 이루어지게 되었다. 공동체의 완전한 구성원으로서 다른 구성원들과의 관계를 통해 자신이 그 안에서 성장하고 있음을 깨달아가고 있었다. 부담스러웠던 조합원 활동이 공동체 속에서 다른 구성원들과의 친밀한 관계를 형성하면서 달라졌다. 특히, 공식적으로 조합 일을 맡으면서 더욱 성장하는 자신을 발견하고 있었다.

맨 처음에는 뭐 조합원 행사도 많고 이래 갖고. 나오라는 것도 많고 하라는 것도 많고……. 그러다가 조금씩 조합원들하고 친해지면서. 친해지면서 그냥 학부형을 만나는 것이 아니라 나중에는 애들 얘기하다가, 내 개인적인 얘기 하다가 좋은 이웃, 좋은 친구가 되는 거지요. 그러면서 이제. 이사를 맡으면서, …(중략)… 제가 성격이 급하고, 나의 되게 부족했던 부분들이 그러면서 많이 둥글둥글해지는 거예요. …(중략)… 사고의 폭이 굉장히 많이 넓어진 것 같아요.

— 난초, 2009. 6. 4. 운영소위 모임 後 인터뷰

돈독한 관계의 학습공동체는 세계를 향해 나아가고 있었다. 여전히 '아마'들의 학습은 자녀양육이나 자기 성장에 초점이 맞추어져 있다. 그러나 그들은 조합을 통해 이룰 수 있는 가치 있는 일에 대한 고민을 시작하였다. '아마'들은 자기 성장과 발견을 넘어 공동육아를 계기로 만나 더 좋은 세상을 만들어가려 하였다. 비록 공동육아라는 작은 활동을 통해서이지만, 그것이 가진 긍정적 가치를 전파함으로써 세상에 하나의 변화를 시도할 수 있다고 믿었다.

판사, 변호사, 건축, 연구원, 대학교 강사, 감정평가사, 미디어 영상센터, 철도회사 직원 등 다양한 배경을 가진 부모들이 배우고 성장하지 않으면 이 공동체가 유지가 될 수는 없는 것 같아요. 새로운 인류가 싹트고 있다고 생각할 수 있어요. 새로운 하나의 거대 담론. 큰 거대 담론의 틀 안에서 제도를 만들어내고 있기 때문에 공동육아, 대안학교라는 것은 아주 작은 규모의 공동체를 만들어가고 있다는 면에서 지금까지와는 근대를 넘어선 어떤 움직임이라고 생각할 수 있어요.

— 갯버들, 2009. 4. 25. 생태교육 後 인터뷰

대안교육이나 공동육아 같은 경우는 생체로서의 사람이 살아가는 데 어떻게 커가고 성장할까, 공동체가 행복할까, 여기서부터 세상이 어떻게 행복할까를 생각하기 때문에 방향이 달라진다. 개인들의 행복이 공동체로서의 삶에서의 생활이 행복해질 수 있도록 자라가고 키워가는 것이 중요하다. 이게 타당하다고 생각하기 때문에 내 돈을 들여서라도 주변에까지 알리기를 원하게 된다.

— 난초, 2009. 6. 4. 운영소위 모임 後 인터뷰

결국, '아마'들의 공동체 안에서의 학습의 이유와 목적은 확장하고 있었다. 처음에는 자신의 자녀를 잘 양육하기 위한 기능적 목적으로 시작한 조합활동이었지만, 조합의 가치와 공동체 생활에 익숙해지면서 다른 조합원들과의 관계 형성과 공동작업을 통해 성장하는 자신을 발견하였다. 아이들 양육에 가려졌던 자신을 다시 발견하는 경험을 하였다. 더 나아가, '아마'들은 공동체 안에서 생활하는 동시에 공동체 밖을 바라보면서 '안'의 가치를 '밖'으로도 확장하고자 하였다. 한 마디로, '나-내 공동체-세계'로 가치의 확장을 경험하였다.

> 우선은 우리 가족, 나, 내 애만 생각을 하다가. 여기…… 이웃을 만나고, 이사를 하면서 남의 아이, 그리고 다른 사람, 그리고 우리 조합원. 그리고 그렇게 하면서 어느 순간에 환경도 한번 생각하게 되고, 지구도 한번 생각하게 되고, 이런 식으로 내가 생각하는 폭이 훨씬 넓어지는 것. 옛날에는 그냥 우리 가족만 봤던 사고의 폭이 우리 조합 보게 되고, 우리 공동체도 한 번 더 보게 되고 그리고 환경도 한번 생각하게 되고. — **갯버들, 2009. 4. 25. 생태교육 후 인터뷰**

공동체: 학습의 목표이자 내용

'모두 함께'에 참여한 구성원들의 공통된 목표는 모두가 행복해지는 공동체적 삶이었다. 공동육아는 자신의 아이 하나만을 잘 키우는 것이 아니라 내 아이, 남의 아이라는 구분 없이 우리의 아이들을 함께 잘 키우자는 취지로 시작하였다. 이런 생각은 '아마'들이 공동육아과정을 통해 자연스럽게 공동체적인 삶을 배우도록 하였다.

> 우리는 아이들이 성장하는 과정에서 어떻게 살아가는 게 아이들을 포함한 우리 공동체 전부가 행복할까에서부터 그 과정을 시작하기 때문에 다른 사람들의 목표와는 좀 다른 방향을 가지고 있죠. — **갯버들, 2009. 4. 25. 신입 조합원 생태교육 후 인터뷰**

'모두 함께'에의 참여는 자발적이었지만 '아마'들이 처음부터 그 공동체의 가치를 완벽하게 이해하는 것은 어려운 일이었다. 따라서 '모두 함께'에서는 여러 활동들과 인간관계를 통해서 이를 위한 경험과 학습이 이루어졌다. 공동체의 가치와 그 실천의 어려움에 대한 불만을 토로하기도 하였고, 현실적 문제들을 해결하기 위한 방법들을 모색하는 논의도 이루어졌다. 토론의 과정에서 기존의 공동체 구성원은 새로운 구성원들에게 영향력을 미치게 된다. 그럼에도 불구하고, 그들 모두가 공동체적 가치를 받아들이기까지는 시간이 걸렸다.

> 기다리는 거죠. 처음에는 우리와 다른 생각을 갖고 우리와 동일한 목적이 아니었을지라도 시간이 지나면서 우리들에게 물들게 되니까, 점점 이런 생각으로 변하게 되는 거죠. 세계 자체가 바뀌는 거예요. 내가 누구 아빠가 아니라 갈대이기 때문에 사람들과의 관계가 이렇구나 하는 것을 알게 되는 거죠. 자연스럽게 알아지는 것 같아요. 억지로 무언가를 강요하지 않아요. 그냥 이 안에서 배우게 되는 게 제일 정확한 거니까요. — **갈대, 2009. 4. 25. 신입 조합원 생태교육 후 인터뷰**

신입 '아마'들이 겪게 되는 문제들에 대해 고민하고 답을 찾는 과정은 공동육아의 공동체적 의미와 가치를 수용함으로써 '모두 함께'가 하나의 공동체로서 갖는 차별화된 정체감을 형성하도록 하였다. 대부분의 조합원들이 1~2년 정도의 긴 시간을 거쳐서 비로소 '모두 함께' 공동체의 구성원으로서 완전한 정체성을 형성하고 있었다.

> 공동체 생활을 하다 직장생활을 하다 보면 정체성이 흔들리게 되더라고요. 나름대로 삶을 진지하게 살아가는데 독특한 직장생활을 하게 되더라고요. 사실 공동체 생활을 하면서 그 부분이 가장 힘들어요. 그리고 공동체 생활에 더 신경을 쓰게 되고, 그러니까 가능하면 많은 아이들이 이렇게 자랐으면 좋겠다는 마음, 이렇게 자라야 민주적으로 소통하고 자랄 수 있겠다 하는 생각, 이런 아이들과 부모들이 많

아져서 세상도 이렇게 되었으면 좋겠다는 마음 이런 거요. …(중략)… 느리지만 조금씩 세상을 변화시키고 있다는 믿음, 새로운 세상이 열릴 수도 있다는 생각. 이런 부분들이 재미있고 또 배움이 되고 있어요. — **국화, 2009. 4. 25. 신입 조합원 생태교육 후 인터뷰**

공동체적 삶의 학습은 자연학습도 포함하였다. '아마'들은 전문가를 통해 생태교육을 받기도 하였다. '아마'들은 아이들이 생활하는 '터전'이나 야외활동을 하는 주변 산을 거닐면서 작은 생태계 안에서 찾을 수 있는 다양한 것들을 아이들보다 먼저 배웠다. '아마'들은 자신들도 모르고 있던 것을 가르치는 것이 아니라 먼저 자신들이 생태를 올바르게 바라보는 눈을 갖고자 학습의 기회를 마련한 것이다. 자신이 살아가고 있는 환경을 보존하고 인간이 자연 안에서 함께 어우러져야 한다는 생태학습은 더 확장된 의미의 공동체적 학습이라고 할 수 있다.

처음에는 여기서는 모두 유기농 먹거리랑 채소 위주로 먹으니까, 고기는 집에서 먹으면 되는 거고 터전에서는 나물이나 모 그런 땅에서 나는 거, 숲에서 나는 거 위주로 먹으니까 그러다 보니 생태에 관심을 갖게 되고, 또 먹거리에 신경 쓰다 보니 저절로 환경에 대해 생각하고...... 그러다 보니 우리가 함께 살고 있는 지구에 대해 생각하고 점점 그렇게 우리의 자연에 대해서 미시적인 것에서 거시적인 것으로 그렇게 생각이 변화하게 되요. — **개나리, 2009. 4. 25. 신입 조합원 생태교육 후 인터뷰**

결국, '모두 함께'에서 '아마'들은 공동체적 가치를 학습의 목표로 삼고 이를 실천하기 위한 어렵고도 긴 학습의 과정을 경험하고 있었다. 그것은 단순히 공동육아 그 자체를 위한 좁은 의미의 공동체 경험을 넘어서는 것이었다. 더 큰 사회와 자연을 지향하는 공동체적 가치를 느리게 그러나 철저하게 학습하는 것이었다.

공동체적 관계를 통한 학습

'아마'들의 함께 배우기는 쉽지 않은 과정이었다. '모두 함께'의 진정한 구성원으로서 정체성을 갖기까지 기다려야 했다. 그 시간 동안 그들은 수많은 문제제기와 서로간의 갈등을 해결하기 위한 논쟁을 거쳐야 했고, 직접 보고 듣고 목소리를 내는 공동체적 관계를 경험하면서 학습했다.

앞서 언급했듯이, '모두 함께'에 참여한 동기나 배경이 매우 다양하였다. 많은 조합원들이 공동육아라는 개념도 분명하지 않은 상태에서 여러 가지 이유들로 공동육아에 참여하였다. 더군다나, 공동육아에 참여하게 된 이후에는 주변 사람들의 이해 결여와 아마의 활동으로 인한 시간 부족, 그리고 다른 사람들과의 관계 단절 등과 같은 어려움에 직면하게 되었다.

> 여기 보내고 보니까 처음에 너무 힘든 거예요. 애들 먹는 것부터 교육내용이랑 터전 청소까지 다 우리 아마들이 해야 하니까. 또 애들 나들이도 그렇고, 김장 담그는 것도 그렇고 일일이 다 아마가 해야 하고, 또 소위다 정기총회다 그냥 모 이런 저런 모임들이 일주일에 한두 번씩은 꼭 있다 보니까. 예전에 여기 보내기 전에는 캘린더에 스케줄이 별로 없었는데 이제는 달력이 꽉 다 터전 일로 다 차서...... 또 처음에는 조합원 자체의 생활이 종교 같아서 적응이 안 되기도 했고, 또 예전에 친했던 엄마들이나 친구들하고 공동육아하고부터는 내가 너무 바빠지니까 예전 관계들이 다 끊어지기도 하고. — **갯버들, 2009. 4. 25. 신입 조합원 생태교육 후 인터뷰**

참여 이유의 차이와 참여에 따른 삶의 희생은 '아마'들로 하여금 더욱더 강한 문제제기를 하도록 하였다. 즉, '아마'들의 공동육아에 대한 의미와 조합원으로서의 정체성은 각자 차이가 있었다. 이들은 이러한 차이를 숨기려 하지 않고 오히려 자신이 가지고 있는 생각들이 상대방과 다르다는 것을 이야기하였으며, 어떠한 점에서 차이가 있는지를 강하게 표현하고 있었다. 이에 따라 서로간의 의견 충돌과 조율의 과정이 필요했다. 예를 들어, '아마'

들은 공동육아나 대안교육이라는 핵심적인 주제에서도 의견이 일치하지 않았다. 한 분과 소위에서 이 주제로 30여 분 동안 논쟁하였으나 합의점을 찾을 수가 없었다. 결국, 이사회와 전체 조합원 교육시간에 이 문제를 다시 한 번 논의해야 했다.

레몬: 근데 이번 한마당 축제에서 꼭 공동육아도 대안교육이라고 해서 같이 들어가야 해? 공동육아 같은 유치원 단계를 굳이 대안이라는 명칭을 사용해야 할까? 사실 밖에서 보는 사람들은 공동육아 하면 초등학교도 대안학교 가야 되냐고 묻는 것처럼 꼭 그렇게 같이 가야 할까? 대안이라는 말 자체가 정치적인 성격을 띠고 있기 때문에 거부감이 들 수도 있잖아. 그냥 공동육아는 새로운 유치원의 한 형태이지 이걸 대안교육이라고 묶어서 같이 가야 하는 건지 모르겠어…….
동백꽃: 공동육아가 대안교육이 아니라고요? 공동육아는 대안교육이 맞아요. 공동육아는 분명히 기존의 교육정책들이 옳지 않다고 생각하기 때문에 또 기본적으로 운동권 사람들이 만든 거라 그런 기본적인 생각이 깔려 있지만 지금 공동육아에 참여하는 사람들이 운동권 출신이 아니라 공동육아에 대한 개념이 왔다 갔다 하는 거지만 기본적으로 공동육아는 대안교육이 맞는다고 생각해요…….
레몬: 그건 아닌 것 같아……. 공동육아를 오는 사람들은 그냥 다른 방향에서 다른 것이 좋아서 오는 사람들도 있는데 근데 이걸 다 대안교육이라고 하면 사람들이 거부감이 생길 수도 있지……. 한마당축제라고 해서 한마당이라는 이름이 있으니까 한 덩어리로 보이지만 외부에서 봤을 때 이런 교육도 있고 유치원의 경우 공동육아도 있구나 하는 것을 알게 해야 할 필요성이 있다고요.
개나리: 나도 대안교육이 맞다고 생각해. 공동육아가 생긴 기원을 거슬러올라가면 대안교육에서부터 시작되는 건데 그걸 아니라고 한다면 뿌리를 거스른 거잖아. 대안학교의 초기 창시자들은 공동육아 자체를 대안학교의 연장선으로 생각하고 있는 것도 사실이잖아. 대안학교의 한 형태가 아니라고 한다면 우리는 따로 가야 한다는 생각이 들어 …(중략)… 어쨌든 레몬처럼 생각하는 사람도 있고, 동백꽃이나 나처럼 생각하는 사람들도 있는데 이 문제는 우리만 여기서 논의할 게 아니라 함께 풀어나갈 문제이고 이사장이나 조합원들과 함께 이야기해야 할 필요가 있는 것 같아……. — 2009. 6. 3. 홍보소위 모임 관찰자 관찰일지

'터전'에서는 아이들 먹거리와 차량 운행부터 매일의 교육내용까지 교사, 학부모, 아이들이 함께 협의하여 결정하기 때문에 항상 의견 차이가 있을 수밖에 없었다. 이러한 경우, 소위별로 이야기를 충분히 나눈 후, 소위에서 결정할 수 있는 것은 소위에서, 소위에서도 합의되지 못한 안건들은 이사회에서 논의가 이루어지도록 한다. 만약 이사회에서도 합의가 되지 못했을 경우나 전체 조합원들과 의견을 나눌 필요가 있다고 판단되는 내용들은 조합원 전체 교육시간에 상정하여 충분하게 논의한 후에 전체 조합원들과의 합의를 이끌어내도록 노력하고 있었다. 전체 조합원과 의견을 나누어야 할 경우에는 보통 전체 조합원 교육이 있는 날 터전에서 장시간의 회의를 통해 이루어지지만, 대부분의 경우, 각각 한 달에 한 번씩 모이는 소위별 모임과 정기이사회에서 논의가 이루어졌다. 소위 모임과 이사회는 1년간 의무활동이기 때문에 조합원 전체가 모든 소위에 소속되어 있고, 반드시 소위별 임원을 맡게 된다. 이러한 의사결정 모임을 통해 조합원들은 다른 사람의 의견을 경청하고, 자신의 생각을 피력하고, 또 자신과 의견이 다른 조합원들과 갈등하게 되고 풀어나가게 되는 과정을 통해 민주적인 의사결정과정을 체득하였다.

> 이런 소위활동이나 조합원 전체 교육 같은 것을 통해서 아이들만이 아니라 어른들도 더불어 성장하는 것 같아요. 어떤 모랄까 민주적인 의사결정이나 스스로 결정하는 생활을 해본 경험이 없잖아요. 우리 세대들은 그런 경험들이 낯설고 서툰 경험이 분명한데 공동육아에 참여하는 부모들은 모두 같이 동일한 투자를 했고, 동일한 권리를 가지고 있고, 동일한 의사결정을 해야만 하는데 이러한 과정에서 가치를 맞춰 나가고 소통하는 게 어렵거든요. 그럼에도 우리 아이들을 함께 키우자는 공동육아의 취지고 또 이런 생각에 기본적으로 동의하는 사람들만 들어오는 거니까 최소한의 합의를 위한 전제가 필요하거든요. 그니까 공동육아에서는 직접민주주의를 선호하고 믿음과 신뢰를 통한 소통과 지향의 문제라고 생각해요.
>
> — 갈대, 2009. 4. 25. 신입 조합원 생태교육 후 인터뷰

한 마디로, '아마'들이 '모두 함께'에의 완전한 정체성을 확립하기까지는 순탄치만은 않았다. 그럼에도 불구하고, 이런 갈등적인 논의들을 통해 자신들이 속해 있는 공동체의 성격에 대해 보다 더 분명히 하고, 자신들이 나아가야 할 방향을 구체적으로 설정하기 위한 노력들을 수행하고 있었다. 이들은 서로 간의 갈등 상황이 발생했을 때 그 문제에 대해 공론화하고 합의를 도출하기 위해 열띤 토론을 벌였다. 이들은 이러한 과정을 통해 상대방이 나와 다름을 배우고 이러한 차이를 좁혀 나가기 위해 어떠한 관계들을 맺어나가야 하는지를 배웠다.

그러나 '모두 함께'에서 학습이 갈등과 논쟁을 통해서만 이루어지는 것은 아니었다. 그들은 서로간의 배려가 문제를 해결할 수 있는 가장 중요한 방법임을 깨달았다. '아마'들은 갈등 관계를 통해 공동체의 의미와 정체성을 의식적으로 또는 무의식적으로 경험하고 학습하였다.

> 문제가 발생할 때마다 대처방식이 달라지고 문제해결능력이 성장하게 되요. 누가 많이 하고 조금하는 걸 문제시하는 것이 아니라 할 수 있는 사람들이 하는 것이라고 강조하게 되더라고요. 여력이 되는 사람이 공동체를 위해서 먼저 해주면 고마워하는 마음을 갖게 되고 일이 꼭 해야 하는 일이 정해져 있더라도 상황에 따라 배려와 보류를 먼저 하게 되요. 그래도 힘들다고 하면 조합원들이 할 수 있는 것은 잡아주는 게 먼저라는 생각이 들어요. — **갯버들, 2009. 4. 25. 신입 조합원 생태교육 후 인터뷰**

또한, 선배와 후배 사이의 돈독한 공동체적 배움의 관계를 형성하여 시행착오를 최소화하기 위한 제도적 장치를 마련해 놓고 있었다. 구체적으로, '아마'들의 학습은 주로 앞서 공동체에 참여한 구성원들의 경험을 자료화한 것을 참고하여 보고, 추가적인 질문을 함으로써 듣고, 그것을 미래의 진입자에게 전달하는 방식으로 진행되었다.

> 들살이 때 졸업생들을 꼭 초대해요. 공동육아 홈페이지를 통해 항상 졸업생들의

안부를 묻고 그 관계를 유지하죠. 또 어려움이 있을 때는 질문을 하기도 하고요. 옛날의 자료들을 가지고 있으니까 그걸 참고하기도 하고 뭐 그런 게 없을 때는 항상 전화를 먼저 하는 편이에요. 메일을 보내기도 하고요. 앞선 졸업생들의 성장을 항상 보게 되니까, 우리 아이가 어떻게 될지를 예상할 수도 있고 그런 게 많이 도움이 되는 것 같아요. — 갯버들, 2009. 4. 25. 신입 조합원 생태교육 후 인터뷰

새로운 구성원들에게 앞선 진입자들의 체계적인 멘토링과 같은 학습과정이 제공되었다. 일반적으로 공동육아에서 나타나는 학습공동체 '모두 함께'는 교육소위, 홍보소위, 시설소위, 재정소위, 운영소위로 분류되어 있으면서 새로운 진입자들과의 관계형성과정을 세분화하고 있었다. 이것은 새로운 조합원들로 하여금 공동체 참여를 높이고 소속감을 높이기 위한 방법이었다.

시간과 노력과 과정이 필요한데 신입 조합원들에게 어떻게 전달해야 할지를 생각해봐야 해요. 무턱대고 우리가 맞다. 우리를 따라오라고 할 수는 없으니까. 그 사람들을 잘 관리하고 성장할 수 있도록 케어해주는 것이 옳다고 생각해. 그걸 모든 사람들이 다 할 수는 없으니까 소위를 배정해주고 그 소위에서 각각 흡수하는 것이 바람직하지 않나 싶은데. — 난초, 2009. 4. 30. 정기이사회 인터뷰

신입조합원들은 조합에 들어오게 되면 교육소위에 배정을 받아요. 우선적으로 우리가 돌아가는 모양을 봐야 되니까. 어느 정도 시간이 지나면 자기가 잘할 수 있는 소위로 옮겨가게 되는 거죠. 거기서는 각 소위의 이사들이랑 소위 구성원들과 연계되어서 자기의 역량을 펼친다고 해야 하나? 뭐 그런 거고.
— 대나무, 2009. 4. 30. 정기이사회 인터뷰

결국, '모두 함께'는 논쟁적 문제제기와 대답, 기다림과 배려, 그리고 체계적인 관계 맺음을 통한 학습의 방식들을 채택하고 있었다. 이러한 과정들을 거치면서 공동체를 형성해 나가고 있었다. 단순히 각자의 지식이나 아이디어를 교환하는 수준을 넘어서 공동체적 정체성을 만들어가고 있었다.

맺음말

이 연구는 문화역사적 활동이론으로서 확장학습모형에 기초하여 공동육아시설인 ‘모두 함께(가칭)’에 참여한 부모들이 어떻게 함께 배우기를 실천해 가고 있는지에 대한 질적 사례연구이다. Engeström(2001)이 제시한 학습의 주체, 학습의 이유, 학습의 내용, 그리고 학습의 방식에 대한 분석틀을 적용하여 관찰과 면접을 실시하였다. 연구 결과에 기초하여 성인들의 함께 배우기에 관한 다음과 같은 논의점들을 찾을 수 있다.

첫째, 공동체에의 참여와 정체성의 변화이다. ‘모두 함께’에 참여한 부모들은 공동체 안에서 새로운 이름과 역할을 갖게 되었고, 그에 따라 자신의 정체성과 존재감을 새롭게 형성하였다. 그것은 단순한 육아의 지원자가 아니라 학습의 주체인 ‘아마’로의 변화였다. ‘아마’들은 학습의 장을 넓혀 장소를 가리지 않고 서로 배우는 적극적인 학습자의 모습을 가졌다. 그럼으로써 내용과 장의 측면에서 배움을 확장하면서 함께 성장하고 있었다. 결국, 공동체에의 참여자는 그 자신을 새로운 공동체의 일원으로 거듭나게 한다. 공동체라는 사회적 관계 맺음의 장을 통해 성인들은 자신의 역할이나 정체성을 변화시키게 되는 것이다.

둘째, 공동체에서 학습의 확장이다. ‘모두 함께’에서 필요한 가장 원초적인 학습은 자신의 자녀를 잘 양육하기 위한 기능적 학습이었다. 그러나 ‘아마’로의 새로운 정체성 형성은 학습을 또 다른 차원으로 넘어가게 하였다. 그것은 자녀양육을 위한 도구적이고 기능적인 학습을 넘어선 공동체적 가치와 삶의 학습이었다. 다른 조합원들과의 관계 맺음과 공동작업은 자연스럽게 새로운 역할 속에서 성장하는 자신을 발견하도록 하였다. 더 나아가, ‘아마’들은 공동체 안에서 생활하는 동시에 공동체 밖을 바라보면서 ‘안’의 가치를 ‘밖’으로도 확장하고자 하였다. 정리하면, 사람들 사이의 관계에 참여한다는 것은 언제나 이미 학습을 포함한다. 그런데 그 학습은 ‘함께’라는 전제 속에서 확장하게 된다.

셋째, 공동체에의 참여를 통한 공동체 그 자체의 학습이다. '모두 함께'에서 '아마'들은 공동체적 가치를 학습의 목표로 삼고 이를 실천하기 위한 어렵고도 긴 학습의 과정을 경험하였다. '아마'들은 많은 고민과 어려움을 겪으면서 공동육아의 공동체적 의미와 가치를 수용하고 배웠다. '모두 함께'가 하나의 공동체로서 갖는 차별화된 정체감을 형성하였다. 그것은 단순히 공동육아 그 자체를 위한 좁은 의미의 공동체 경험을 넘어서는 것이었다. 더 큰 사회와 자연을 지향하는 공동체적 가치를 느리게 그러나 철저하게 학습하였다. 한 마디로, 진정한 공동체의 구성원으로서 공동체적 가치와 의미 그 자체를 온전히 학습하게 되었다.

마지막으로, 공동체적 관계 맺음을 통한 학습의 과정이다. '아마'들의 함께 배우기는 쉽지 않은 과정이었다. '모두 함께'의 진정한 구성원으로서 정체성을 갖기까지 기다려야 했다. 그 시간 동안 그들은 수많은 문제제기와 서로 간의 갈등을 해결하기 위한 논쟁을 거쳤다. 동시에, 함께 배우기의 과정은 기다림과 배려, 그리고 체계적인 관계 맺음을 통한 학습의 방식들을 채택하고 있었다. 이러한 과정들을 거치면서 진정한 공동체를 형성해 나가고 있었다. 요약하면, 공동체적 학습의 과정은 순탄한 것만도 험난한 것만도 아니었다. 구성원들 사이의 갈등과 논쟁이 필연적으로 존재하고 그 속에서 배워나가는 동시에 서로 간에 배려와 배움의 관계 맺음을 통해 진정한 공동체를 형성하고 있었다.

결국, 함께 배우기는 공동체에 참여한 구성원들이 맺고 있는 관계 속에서 발생하는 집단적이고 공동체적인 학습활동이다. 그 공동체는 기능적 학습을 넘어선 삶의 공동체로서 정체성을 형성하고 공동체 그 자체를 확장적으로 학습하게 한다. 비록 서로 간에 갈등이 있고 오랜 시간이 걸릴지라도, 공동체적 배려와 배움의 관계 맺음을 통해 또 다른 인식과 관점에 기초한 새로운 공동체적 정체성을 형성해 나가는 전환적 삶의 방식이다.

| 미주 |

1 이 장은 장원섭 · 이수용 · 이수연 · 박수연 · 박명식(2010). '성인의 함께 배우기에 관한 질적 사례 연구: 공동육아에 참여한 부모들의 공동체적 학습과정을 중심으로.' 〈Andragogy Today〉 13권 2호 논문을 수정 보완한 글이다.

2 집단학습은 집단의 구성원들이 하나의 사고체계를 형성하는 과정을, 공동체학습은 공공성의 체득을 뜻하는 경향이 강하다. 반면, 함께 배우기는 서로가 영향을 주고받으면서 공동의 학습을 하지만 동시에 각자의 고유한 배움의 과정을 의미한다. 또한 그것은 집단학습이나 공동체학습을 모두 포괄할 수 있는 광의의 개념이다.

3 공동육아기관명과 모든 인터뷰 대상자들은 가명 또는 별명이다.

4 연구진은 14명을 면접했지만, 연구문제와는 거리가 있거나 다른 사람과 중복되는 얘기를 한 경우가 있어서 연구 결과에 모든 면접대상자의 내러티브를 제시하지는 않았다.

5 '모두 함께'에서는 공동육아시설의 건물을 "터전"이라고 불렀다.

12 일터에서의 지식창출활동 - P사 S팀의 사례[1]

머리말

지식기반사회에서 지식은 조직의 경쟁우위를 창출하는 기반이다. 조직이 경쟁력을 확보하기 위해서는 지식을 획득하고, 이전하고, 활용하는 수준에서 나아가 새로운 지식을 창출하는 능력이 필수적이다(Nonaka & Takeuchi, 1995). 조직은 경쟁자가 모방할 수 없으며, 대체하기 어렵고, 가치 있는 지식을 지속적으로 창출할 때 경쟁력을 유지할 수 있다(Barney, 1991). 지식창출은 경영성과에 유의미한 영향을 미칠 뿐만 아니라, 조직의 가치창출을 위한 핵심적 활동이다(이홍재 · 차용진, 2006). 기업이 얼마나 독창적인 가치를 제공하느냐에 따라 기업의 생존과 성장이 결정되며(장원섭 · 심우정, 2002), 지식창출은 가치창출을 가능하게 한다는 점에서 경쟁력 창출의 기반이 된다.

일터는 지식을 축적하고 창출하는 공간이다. 개인들은 일터에서 원하는 목표를 달성하기 위해 다른 사람들과 지속적으로 상호작용하며 지식을 획득하고 경험을 공유하고 결합하여 상호의존적인 변화를 창출해 간다(장원섭 외, 2010). 조직의 지식창출을 위해서는 사회적 관계 형성이 필수적이며(Krogh, et al., 2000), 구성원 간 상호작용을 이해하는 것은 일터의 지식창출을 이해하는 토대가 된다(문진수, 2005).

일터에서의 지식창출활동에 있어서 구성원의 상호작용이 중요함에도 불구하고 이에 대한 연구는 부족하다. 일터에서의 지식창출에 관한 연구는 주로 지식창출의 영향요인을 파악하는 데 초점을 두고 이루어졌다(이현주 · 김효근, 2007; 이홍재 · 차용진, 2006; 이향수, 2004; 하미승, 2007; Bryant, 2003; Krogh, et al., 2000; Nonaka & Takeuchi, 1995). 이를 통해 최고경영자의 리더십, 기업의 문화, 의사소통, 구성원의 지식창출 의지, 시스템 지원 등이 지식창출의 영향요인으로 제시되었다. 이 연구들은 지식창출의 영향요인과 함께 지식창출의 중요성을 보여준다는 점에서 의미가 있다. 그러나 구성원들의 상호작용을 통한 지식창출활동의 구체적인 양상을 설명하기에는 한계가 있다. 이를 위해서는 지식창출의 과정에 대한 질적인 측면에 주목하는 연구의 필요성이 대두된다.

지식창출과 관련된 질적 연구는 실행공동체나 온라인 학습환경에서의 지식창출활동에 대한 연구가 주로 진행되었다(박재연, 2008; 최미나, 2003; 한정선 · 이경순, 2005; Collis & Margaryan, 2004; Hardaker & Smith, 2002). 그 연구들은 다양한 지식창출활동 사례들을 통해 지식창출활동에서 여러 요소들이 영향을 주고받는다는 것을 파악하였다. 그럼에도 불구하고, 실행공동체와 온라인 학습환경은 조직의 기본적 업무단위는 아니며, 따라서 그런 방식의 지식창출활동은 조직의 발전에 간접적으로 기여할 뿐이다(Boud & Garrick, 1999).

조직의 생산성, 효과성, 혁신에 직접적으로 기여하는 지식창출활동은 실제 일터의 업무집단에서 이루어진다. 특히, 조직 내 팀은 개인이 일터에서의 상호작용을 가장 활발하게 진행하는 단위이자 밀도 있는 관계성의 연결을 바탕으로 한 지식창조의 기본단위이다(Krogh, et al., 2000). 팀의 지식창출활동에 대한 이해를 통해 조직의 성과에 직접적으로 기여하는 지식창출활동에 대한 이해의 폭을 넓힐 수 있다.

이 장은 업무 팀에서 이루어지는 지식창출활동에 대한 질적 사례연구를 다룬다. 팀의 일상적인 모습을 관찰하여 일터에서의 지식창출활동의 단계별 양상을 검토하고 일터에서의 지식창출활동에 영향을 미치는 요소와 각 요소의 역할, 요소 간 상호작용을 파악하고자 한다. 이를 위해 제3세대 활동이론을 지식창출활동의 분석틀로 활용하였다. 활동이론은 인간을 능동적 존재로 파악하며 인간과 인간을 둘러싼 요소 간 상호작용을 파악한다(Engeström, 1998). 활동체계 내의 다양한 관점을 지닌 주체와 역사성을 지닌 매개체는 다양성을 지속적으로 생산하고 갈등을 일으킨다. 활동이론은 일터의 일상에서 우연히 일어나는 것처럼 보이는 갈등을 분석하고 갈등이 지식창출활동에 어떠한 영향을 미치는지 분석하는 데 적합하다(Engestrom, 2008). 특히, 제3세대 활동이론은 조직 내에서 활동에 참여하고 있는 주체가 전체의 활동체계와 어떻게 작용하는지, 한 사람의 새로운 참여로 인해 전체의 활동이 어떻게 달라지는지에 대한 이해를 가능하게 하여 공동체의 지식창출활동의 분석에 적합하다(권인탁, 2008). 제3세대 활동이론을 통한 지식창출활동 분석은 일터에서의 지식창출활동 요소에 대한 총체적인 이해를 가능하게 하여 일터에서의 지식창출활동에 시사점을 제공할 것이다.

이론적 배경

지식

지식에 대한 개념적 정의는 지식의 분류에 따라 달라진다. 가장 잘 알려진 분류방법으로 Nonaka & Takeuchi(1995)는 지식을 암묵지와 형식지로 분류하였다. 암묵지는 개인의 경험에 내재된 개인적인 신념, 생각, 가치체계

등의 주관적인 지식이며, 형식지는 구체적인 언어로 설명할 수 있으며 다른 사람들에게 손쉽게 전달될 수 있는 객관적인 지식이다. 그 밖에도 지식을 그 특성을 중심으로 이미 잘 수립된 견고한 지식(hard knowledge)과 아직 저장되거나 수립되지 못한 연성 지식(soft knowledge)으로 분류하거나(Hildreth & Kimble, 2002), 쉽게 공유될 수 있는 형식적 지식(formal knowledge)과 형식적 지식을 형성하는 과정 속에 있는 비형식적 지식(informal knowledge)으로 분류하기도 한다(Conklin, 1997).

이러한 지식의 분류와 정의는 지식의 이중성을 전제로 한다(Hildreth & Kimble, 2002). 즉, 지식은 보편적 상황에서의 진실이라기보다는 추상적이고 역동적인 객체로 조직 안에서 다양한 면모를 가질 수 있다(Krogh, et al., 2000). 지식은 개인과 단체가 속한 사회문화와 도구에 영향을 받고 구성요소들과의 상호작용을 통해 지속적으로 재구성된다. 따라서 지식을 고정시키는 방식으로 분류하거나 지식의 여러 측면 중 일부만을 강조하는 것은 적절하지 않다. 결국, 지식은 완결된 형태를 지닌 '지식(knowledge)'의 개념으로 이해하기보다는 '앎(knowing)'의 과정으로 이해할 필요가 있다(Blacker, 1995).

지식창출

지식창출은 범위에 따라 지식의 가공, 전환, 획득 및 통합 등 협의적 의미로 정의한 사례와 조직 내 지식 변환 및 순환까지 포함한 광의적 의미로 적용한 사례로 나누어 설명할 수 있다(이홍재 · 차용진, 2006). 협의적 의미에서 지식창출은 문제해결을 위해 가공되지 않은 정보를 지식으로 전환하고 통합하는 과정이나(Sarvary, 1999), 개인의 학습과 경험을 바탕으로 문제해결에 도움이 되는 새로운 기술이나 아이디어, 노하우, 절차 및 해결책을 만들어 가는 창의적 활동을 뜻한다(Oldham & Cummings, 1996; 하미승, 2005).

지식창출을 다소 광범위하게 정의한 사례로 Nonaka & Takeuchi(1995)는 조직 내 지식창조 프로세스를 암묵지와 형식지 간의 사회화, 외재화, 통합화, 내면화의 순환적인 상호 변환과정으로 설명하였다. 그는 조직 내 지식이 공유과정을 거쳐 새로운 지식으로 창출되고, 이러한 새로운 지식이 기업 내 서비스 및 시스템으로 형상화되는 활동이 연속된다고 설명하였다. Ruggles(1998)는 지식창출을 지식 프로세스라고 명칭하며, 새로운 지식의 생산, 가치 있는 지식의 수집, 프로세스 및 서비스에 지식을 적용하는 것, 타 조직으로의 지식 공유 및 이전, 지적 가치의 측정을 위한 노력까지도 지식창출활동으로 규정하였다.

이 연구는 소규모 집단인 팀의 지식창출활동에 대한 것으로, 지식창출을 협의적 의미에 기초하여 다음과 같이 정의한다. 첫째, 지식창출은 문제해결이라는 공통적인 목표를 가지고 해결방안을 찾는 과정이다(Sarvary, 1999). 둘째, 지식창출은 관점과 경험이 다른 개인들이 자신의 경험 및 노하우를 공유하면서 새로운 아이디어나 기술, 노하우를 생성하는 활동이다(하미승, 2005; Oldham & Cummings, 1996). 셋째, 지식창출은 사회적·환경적 맥락 및 타인과의 상호작용에 의해 진행된다(Blackler, 1995; Nonaka & Takeuchi, 1995). 즉, 지식창출은 문제해결이라는 공동의 목표를 위해 개인의 경험 및 노하우를 공유하고, 개인을 둘러싼 환경 및 타인과 상호작용하면서 새로운 해결책을 찾아가는 과정이다.

활동이론과 확장학습 순환

활동이론은 지식창출활동에 대한 새로운 이해를 가능하게 한다. 전통적인 방식의 일터에서는 학습 및 지식창출의 목적을 제시한 사람이 있었고 무엇을 학습해야 하는지에 대해서도 규명해 주었지만, 현대사회에서는 '무엇을 배워야 하는지'에 대해서 정확히 아는 사람이 부재하다(Engeström & Sannino, 2010). 활동체계 내외에서 일어나는 불일치성과 긴장은 구성원들의 집단적 학습을 촉진시키는 역할을 하며, 활동이론은 불일치와 긴장이 갖는 역할 및 중요성을 분석한다(Blackler, et al., 1999). 활동이론은 변화와 개발에 대한 이론으로써 급변하는 현대의 일터에서 지식창출의 분석의 틀로서 적용될 수 있다.

활동체계의 요소는 주체(subject), 객체(object), 결과(outcome), 매개체/도구(tool), 규칙(rule), 공동체(community), 분업(division of labor)으로 구성된다. 일터에서의 지식창출활동을 활동체계 요소의 특성에 맞게 적용하면 다음과 같다 첫째, 주체는 지식창출활동에 참여하는 팀장을 비롯한 팀 구성원이다. 둘째, 객체는 지식창출의 대상으로 일터에서 문제해결의 대상 혹은 구성원들이 당면한 과제에 해당한다. 셋째, 목적 달성을 위해 사용되는 구성원들의 지식, 대화 및 물리적 회의도구는 매개체 또는 도구에 해당한다. 넷째, 공동체는 동일한 목표에 대해 관심과 참여를 공유하는 팀 구성원들로, 공동체는 주체가 속한 팀, 팀이 속한 조직의 문화적·사회적 특성까지 포함한다. 다섯째, 규칙은 지식창출활동 과정에서 지켜야 할 기준 및 조직과 팀 내의 규범을 뜻한다. 마지막으로, 팀 내 구성원들이 지식창출활동에 대해 과업, 권한, 지위를 분담하는 것이 분업에 해당한다. 이상의 요소들의 상호과정과 갈등을 통해 산출된 결과가 지식창출활동의 결과가 된다.

제3세대 활동이론은 서로 다른 활동체계 간 상호작용에 관심을 기울이며, 활동체계의 관계망, 다양한 시각, 대화를 이해할 수 있는 틀을 제공한다(Engeström, 2008). Engeström(2001)에 따르면, 제3세대 활동이론은 대화, 다중의 관점, 활동체계 간의 상호작용을 이해할 수 있는 다양한 개념적 틀을 개발해야 하며, 그는 학습 및 지식활동의 분석방법으로 확장학습 순환과정(expansive learning cycle)을 선보였다. 활동체계는 다양한 구성원들의 다양한 시각을 포함한 다중의 목소리에 의해 형성되고, 확장학습은 이러한 다중의 목소리를 다시 조화롭게 만드는 것(reorchestration)이다(Engeström, 1999). 구성원들은 저마다 활동체계의 과거 사이클을 가지고 있는데 확장학습을 통해 각 구성원들의 역사성을 배경으로 한 다중의 목소리가 표출되고 이 목소리들을 다시 조화롭게 하는 것이 확장적 학습이다. 확장학습 순환은 구성원들이 집단적으로 상호작용하고 학습하는 방식을 파악하는 유용한 틀이 된다(Foot, 2001).

확장학습 순환 내 지식활동은 질문하기, 분석하기, 새로운 해결책 모델링하기, 새로운 모델 진단하기, 새로운 모델 실행하기, 프로세스 고찰하기 및 새로운 관행으로 굳히기의 과정으로 진행된다(Engeström, 2008).

'질문하기(questioning)'는 개별적인 주체가 기존에 존재하는 관행적인 것을 질문하고 비평하고 거부하는 단계이다. '분석하기(analysis)'에서는 내부적인 요인의 관련성을 통해 상황을 분석한다. '새로운 해결책 모형화하기(modeling the new solution)'에서는 분석 결과에 대한 해결책을 제시하며, 아이디어를 간결화된 모형으로 구성한다. '새로운 모형 검증하기(examining the new model)'에서는 새로운 모델의 역동성과 한계를 검증한다. '새로운 모형 실행하기(implementing the new model)'에서는 실제적 적용 가능성을 파악하며 모형을 구체화한다. 여섯 번째와 일곱 번째 단계에서는 지식창출의 과정을 고찰(reflecting on the process)하고 평가하면서 결과를 새로운 관행으로 굳힌다(consolidating the new practice).

활동이론과 확장학습 순환을 통해 집단 내의 공동체에서 상호작용하는 학습의 사회적 과정을 설명함으로써 조직 또는 집단에서의 학습과정을 분석할 수 있다(장원섭 외, 2010). 실제로 활동이론은 조직발달 및 지식경영 분야에서 지식창출 분석의 틀로 다양하게 활용되고 있다(한정선・이경순, 2005; Blackler, et al., 1999; Collis & Margaryan, 2004; Engeström, 2008; Foot, 2001). 국내에서는 온라인 학습환경에서의 지식창출활동을 활동이론을 통해 분석한 사례가 있으며(한정선・이경순, 2005), 국외에서는 수년간에 걸친 조직의 발달과정에서부터 소규모 팀의 회의를 분석하는 등 활동이론과 확장학습 순환을 지식창출의 분석의 틀로서 다양하게 시도하고 있다(Blackler, et al., 1999; Collis &

Margaryan, 2004; Engeström, 2008; Foot, 2001).

지식창출활동의 대상 및 범위에 상관없이 활동이론을 분석의 틀로 한 연구들의 공통점은 활동체계 내 갈등을 지식창출에 필수불가결한 요소로 파악하며, 환경과의 상호작용 안에서 지식창출을 분석한다는 것이다. 활동이론을 통해 지식창출활동을 둘러싼 활동체계에 대한 이해를 확대할 수 있으며 동시에 지식창출활동에 영향을 주는 여러 요소 간의 관계를 분석할 수 있다. 이 연구에서는 확장학습 순환을 통해 지식창출의 과정 및 단계별 특징을 이해하고, 활동이론을 통해 활동체계 요소의 역할과 갈등, 상호작용을 파악하고자 하였다.

연구방법

연구대상

이 연구의 대상은 연구자 중 한 명이 속한 P사의 S팀이다. S팀은 P사 영업조직의 보험설계사, 부지점장, 지점장의 교육을 담당하며, 영업조직의 역량강화를 통해 조직의 성장에 기여하는 것을 목표로 한다. P사에서 보험설계사는 고객과의 상담을 통해 보험을 판매하는 유일한 판매채널이며, 부지점장은 보험설계사를 채용하고 육성하며 채용한 보험설계사를 중심으로 팀을 구성하여 관리한다. 지점장은 부지점장과 보험설계사로 구성된 지점의 경영을 담당한다. P사 보험설계사 교육은 지점 내 부지점장, 지점장이 보험설계사에게 제공하는 도제식 교육을 원칙으로 한다. S팀은 지점장 및 부지점장 교육, 지점 내 활용 가능한 교육 프로그램 및 교재 개발, 우수 사례 발굴 및 전파하는 역할을 한다. 하지만 금융환경이 급격히 변화하고 부지점장, 지점장이 보험설계사의 교육과 관련한 다양한 욕구를 충족시키지 못해

S팀이 보험설계사에게 직접 제공하는 교육이 증가하고 있는 추세이다.

연구대상으로 P사 S팀을 선정한 배경은 다음과 같다. 첫째, P사는 연구 관찰기간 동안 전사적으로 다양한 변화를 시도하였다. 조직 내부의 변화의 움직임은 긴장과 불일치성을 조성하며 이는 활동체계 내에서 새로운 지식 창출을 위한 동기를 제공한다(Blackler, et al., 1999). 둘째, S팀에는 개방적인 문화와 학습문화가 조성되어 있다. S팀은 매주 수요일 오전 8시에서 9시까지 학습하는 문화가 정착되어 있으며, 팀장 혹은 매니저가 배석한 자리에서도 적극적으로 의견을 개진할 수 있는 개방적인 조직문화가 조성되어 있다. 개방적인 조직문화는 학습의욕을 고취시켜 지식창출의 성과를 높이는 데 기여하며(김광점, 2004), 조직 내 구성원의 지식관리 및 창출에 대한 노력은 실제 지식창출수준에 긍정적인 영향을 미친다(하미승, 2007). 학습문화와 개방적인 문화를 지닌 팀일 경우 지식창출의 상황이 빈번하고, 또 지식창출활동 장면에 대해 관찰이 용이할 것이라고 판단했다. 또한 S팀은 연구자 중 1명이 구성원으로 속한 팀으로 접근이 용이하고, 구성원들과 친밀관계(rapport)가 형성되어 있어 상황에 대한 공감 및 파악이 용이하다.

연구대상자는 연구자를 포함한 S팀 구성원 7명이며, 인적 사항은 〈표 12-1〉과 같다.

〈표 12-1〉 관찰 및 면담대상자의 인적사항

이름*	성별	나이	직급	P사 근무기간	S팀 근무기간	기타
정수희	여	45	팀장	20년	8년	P사 여러 영업 관련 팀에서 팀원 및 팀장으로 근무함.
김정훈	남	43	차장	15년	1년 5개월	P사 보험설계사로 입사하여 부지점장 경험 후 S팀 합류함.
이영석	남	37	과장	8년	7년	P사 상품기획 업무 경험 있음.
홍혜은	여	29	대리	5년	4년	P사 영업지원 및 보험금 관련 업무 경험 있음.
최윤아	여	26	사원	1년	1년	P사 인턴 경험 후 S팀으로 발령받음.
강호선	남	27	사원	3개월	3개월	S팀 내 유일한 비정규직 직원이며, P사 입사 전 유치원 교사 경험 있음.
연구자	여	29	대리	5년	2년	P사 마케팅 업무 경험 있음.

* 이름은 모두 가명임.

자료 수집

연구자는 2010년 5월 17일부터 8월 20일까지 약 3개월에 걸쳐 참여관찰 및 면담을 진행하였고, 참여관찰의 장면들은 다음의 기준으로 선정하였다. S팀 내의 3명 이상이 포함된 일터에서의 장면 중 구성원들이 토론하는 과정이 선명하게 드러나는 장면을 선정하였다. S팀은 정수희 팀장을 제외하고 김정훈-홍혜은, 이영석-강호선, 연구자-최윤아의 세 그룹으로 나누어 진행되었으며, 대부분의 업무는 각 그룹 내에서 진행되었다. S팀 내에서 3명 이상이 포함된 장면은 팀 내 업무 중요도가 높은 업무이거나 새롭게 진행되는 업무로 각 그룹 간 교류를 뜻한다. 또, 구성원들의 참여가 가시적으로 드러나는 장면일 경우 지식창출의 과정 및 구성원들의 의도, 생각, 판단 등을 보다 분명하게 포착할 수 있다고 판단했다.

연구를 시작하기 전 S팀 모든 구성원들에게 연구내용 및 연구방법을 설명하고 연구동의서에 서명을 받았다. 참여관찰 회의 전에는 구성원들에게 녹음에 대한 동의를 구한 후 회의 중 쉬는 시간의 대화까지 포함하여 회의 시작에서 끝까지 모든 내용을 보이스레코더로 녹취 후 전사하였다.

참여관찰 외에, 관찰로 파악되지 않는 부분이나 자세히 알고 싶은 사항에 대해서는 면담을 진행하였다. 면담은 반구조화된 형식으로 진행되었으며, 면담 내용 또한 녹취하였다. 면담에서는 연구목적 및 방법에 대해서 간략히 설명한 후 평소 팀 내 지식창출활동 및 회의문화에 대해 어떻게 생각하는지, 개인의 개별적 경력 배경이 S팀에서의 지식창출활동에 어떻게 반영되는지, 특정 회의에 대한 느낌과 생각이 어떠한지, 해당 의견을 어떻게 내게 되었는지 등에 대해 물어보았다. 면담은 구성원당 1회씩 진행하였으며, 면담 시간은 약 40분에서 50분 정도였다.

자료 분석

자료의 분석과 해석을 위해서 참여관찰 시 녹음한 내용을 전사한 후, 수집한 자료들을 처음부터 끝까지 반복적으로 읽으며 자료를 단위화하였다. 한 사람의 말이 시작된 후 다른 사람의 말에 의해 중단되기까지를 하나의 단위(turn)로 설정하고, 모든 대화를 단위를 나누어 숫자로 표기하였다.

회의의 대화 내용을 숫자로 표기한 후, 대화 내용을 확장적 학습 사이클 내의 지식창출활동단계에 맞게 분류하였다. 그 후 해당 단계에서 부각되는 활동체계의 요소 및 요소 간 관계를 분석하였다. 각 단계별로 내용을 분류한 후, 회의 전체를 조망하면서 회의 간 활동체계의 요소별 역할과 특징을 비교하였다. 개별 면담의 내용 역시 전사하였고, 면담 내용은 활동체계의 요소별 역할 및 특징을 분석하는 추가 자료로 활용하였다.

연구의 타당도와 신뢰도를 확보하기 위해 구조적 확증, 합의적 정당화와 참여 검토를 실시하였다. 참여관찰과 면담의 결과를 비교하면서 연구자가 해석한 활동이 예외적인 것이 아님을 입증하고자 하였다. 또, 인적자원개발 전공 교수 2명과 질적 연구 방법론 교수 1명으로 구성된 전문가를 통해 해당 연구의 주제, 기술, 해석, 평가가 옳은지를 평가받았다. 연구계획서, 중간 결과물 및 최종 결과물에 대해 지속적으로 검증받으며 전문가들의 합의를 얻었다. 참여자 검토를 위해 S팀의 구성원들에게 총 3회에 걸쳐 연구 결과물을 공유하였다. S팀의 구성원들에게 총 3회에 걸쳐 연구 결과를 공유하였으며, 1차에서는 연구에 대해 설명하고 동의를 구하였고, 2차에서는 중간 결과를 메일로 공유하고 피드백을 받았으며, 마지막 3차에서는 연구 전체에 대해 프레젠테이션을 통해 발표하고 연구논문 전체를 공유하였다. 연구 대상자들에게 스스로 말한 것이 명확하게 전사되었고, 결과가 그럴 듯한 지 물어보았다. 연구대상자들은 "구성원들 말투까지 말한 내용이 그대로 다 들어 있다," "활동이론이라는 것이 흥미롭고 그것이 우리 팀에 적용된다는 사실이 재미있다"는 반응과 함께 "각 단계별 촉진요인을 회의 시 활용해보면 좋겠다"고 제안했다. 연구 참여자들의 반응을 통해 연구 참여자의 경험이 사실대로 기술되었고 결과가 그럴 듯하다는 것을 확인할 수 있었다.

연구 결과

일터에서의 지식창출활동단계

연구자는 연구 기간 동안 총 다섯 개의 연구 장면을 관찰하였으며, 회의 주제 및 회의의 발생 배경, 논지 전개에 있어서의 중요도를 기준으로 최종적으로 세 개의 연구 장면을 연구 결과에 반영하였다. 연구 결과에 반영한 회의는 〈표 12-2〉와 같다.

〈표 12-2〉 연구 결과에 반영된 회의

회의명	일시	참석자	회의 내용
회의1	5월 25일	7명(S팀 전원)	A교육 프로그램의 방향 설정
회의2	6월 30일	6명(이영석 제외)	S팀 미션 수립
회의3	7월 12일	6명(이영석 제외)	스케줄 관리용 팀 공용보드 제작

'회의1'은 P사에서 전사적으로 진행되는 업무 효율화 프로젝트인 W프로젝트의 일환으로 진행되었다. 각 팀의 전체 업무를 재점검하면서 해당 팀의 본질에 어긋나는 업무는 없는지, 폐지하거나 축소 가능한 업무는 없는지, 타 팀에 이관해야 하는 업무는 없는지 등을 파악하는 것을 목적으로 진행되었다. '회의1'은 보험설계사의 연차별 교육 중 하나인 A교육 프로그램의 방향 설정을 위해 교육 프로그램의 폐지 및 유지 등의 민감한 이슈가 다뤄지면서 팀의 본질과 조직에서의 위치, 조직의 현재 상황에 대한 내용을 논

의하였다.

'회의2'는 S팀의 미션을 논의하고 새로운 미션을 설정하는 회의였다. 오후 1시부터 6시까지 장시간 동안 S팀의 미션, 비전 및 S팀의 업무를 되돌아보고 하반기를 계획하기 위한 자리로, 팀의 워크숍 형태로 진행되었다. 논의 주제와 진행방법은 S팀 구성원들에 의해 자율적으로 결정되었으며, 미션 수립은 워크숍의 첫 번째 과제로, 미션 수립에 대한 회의는 2시간 30분 정도 진행되었다.

'회의3'은 팀 공용 스케줄 보드의 제작 여부를 결정하고 보드의 활용방법에 대해 논의하는 회의였다. W프로젝트의 일환으로 각 팀의 커뮤니케이션 효율화를 위한 W프로젝트 TF(Task Force)에서 제안한 아이디어였다. 각 팀에 화이트보드가 한 개씩 배분되었으며 화이트보드를 '스케줄 보드'라고 이름 짓고, 스케줄 보드의 활용방안은 팀의 사정에 따라서 결정하는 회의였다.

'회의1~회의3'을 통해 파악한 S팀의 지식창출활동은 Engeström(2008)이 제안한 확장학습 순환 내의 지식활동단계를 따르지만, 회의 시작부터 그 순서대로 진행되는 것은 아니었다. 새로운 해결책을 모델링하기나 분석하기가 먼저 진행되기도 하며, 회의 초반에는 질문하기, 분석하기, 해결책 모델링하기가 순서 없이 진행되다가, 마무리 단계에서는 질문하기 → 분석하기 → 새로운 해결책 모형화하기 → 새로운 모형 검증하기 → 새로운 모형 실행하기의 단계로 확장학습 순환의 단계와 동일하게 진행되었다. 또, 각 단계는 명확하게 구분되기보다는 중첩되기도 하고, 하나의 대화 안에 여러 단위가 공존하기도 했다. 각 단계별 흐름에 있어서 유연성을 갖고 지식창출활동의 단계를 이해하는 것이 필요하다.

S팀의 사례에서 '문제 형성과 논의하기(formulating/debating a problem)'는 모든 회의에서 관찰되며, 지식창출의 첫 단계로 볼 수 있다. Engeström(2008)의 연구에서도 해당 단계는 관찰되지만, 그는 확장적이지 않다고 판단하여 확장학습 순환의 단계에 포함하지 않았다. 그는 한 제조공장 생산 팀의 두 개

회의를 분석하였으며, 첫 번째 회의는 '새로운 보조도구(backup tooling)의 구매 여부'를 결정하는 것이고, 두 번째 회의는 '해당 팀의 스크랩 파트를 어떻게 다룰 것인가'에 관한 것이었다. 그는 '문제 형성과 논의하기'는 팀 구성원들에 의해 주도적으로 시작되거나 형성된 것이 아니며, 주어진 이슈에 대한 발표와 토론으로 구성되어 있다고 설명했다. 실제로 인용문에는 현재의 상황 및 회의 배경에 대한 설명이 주를 이룬다. 하지만 S팀의 경우, '회의2'는 S팀의 정체성에 대한 고민을 바탕으로 S팀 구성원이 필요하다고 판단해 진행된 회의였으며, '회의1'과 '회의3'은 전사적 프로젝트의 일환으로 진행되는 회의였지만 팀의 상황에 따라 주제의 범위를 결정할 수 있어서 주제가 확정적이지 않았다. S팀 구성원들은 회의 시작 시 구체적인 회의 주제에 합의해야 했고, 구성원들의 다른 시각들이 합의를 찾아가면서 확장적 움직임을 보였다. 공유된 목표는 객체의 원재료에 해당되며 이는 지식창출활동의 기반이라는 점에서 '문제 형성과 논의하기'는 지식창출활동의 필수적인 사전 단계로 볼 수 있다.

마지막 단계인 '과정에 대한 고찰 및 새로운 관행으로 굳히기'는 Engeström(2008)의 회의 결과와 마찬가지로 S팀의 회의 장면에서도 관찰되지 않았다. 그의 첫 번째 회의의 결론은 '새로운 보조도구를 테스트해 본 뒤 구매 여부를 결정한다'는 것으로, 실제적으로 어떻게 적용되었는지는 연구 결과에 포함되지 않았다. 두 번째 회의 결론인 '스크랩 파트를 다루는 모든 팀에 새로운 프로세스를 적용하는 것'은 임원진에 의해 수락되지 않아 실제적으로 실행되지 않았다. 하지만 그는 구성원들 간의 '회의2'를 통해 스크랩 파트와 관련한 '새로운 과정'에 대해 일치된 개념을 갖고 필요에 대해 합의를 했으므로, 해당 지식이 완전히 사라진 것은 아니라고 설명했다. 그는 '새로운 과정'이 수정된 형태로 다시 나타날 것이지만 그것을 추적하는 것은 쉽지 않다고 밝혔다.

회의 결과 도출된 '새로운 모형'에 대한 과정이 고찰되고 새로운 관행으로 수립되는지 여부는 새로운 활동체계와의 결합 내에서 이해되어야 한다. '회의1'에서 새롭게 결정된 미션이 정착되는지를 파악하기 위해서는 S팀의 과업수행 환경에서 S팀의 새로운 미션을 반영한 과업이 실행되어야 판단이 가능하다. '회의2'에서 '연차별 교육 프로그램의 폐지 및 베이직 프로그램 신설'이라는 결과가 정착하기 위해서는 타 팀과의 합의 혹은 경영진의 승낙이 필요하며, '회의3' 역시 스케줄 보드의 활용이 정착되는지를 파악하기 위해서는 스케줄 보드의 활용과정이 추후 관찰되어야 한다. 또한 도출된 새로운 모델이 회의실 밖에서 실행되는 것은 또 다른 활동체계와의 결합을 통한 새로운 확장학습 순환의 시작을 암시한다. 실제로 Foot(2001)은 구 소비에트 연방의 민족갈등 모니터링 네트워크(The Network for Ethnological Monitoring and Early Warning)의 일원이자 연구자로서 해당 조직의 9년간의 발달과정을 활동이론과 확장학습 순환을 통해 관찰하였고, 해당 조직에서는 9년간 2개의 확장학습 순환이 관찰되었다. 첫 번째 학습 순환의 '과정 고찰하기와 새로운 관행으로 굳히기'는 새로운 확장학습 순환의 시작단계와 중첩되는 것으로 관찰되었다. 회의 결과인 '새로운 모형'의 실행은 새로운 활동체계와의 결합을 통해 새로운 모델이 관행으로 통합되는지의 여부가 결정되며, 이는 새로운 확장학습 순환의 시작을 의미한다. 본 연구에서는 일터에서의 지식창출을 공동의 문제에 대한 해결책을 찾는 것에 초점을 두며 '과정 고찰하기와 새로운 관행으로 굳히기'는 S팀과 S팀 주변의 활동체계에 대한 장기간의 관찰이 포함되어야 하기 때문에 해당 연구에서는 제외하였다.

이러한 이유로 본 연구에서는 '문제 형성과 논의하기'를 첫 번째 단계로 추가하고, 마지막 단계인 '과정 고찰하기와 새로운 관행으로 굳히기'를 제외하였다. S팀의 지식창출활동은 '문제 형성과 논의하기 → 질문하기 → 분석하기 → 새로운 해결책 모형화하기 → 새로운 모형 검증하기 → 새로운 모형 실행하기'로 관찰되었다. 단계별 구체적인 내용과 특징은 다음과 같다.

일터에서의 지식창출활동단계별 특징

:: 문제 형성과 논의하기

지식창출활동의 첫 번째 단계인 '문제 형성과 논의하기'에서는 회의의 배경과 규칙을 공유하고, 주제에 대한 재논의를 진행하며, 논의할 주제에 대한 합의를 도출하였다.

회의2

06 연구자: 저희 워크숍 첫 번째 과제는 팀의 비전과 미션을 정하는 것입니다. (…) 1년, 3년, 5년 후 우리 팀이랑 회사가 어떤 모습으로 있길 바라는가 생각해 보는 거에요. (…) 미션은 여러 문장은 아니고, 한두 문장 정도로 우리 팀이 존재해야 하는 이유를 정의하는 것이어야 합니다. 이런 것을 생각해 보면서 비전과 미션을 이야기해볼까요?

10 정수희: (파워포인트에 적힌 기존의 미션을 가리키며) 제가 저 미션을 처음에 S팀에 왔을 때 만들었어요. '신규 부지점장의 역할과 책임'이란 책에 보면 부지점장의 역할이 나오거든요. 그 역할을 하게 만들도록 우리 팀에서 어떤 걸 할 수 있을까 생각하면서 만든 것인데, 지금 보니까 확 와 닿지는 않네요. 그러면 비전을 먼저 할까요? 미션을 먼저 할까요?

19 연구자: 너무 깊게 생각하지 마시고 현재의 상황이니까. 우리 팀은 어떤 팀인가요?

20 김정훈: 열심히 하는 팀. 다른 팀들도 항상 칭찬을 해주는 팀

21 연구자: (의외라는 듯) 그래요?

22 김정훈: 응. 개인적으로 S팀 사람들 너무 좋죠. 이런 이야기는 자주 듣는 편이고, 다음 단계에 대해서는 별로 이야기해 본 적이 없어.

25 김정훈: 그게…… 우리 팀 일 이야기를 하는 것에 있어서, 열심히 하는데 뭔지 모를 약간의 아쉬움이 있다는 생각이 들어요.

26 정수희: 아쉬워하는 그런 거, 그런 거에 대해서 조금 더 자세히 이야기해 주세요.

27 김정훈: (굉장히 조심스럽게) 이런 이야기를 하면 좋은 점도 있고 나쁜 점도 있을 수 있는데요. (…) 세상이 변화하고 있고, 우리 팀에 기대하는 것도 수준이 완전히 달라져 있습니다. 제가 원하는 모습은…… 저 미션이 우리 회사의 현재 시스템 아래에서는 최적의 미션이라고 생각합니다. 저는 개인적으로 저 미션을 좋아하는데 저희 팀의 현재 모습은 차이가 상당히 크다고 생각합니다.

30 연구자: 그러면 미션부터 이야기해 볼까요? 저 미션 자체가 저희 팀의 미션에 적합하다고 생각하시나요?

'회의2'의 회의 주제는 '대화 30'에 이르러서 결정되었다. 연구자는 회의 진행자로 '문제형성 및 논의하기'에서는 비전과 미션에 대한 정의 및 회의의 규칙(대화 06, 19)을 설명하였다. 규칙을 바탕으로 '질문하기' 및 '분석하기'(대화 10, 19, 27)가 진행되었고, 김정훈의 망설임과 조심스러움(대화 27), 의외라는 반응(대화 21) 속에서 긴장감이 지속적으로 형성되며, 논의 끝에 '미션 설정'이라는 문제가 도출되었다.

'문제 형성과 논의하기'에서는 논의할 회의 주제를 구체화하고 주제에 합의하였다. 구성원(주체)들이 당면한 문제(객체)에 대해 각자의 의견을 내면서 갈등관계가 나타났으며, 팀 구성원들의 의견 차이로 인해 구성원(주체)과 다른 구성원(공동체) 사이의 갈등이 나타났다. 회의 방향 설정에 도움이 되는 규칙을 설명하는 것(주체-규칙)은 지식창출활동을 촉진하는 역할을 하였다.

:: 질문하기

'질문하기'는 기존의 관행에 대한 질문, 의심, 비평을 포함하는 단계로 지식창출활동 활성화의 기점이 되는 단계이다.

'회의1'은 정수희가 구성원 개인별로 'A교육 프로그램 폐지'에 대한 의견을 물으며 질문하기가 진행되었고, '회의2'와 '회의3'에서는 팀 구성원들에 의해 자연스럽게 '질문하기'가 진행되었다. '회의2'에서는 "저 미션 자체가 저희 팀의 미션에 적합하다고 생각하시나요?(대화 30)"라는 진행자의 질문 이후, 구성원들은 현재 미션을 비평하고 판단하며 활발하게 의견을 개진하기 시작했다.

'회의3'에서는 스케줄 보드 활용에 대해서 김정훈이 회의 초반 새로운 해결책을 제시(대화7)하였지만 분석하기로 넘어가지 못하고, 신입사원인 최윤아의 질문(대화 11) 이후 '분석하기'가 진행되었다. 김윤아의 '질문하기' 전에는 산발적으로 의견이 표출되지만 '질문하기' 이후에는 질문에 대한 답변(대화 12), 찬성(대화 14)과 반대(대화 18) 등 구체적인 의견이 표출되었다.

회의3

07 김정훈: (파워포인트의 사진을 보여주며) 다음은 시스템 팀 보드 활용방법입니다. 일하는 형태나 방법이 달라서 그런지 법무 팀과는 확실히 다르죠. 프로젝트별로 업체랑 하는 일을 중심으로 구분해 놨습니다. (…) 우리 팀에서 보드를 활용할 때는, 우리 팀은 이메일을 공유하는 거나 주간회의 때 충분히 내용을 공유하고 있으니 너무 세부적인 내용 공유는 말고, 월간 계획이나 팀 내부적인 공통의 것을 적는 방안으로 활용하면 어떨까 합니다.

08 정수희: 이 보드가 팀 커뮤니케이션의 한 파트가 되는 거니까 시작해서 활용할 거면 적극적으로 사용한다는 생각으로 접근하면 좋을 것 같습니다.

11 최윤아: 그런데 궁금한 게 있는데요, 보드를 이렇게 자세히 쓰면 주간업무 회의도 병행하게 되는 거에요?

12 정수희: 그런 방법도 가능할 것 같아. 주간회의를 보드에다 적으면서, 보드 앞에 서서 미팅을 하는 거지. 전체적으로 보드를 보면서 회의를 하는 것도 재미있을 것 같다는 생각이에요. 브레인스토밍이 필요할 때만 회의를 하면 되고, 그러면 월요일 오전에 서서 미팅을 하게 되는 거죠. 이렇게 이야기를 하게 되는 것도 재미있지 않을까? (…)

14 홍혜은: 저는 저희가 이 보드를 쓴다고 해도 주간업무 회의를 안 할 것 같진 않아요. 근데 보드도 쓰고 회의도 하면 중복으로 해야 하잖아요. 그래서 주간회의 때 말하지 못한 공지사항이나 변경되는 일정만 적으면 어떨까요?

18 최윤아: 저는 이걸 할 거면 처음엔 어색할 수 있겠지만, 주간업무 회의를 없애는 게 낫다고 생각해요. 적극적으로 활용해서 시간을 줄여줄 수 있다면, 주간회의를 없애고. 둘 중 하나만 하는 게 맞는 것 같아요.

'질문하기'에서는 구성원(주체)이 문제(객체)를 바라보는 시선의 차이로 주체-객체 간의 갈등이 나타났다. 구성원 개개인이 객체에 대한 답을 찾기 위해 의견을 표출하며 활용하는 도구들은 객체에 대해 촉진관계였으며, 다양한 관점을 지닌 주체의 적극적 참여와 직급에 상관없이 질문을 가능하게 하고 이를 받아들이는 열린 공동체 문화 역시 촉진요인이 되었다.

:: 분석하기

'분석하기'에서는 다양한 매개체의 활용을 통해 질문에 대한 해결책이 구체화되었다. '회의1'의 '분석하기'에서는 실증적, 역사적 분석을 위한 다양한 도구가 활용되며 해결책이 구체화되었다. 실증적 분석의 초점은 S팀의 핵심 업무로, S팀의 핵심 업무와 존재 이유에 대해서 질문하고 규정하면서 실증적 분석(대화 26, 27, 33)이 진행되었다. 또한 S팀의 발달단계를 설명하는 역사적 분석(대화 34)도 진행되었으며, S팀의 본질을 규정하려는 다양한 시각의 움직임은 서로 간의 갈등과 긴장을 불러일으켰다.

회의1

26 연구자: 지금 W프로젝트를 하는 이유는 저희 팀의 본질적인 것을 하려고 하는 거잖아요. (…) 저희 팀의 본질은 매니저의 역량 강화를 통한 전문적인 보험설계사 육성인데, 그러면 지점장, 부지점장 대상으로 뭔가 교육을 더 제공해야 하지 않을까요. 저희는 늘 초점이 어긋나 있는 것 같아요. (…)

27 이영석: 그게 이상적이긴 하지만, 파급하는 데 오랜 시간이 걸리죠. 우리 역할

은 지점장, 부지점장에게 뭔가를 해주는 것이 아니라, 현재 시스템이 잘 돌아가도록 교육을 지원하는 거죠. 부지점장, 지점장 교육을 이야기하는 이유는, 기존의 시스템을 잘 유지하기 위해서는 지금 영업조직에 교육지원이 필요하다고 생각했을 때 지점장과 부지점장에게 지원하는 게 가장 효과적이라고 판단하기 때문이죠.

33 홍혜은: 전 연구자의 말이 이해가 되는 게 지금은 나무를 보고 있다는 생각이 들어요. 예를 들어 필요한가 안 필요한가를 이야기하기에 앞서 우리 팀이 어느 일에 집중을 해야 되는 팀이고, 정말 우리가 할 핵심 업무를 무엇으로 채울지에 대한 우리끼리의 동의가 먼저 이루어져야 할 것 같아요.

34 정수희: 우리가 지점장, 부지점장을 육성하는 관점에서 뭘 하고 있느냐고 지점에서 나한테 묻는다면 저는 사실 죄송하다 말할 수밖에 없어요. 개인적으로 P팀에 있을 때는 굉장히 주목 받는 팀이었어요. 그런데 S팀에 오니까 완전히 반대인 거에요. 완전히 지원하는 팀이더라고요. 이 팀에 와서 다소 그늘에 있는 것들을 세상으로 끌어내는 거 자체로 시간이 걸렸었고, 제가 중심을 잡고 무엇인가 했었어야 하는데, 임원이 계속 변경된 관계로 S팀이 정착하기 힘든 상황도 있었던 것 같아요.

'분석하기'에서는 '질문하기'로 촉발된 다양한 요소 간 상호작용이 진행되며 갈등의 양상 또한 다양하게 나타났다. '회의1'에서는 S팀의 본질에 대한 논의(주체-공동체), '회의2'에서는 기존 미션의 현실과 이상의 차이에 대한 논의(객체-공동체), '회의3'에서는 주간회의의 지속적인 실행 및 폐지에 관한 구성원들의 의견 갈등(주체-공동체)이 표출되었다. 분석의 도구로 각자의 경험, 지식, 자료 등 다양한 매개체가 적극적으로 활용되었으며(주체-도구), 서로의 의견을 경청하는 팀 문화와 주체들의 지식창출에 대한 적극적인 태도가 촉진요인으로 관찰되었다.

:: 새로운 해결책 모형화하기

'새로운 해결책 모형화하기'는 논의하고 있는 문제에 대한 해결책을 제공하고 아이디어를 명시화하는 단계이다. 질문하기에서 표출된 갈등이 분석하기를 거치면서 구체화되었고, 새로운 해결책 모형화하기 단계에서는 아이디어가 채택되면서 갈등이 하나씩 해소되었다.

'회의1'에서는 정수희가 회의를 주도하며 구성원 각각의 의견을 취합했기 때문에 다수의 해결책이 도출되었다. '분석하기'를 거치면서 새롭게 모형화된 아이디어는 홍혜은이 제시한 아이디어(대화 54)였다. 홍혜은의 새로운 해결책은 정수희와 최윤아에 의해 부분적으로 지지를 받으면서 채택되었다.

회의1

54 홍혜은: 신규 연차 달성자에게는 메시지가 분명해요. 기존 연차의 보험설계사와 신규 연차의 교육은 분리하는 것이 좋겠다는 생각이 우선 듭니다. (…) 해당 보험설계사가 새롭게 연차를 달성했을 때 담당 부지점장에게 매뉴얼을 제공함으로써 담당 부지점장이 적극적으로 비전 수립의 역할을 하게 하는 것도 좋을 것 같습니다. 그리고 연차별 교육을 진행하지 않는 대신, 연차를 구분하지 않고 영업의 기본기에 대해서 다시 확인하는 '베이직 코스'를 신설해도 좋을 것 같습니다.

55 정수희: 홍혜은 대리 의견은, 신규 달성자의 부지점장에게 패키지를 제공한다는 것도 참신한 아이디어 같고, 기존 연차 보험설계사를 위한 코스를 새롭게 개발해 보는 의견도 고려해 볼 만한 것 같네요.

56 이영석: 저는 베이직 코스는 안 해도 될 것 같은데요, 새로운 코스를 개발하는 개념이고, 대체할 새로운 코스를 찾을 필요는 없을 것 같습니다.

57 정수희: 최윤아 씨 의견은?

58 최윤아: 저는 대부분 말씀 주셨는데, 누구나 교육의 니즈가 있으니, 교육의 니즈를 제대로 파악을 해서 지원자를 받아서 제공을 하면 될 것 같아요.

59 정수희: 설계사를 위한 심도 있는 컨텐츠를 제공하자는 뜻? 연차별 교육은 폐지하고?

60 최윤아: 네.

'새로운 해결책 모형화하기'에서는 새로운 해결책(객체)에 대한 구성원 간의 다른 의견(주체)으로 주체－객체 간 갈등관계가 나타났다. 해당 단계 역시 구성원 간 원활한 커뮤니케이션과 다양한 배경의 구성원의 조합이 촉진요인으로 관찰되었다.

:: 새로운 모형 검증하기

'새로운 모형 검증하기'는 새로운 해결책을 구체적으로 검토하는 단계이다. 구성원들은 새로운 모형을 검증하고 찬반 의사를 나타내며, 새로운 모형의 향후 가능성과 한계를 구체화하였다.

'회의1'의 '새로운 모형 검증하기'에서는 새로운 모형에 대한 찬성의 분위기가 팽배해지면서 새로운 모형의 한계와 잠재성을 진단하였다. 구체적으로 연차별 교육 폐지와 새로운 교육의 형태(대화 68)에 대한 내용이 언급되었으며, 연차별 교육 폐지에 대한 추가 지원방안(대화 65)도 논의되었다.

회의1

64 연구자: 홍혜은이 이야기한 비전을 주기 위한 패키지나, 트레이너를 육성하게 하는 것은 제가 생각하는 것과 비슷한 것인 것 같아요. 베이직 코스도 괜찮은 것 같구요.

65 정수희: 이런 건 하반기에 하기로 한 트레이닝 교재 프로젝트에 포함시켜도 될 것 같고. 김정훈 차장님 의견은?

68 김정훈: (연차별 교육을 폐지하는 대안의) 새로운 코스에 대한 것은 월간 영업스킬 세션을 하면서도 느낀 건데 그 세션은 일방적인 건데, 좀 더 고민하고 같이 호흡하는 세션을 만들었으면 해요. 일정 연차 이상으로 해서. 지금의 영업스킬 세션과는 다른 느낌으로 같은 주제에 대해서 같이 고민해 보는 형태였으면 해요.

새로운 모형 검증하기 단계에서는 주체－객체 간의 관계가 지속되었고, 주체가 다양한 매개체를 활용하며 객체를 구체화하는 주체－매개체의 상호관계도 나타났다. 언어적 도구는 가장 핵심이 되는 매개체로서 구성원 간 원활한 커뮤니케이션은 이 단계에서도 중요한 촉진요인이었다.

:: 새로운 모형 실행하기

새로운 모형 실행하기는 새로운 해결책에 대한 요약 및 추후 진행사항에 대한 일정을 결정하고 담당자를 선정하는 단계이다. 이 단계는 지식창출의 마무리 단계에 해당한다.

'회의1'의 '새로운 모형 실행하기'에서는 새로운 모형을 최종적으로 선정하였고, 최종적 선정은 정수희가 제안한 투표로 진행되었다. '회의1'의 'A프로그램 폐지'에 대한 논의는 최종적으로 'A프로그램을 포함한 연차별 교육의 폐지 및 베이직 코스 추가 개설'로 결정되었다.

회의1

77 정수희: 그럼 우린 여기서 두 가지를 결정해야 해요. 폐지한다! (보드를 치면서) 신규 달성자는 타 팀에서 담당하지만 기존 연차의 설계사에 대해서는 1박 2일 형태의 프로그램이 되든 다른 형태로든 개발시켜 본다! 이건 투표로 하죠.

78 홍혜은: 질문이 있는데요, 기존 연차의 설계사에게 하는 건, 그런 뜻이 아니라……

79 연구자: 새로운 프로그램을 하나 더 만드는 개념인 것 같아요. 저희가 굳이 연차별 프로그램을 이야기하는 게 아니라.

80 김정훈: 새로운 프로그램인 것 같아요.

81 연구자: 베이직 프로그램을 만드는 느낌인 것 같아요. 워크숍 형태이든 뭐든!

82 정수희: 그러면 뭐라고 쓰면 되지?

83 김정훈: 베이직 코스라고 쓰시죠.

86 정수희: 또 하나는 A프로그램이 있는데 (이영식을 향해) 그건 이관에다 넣어 보실래요? '신규 달성에 대해서는 P팀으로 이관해 보고, 연차별 코스는 폐지한다'에 동의하신 거죠?

87 모두: 네네.

88 정수희: 베이직 코스는 신설이니까 따로 빼서, 별도 신규 프로그램으로 이야기하는 걸로 하겠습니다.

'회의2'는 '기존의 미션의 채택'이라는 해결책 아래, 추가적으로 미션의 문장을 수정하고 이에 대한 합의를 도출하였다. '회의2'의 '새로운 모형 실행하기'는 진행자인 홍혜은과 연구자에 의해 내용이 요약되고 마무리되었다.

회의2

72 홍혜은: 이제 미션에 대해서는 동의가 된 것 같은데요, 정리할까요?

73 연구자: 저는 작은 거긴 한데, 단어를 수정했으면 하는 게 있거든요. '트레이닝 프로그램'에서 차라리 '트레이닝'만 쓰면 되지 않을까요? 트레이닝에 가장 효과적인 게 교육프로그램일 수도 있고 다른 것일 수도 있고 모르잖아요.

75 정수희: 지금 이야기하는 건 '효과적인 트레이닝 프로그램을 제공함으로써'라고 했는데 이건 영업현장 매니저에게 프로그램만을 제공하는 것이 아니라, 트레이닝하는 방법은 다양하니까 그걸 바꾸자는 이야기이지?

76 최윤아: '프로그램' 단어만 빼면 될 것 같은데요.

77 연구자: (파워포인트 파일에서 '프로그램'이란 단어를 삭제하면서) 이렇게 할까요?

78 김정훈: 트레이닝 방법이 여러 가지가 있는데, 무엇을 어떻게 지원할 것인가는 각각 교육에 맞게 고민해 봐야 하는 거니까 수정해도 괜찮을 듯.

83 연구자: 그럼, 저희 팀의 새로운 미션이 정해진 것에 대해서 박수!

새로운 모형 실행하기 단계에서는 진행자의 역할(도구)을 활용해서 내용을 요약하고 최종적인 결과물(객체)을 도출하였으며, 진행자가 없는 '회의1'의 경우 팀장이 최종적으로 결과를 도출하고 회의를 마무리하였다. '새로운 모형 실행하기'에서도 원활한 커뮤니케이션은 주요 촉진요인이었으며, 진행자 역할과 같은 도구의 활용도 촉진요인으로 파악되었다.

일터에서의 지식창출활동의 요소별 역할과 특징

:: 주체의 역할과 특징

일터에서의 지식창출활동에 있어서 모든 사람들은 지식창출활동의 주체가 될 수 있으며, 지식창출활동에서 주체들은 비교적 상호 평등한 관계를 구축하고 있다. 지식창출활동과정에서 구성원들은 주체와 공동체의 일원으로서의 역할을 빈번하게 교환한다(Foot, 2001). 주체의 지속적인 이동은 일터에서의 직급이나 지위가 아닌 지식과 정보를 가지고 자신의 시각을 표출하는 사람에 의해 진행되었다.

S팀의 세 개의 회의에서 최종적으로 채택된 새로운 모형은 한 사람의 의견으로 형성된 것이 아니라, 누군가가 의견을 내고, 누군가에 의해 반박되고, 또 누군가에 의해 지지되는 등 구성원 모두의 논의과정을 거쳐서 형성된 것이었다. 최종적으로 채택된 해결책은 그 아이디어를 처음 낸 사람 고유의 아이디어라기보다는 함께 만든 해결책으로써 존재했다. '회의1'에서 채택된 해결책은 홍혜은이 최초 제안한 해결책이었다. 하지만 애초 홍혜은이 제안한 해결책과 추후 채택된 '새로운 모형'은 다른 모습의 객체였다. 홍혜은이 처음 제안한 내용은 '담당 부지점장에게 매뉴얼을 제공하고, 베이직 코스를 신설(대화 54)'하는 것이지만, 최종적인 해결책은 매뉴얼에 대한 내용은 제외되었고 '연차별 교육을 폐지(대화 86)'하고, '베이직 코스의 신설(대화 88)' 또한 추후 논의사항으로 정리되었다.

'회의2'에서도 최종적으로 합의된 '현재의 미션 유지'라는 해결책은 김정훈이 회의 초반에 "저 미션이 우리 회사의 기존의 시스템 아래에서는 최적의 미션이라고 생각합니다(대화 27)"라고 제안하였지만 채택되지 않았다. 회의 동안 S팀의 현실과 이상, 부지점장의 현재 상황 등 많은 논의를 거치면서 회의의 진행자인 연구자에 의해 "현재의 미션으로 선정하는 데 모두 동의하시는지, 비전은 어떻게 할까요?(대화 81)"라는 말과 함께 비로소 '현재의 미션의 유지'가 해결책으로 선정되었다.

이와 같이 지식창출활동의 결과물은 어느 한 사람의 아이디어가 아닌 구성원들이 의견을 더하고 논의하고 수정하는 과정을 거쳐 함께 만든 결과물이었다. 일터에서 지식창출활동의 주체는 지속적으로 이동하며 직급이나 권력보다는 적극적으로 지식창출활동에 참여하는 사람이 지식창출활동의 주체가 되었다.

:: 객체의 역할과 특징

지식창출활동의 활동체계 요소 중 가장 중심이 되는 것은 객체였다. 활동체계 내 발생된 갈등이 해결되면서 공유된 객체가 형성되었고, 공유된 객체의 형성과 진화는 지식창출활동을 이끄는 중추적 역할을 하였다.

'회의1'의 객체는 'A교육 프로그램 추후 방향 → A교육 프로그램 전체를 포함한 연차별 교육에 대한 논의 → 연차별 교육의 폐지 및 베이직 프로그램 신설'로 이동하였다. '객체2'에서 '객체3'으로의 이동은 홍혜은의 새로운 해결책 제안에 의해서 가능했다. 홍혜은은 4년 전에 S팀에서 진행했던 베이직 프로그램과 유사한 프로그램을 담당자로 홍혜은이라는 역사성을 지닌 활동체계와 '회의1'의 활동체계가 상호작용하여 도출한 결과였다.

'회의2'는 2시간 30여 분간 진행되었으며 S팀의 미션 수립이라는 목표 아래 지식창출활동의 결과는 기존 미션을 그대로 채택하되 단어 하나만 제외하는 것이었다. 완전히 새로운 미션은 아니지만 팀 구성원들은 해당 결론을 위해 질문하기, 부정하기, 반박하기의 많은 과정을 거쳤다. '기존의 미션 채택'이라는 해결책은 회의 중간에도 언급되었지만 충분한 공감대가 형성되지 않았기 때문에 또 다시 질문하기를 통해서 의심되고 반박되었다. 구성원들의 합의를 확인하고 공통된 객체를 형성하는 것이 지식창출활동의 가장 근본임을 알 수 있다.

객체 형성은 지식창출의 기반이자 과정이며 결과이다. 공유된 객체의 형성으로부터 지식창출은 시작되었고, 지식창출활동은 갈등을 해결하고 객체에 대해 합의하는 과정을 통해 발달되었다. 객체는 팀 내 구성원의 직접적 경험뿐 아니라 다른 팀의 활용사례 등 외부 활동체계와의 상호작용을 통해 진화되고 형성되었다.

:: 공동체의 역할과 의미

지식창출활동에 있어서 갈등을 표출하고 이를 포용할 수 있는 문화는 모든 단계에 걸쳐 주요한 촉진요인이었다. 특히, 일터에서의 지식창출활동에서 가장 중요한 단계는 '질문하기'로, '질문하기'를 전후로 지식창출활동의 흐름은 가속도를 내며 구성원들의 커뮤니케이션도 증가하였다. '질문하기'를 가능하게 하는 것은, 아닌 것은 아니라고 말할 수 있는 S팀의 환경과 문화이다. Engeström(2008)은 '그냥 아니다(Just Say No)'라고 말할 수 있는 일터의 환경에서 기존의 관행을 부정할 수 있는 도전적인 행동이 나올 수 있다고 설명하였다.

S팀에는 상하직급에 상관없이 자신의 생각을 말하고 받아들이는 문화가 존재하며, 이것은 지식창출을 촉진하는 요인이 되었다. '회의2'인 S팀 미션 수립에 있어서 김정훈은 주저하고 조심스러워하면서도 S팀이 개선해야 하는 사항에 대해서 자신 있게 이야기하며('회의2'-대화27), '회의3'에서도 '질문하기'를 진행한 사람은 신입사원 김윤아였으며, 구성원들은 팀장이나 매니저의 의견과 상관없이 찬성과 반대 의견을 자유롭게 이야기했다. 실제로 면담 당시 입사한 지 2개월이 채 되지 않아 외부자의 시각으로 S팀을 바라보는 강호선은 S팀 문화에 대해서 다음과 같이 이야기하였다.

> 우리 팀 사람들은 주장이 강한 것 같아요. 직급에 상관없이 자기 목소리를 내는 것 같아요. 그래서 조정하기에 시간이 조금 걸리는 것 같아요. 목소리가 크거나 이런 건 아닌데 각자 주장하고 있는 건 강한 것 같습니다. 어떤 면에서는 강압적인 면도 있고 어떤 면은 부드러운 것도 있어서 왔다갔다하는 느낌이에요. 뭐라고 해

야 할 지는 잘 모르겠는데 서로 주장을 내다가도 다른 주장을 내면 부드러워지고 그러고 있어요. — **7월 6일 강호선 인터뷰**

공동체로서 일터의 개방적인 문화는 지식창출의 필수요소인 갈등의 표출과 해결을 가능하게 하였다. 일터의 개방적인 문화는 지식창출활동 모든 단계에 걸쳐 지속적으로 나타나는 촉진요인이었다.

:: 매개체의 역할과 특징

S팀의 지식창출과정에서 다양한 언어적, 물리적 매개체가 사용되었다. 언어적 도구는 대화를 포함하여, 침묵, 긍정, 웃음 등이 해당되며, 물리적 도구는 화이트보드, 발표자료 등이 포함되었다.

언어적 도구는 지식창출활동의 모든 단계에 있어서 가장 중요하고 핵심적인 도구였다. 언어적 도구 이외의 도구들은 보조재로서 지식창출에 기여하지만 절대적인 역할을 하는 것은 아니었다.

회의 '진행자'의 역할 또한 주요 도구로 사용되었다. 진행자는 '새로운 모형 실행하기' 및 전체적인 지식창출활동단계에서 촉진요인으로 활용되었다. 진행자의 역할을 맡은 사람은 지식창출활동의 배경 및 규칙을 소개하거나 때로는 의도적인 질문을 던지고, 마지막 '새로운 모형 실행하기'에서는 회의의 마무리 및 분업을 담당하는 역할을 하면서 전반적인 지식창출활동을 촉진하였다.

선행연구에서 지식창출활동의 영향요인 중 하나인 지식관리시스템은 S팀에도 존재하나, S팀의 지식창출활동에는 영향을 미치지는 않았다. P사 지식관리시스템인 '지식놀이터'에서는 문서의 검색, 저장, 공유 및 커뮤니티 생성이 가능하다. S팀은 해당 시스템을 장기보관 문서를 저장하고 공유하는 곳으로 주로 활용하였다. S팀의 경우, '지식놀이터'를 통해 의견교환 등 상호작용을 하는 경우는 지리적으로 떨어져 있는 타 팀이나 영업조직의 지점장, 부지점장 등과 함께 프로젝트를 진행할 경우였다. 지식관리시스템을 통한 업무의 효용성은 지식창출활동에 긍정적인 영향을 미치기도 하지만, 이는 소규모 집단이 아닌 조직 내 여러 팀의 구성원을 대상으로 진행된 연구였다(하미승, 2005; Davenport et al., 1998). 지식관리시스템의 존재 여부 및 활용 편이성은 S팀 팀 내의 일상적인 지식창출활동에는 영향을 미치지 않았다.

지식창출활동에서 언어적 도구는 가장 중요한 도구로 커뮤니케이션 활성화는 지식창출 전반의 촉진요인이었다. 그 밖의 도구는 보조적 역할을 하였으며, 조직 전체의 지식창출활동에 긍정적 영향을 미치는 지식관리시스템은 S팀의 지식창출활동에는 활용되지 않았다.

:: 규칙의 역할과 특징

활동체계의 규칙에는 회사의 정책과 계획, 팀의 비전, 그리고 회의의 구체적인 지침들이 포함된다. 규칙은 지식창출활동의 가이드라인 역할을 하고, 지식창출활동의 결과물을 평가하면서 객체에 대한 주체의 행동과 구성원의 상호작용을 규정하는 촉진요인인 동시에 갈등요인이었다.

규칙은 '문제 형성과 논의하기'에서 지식창출활동의 방향을 설정하였다.

회의1

01 정수희: (…) 그리고 지난 번 회의에서 이야기했듯이 회의할 때 두 가지 법칙을 명심해 주세요. 하나는 다른 사람의 의견이 틀리지 않다는 거 명심하시고요, 또 하나는 내 입장에서 생각하는 것이 아니라, 최종 고객의 입장, 즉 보험설계사의 입장에서 생각하면 좋겠어요.

동시에, 규칙은 회의 중간에 도출되는 결과를 평가하면서 갈등을 일으키는 요인이었다. 특히 규칙은 구성원(주체)과 구성원(공동체)끼리의 갈등을 일으키는 요소였다. '회의2'에서는 현재의 미션(대화41)이 미션의 정의(대화6), 팀과 회사의 정책과 방향(대화42, 43, 53) 등의 규칙을 통해 규정하면서 갈등을 일으켰다.

회의2

06 연구자: (…) 미션 또한 여러 문장은 아니고, 한두 문장 정도로 우리 팀이 존재해야 하는 이유를 정의하는 것이어야 합니다. (…)

41 연구자: 그럼 S그룹이 아니라 S팀이라고 단어를 수정하죠. S팀은 지점장, 부지점장에게 효과적인 트레이닝 프로그램을 제공한다. 그리고 이 지점장, 부지점장이 보험설계사를 훈련할 수 있는 역량을 극대화해서 우리는 보험설계사들의 성공을 돕는다.

42 정수희: 최종 고객은 보험설계사에요. 그 보험설계사가 제대로 잘 성공적으로 육성되기 위해서 그 육성 트레이닝의 트레이너 역할을 하는 그 사람들을 지원하겠다는 거죠.

43 홍혜은: 이성적으로 볼 것인가 현실적으로 볼 것인가를 고민해야 할 것 같아요. 진짜 현실적으로 지점장, 부지점장한테만 교육하고 그들한테만 프로그램을 제공해서 이게 진짜 보험설계사를 서포트하는 것으로 이루어질 것인지. 저 미션을 가지고 우리 팀이 이루게 된다면 우리가 진짜 원하는 최종 고객에 성공을 볼 수 있을까요.

53 홍혜은: 솔직히 저는 우리 현재의 보험설계사, 부지점장, 지점장의 영업구조를 반박할 수 없잖아요. 팀 미션은 이상적인 것을 일단 두고, 현재의 미션에 대해서는 반박의 여지가 없다고 생각해요. 논의조차 할 필요가 없다는 생각이 드는데 갭이 크다는 것을 느꼈고 미션을 달성하려면 어려울 수밖에 없다는 생각이에요.

규칙으로서 지식창출활동에 대한 보상은 S팀의 지식창출활동에 큰 영향을 미치지 않았다. '회의1'은 W프로젝트의 일환으로 모든 팀에서 진행되는 회의로 최종 결과에 따라 보상 내역이 존재했다. W프로젝트는 P사의 모든 팀의 업무를 소요일로 환산하여 해당 업무의 양을 20% 이상 줄이는 것이 목표였다. 가장 높은 비율을 달성한 팀은 국외 워크숍 참여 등의 금전적 보상이 있었으며, 업무 고과에도 일정 부분 반영되었다. '회의1'에서 S팀 구성원들은 보상의 내용을 인지하고 있었지만 지식창출활동에 직접적으로 언급하거나 고려하지 않았다. 오히려 'W프로젝트와는 안 맞을 수 있는데 베이직 프로그램 외에 고성과 설계사 노하우를 모으는 교재 제작을 추가하면 어떨까요?(대화 85)' 등의 비율을 줄이는 것과는 반대되는 이야기도 나누었다. 보상에 대해서 홍혜은은 다음과 같이 말했다.

> 워크숍 가면 좋은데. 우선 막 (업무를) 줄일 수는 없는 거니까. W프로젝트 기준에 어느 정도 맞춰서 하긴 해야겠지? 고과도 걸려 있고. 그런데 업무를 많이 줄이면 줄일수록 좋은 건 아닌 것 같은데. 오히려 업무를 많이 줄일 수 있는 팀은 지금 쓸데없는 일을 더 많이 하고 있다는 거 아닐까? – **8월 20일 홍혜은 인터뷰**

규칙에는 회의의 방침, S팀의 비전, P사의 정책 등이 포함되었다. 규칙은 회의 초반 방향을 설정하는 동시에, 지식창출 전반에 걸쳐 객체에 대한 주체의 행동을 규제하는 역할을 하며 구성원 간 상호작용을 규정하는 촉진요인이자 갈등요인이었다.

:: 분업의 활용과 역할

S팀의 회의에서 수평적인 과업 분담의 대표적인 역할은 '진행자'로 진행자의 역할은 '문제 형성과 논의하기'를 효율적으로 이끌었다. 특히, 과업분담이 회의 전 정해질 경우 구성원들은 자신의 역할을 수행하기 위해 내용을 미리 숙지하고 준비하며 지식창출활동에 적극적으로 개입하였다. '회의2'의 경우, 홍혜은과 연구자가 진행자로 발표자료와 토론방법을 미리 생각하고 준비했다. 미션 및 비전에 대한 정의 및 다른 회사의 사례 등을 준비하였으며 진행방식도 사전에 논의했었다. '회의3'을 준비한 김정훈 역시 스케줄 보드의 내용과 다른 팀의 사례를 숙지하고, S팀의 스케줄 보드의 방향에 대해서 본인의 생각을 정리하였다. 이를 통해 '목표 형성과 논의하기'를 준비하고 지식창출활동을 촉진하는 역할을 했다.

S팀과 같은 개방적인 문화의 팀에서는 과업분담을 통해 수직적 권한과 지위의 분담이 일어났다. 과업분담을 통해 진행자의 역할을 부여받은 사람은 '새로운 모델 실행하기'에서 결정권한이 주어지기도 하며, 다른 사람과의 상호작용에서 중심적 역할을 하게 되었다. '회의1'의 경우 별도의 과업분담 없이 팀장이 '문제 형성과 논의하기' 및 '새로운 모형 실행하기'를 진행하였다. 하지만, '회의2'와 '회의3'의 경우 팀장의 수직적 권한이 과업분담을 통해 진행자에게로 이양되어 진행자가 '회의1'의 팀장과 같은 역할을 하였다.

지식창출 전반에 걸쳐 '문제 형성과 논의하기'와 '새로운 모형 실행하기'를 제외한 단계에서는 진행자나 팀장의 권한은 다소 수평적이며 분업의 역할 역시 제한적이다. 지식창출활동에 있어 결정적인 역할을 하는 '질문하기'나 공유된 객체를 형성하는 것은 수직적 권한을 가진 한 사람에 의해 결정되는 것이 아니라 팀 구성원 모두에 의해 진행되었다. 직급이나 지위보다는 지식창출활동에 대한 적극적인 태도가 더 부각되었다. 진행자나 팀장의 역할은 수직적 지위에서 수평적 지위로, 지식창출활동의 마무리 단계에서는 다소 수직적 지위로 움직이는 모습이 관찰되었다.

'문제 형성과 논의하기'와 '새로운 모형 실행하기'에서 수직적 권한분담은 지식창출활동의 효율성에 기여하였고 이는 팀장 혹은 진행자의 권한이었다. 그 외의 단계에서 구성원의 관계는 수평적이며 분업의 역할은 두드러지지 않았다.

맺음말

이 연구는 일터에서의 지식창출활동을 파악하기 위해 P사 S팀의 사례를 제3세대 활동이론을 통해 분석한 질적 사례연구이다. 연구 결과에 기초하여 일터에서의 지식창출활동에 관한 다음과 같은 논의점을 찾을 수 있었다.

첫째, 일터에서의 지식창출활동은 활동요소들 간 끊임없는 상호작용의 연속이다. 따라서 지식창출활동을 이해하기 위해서는 활동체계의 다양한 요소들의 역할과 관계를 파악해야 한다. 일터에서의 지식창출활동에 있어서 '문제 형성과 논의하기'에서는 주체－객체, 주체－공동체, 주체－규칙의 상호작용, '질문하기'에서는 주체－객체, 객체－매개체(도구)의 상호작용, '분석하기'에서는 객체를 둘러싼 주체, 객체, 공동체, 도구 사이의 상호작용, '새로운 해결책 모형화하기'에 있어서는 주체－객체의 상호작용, '새로운 모형 검증하기'에 있어서는 주체－객체, 주체－매개체의 상호작용, '새로운 모형 실행하기'에서는 주체－분업, 주체－매개체의 상호작용이 일어났다. 지식창출활동과정에서 활동체계의 요소들은 끊임없이 이동하며 각 단계별로 촉진을 일으키기도 하고 갈등을 일으키기도 하였다. 일터에서의 지식창출을 이해하기 위해서는 활동체계의 요소 간 상호작용과 각 요소의 역할에 대한 이해가 전제되어야 한다.

둘째, 공유된 객체의 형성은 지식창출활동에서 시작점이며, 지식창출활동에서 결정적인 역할을 한다. 지식창출활동은 '문제 형성과 논의하기'를 통해 공유된 객체인 '원재료' 형성에 합의해야 본격적인 지식창출활동이 시작되었다. 활동체계의 다양한 요소들은 상호작용하고 서로 간에 갈등을 일으키지만 결국 모든 활동은 객체를 향해 움직이며 객체의 진화와 공유된 객체에 대한 합의를 통해 지식창출활동이 진행되었다.

셋째, 팀수준의 지식창출활동에서 인적, 조직적 요인이 주요한 역할을 하였다. 다양성을 인정하고 갈등을 받아들이는 열린 팀 문화와 구성원들의 지식창출에 대한 적극적인 태도는 모든 단계에서 주요한 요인으로 관찰되었다. 선행연구에서 지식창출활동의 촉진요인으로 지식관리시스템 활용이나 보상과 같은 요인은 존재하더라도 팀수준의 지식창출활동에는 영향을 미치지 않았다. 조직 내 지식창출활동에 미치는 영향요인은 조직의 문화, 조직의 크기에 따라 달라질 수 있음을 시사한다.

넷째, S팀과 같이 개방적 문화를 가진 팀의 일터에서의 지식창출활동은 민주적이다. 지식창출의 최종 결과물은 한 사람의 의견이 아닌 구성원 간 상호작용으로 도출되었다. 일터에서의 직급이나 위계적 질서보다는 개인의 정보와 지식보유 및 지식창출에 대한 적극적 태도가 더 중요하였다. '문제 형성과 논의하기' 및 '새로운 모형 실행하기'에서는 수직적 권한을 가진 팀장의 역할이 부각되었으나, 다른 단계의 구성원들은 수평적 관계를 보였으며, 수직적 권한은 과업분담을 통해 진행자의 역할을 가진 사람에게 이양될 수 있는 권한이었다.

| **미주** |

1 이 장은 박지영 · 장원섭(2011). '일터에서의 지식창출활동에 관한 질적 사례 연구: 활동이론을 통한 P사 S팀의 사례 분석.' 〈Andragogy Today〉 14권 4호 논문을 수정 보완한 글이다.

13 기업의 팀학습 변천과정 - L사의 사례[1]

머리말

기업들은 변화하는 환경에 빠르게 적응하여 생존하고 발전하기 위해 노력한다. 생산기술의 급속한 발전, 경영환경의 불확실성 증가, 지식정보사회로의 전환이라는 시대적 변화는 기업이 효율 위주의 위계적 관료조직으로부터 참여와 협력에 기초한 수평적 조직으로 변모하도록 한다. 조직의 새로운 구조와 문화는 직원의 역량개발과 창의성 증진 같은 교육적 변화를 동반한다.

기업교육은 시대적 환경변화의 다양한 요인들과 상호작용하면서 크게 확산되었다. 기업교육이 일시적 유행에 치우친 경우도 있지만(장원섭, 2006), 그것은 시대적 변화에 발맞춘 새로운 적응방식이라고 할 수 있다. 한 마디로, 기업교육에 대한 관점과 실제 활동의 변화는 근본적으로 사회경제적 맥락의 변화를 포함한다.

기업과 기업교육의 변화는 조직이 기본적으로 공통의 목적을 가진 집합체라는 사실로부터 분명하게 드러난다. 환경의 변화는 직접적으로 사람들이 함께 일하고 배우는 방식에서 차이를 가져온다. 실제로, 산업사회의 매우 체계적이고 효율적인 분업체제로부터 포스트산업사회의 더 협력적이고 공동체적인 방식으로 생산과 학습체제가 진화하였다(Engeström, 2008). 결국, 시대적 환경변화는 기업의 생산방식뿐만 아니라 학습의 과정도 변모시키고 있는 것이다.

이 장에서는 기업 팀학습이 시대적 환경과 조직 맥락 속에서 어떻게 변화해 왔는지를 탐색하였다. 이를 위해 L사의 팀학습 사례를 문화역사적 활동이론에 기초하여 분석하였다.[2] 이 연구의 결과는 경제사회적 변화와 조직의 맥락 속에서 기업의 팀학습 변천과정을 파악함으로써 시간에 따라 변화해온 팀학습 양상들에 내포된 원리와 규칙을 밝히고자 하였다. 이는 개인역량보다 조직의 가치와 맥락에 부합하며 경영성과에 직접 기여하는 조직역량이 중시되는 현재 기업교육 상황에서 향후 팀학습 변화 양상을 예견하고 학습전략을 수립하는 데도 중요한 시사점을 제공할 것이다.

이론적 배경

기업에서의 학습팀

일반적으로 '팀'은 공동 목표를 가진 두 사람 이상이 조직하는 집단으로 개념화된다. 그것은 조직 내 업무단위 또는 다양한 스포츠팀이나 학교교육의 과정에서 과제수행을 위해 구성되는 학습팀으로 인식되기도 한다. 기업조직에서의 팀은 실제 업무단위와 대부분 일치하며 일을 통한 학습이 이루어지는 장의 역할을 수행한다.

우리나라에서는 1970년대 후반 대기업을 중심으로 '팀제'라는 이름으로 팀의 개념을 업무수행을 위한 조직단위로서 도입하기 시작하였다. 1990년대

들어서는 대부분의 대기업이 팀제를 적용하였다(임창희 · 가재산, 1998). 팀제의 도입을 통해 업무의 효율을 증대하고 성과를 향상하고자 하였다(이명근 · 김홍묵, 2003). 실제로, 팀제 도입 이후 팀조직의 관리방식은 위계적이며 관료적인 통제에서 자율경영 형태의 "총화적 통제(concertive control)"로 진화하는 양상을 보이고 있다(Barker, 1993).

업무단위로서 크게 확산된 팀 개념은 기업에서 학습의 단위에도 적용된다. 실제로, 이 연구에서 사용하는 팀 개념은 학습을 위해 구성되는 '학습팀'을 의미한다. 학습팀은 여러 사람이 팀을 이루어 학습목표를 달성해 나가는 협동학습의 단위이다. 학습팀에서 이루어지는 학습은 팀 구성원들이 원하는 학습목표를 달성하기 위해 팀의 역량을 조정하고 개발하는 과정이다. 따라서 유능한 개별 학습자들이 모였다고 해서 반드시 유능한 학습팀이 되는 것은 아니다(Senge, 1996). 학습팀에서의 학습은 개개인이 다른 사람들과의 상호작용을 통해 지식을 획득하고 경험을 공유하고 결합하여 상호의존적인 변화를 창출해가는 과정이다. 이러한 학습의 결과는 구성원들의 상호 지식의 변화이며(Argote et al., 2001), 공동지식의 사회적 구축이라고 할 수 있다(Patriotta, 2006).

학습팀의 성공은 개인차원의 역량을 넘어서 협동학습을 위한 조건의 형성 여부에 크게 영향을 받는다. 이를 위해 팀은 긍정적 상호의존성, 개별적 책무감, 면대면의 향상적 상호작용, 사회적 기술, 집단의 과정화 등을 필요로 한다(Johnson & Johnson, 1994). 다시 말해서, 기업에서 학습팀이 목표한 성과를 달성하기 위해서는 구성원이 협동학습을 할 수 있는 학습의 내적인 여건을 마련하여 참가자들의 역량수준과 각종 내부자원, 사내 교수자의 경험과 역량을 모아야 한다. 다른 한편, 학습팀의 활동을 다채롭게 이끌기 위한 조직적인 여건을 갖추는 것이 중요한데, 여기에는 기업의 인사제도, 인재육성 시스템, 최고경영진을 포함한 구성원의 인재육성 및 학습과 관련된 의식수준과 조직문화가 포함된다(봉현철, 2007).

한 마디로, 기업에서의 팀학습은 학습팀의 구성과 활동조건, 그리고 그러한 조건들에 영향을 미치는 조직의 맥락과 경제사회적 여건 등에 의해 규정된다. 따라서 시대적 환경이 변화함에 따라 기업에서 학습팀을 구성하고 운영하는 방식과 그 안에서 이루어지는 구성원들의 팀학습의 과정도 변화할 것이다. 결국, 기업의 팀학습은 학습팀이 처한 문화역사적 맥락 속에서 검토될 필요가 있다.

문화역사적 활동이론

기업의 팀학습의 양상을 시대적 맥락 속에서 분석하기 위해 이 연구에서는 Engeström의 문화역사적 활동이론(Cultural-Historical Activity Theory)을 적용하였다. 이 이론은 제3세대 활동이론으로 활동체계들 사이의 상호관계를 분석하기 위한 모형을 제공함으로써 생산조직과 학습의 역사적 변화 양태를 검토하는 데 적합한 이론적 틀이라고 할 수 있다.

:: Engeström의 제3세대 활동이론

활동이론은 3세대에 걸친 발전을 이루었는데(Engeström, 1996),[3] Engeström이 제시한 제3세대 활동이론은 다양한 사회에서 각기 다른 전통이나 관점 사이의 다양성과 대화의 문제해결을 위한 틀을 제공한다. Engeström(2001)은 상호작용하는 활동체계들 사이의 관계망을 이해하기 위한 개념적 도구 개발을 위해 활동이론의 기본모형을 확장하여 제3세대 활동이론모형을 제시하였다(그림 13-1).

문화역사적 활동이론에 의하면, 인간이 살아가는 환경에는 여러 가지 활동체계가 있다. 각 활동체계는 역사적, 사회적으로 서로 영향을 주고받으며 인간의 삶을 발전시킨다. 하나의 활동체계는 주체와 객체, 그리고 이들을 매개하는 인공물이 규칙과 공동체, 그리고 분업으로 구성된다. 활동체계의

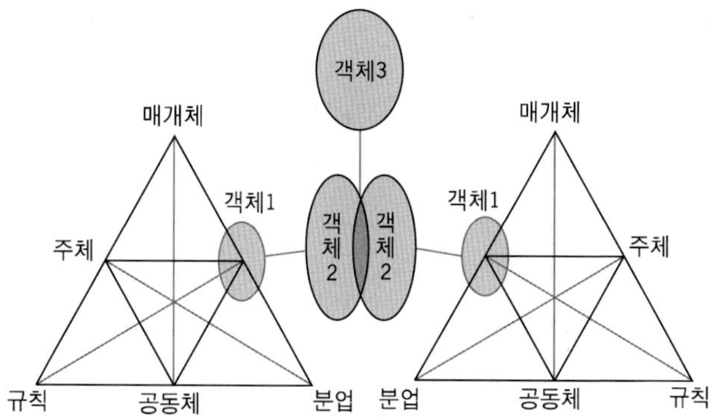

[그림 13-1] 제3세대 활동이론모형

* 출처: Engeström (2001). Expansive Learning at Work: Toward an Activity Theoretical Reconceptualization. *Journal of Education and Work* 14(1), p. 136.

구성요소 중 주체는 활동체계의 참여자로 개인 또는 집단이며, 객체는 활동의 대상으로 실행의 도구가 되는 매개체를 통해서 결과물로 변환된다. 활동의 과정에는 지켜야 할 규칙이 있으며, 활동 주체가 속한 상위집단으로서 공동체가 존재한다. 또한 사람들은 분업을 통해 목표를 달성하기 위한 역할 분담을 한다.

이런 요소들을 통해 인간활동의 전 과정이 활동체계를 통해 설명될 수 있다. 더 나아가, 서로 다른 활동체계 간의 상호작용에서 생겨나는 갈등과 강화관계의 설정은 인간 행동과 삶의 발전적인 측면까지 다룰 수 있다. 구체적으로 객체는 최초의 원재료(raw material) 상태인 '객체 1'에서 활동체계에 의해 집단적으로 의미를 가지는 '객체 2'로 이동하고, 결국은 다른 활동체계의 객체와 상호작용하여 공유되거나 합의하여 도출된 '객체 3'을 형성한다. 이에 따라 '확장학습(expansive learning)'의 가능성이 열리게 된다. 확장학습은 집단 내의 공동체에서 사람들이 상호작용하는 학습의 사회적 과정을 설명함으로써 조직 또는 집단에서의 학습과정을 분석하는 유용한 틀이 된다.

결국, 문화역사적 활동이론은 활동체계모형을 통해 다음과 같은 다섯 가지 원리를 제시한다. 첫째, 활동체계는 집단적이고, 인공물에 의해 매개되며, 객체지향적이고, 분석의 중요한 단위이다. 둘째, 활동체계는 다중의 목소리를 가진다. 셋째, 활동체계는 역사성을 가진다. 넷째, 활동체계에서 모순은 변화와 발전의 중심적 역할을 한다. 다섯째, 활동체계에서 확장전환의 가능성이 있다.

:: 생산조직의 역사적 변천

Engeström(2008)은 문화역사적 활동이론의 관점에서 생산의 역사적 형태에 따른 조직의 변화단계를 제시하였다. 그에 의하면, 산업혁명 이전 수공업시대의 독립조직에서는 생산과정에 대한 통제가 주요 관리방식이었고, 산업혁명의 대량생산 시대에는 생산위주의 조직이 등장하였다. 이후 생산의 과학적 과정을 중시하는 린(lean)생산시대에는 생산과정을 관리할 수 있는 네트워크 중심 조직이 강조되었고, 세분화된 고객요구를 충족시키기 위한 대량고객화 시대에는 고객 요구를 반영한 서비스의 제공이 중요해졌다. 이후의 혁신생산시대에는 생산, 혁신의 통합과 고객과 산출물, 회사 간의 통합이 강조되었으며, 이제는 사회적 생산시대로 들어서면서 사회문제와 그 결과 중심의 개방소스 기반의 대중을 위한 생산조직이 주목받고 있다(그림 13-2).

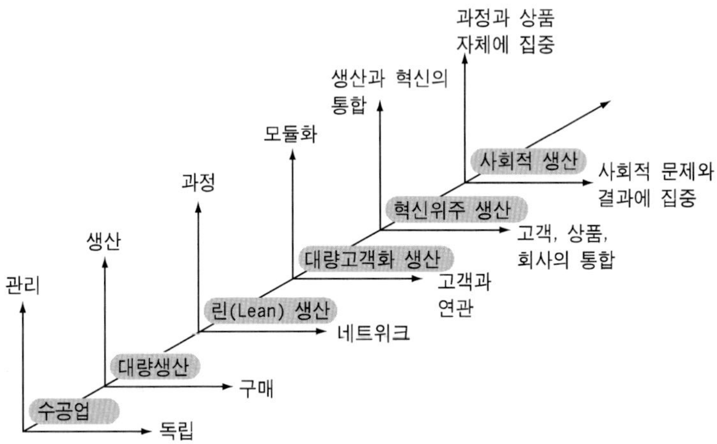

[그림 13-2] 생산조직의 역사적 변천

* 출처: Engeström (2008). *From Teams to Knots: Activity-Theoretical Studies of Collaboration and Learning at Work*. Cambridge: Cambridge University Press. p. 232.

그는 또한 생산형태에서 협력을 중요 요소로 보고 협력 메커니즘을 제시하였다. 생산형태 변화에 따른 협력 메커니즘의 변화는 다음과 같다(표 13-1 참조). 산업혁명 이전의 수공업시대에는 개인단위의 업무를 조정하는 상호작용이 주류를 이루며 동일한 업무를 수행하거나 다른 수공업자에게 종속되는 방식으로 협력이 이루어졌다. 이후, 대량생산의 시대가 되면서 분업이 이루어지자 업무단위인 팀 간의 협력과 생산과정의 관리가 성과창출의 주요한 활동이 되었다. 사회적 생산시대의 정형화되지 않은 조직에서는 업무 역시 예측이 힘들고 그 파급효과가 널리 확산될 잠재력이 있는 만큼, 구성원 간의 협상과 의사소통을 통한 공동목표의 성취로 협력이 이루어진다.

〈표 13-1〉 생산형태 변화에 따른 협력 메커니즘 변화

구분	업무 단위	상호작용	협력 메커니즘	학습의 움직임
수공업	개인	조정 (coordination)	동일, 종속	주변적 참여에서 중심으로 점진적 변화
대량생산	팀	협동 (cooperation)	과정의 관리	수평, 수직적 발전
사회적 생산	정형화되지 않은 조직 (knots)	성찰적 소통 (reflective communication)	협상, 동료 리뷰	확장된 무리의 약속, 다양한 방향의 박동

* 출처: Engeström (2008). *From Teams to Knots: Activity-Theoretical Studies of Collaboration and Learning at Work*. Cambridge: Cambridge University Press. p. 226.

:: 학습활동 분석의 틀로서의 활동이론

활동이론에서 인간은 생존을 위해 활동을 변화시키는 존재이다(Engeström, 1987). 앞서 살펴본 바와 같이, 인간의 활동은 활동체계를 구성하는 요소들 간의 상호작용으로 이루어지고, 따라서 그 여섯 가지 요소들을 통해 인간활동의 변화과정을 분석할 수 있다. 즉, 문화역사적 활동이론의 활동체계 모형은 조직 내의 학습과정에도 적용 가능하다.

조직 내 학습과정을 활동체계 모형을 적용하여 요소별로 살펴보면 다음과 같다. 첫째, 주체는 교육부서를 비롯한 교육과정 개발자, 교육담당자가 된다. 둘째, 객체는 커리큘럼, 교육 프로그램 등의 결과물로 볼 수 있다. 셋

째, 이 과정에 사용되는 교수설계모형, 학습이론 등 목적달성을 위하여 교육담당자들이 사용하는 모든 도구, 방법이 매개체가 된다. 넷째, 활동에 참가하는 모든 사람들이 공동체의 일원이다. 다섯째, 이들이 학습을 수행하는 데 적용하는 기준이 규칙이다. 마지막으로, 학습활동에 참가하는 사람들의 역할을 분류한 것이 분업이 된다. 이러한 여섯 가지 요소들의 관계 속에서 이루어진 활동의 결과가 활동체계의 결과가 된다(Jonassen & Murphy, 1999). 이 연구에서는 생산조직의 역사적 변천과 그에 따른 협력 메커니즘의 변화를 고려하면서 기업의 학습활동에 영향을 미치는 교육적, 조직적 활동체계를 분석함으로써 팀학습의 사회적 과정과 양상을 검토한다.

연구방법

이 연구는 도구적 사례연구(instrumental case study)[4]로서 L사의 팀학습의 변화과정을 문화역사적 활동이론의 모형에 기초하여 분석하였다. 구체적인 연구대상과 자료수집 방법 및 절차, 그리고 분석방법은 다음과 같다.

연구대상

이 사례연구의 대상인 L사는 정보통신회사로서 1996년에 설립되었다. 제조업 기반의 모기업을 토대로 정보통신사업을 시작하여 지난 10여 년 이상 동안 시장의 빠른 발전과 변화를 겪었다. 이러한 환경 속에서 생존하고 번영하기 위해 기업의 역량을 키우는 학습에 지속적인 관심을 가지고 많은 자원을 투입하여 왔다. 다양한 조직 내 학습 프로그램을 운영했으며, 지속적으로 자체 개발한 팀학습과정도 시행하였다. 이 연구에서는 L사가 2000년대 이후 3단계에 걸쳐 공식적으로 운영한 팀학습 프로그램의 사례들을 활동이론모형에 기초하여 분석하였다. 그 과정들은 모두 전 직원을 대상으로 한 필수이수과정으로 L사가 자체개발 운영한 프로그램이었다.

자료수집

사례연구를 위한 자료의 수집은 2009년 3월에서 6월까지 이루어졌다. 자료수집방법으로는 교육담당자 사전 면담, 관련 문서 수집, 관찰, 그리고 사후 면담 등을 사용하였다. 먼저, 지난 10여 년간 L사에서 이루어진 팀학습의 도입과 변화에 대한 배경정보를 얻기 위하여 교육담당자 세 명을 대상으로 사전 면담을 실시하였다. 갑은 교육부서에 10년 이상 근무하면서 여러 단계의 팀학습과정의 개발과 운영에 참여한 경험이 있는 중간관리자였다. '을'과 '병'은 현재 실시 중인 3단계 팀학습 과정의 개발과 운영에 참가한 팀원급의 교육담당자였다. '을'은 2단계 팀학습을 운영한 경험도 가지고 있었다(표 13-2 참조).

〈표 13-2〉 L사 면담대상 교육담당자

면담대상자	갑	을	병
업무역할	중간관리자	팀원	팀원
HR업무경력	10년 이상	3년	5년
근무기간	10년 이상	5년	2년
팀학습 관련 경험	1, 2, 3단계 팀학습 개발, 운영	2단계 팀학습 운영, 3단계 팀학습 개발, 운영	3단계 팀학습 개발, 운영

교육담당자들과의 사전 면담 내용을 토대로 교육과정 운영과 관련한 객관적 정보를 얻기 위해 L사에서 2003년부터 현재까지 실시한 팀학습 이전 단계의 전사필수교육과정과 팀학습 교육과정개발 관련 문서를 수집하였다. 수집한 문서들은 L사의 사내보고서로서 각 단계의 교육과정의 교육내용을 포함한 세부 시간표와 교육과정 운영안과 각 교육과정별 운영담당자가 50

차례 이상 과정을 운영하면서 작성한 교육과정 결과보고서 등이 있었다. 교육담당자들이 작성한 사내보고서 이외에도 L사에서 대외 홍보자료로 작성한 교육과정 관련 동영상과 HR 우수사례 공유회에서 발표했던 자료를 참고하였다. 이외에도 각 교육과정별로 교육 참가자가 교육 중 작성해서 제출한 과제물과 교육종료 시 참가자의 교육만족도를 조사한 객관식 문항과 주관식 문항이 포함된 설문지 자료를 수집하였다.

과거의 팀학습과정은 사내문서와 교육담당자와 참가자 대상의 인터뷰를 중심으로 조사하였다. 먼저 교육결과 설문내용을 검토하고, 운영이 종료된 과정에 참가했던 학습자들을 대상으로 당시 교육과정에서의 학습활동에 대해 자유롭게 이야기하도록 하였다. 이들 중 일부는 현재 운영 중인 3단계 팀학습에도 참가하였다(표 13-3 참조).

〈표 13-3〉 L사 면담 대상 교육참가자

면담 대상자	A	B	C
업무역할	팀원	팀원	팀원
근무기간	2년	10년	3년
팀학습 경험	1단계 팀학습 참가	1, 2, 3단계 팀학습 참가	1, 3단계 팀학습 참가

현재 운영 중인 3단계 팀학습 교육과정에 대해서는 연구자들의 관찰을 병행하였다. 2009년 5월 중에 연구자들은 운영 중인 팀학습 과정에 참가하여 학습활동을 관찰하고 기록하였으며, 관찰 후에는 팀학습 과정개발에 참가한 과정운영 담당자 두 명과 사후 면담을 통해 관찰 결과를 확인하고 부족한 정보와 자료를 보완하였다.

분석방법

수집된 자료들은 질적 자료분석기법 중 근거이론 방법, 현상학적 방법,

사례연구 등에서 많이 사용되는 순환적 분석방법을 통해 분석하였다. 이 분석방법은 현장에서 면접, 참여관찰을 통해 자료를 수집하고 반영적 분석과정을 통해 패턴을 도출하는 방법이다. 이를 위해서 진행적 예비분석, 부호화, 주제분석 과정이 필요하다. 예비분석의 목적은 이론적 개념, 각종 개념과 틀이 연구주제와 관련하여, 확인하고 있는 쟁점을 밝혀주는지를 파악하는 데 있다. 이 과정은 자료 수집 이전의 문헌 분석과정에서 그리고 자료 수집과정에서 지속적으로 실시된다(신경림 등, 2004). 이 연구에서는 운영이 이미 종료된 1, 2단계의 팀학습 교육과정의 경우는 연구자 중 한 명이 L사의 교육부서에서 2년 동안 근무한 것을 포함하여 L그룹에서 10여 년간 일한 경험과 과거 문서자료, 당시 담당자와의 면담내용을 토대로 주제를 요약정리하고 연구구조에 대해 분석을 통해 자료 수집의 방향을 정리하였다. 각 과정이 50차수 이상 운영되었으므로 그 결과보고서와 설문지에서 공통적으로 나타나는 내용을 중심으로 자료를 취합하였다. 현재 운영 중인 3단계 팀학습은 관련 문서와 교육담당자 면담뿐만 아니라 연구진이 관찰한 결과에 기초하였다. 이후 수집된 자료의 내용을 해석하고 분류하였다. 이를 통해 추가적으로 필요한 추가자료를 확인하고 사후 면담의 방향을 확인하였다. 마지막으로 연구자들은 추가 수집된 자료를 포함한 모든 자료에 대한 부호화를 실시하였다. 즉, 면담을 통한 응답과 관찰 결과, 문헌 및 문서 분석을 통해 얻어진 자료를 범주화하였다. 이후 분석한 내용을 L사의 교육담당자와 공유하여 조직 내 학습의 맥락에 부합하는지 최종 확인하였다.

분석을 위한 틀로는 앞에서 언급한, 활동이론의 모형을 이용하였다. 각 단계별 팀학습을 제3세대 활동이론체계에 적용하여 교육활동체계와 조직활동체계의 각 요소별로 분석하였다. 또한 활동체계 내부요소들 간, 그리고 체계들 간의 상호작용으로서 갈등과 강화 관계도 분석하였다. 이 과정을 통해 L사 팀학습의 교육적, 조직적 활동체계에서 모순, 긴장을 통한 팀학습의 역사적 발전 양상을 찾고자 하였다.

연구 결과

팀학습의 단계와 내용

L사는 1996년 설립 이래 국내 정보통신산업의 성장 속에서 1990년대 말 비약적 발전을 이루었다. 그러나 급변하는 경영환경과 시장재편으로 인해 2000년대 초반에는 업계에서 매우 불리한 위치에 처하게 되었다. 회사의 생존이 위협받는 상황에서 조직은 성과창출을 최우선과제로 하여 불필요한 자원의 낭비를 감소시키고 성과를 향상시키기 위한 교육 프로그램을 운영하였다.

먼저, 전 직원을 대상으로 위기의식을 갖고 이를 극복하고자 하는 정신력 강화훈련이 2년여 동안 실시되었다. 정신력 강화훈련은 모기업에서 경영위기를 겪을 때 실시했던 프로그램을 차용한 것이었다. 그 후에는 L사가 자체 개발한 프로그램으로 선진사례 벤치마킹을 통한 낭비제거를 실천하기 위한 목표로 팀단위 학습이 이루어졌다. 그리고 실제 업무상황의 문제점을 개선하기 위한 팀단위 프로젝트 성격의 교육이 운영되었다. 이후 기업의 운영이 안정적인 궤도에 올라서 안정적인 수익을 확보할 수 있는 이익구조를 갖추게 되었다. 이에 따라 L사는 기존의 낭비제거를 통한 비용효율성 증대 관점에서 한 걸음 더 나아가고자 하였다. 즉, 차별화된 고객가치를 창출하여 기업경쟁력 확보를 화두로 조직구성원의 새로운 아이디어 창출과 고객심리에 대한 통찰력을 높이고자 하는 요구를 갖게 되었다. 이와 동시에, 전 계열사에서 고객가치 창출을 경영이념으로 강조하게 되었고, 이에 따라 L사에서는 새로운 관점으로 고객을 파악하고자 하는 신규교육과정이 개발되었다. 현재는 체험중심의 팀학습을 전직원 대상으로 운영 중에 있다.

이러한 L사의 학습과정은 학습의 주체 및 운영방법에 따라 팀학습 이전 단계와 3단계의 팀학습단계로 구분된다. 팀학습 이전 단계는 구성원의 정신력 강화에 초점을 맞춘 개인 교육프로그램이었다. 반면, 그 이후의 교육은 팀단위로 이루어지고 있다. 이 가운데, 1, 2단계 팀학습에서는 학습단위인 팀이 실제 업무조직단위였다. 실무를 함께 수행하는 사람들끼리 정해진 절차에 따라 학습하였다. 즉, 업무단위의 성격이 강한 학습조직이다. 이와 반면에, 3단계에서의 학습팀은 교육을 위하여 일시적으로 같은 목표를 갖도록 조직되었다. 다양한 구성원이 학습효과를 높이기 위하여 집단을 이루었다. 즉, 다양한 배경을 가진 사람들을 혼합하여 상호작용이 이루어지도록 한 학습조직이다. L사의 팀학습의 각 단계별 학습내용과 방식을 구체적으로 살펴보면 다음과 같다.[5]

〈표 13-4〉 L사의 팀학습단계

단계	학습과정	집중 실시기간	학습주체	활동방법
팀학습 이전	정신강화훈련	2002년-2004년	개인	체력훈련, 강의, 체험
1단계 팀학습	벤치마킹 팀학습	2004년-2007년	업무팀	강의, 토론
2단계 팀학습	문제해결 팀학습	2005년-2006년	업무팀, 개인	강의, 체험, 토론,
3단계 팀학습	체험중심 팀학습	2008년-현재	일시적 팀, 개인	체험, 토론, 의미도출

:: 벤치마킹 팀학습

1단계는 벤치마킹 팀학습으로서 2004년부터 2007년까지 이루어졌다. 이 프로그램은 총 4박 5일 합숙과정으로, 학습자는 사전에 도요타 생산관련 서적을 숙독하고 실제 팀구성원 3~4명이 업무 개선과제를 정한 후 참가하였다. 교육과정 전반부에는 사전학습 내용을 토대로 도요타 생산방식에 대한 강의를 듣고 팀별 개선과제를 정의하고 개선 방향을 수립하였다. 후반부에는 도요타 공장을 방문하여 견학하고 벤치마킹을 통해 발견한 시사점을 개선과제에 적용하여 구체화하는 토의시간을 가졌다. 교육기간 동안 팀은 토론과 의견교환으로 선진사례 벤치마킹을 통하여 실제 업무의 문제점을 분석하고 개선안을 도출하였다.

"4박 5일 교육기간 동안 마지막날 빼고는 거의 밤새 과제를 했어요. 워낙 제출할 것이 많아서 교육 들어오기 전에 나름 준비해오기는 했지만, 우수사례를 벤치마킹한 후에는 그 내용을 반영해서 현업 과제의 해결책을 제시해야 했기 때문에 다시 작업을 했죠. 벤치마킹 회사가 자동차회사였는데 여기서 본 것을 정보통신회사인 우리 회사 업무에 어떻게 응용해야 할지도 애매했고요. 그래서 과제물을 하는 데 많은 시간이 걸렸던 거 같아요. 교육기간 내내 피곤했고, 해외에 다녀오는 비용이 만만치 않았을 텐데 그 비용을 현업과 직접 연관 있는 교육에 투입했다면 더 효율적이었을 것 같아요." — 벤치마킹 팀학습 참가자 A

벤치마킹 팀학습은 문제를 분석하고 원인을 찾아 해결책을 제시하는 논리적 사고력 배양 측면에서 조직구성원의 역량 향상에 기여하였고, 업무 중심으로 개선과제를 선정하고 실행하였으므로 조직 내에서 실제 기업성과에 기여했다는 평가를 받았다. 또한 양적, 질적 방법을 동원하여 단계별 합격, 불합격 평가를 실시하는 등 학습과정을 철저히 관리하였다. 그러나 차수가 거듭되자 평가를 의식하여 해결안을 가지고 개선 가능한 사소한 문제만 구체화하는 경향과 해외 벤치마킹으로 인한 과다 비용지출이 조직차원에서 문제로 대두되었다. 또한, 참가자들의 과중한 평가 부담, 벤치마킹과 팀학습이 동시에 운영되어 심도 있는 팀학습이 어려운 단점도 있었다.

:: 문제해결 팀학습

2단계 문제해결 팀학습은 2005년부터 2006년까지 진행되었다. 앞선 1단계 팀학습과 그 기간이 중복된 가운데, 학습과정에서도 유사한 점이 많았다. 교육 참가 전에 교재를 배포하여 숙독하고 실제 같은 팀 구성원 중 3~4명 단위로 구성한 팀별로 업무상 문제점을 발견하여 개선과제를 사전에 준비하였다. 3박 4일의 교육기간의 첫날에는 개념 강의와 교재에 기초한 토론학습을 실시하였으며, 2일차에는 영업현장에서 체험을 통한 현장의 개선점을 팀별로 도출하였다. 후반부에는 현장에서 보고 느낀 것을 바탕으로 실제 업무에서 불필요한 부분을 없애고 효율을 높이는 방법에 대해 문제해결기법을 적용하여 개선계획을 작성하였다. 과정 종료 시 개선과제 내용에 대해 각 부문 사내 전문가가 평가를 실시하여 합격, 불합격 여부를 가렸다. 교육과정 종료 1개월 후에는 발표회를 통해 정량적, 정성적 성과를 측정하여 최종 합격 여부를 결정하였다.

> "저는 교육담당자 입장에서 문제해결 팀학습이 가장 짜임새 있었던 교육이라고 생각합니다. 교육과정을 개발할 때 현업 사례를 발굴해서 콘텐츠화하는 과정에서 성과창출에 기여하는 교육에 대해 다시 생각해볼 수 있었습니다. 교육생들도 과정 중 해야 하는 일은 많았지만, 비즈니스에 대한 관점을 키울 수 있는 유익한 교육이었다는 반응이 많았던 것으로 기억합니다. 실제로 경영성과에 기여한 정도를 수치화했으니까요." — **문제해결 팀학습 운영담당자 을**

문제해결 팀학습은 구성원의 문제해결역량 배양을 통한 조직 내 역량강화와 현업 개선과제 선정, 실행에 따른 금액으로 환산 가능한 성과를 창출하였다. 또한 선진사례를 통해 얻을 수 없었던 자사의 업무사례를 통한 학습으로 콘텐츠 적합성과 비용효율성을 충족시킬 수 있었고, 사전교육에서 교육과정 종료에 이르기까지 단계별로 철저한 평가를 실시하여 성과주의를 반영한 교육평가를 실시했다. 이런 점에서 경영진과 교육담당부서 입장에서는 가장 교육효과가 높은 교육과정으로 평가되었다. 반면, 현장체험을 통한 개선과제 도출은 문제 발견, 구조화 역량부족과 낯선 업무현장 체험으로 인하여 경영성과와 연계성이 약하게 나타나기도 하였다. 업무단위별로 교육에 참가하였기 때문에 실행과제에 대한 피드백과 자문을 교육담당자가 전담하기에 어려움이 있었다. 또한, 1단계 팀학습과 마찬가지로, 엄격한 평가로 인한 참가자의 과중한 부담도 문제로 지적되었다.

:: 체험중심 팀학습

3단계는 체험중심의 팀학습으로 2008년부터 시작되었다. 기존 교육과정에서는 업무효율성의 측면만이 지나치게 강조되어 구성원의 경직된 사고를 유발하고 급변하는 시장상황에의 유연한 대처능력을 키우기에 어려움이 있다는 지적이 조직 내에서 제기되었다. 체험중심 팀학습은 이러한 배경에서 새로운 관점으로 기획된 교육 프로그램이다. 다양한 구성원이 기존의 틀을 깨는 창의적이고 다양한 학습을 하도록 의도되었다. 3일 출퇴근과정으로 이루어지는 교육 첫날은 기존의 틀을 깨는 단계이다. 이를 위해 최근 중시되는 개념인 창의성, 스토리텔링, 감성마케팅 등과 관련하여 체험을 통해 생각을 바꾸는 내용으로 교육이 실시된다. 2일차에는 다양한 상품과 서비스를 체험하는 고객의 입장이 되어 평소와 다른 관점을 경험하도록 한다. 마지막 날에는 2일간의 체험을 정리하여 스스로 의미를 찾아내는 과정을 거친다.

체험중심 팀학습은 구성원의 관점을 바꾸고 고객의 입장을 체험함으로써 제품과 서비스에 고객의 요구사항을 직접 반영하는 것을 목적으로 자율적이고 창의적으로 운영되고 있었다. 기존의 팀학습과는 달리, 다양한 업무를 담당하는 이질적인 사람들끼리 교육기간 중 팀을 이루어 학습을 하며, 학습결과에 있어 구조화된 형태의 산출물을 강요하지 않는다. 학습자로 하여금 색다른 체험을 통하여 스스로 도출한 의미를 공유하고 업무에의 적용점을 창의적 사고로 발견하도록 유도하고 있었다.

> "체험중심 팀학습은 조직구성원이 진정한 의미의 고객관점의 조직으로 탈바꿈하기 위해 생각과 일하는 방식을 획기적으로 변형시키고자 하는 과정입니다. 고정관념을 타파하기 위해서 마술이라는 아이템을 활용하기도 하고 실제로 소비자의 동선을 따라 체험을 하게 하면서 이전에 갖지 못했던 새로운 관점을 가질 수 있도록 도와주는 것입니다. 이전 교육과정에 비해서 참가자들에게 어떠한 형태의 결과물을 내도록 강요하지 않고 스스로 체험하고 깨닫게 하는 것이 교육과정의 목표입니다." — **체험중심 팀학습 개발자 병**

세 단계 팀학습이 모두 전직원 필수 이수과정으로 강제성을 가지고는 있었으나, 체험중심 팀학습의 경우는 대상자의 참여율을 높이기 위한 별도의 방안이 필요 없을 정도로 참가자의 의욕이 높았다. 체험중심 팀학습은 교육과정의 형태를 가지고 있는 면에서는 형식적이고 구조화된 학습으로 볼 수 있다. 그러나 같은 조직 내에서도 직무와 직급에 따라 정보획득에 있어 불평등이 존재하며 그에 따른 학습기회의 불평등이 발생하는 상황에서 전 구성원에 대한 동일한 수준의 학습을 도모하기 위해 팀학습 교육과정을 운영한 것이었다. 교육과정의 형태로 운영되기는 하나 교육시간표와 장소 정도만 결정되어 있고 구성원의 활동내용과 느끼는 바에 의해 교육의 내용과 결과가 완전히 달라질 수 있고 심지어는 본인이 인식하지 못하는 부분의 행동변화를 유발할 수 있었다. 이런 점에서 체험중심 팀학습은 비형식적 혹은 잠재적 학습의 요소를 가지고 있는 것으로 볼 수 있다. 요구사항을 파악하는 것이 업무성과로 연결되는 조직의 특성상 체험을 통하여 고객이 되어보고 의미를 찾아내는 과정은 흥미로울 뿐만 아니라 실제 업무수행에도 도움이 된다고 참가자들은 생각하고 있었다. 고객의 요구사항을 고객보다 앞서 찾아내고 제품과 서비스에 적용시키는 것은 그룹 핵심가치와도 일맥상통하는 것이어서 현재 이 과정은 좋은 반응을 얻으며 운영되고 있다. 전직원을 대상으로 하는 운영이 마무리되는 시점에는 4단계 팀학습을 준비할 예정인데, 다음 단계의 팀학습은 3단계 팀학습의 장점을 살리면서 변화하는 시장환경에서 새로운 수익모델 구현과 성과창출에 기여하는 학습이 되도록 준비 중에 있었다.

팀학습의 단계와 생산방식의 조응

기업에서 교육 프로그램은 경영환경과 조직의 생산방식과 조응하면서 발전하게 된다. L사가 실시한 네 가지 형태의 교육 프로그램들 역시 각기 다른 생산방식들과 대응하는 특징들을 가지고 있었다. 팀이 함께 학습하도록 설계된 교육 프로그램들이라고 할지라도 팀학습의 양상은 각기 다르게 나타나고 있었고, 그것은 생산방식의 역사적 변천단계들과 일정한 관계성을 가지고 있었다(Engeström, 2008).

〈표 13-5〉 L사의 학습형태와 생산방식의 관계성

학습형태	목표	참가	활동방법	학습의 특성	생산방식
정신강화 개인훈련	강인한 정신력, 체력 확보	개인	강의, 체력훈련	모든 학습과정 구조화	대량생산
벤치마킹 팀학습	선진 벤치마킹을 통한 낭비 제거	팀	강의, 토론	벤치마킹에서 업무 적용점 도출 중시	린생산
문제해결 팀학습	낭비 제거를 통한 업무효율 극대	팀	강의, 체험	현장에서 업무 적용점 찾고 교육 종료 후 결과 모니터링	린생산, 대량고객화
체험중심 팀학습	사고혁신을 통한 고객가치 체화	개인/팀	체험, 토론, 의미 도출	참가자의 경험, 의미 부여 중심	혁신주도생산, 사회적 생산

2000년대 이후 L사에서 전직원 대상 필수 이수과정으로 운영한 첫 번째 교육 프로그램은 개인단위로 참가하는 체력훈련과정이었다. 이 프로그램은 사실 L사의 모기업이 제조업의 특성에 맞도록 자체 개발한 교육과정으로 이후 L그룹 전체에 확산 운영된 것이었다. 따라서 L사 특유의 경영환경과 조직특성을 반영한 교육은 아니었다. 실제로, 이 프로그램은 제조업의 대량생산체계에 맞는 건강하고 강인한 구성원의 육성을 목적으로 실시된 교육이었다. L그룹 대부분의 계열사는 공장생산 위주의 대량생산 또는 린생산 방식을 채택하고 있었으므로 이와 같은 표준화된 교육과정이 운영된 것이었다. 이후, L사는 정보통신업의 생산방식과 시장환경을 반영하여 앞서 살펴본 세 단계의 팀학습 프로그램들을 고유하게 자체 개발하여 운영하였다.

L사가 두 번째로 실시한 해외 우수사례 벤치마킹 과정은 린생산 방식의 대표사례인 도요타 생산방식을 체험한 후 시사점을 도출하고 참가자들의 업무에서 적용점을 찾는 것을 주요 내용으로 삼았다. 이 무렵 L사는 극심한 경쟁상황에서 효율을 높이기 위한 업무의 표준화를 요하고 있었다. 교육을

통해 도요타 생산방식의 기본 이념을 업무 전반에 적용시킴으로써 제조업 위주의 린생산 방식에서 고객의 요구를 반영하면서도 자원을 효율적으로 활용할 수 있는 대량고객화 생산형태로 자연스럽게 변화해 나가는 것이 교육의 주요한 목표였던 것이다.

세 번째 교육과정으로서 문제해결 팀학습은 이보다 더 나아가 업무현장의 문제점을 토대로 본인 업무를 더욱 정교화시키고 업무수준을 향상하여 더 나은 고객서비스를 제공하는 것을 목적으로 하였다. 그것은 대량고객화 생산방식 형태의 조직에 적절한 교육 프로그램이었다. 실제로 이 프로그램이 운영될 무렵 L사에서도 기본적인 제품의 품질문제를 넘어서 고객의 요구를 빠르게 반영하면서도 활용에 불편함이 없는 제품과 서비스를 제공할 수 있는 생산체계를 갖추어가고 있었다.

마지막으로, 2008년 이후 지금까지 실시되고 있는 체험중심 팀학습 프로그램은 기존의 틀을 깨는 새로운 사고와 관점으로 고객의 요구사항을 고객보다 앞서 발견하고 이를 업무에 반영하여 이전과 다른 새롭고 차별화된 서비스를 만들고자 하는 목적으로 운영되고 있다. 이것은 현재 L사가 처해 있는 혁신주도 생산체계에 적절한 형태의 학습이라고 볼 수 있다.

L사가 앞으로 운영할 4단계 팀학습에서는 사회적 생산단계를 대비하여 조직 내부와 외부 간 경계를 넘어서는 구성원 간 협력을 증진할 수 있는 학습을 준비 중인 것으로 확인되었다.

단계별 팀학습의 활동체계

L사의 팀학습은 생산조직의 변화와 대응하면서 실시되었다. 그것은 팀학습의 활동체계가 조직활동체계와 상호 관련 있음을 의미한다. 이런 관계성은 제3세대 활동이론의 활동체계 모형을 통해 두 활동체계를 분석함으로써 더욱 분명히 드러났다.

:: 벤치마킹 팀학습의 활동체계

첫 번째 단계인 벤치마킹 팀학습은 벤치마킹을 통하여 업무효율을 높이고 그로 인하여 성과증진에 기여하는 것이 목표였다. 이는 조직의 목표와도 맞아떨어지는 것이어서 조직 내의 교육활동체계와 조직활동체계 간의 목표에 따른 결과가 중첩되는 모습을 보였다. 구체적으로, 벤치마킹 팀학습의 교육활동체계와 조직활동체계의 각각의 요소들을 살펴보면 다음과 같다.

교육활동체계에서는 성과창출과 연계되는 학습목표를 성취하기 위해 교육부서가 주체가 되어 타사의 우수사례를 도구로 활용하였다. 교육운영 시 구조화된 교육운영지침을 규칙으로 업무단위의 팀이 공동체로 참여하고, 교육운영자와 참가자 간의 분업이 이루어졌다. 이 당시 L사의 조직활동체계는 업무효율을 높여 성과를 증진하기 위한 목표를 가지고 있었다. 이 목표를 달성하기 위한 도구로서 상품과 서비스의 개발에 조직이 주체가 되어 전 부서 사이의 분업을 통해 업무단위별로 조직의 규칙인 경영이념과 조직가치에 의거한 활동을 수행하였다.

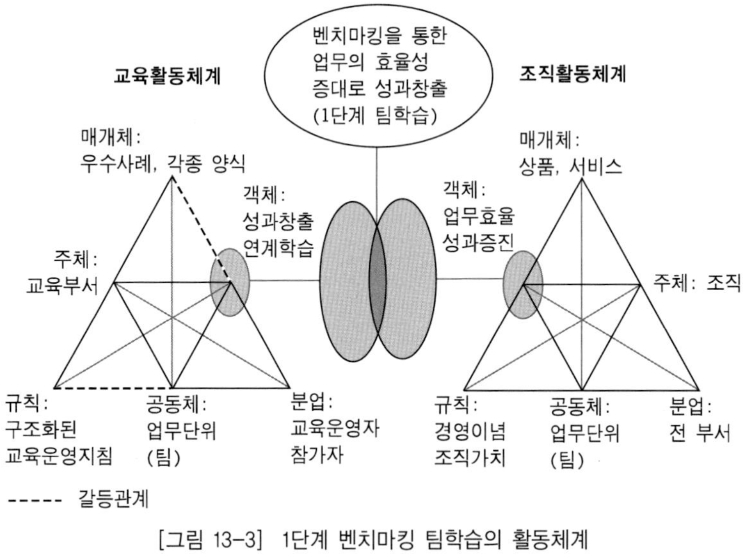

[그림 13-3] 1단계 벤치마킹 팀학습의 활동체계

이러한 두 가지 활동체계의 활동이 접점을 이루는 곳에서 1단계 팀학습의 성과가 나타났다. 그러나 벤치마킹 팀학습이 장기간 진행되면서 교육활동체계 내의 요소 간 갈등이 나타났다. 조직 내에서 벤치마킹을 통한 학습이 성과창출로 이어진 연계성을 찾거나 성과를 수치로 산출해내는 데 어려움이 발생하였는데, 이는 매개체와 객체(목표) 사이의 갈등으로 정의할 수 있었다. 즉, 학습 결과로 나타나는 업무효율성을 조직성과 기여도로 산출하는 과정에서 교육적 활동체계와 조직적 활동체계가 서로 만나게 되었는데, 벤치마킹 기업이 L사와 업종이 달라 벤치마킹을 통한 업무의 효율적 운영안을 도출하는 데 어려움이 있었다.

다른 한편, 엄격한 학습 산출물 평가방식으로 인하여 참가자들이 학습에의 부담을 느껴 오히려 자기주도적인 학습을 방해한 상황은 규칙과 공동체 간의 갈등으로 나타났다. 또한 도출된 운영안의 실행 시 성과측정에도 어려움이 있었고, 결국 교육적 체계의 결과와 조직적 체계 간의 긴밀한 상호작용을 이루지 못하였다.

> "세계적으로 유명한 자동차회사의 생산방식을 직접 경험해 볼 수 있는 기회는 좋았으나 우리 회사와 업종이 달라서 연관성을 찾기가 힘들었어요. 우수한 사례를 보고 우리 조직에 어떻게 적용할까를 하루 이틀 만에 생각하기에는 너무 짧은 시간이 아닌가 싶습니다." — **벤치마킹 팀학습 참가자 A**

:: 문제해결 팀학습의 활동체계

두 번째 문제해결 팀학습은 현장경험을 통한 학습을 강조하면서 영업현장에서 발견한 문제점을 해결하고자 하였다. 문제해결기법을 통하여 실제 업무의 문제해결과정에 적용하여 업무효율의 향상과 업무를 정교화하고 성과에 기여하는 것을 학습의 목표로 삼았다. 따라서 문제해결 팀학습의 교육활동체계의 목표(객체)는, 1단계 팀학습과 마찬가지로, 성과창출과 연계되는 학습이었다. 그러나 목표의 달성을 위한 도구가 기존 외부 우수사례에서 L사의 현장사례와 사례의 분석을 위한 문제해결기법으로 변경되었고, 교육의 주체도 교육부서에서 교육부서와 참가자가 함께 참여하는 방식으로 변화하였다. 교육운영 시에는 1단계에서와 마찬가지로, 구조화된 교육운영지침에 의해 업무단위팀이 공동체로 참여하고 교육운영자와 참가자가 역할을 분담하고 있었다.

조직활동체계는 업무효율을 통한 성과창출을 넘어서서 기존 업무의 정교화를 목표(객체)로 하였다. 목표 달성을 위한 도구로서 상품과 서비스의 품질을 향상시키기 위하여, 1단계에서와 마찬가지로, 경영이념과 조직가치에 따라 업무단위인 팀별로 분업을 실시하고 있었다.

2단계 팀학습은 1단계 팀학습보다 조직 목표와 연계성을 더욱더 긴밀하게 하였다. 영업현장 경험과 문제해결방식에 의한 업무효율화와 합리화가 학습 결과로 조직의 성과에 대한 기여가 높아졌고 측정에도 많은 노력을 기울인 결과 1단계 학습에서 불가능했던 확장학습 가능성이 나타났고 학습의 결과와 조직의 성과가 중첩되는 경향이 발생하였다. 또한 1단계 팀학습

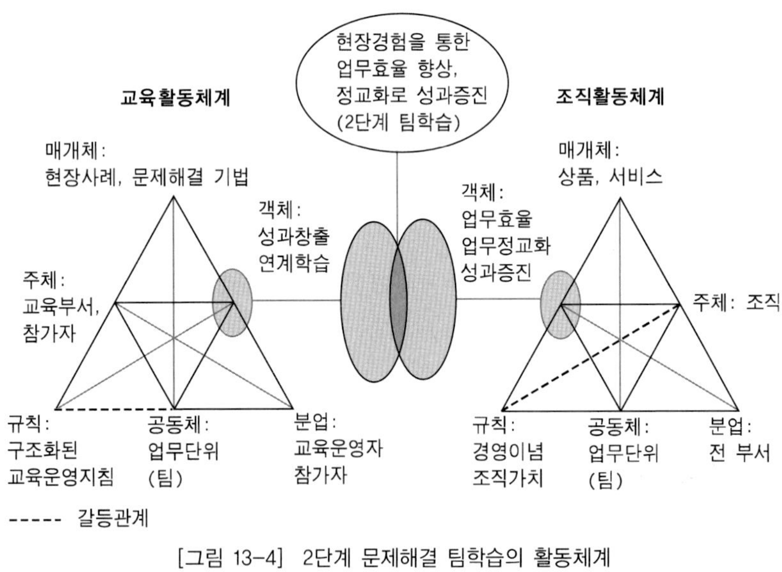

[그림 13-4] 2단계 문제해결 팀학습의 활동체계

에서 발생했던 교육체계 내의 도구와 목표 간 갈등관계가 어느 정도 해소되었다. 학습도구를 우수사례에서 조직 내 현장의 문제로 대체하여 갈등을 줄일 수 있었다.

그러나 학습 결과에 대한 평가가 이전보다 더 엄격하게 이루어짐으로 인하여 학습자들이 결과물 산출 시 평가를 염두에 두어 학습수준이 오히려 낮아지는 문제점이 나타났다. 이전 단계와 마찬가지로, 운영이 거듭될수록 엄격한 평가방식은 여전히 참가자의 자기주도적 학습 대신 평가를 위한 학습을 하도록 유도하여 지속적으로 규칙과 공동체 간의 갈등을 유발하였다.

> "문제해결 팀학습은 일하는 것보다 더 힘든 교육이었어요. 팀구성원 4명이 같이 교육에 들어갔는데, 쉴 틈 없이 짜인 듯한 교육과정이 진행되었죠. 교육이 종료된 이후에도 우리가 과제로 설정했던 현업의 문제에 대해 제시한 해결책을 어떻게 실행했는지에 대한 보고를 해서 합격, 불합격 여부를 판단 받았어야 했어요. 불합격하게 되면 상사분들에게 면목도 없고 해서 단시간 내에 해결이 가능하고 수치화하기 좋은 간단한 문제를 가지고 교육에 들어갔죠. 앞서 교육을 받은 사람들에게 정보를 얻기도 했구요." — **문제해결 팀학습 참가자 B**

또한, 이 시기에 기업의 경영이념과 조직가치가 성과중심에서 고객가치를 중시하는 방향으로 변화하여 조직활동체계 내의 요소 변화로 규칙과 주체 간의 모순과 갈등을 야기했다. 이런 결과로, 학습활동체계와 조직활동체계 모두 새로운 발전안을 고민하는 계기가 마련되었고, 그것은 3단계 팀학습의 등장으로 나타났다.

:: 체험중심 팀학습의 활동체계

3단계 팀학습은 기업의 조직가치 변화와 함께 등장한 새로운 개념의 학습이었다. 기존의 조직활동체계 요소 중 규칙이 되는 경영이념과 조직가치가 효율과 성과를 중시하는 방향에서 고객중심의 창의적인 방향으로 전환하면서 조직활동체계의 목적이 조직가치의 체화를 통한 장기적인 가치창출로 변화하였다. 이에 따라 조직 내 업무단위별 역할의 변화가 생겼고, 조직 구성원 전체가 이러한 이념을 빠른 기간 내에 공유하고 체화하는 것이 시급한 과제가 되었다.

이에 따라 교육활동체계에도 변화가 일어났는데 교육의 목표는 기존 관점의 전환을 통한 내재적 가치 획득으로 설정되었다. 이런 목표를 달성하기 위하여 교육과정 운영은 학습참가자가 주체적 역할을 하면서 창의적 경험을 학습의 도구로 활용하게 되었다. 참가자가 고객의 요구사항을 고객 요구보다 한 발 앞서 파악하는 것이 중요해졌는데, 이를 위해 다양한 구성원이 교육기간 동안 일시적 집단을 형성하여 상호간의 사전지식과 경험을 활용하여 자유롭게 학습하였다. 학습팀은 나이, 성별 등 인구통계학적 요소와 조직에서의 직급, 담당 업무를 고려하여 다양한 경험을 가진 사람들이 상호작용하도록 구성되었다. 이런 학습팀은 결속력은 약하지만 다양한 경험을 통해 대립되거나 모순되는 부분을 집단 내에서 발견하며 각자의 본래 업무조직에서는 생각하지 못했던 아이디어를 발견해 내기도 하였다.

> "그동안 제가 보고자 했던 것만 봤던 것 같아요. 제 기준에서 저의 업무와 관련 있다 생각되는 좁은 범위만 보고 살았던 것 같습니다. 사무실에서 나와 소비자들이 돌아다니는 매장을 방문해보고, 경쟁사와 대비해서 우리 회사 입장에서는 어떤 서비스를 출시하는 게 나을까 생각을 해봤는데, 우리의 일을 판단하는 것은 고객이라는 생각이 들었습니다." — **체험중심 팀학습 참가자 C**

학습의 진행에는 구조화된 규칙을 적용하지 않고, 진행자와 참가자 모두 교육활동체계 내에서 의미를 부여하는 참가자로 학습하였다. 조직의 활동체계 내에서도 최근 중시하는 조직가치를 구성원들이 체화하는 활동과 3단계 팀학습 활동이 중첩되어 있었다.

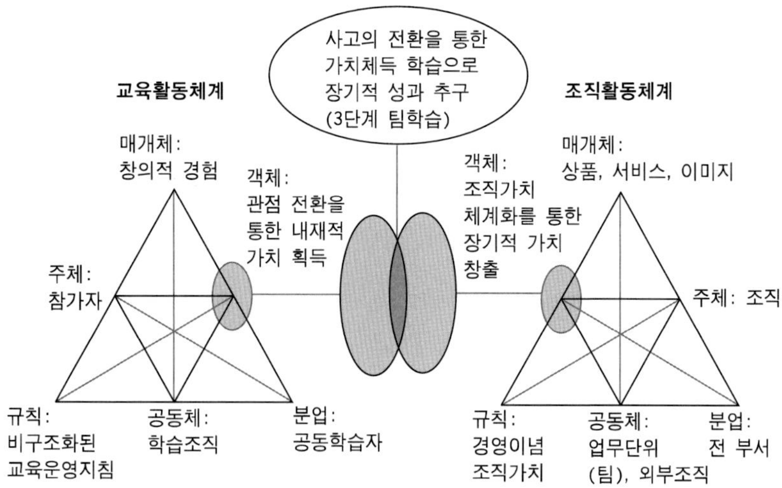

[그림 13-5] 3단계 체험중심 팀학습의 활동체계

3단계 팀학습은 조직활동체계 내의 규칙인 기업가치와 조직문화가 변함에 따라 구성원이 조직의 가치와 한 방향으로 정렬하도록 계획되었다. 학습활동체계 요소들은 학습을 위한 장을 마련해주고 학습과정이나 내용은 참가자 스스로 의미를 찾을 수 있도록 최대한 자율성을 보장하는 차원에서 작용하였다. 또한, 조직활동체계 역시 기존 성과 위주에서 장기적 가치를 고려하는 인식을 하게 되어 교육활동체계와 조직활동체계 간에 조화로운 상호작용이 활발하게 이루어졌다.

> "고객가치를 최우선으로 인식하라는 이야기는 많이 들었지만, 실제로 내 업무에 있어서 어떻게 해야 할지 막연했어요. 교육에 참가해보니 어떤 내용을 주지시키기보다는 실제 매장을 체험하게 하면서 어떤 식으로 매장을 운영했을 때 고객에게 만족감을 줄 수 있을지 공부가 되었고 현업에 돌아가서도 여기서 느낀 감정을 반영해서 일할 수 있을 것 같은 생각이 들었습니다." — **체험중심 팀학습 참가자 C**

맺음말

기업은 변화하는 환경에 적응하면서 경쟁하는 시장에서 생존과 번영을 위해 노력한다. 기업교육은 그러한 적응과 노력의 일환이고, 따라서 기업의 교육목표와 방식도 변모한다. 한 마디로 기업교육은 변화하는 경제사회적 환경과 조직 맥락 속에서 지속적으로 탈바꿈한다. 최근 기업에서는 학습자가 일방적으로 지식과 기술을 수용하는 형식적 교육에서 벗어나 다양한 구성원의 역동성과 상호작용을 강조하는 팀학습을 조직성과와 연계하여 활성화시키려 노력하고 있다. 이를 위한 제도적 지원과 유인책에도 불구하고 여전히 조직 내 협동학습이 만족스러운 수준으로 활발히 이루어지는 사례는 드물다. 오히려 조직역량을 향상시키기 위해 높은 수준의 역량을 보유하고 있는 핵심인재를 영입하는 일이 빈번히 발생한다. 조직의 비전과 목표를 실현하기 위해서는 높은 역량을 가진 개인보다도 조직의 가치에 부합하는 구성원에 대한 요구가 더 크다고 할 수 있다. 이렇게 기업에서 조직가치에 부합되는 구성원을 육성하는 일이 중요함에도 불구하고, 구체적 육성방법을 갖추고 명확한 프로세스로 육성안을 운영하고 있는 조직은 매우 드문 현실이다.

이런 기업교육 현실을 고려하면서 이 연구는 기업교육 양상의 변화를 보여주는 한 사례로서 L사의 팀학습을 탐구하였다. 단순히 교육내용과 방법 같은 기업교육 외양의 변화를 그 이면에 존재하는 생산방식과 조직 맥락의 거시적 변화와 교육활동체계의 미시적 관계성을 탐색하였다. 이를 위해, 이 연구에서는 문화역사적 활동이론모형을 L사의 팀학습 사례에 적용하여 분석하였다. 교육활동체계와 조직활동체계를 구분하여 각 활동체계 내에서 활동의 주체, 객체(목표), 매개체, 규칙, 공동체, 분업 등을 규명하였다. 두 활동체계의 객체와 매개체의 변화에 따른 상호 강화와 갈등 현상을 통해 학습단계의 변화를 검토하였다. 그 결과, 다음과 같은 사실을 확인할 수 있었다.

첫째, L사 팀학습의 단계별 변화양상은 개인학습단계를 거쳐 벤치마킹 팀학습, 문제해결 팀학습, 체험중심 팀학습의 형태로 진화하였다. 팀학습 이전에는 본사의 프로그램을 수용하여 구성원의 정신력 강화에 초점을 맞춘 개인 교육프로그램이 운영되었으나, 이후 자체적으로 팀학습 프로그램들을 개발하여 실시하고 있다. 그것은 3단계에 걸쳐 이루어졌는데, 1, 2단계 팀학습에서는 학습단위인 팀이 실제 업무조직으로서 업무단위의 성격이 강한 학습조직이다. 3단계에서는 교육을 위하여 일시적으로 조직된 학습팀이 만들어졌다. 이를 통해 다양한 배경을 가진 사람들이 상호작용하면서 학습이 이루어질 수 있게 되었다.

둘째, 이런 팀학습의 발전과정은 생산조직의 역사적 변천에 대응한 결과였다. 즉, L사의 교육프로그램들은 각기 다른 조직의 생산방식들과 조응하였다. 구체적으로, 효율성을 강조한 생산위주 프로세스 관리조직에서 관점과 사고의 혁신을 요하는 대량 고객화와 혁신주도 생산조직으로 변해감에 따라 조직의 학습도 함께 변화하였다. 이러한 변모는 교육부서가 급변하는 환경에 대응하는 기업의 경영이념의 변화를 빠르게 수용하면서, 조직 내에서 새로운 방식의 학습을 도입하면서 이루어졌다.

셋째, L사의 팀학습은 교육활동체계 내부에서뿐만 아니라 조직활동체계와의 상호작용을 통해 강화 또는 갈등 관계를 나타냈다. 각 단계의 팀학습 활동체계들은 내부의 요소들 간에, 그리고 활동체계들 간의 상호작용을 통하여 활동이 더욱 활성화되는 상호 강화를 이루기도 하였다. 그러나 동시에, 서로 갈등과 모순을 겪는 경우도 발생하였다. 구체적으로, 교육활동체계 내의 요소로서 참가자와 운영자, 평가기준 간의 갈등이 발생하거나 조직활동체계 내의 요소로서 기업가치에 변화가 생기는 경우 팀학습의 방식과 모순되기도 하였다. 이러한 갈등과 모순은 그 해결책을 찾는 과정에서 학습의 양상을 다음 단계로 발전시키는 방향으로 이끌었다.

이 연구는 L사 팀학습의 단계별 변화 모습을 활동이론모형을 적용하여 분석하였다. 한 기업의 사례분석임에도 불구하고, 이 연구를 통하여 기업교육의 변화 양상을 더 심층적으로 분석할 수 있는 틀이 마련되었다. 또한 이런 분석을 토대로 조직 내 학습을 발전적으로 이끌 수 있는 전략을 도출할 수 있을 것으로 기대한다. 특히, 활동이론에 기초하여 기업의 교육활동체계와 조직활동체계를 고려한 조직학습 발전전략의 수립은 기업교육 담당자에게 유용하게 활용될 수 있을 것이다. 즉, 마지막 단계의 체험중심 팀학습은 기업의 가치를 구성원에게 체화시키는 학습으로서 최근의 기업교육환경에 적합하다. 구체적으로 자신이 속한 조직의 비전과 가치를 인식하고 그것을 현재 업무에 반영하여 조직전략에 부합하는 성과를 창출하는 것이 중요한 능력으로 대두되는 환경에서 조직가치를 구성원이 스스로 깨닫는 과정을 통해 체화하고 업무수행 시 이를 반영하도록 도와주는 팀학습의 형태이다. 이를 통해 조직의 구성원 개개인에게는 유의미한 자기주도학습으로서, 그리고 조직 전체적으로는 조직의 맥락을 반영한 개개인의 지식, 기술, 태도의 축적으로서 조직의 지적자본을 풍성하게 할 수 있을 것이다.

| 미주 |

1 이 장은 장원섭 · 김윤희 · 임정현 · 이은주 · 다와수룽(2010). '기업의 팀학습 변천과정에 대한 문화역사적 분석: L사의 사례를 중심으로.' 〈Andragogy Today〉 13권 1호 논문을 수정 보완한 글이다.

2 이 연구에서는 지난 10여 년간 한 기업에서 발생한 팀학습의 변천과정을 통해 과거 조직의 성과에 기여하는 높은 역량을 가진 구성원의 육성에서부터 최근 조직가치의 체화를 통해 업무수행 시에도 조직의 가치를 고려하는 구성원을 육성하는 프로그램의 운영까지 팀학습의 패러다임과 운영형태의 변화를 살펴보았다. 비록 이 연구가 한 기업의 사례를 검토하였지만, L사는 국내의 기업교육을 선도하는 대표적인 기업들 가운데 하나이므로 기업교육의 변모를 잘 보여줄 수 있는 사례가 될 것으로 판단된다.

3 Vygotsky에 의해 제안된 1세대 활동이론은 주체, 객체, 매개체로 이루어지는 활동의 기본 모형을 제시하였다. 1세대 활동이론은 분석의 단위가 개인이라는 한계를 가지고 있었고, 이는 Leont'ev의 2세대 활동이론으로 극복되었다. Leont'ev는 개인행위(individual action)와 집단활동(collective activity)의 차이를 설명하였다. 그러나 Leont'ev는 이를 집단적 활동체계로 도식화하지는 못했다(Engeström, 2001). 제3세대 활동이론가로서 Engeström은 이에 공동체, 분업, 규칙을 추가하여 인간활동체계의 확장구조를 완성하였다.

4 도구적 사례연구는 특정한 상황을 이해하기보다는 그것을 통해 다른 것을 성취하기 위한 도구로 사례연구를 수행하는 것을 말한다. 도구적 사례연구 수행 시 연구자는 단일 사례보다는 이슈에 대한 질문에 관심을 가진다. 이는 현상에 대한 이해를 도와 새로운 통찰을 제공하거나 이론을 제공하는 기초로 활용된다(Stake,1995).

5 각 단계별 학습은 각기 50차수 이상 운영되었으며, 운영차수별로 교육참가자와 과정운영자의 평가를 거쳐 운영 시에 발생했던 문제점에 대한 보완책을 다음 차수 운영 또는 다음 단계의 교육과정개발 시에 반영하였다.

14 신생팀의 학습활동
– 의도적으로 통합된 E사 C팀의 사례[1]

머리말

우리나라에서는 1970년대 후반 대기업을 중심으로 '팀'의 개념을 업무수행을 위한 조직단위로써 도입하기 시작했다. 팀제는 전통적인 조직에 비해 급변하는 경영환경에 효과적으로 대처할 수 있는 유연성을 제공하고 조직의 효과적인 목표달성에 적합한 조직구조로 평가받고 있다. 현재는 대부분의 조직에서 팀제를 활용하고 있다.

팀제의 중요성에도 불구하고 팀 구성원들의 업무와 협력의 현상에 대해 맥락적인 접근을 시도한 연구는 많이 부족했다. 팀에 관한 대부분의 연구들은 경영자적 입장에서 팀의 성과와 효과성을 측정하는 것에만 초점이 맞추어져 있었다. 이러한 연구들은 팀 구성원들 사이에서 발생하는 문제점들을 더 알기 어렵게 만들기도 했다(Schrage, 1995). 갈수록 치열해지는 시장 경쟁환경으로 인해 기업들은 의도적으로 팀을 통합하고 개편하는 일이 많아지고 있는데, 이러한 업무 팀의 학습과 협력을 살펴볼 수 있는 사례연구는 국내외를 통틀어 찾아보기 어렵다.

근래 들어서는 기존 팀 연구의 한계점을 극복하고자 학습의 관점에서 새로운 시도들이 등장했다. 대표적으로, Engeström은 1990년대 초반에서 2003년 말까지 미국과 핀란드의 다양한 조직 환경을 분석했다. 6가지 팀들의 운영에 대한 사례 연구를 통해 팀은 팀의 차원을 넘어 보다 유동적이고 분산된 협력 조직(knot working)으로 발전해야 한다고 주장했다(Engeström, 2008). 장원섭은 기업의 팀 학습이 시대적 환경과 조직 맥락 속에서 어떻게 변화해왔는지를 문화역사적 활동이론을 통해 탐색함으로써 팀 학습 변화 양상을 예견하고 학습 전략을 수립하는 데 도움이 되는 시사점을 제공했다(장원섭, 2010).

이 장에서는 일터에서 의도적으로 통합된 신생팀의 성장과정에서의 학습을 탐색했다. 문화역사적 활동이론(Cultural-Historical Activity Theory)을 적용하여 팀과 그 구성원들의 활동체계를 분석하고, 어떻게 업무실행 절차나 방식을 구축해 나가는지 탐구했다.

이론적 배경

20세기 초 구소련의 심리학자였던 Vygotsky는 행동적 반응을 통해 인간의 모든 정신 작용을 설명하려던 행동주의 이론의 한계점을 극복하고자 인간의 활동과 동물의 행위가 구별되는 메커니즘을 탐구하는 심리학 연구의 새로운 관점을 제시했다. 그 결과, 인간이 동물과 구별되는 가장 중요한 특징은 바로 사회적으로 뿌리를 두고 역사적으로 발전해 온 '활동(activity)'을 내면화 하는 데 있다는 결론에 이르렀고, 마침내 인간의 의식은 사회적으로 중재된 활동을 통해서 형성된다는 획기적인 주장을 펼치게 되었는데 이것이 바로 활동이론의 시작이다. Vygotsky의 주장은 개인과 사회의 이분법적 논의로 인간의 학습을 바라보는 듀얼리즘(dualism)의 한계를 극복할 뿐만 아니라, 개인이 단순히 사회에 종속되는 존재가 아닌 개인과 사회 혹은 사회적 객체를 동일선상에서 이해한다는 점에서 혁신적 사고로 평가된다. 하지만 Vygotsky의 모델은 여타의 사회적 맥락을 배제한 채 인간 개인만을 분석의 단위로 고려했다는 점에서 한계를 지닌다(Engeström, 2001).

Vygotsky의 한계를 극복하기 위해 Leont'ev는 인간의 학습은 기본적으로 집단적이라고 주장하면서 인간의 의식과 발달에 대한 특성을 밝혀내기 위한 분석단위로써 '사회적 활동(social activity)'을 제시했다. 그는 '원시시대 집단사냥'이라는 유명한 예시를 통해 개인의 행동(action)과 집합적 활동(activity)이 어떻게 다른지 설명했다(Leont'ev, 1978). Leont'ev는 공동체 사이의 복잡한 상호연관성을 설명하면서 활동이론을 다양한 분야에 적용하는 계기를 만들었다. 활동을 설명함에 있어서 Leont'ev는 분업(division of labor)의 개념을 포함시킴으로써 자신의 주장을 제 1세대 모델과 차별화했다.

문화역사적 활동이론 학자들은 활동에 있어 지속적 변화·발전을 위한 동력으로써 모순(contradiction)의 개념을 언급해 왔다(Engeström, Miettinen, 1999). Engeström이 다른 활동이론 학자들과 구분되는 점은 모순의 개념을 하나의 활동에만 국한시키지 않고 다른 관련된 활동들과 관계로까지 확대한 활동 네트워크 개념을 제시했다는 것이다. 이러한 그의 노력은 문화역사적 활동이론의 제 3세대로 여겨진다(Engeström, 2001). Engeström의 가정은 하나의 활동은 인접한 활동들과 연계되어 있다는 것에서 출발한다.

문화역사적 활동이론에서의 학습은 개인과 사회를 연결시키는 문화적, 사회적 과정이라고 설명한다. 학습은 계획된 교육에서뿐만 아니라 의도되지 않은 비공식 혹은 일상적 생활 참여를 통해 일어나는 다양하고 역동적인 현상들을 포함한다. 이러한 현상들은 단순한 인지적 현상이 아니라 사회적 활동에 참여함으로써 이루어지는 것으로 이해된다(Sawchuk, 2003). 문화역사적 활동이론의 유연하고 체계적인 속성들은 학습이 사회적 권력관계로부터 자유롭다거나 수직적 방향으로만 일어난다는 무비판적·기능론적 가정을 극복하는데 기여한다(Engeström, 2001).

문화역사적 활동이론은 주체, 객체, 매개체의 개념을 제시한 Vygotsky를 시작으로 분업의 개념을 제시한 Leont'ev의 집단 활동 모형을 거쳐 활동네트워크, 확장학습을 구체적으로 제시한 Engeström에 이르기까지 많은 이들의 노력에 의해 발전했다. 이러한 노력들은 고등동물과 구분되는 사회적 존재인 인간 학습의 특징을 종합적으로 파악하기 위한 시도로 평가될 수 있다.

연구방법

이 연구는 문화역사적 활동이론을 도구로 사용한 질적사례연구이다. 연구자는 연구의 대상으로 연구자가 속한 E사의 C팀을 선정했다. E사는 학원 프랜차이즈 사업, 방과 후 교실사업, 원격교육 서비스 사업 등 유아부터 성인까지의 평생교육 콘텐츠를 개발하고 서비스하는 국내의 대표적인 사교육 기업이다. 연구 참여자는 C팀의 구성원 12명이다. 연구자는 C팀의 팀장이다. 다음의 〈표 14-1〉은 연구 참여자들의 인적사항이다.

연구자는 연구 참여자의 회의, 면담에 대한 녹음과 연구자 관찰노트, 회의록에 대한 내용 추출 등의 방법으로 자료를 수집했다. 연구의 객관성 확보를 위해 연구 자료의 대부분을 차지하는 팀 회의 중에는 관찰자로서의 역할은 녹음 장비로 대신하고 팀 구성원으로서의 역할에 충실했다. 팀 회의가 끝난 후 연구 도구로써 연구자 본인을 활용해 녹취록을 정리하고 분석해 자료를 수집했다. 연구자는 C팀의 구성원인 동시에 팀의 전체를 바라보기 쉬운 위치인 팀장의 역할을 수행하고 있었으므로 연구의 자료를 해석하고 팀의 전체적인 맥락을 탐구하기 유리한 위치에 있었다고 할 수 있다.

〈표 14-1〉 연구 참여자 C팀 인적 사항

이름	성별	나이	직급	이전 팀	근무연수	업무
Ks	남	40	팀장	B2B	약 6년	E사 인재개발원 사업총괄. B2B 사업팀에서 팀장으로 근무함. C팀의 팀장. 본 연구의 연구자.
N	남	38	매니저 5년차	B2B	약 5년	B2B 사업팀에서 근무함. 주 업무는 B2B 마케팅과 영업.
B	남	38	매니저 3년차	B2C	약 3년	B2C사업팀에서 근무함. B2C 사이트 개발자
K	남	36	매니저 4년차	B2B	약 7년	B2B 사업팀에서 근무함. 주 업무는 B2B 마케팅과 영업.
H	여	34	매니저 3년차	B2C	약 3년	B2C 사업팀에서 근무함. 주 업무는 사업 기획, 사이트 운영 .B2C사업팀의 실제적인 리더.
Ku	여	33	선임3년차	B2B	약 8년	B2B사업팀에서 회계 및 CS 업무.
Ps	여	33	선임2년차	B2C	약 1년	B2C 사업팀에서 회계 및 CS 업무
C	남	32	매니저 1년차	B2C	약 1년	B2C 사업팀에서 B2B사업을 위해 영업 경력직을 선발. 기존 팀에서 유일한 영업 업무.
Pk	여	30	선임1년차	B2B	약 2년	B2B 사업팀에서 회계 및 CS 업무 처리. 교육 운영.
Pm	여	29	선임2년차	B2C	약 6년	B2C 사업팀에서 사이트 디자이너로 근무.
O	여	28	담당3년차	콘텐츠 개발	약 1년	콘텐츠개발팀. 입사한지 채 1년이 되지 않은 신입사원. 유일하게 콘텐츠 개발의 업무를 맡고 있음.
Nj	여	27	선임1년차	B2C	약 1년	B2C 사업팀 프로그램 개발자로 경력직 입사. B2C 사이트 개발자.

다음의 [그림 14-1]은 C팀의 자리 배치도이다.

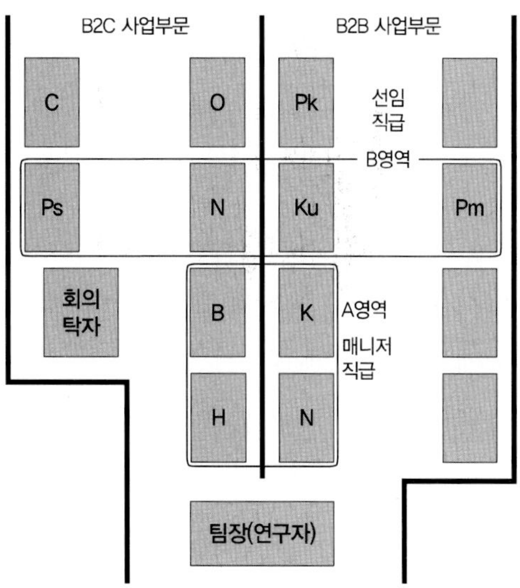

[그림 14-1] C팀의 자리 배치도

[그림 14-1] C팀의 자리 배치도를 보면 팀장의 자리와 가운데 파티션을 중심으로 왼쪽과 오른쪽으로 업무 중심, 팀장에게 가까운 곳으로부터 먼 곳으로 직급 중심으로 자리가 배치되어 있는 것을 알 수 있다. 팀에서 진행하는 업무는 각 영역별로 담당자가 지정되어 있고 타 팀과 교류하는 경우가 많지 않았기 때문에 대부분의 자료 수집은 팀 내 회의탁자에서 진행됐다. 인원이 많이 참여하는 회의나 면담에 대한 자료 수집은 E사의 공동회의실이나 접견실에서 이루어졌다. 다음의 〈표 14-2〉는 회의와 면담에 대한 녹음 기록을 표로 나타낸 것이다. 총 40여회의 녹음 중 유효하다고 판단된 33건에 대한 기록이다. C팀의 구성원들은 팀이 새롭게 구성된 지 1개월여가 지난 시점인 6월 4일부터 본격적으로 전체적인 회의를 진행했다.

자료 분석을 위해 회의 녹취록, 심층면접, 연구자 관찰 노트를 텍스트로 전사하여 필사본(transcription)을 만들었다. 수집된 자료들은 질적 자료 분석 기법 중 사례연구에서 많이 사용되는 순환적 분석 방법을 활용했다. 이 분석 방법은 현장에서 참여관찰, 면접 등을 통해 자료를 수집하고 반복적 분석과정을 통해 패턴을 도출하는 방법이다. 이를 위해서 예비분석, 부호화, 주제 분석과정을 적용했다. 연구자는 Lincoln, Guba가 제시한 사실적 가치(truth value), 적용성(applicability), 일관성(consistency), 중립성(neutrality)을 적용하여 신뢰성과 타당성을 확보하고자 했다(Lincoln, Guba, 1985). 사실적 가치를 높이기 위해 연구 참여자들로부터 획득한 연구 자료에 대한 검증을 2단계로 나누어 실시했다. 적용성 확인을 위해 10개의 다른 기업에 종사하는 HRD담당자들에게 연구결과를 공유했다. 일관성 발견을 위해 연구 참여자들의 행동을 지속적으로 관찰해 그들의 말이나 활동 맥락이 일관되게 유지되는지 확인했다. 같은 팀 내에서 연구 참여자들과 하루 종일 함께 지낼 수 있는 연구자의 환경이 연구 참여자의 일관성 분석에 유리하게 작용했다. 중립성 확보를 위해 연구 자료를 녹취하는 과정에서 연구자의 입장을 배제하고 팀 구성원의 역할을 수행했다. 이 외 본 연구에 대한 합의적 정당화를 위해 연구의 결과물을 질적 연구 방법론의 교수를 비롯한 논문 지도교수 3명의 검증을 통해 지속적으로 검토 받았으므로 합의적 정당화를 취득했다고 볼 수 있다.

〈표 14-2〉 C팀의 활동체계를 연구하기 위한 참여관찰과 면담 기록

날짜	형태	내용	장소	녹음 시간
05-11	회의	C팀 실적회의 - N, K	접견실	38분
05-22	회의	현업부서 채권 관리 미팅 - 팀장들	대회의실	112분
05-30	회의	해외캠프 사업 협조 요청 회의 - 타팀	접견실	32분
05-31	회의	5월 C팀 사업 실적 회의 - N, K, H	접견실	54분
06-04	회의	C사업부 팀장 회의 - 팀장들	M임원방	31분
06-04	회의	C팀 업무 회의 - 팀원 전체	접견실	57분
06-07	회의	C팀 업무 회의 - 팀원 전체	대회의실	32분
06-13	면담	자율적인 티타임 - N, K	커피숍	35분
06-14	회의	개발자 채용 미팅 - 시스템개발팀장	테이블	20분
06-19	회의	키워드광고 진행 회의 - H	테이블	31분
06-22	회의	2분기 매출 실적 검토 회의 - 팀장들	접견실	36분
06-27	면담	자리배치 관련 면담 - H	테이블	13분
07-02	회의	신규 콘텐츠 제작 회의 - H, O	테이블	28분
07-12	회의	신규 콘텐츠 제작회의 - 매니저	대회의실	98분
07-15	회의	B2C 업무 회의 - H, B, Ps, Pm, N	테이블	30분
08-22	회의	C팀 업무 회의 - H	테이블	32분
08-23	회의	C팀 업무 회의 - H, N	테이블	28분
08-24	회의	C팀 업무 회의 - H	테이블	35분
08-27	회의	C팀 팀 업무 회의 - 팀원 전체	접견실	50분
08-27	회의	C팀 업무 회의 - H, Pm	테이블	33분
08-27	회의	C팀 업무 회의 - H	테이블	45분
08-27	회의	C팀 업무 회의 - H, B, Ps	테이블	48분
08-28	회의	C팀 업무 회의 - H, B	테이블	53분
08-29	회의	C팀 매니저 회의 - N, H, K, C	2강의장	87분
09-06	회의	C팀 콘텐츠 제작 회의 - N, K, H, O	대회의실	76분
09-17	회의	C팀 주간 업무 회의 - 팀원 전체	접견실	24분
09-18	면담	C팀 업무 이야기 - H, N	테이블	10분
09-19	회의	C팀 업무 회의 - H, Pm	테이블	18분
09-25	회의	업무 관련- Pk	팀장자리	3분
09-26	회의	콘텐츠 제작 문제 발생 미팅 - H, O	테이블	27분
09-27	면담	출장문제 - Pk	접견실	21분
09-28	회의	전략기획팀 주관 사업팀장 회의	2강의장	회의록
09-28	회의	C팀 업무 회의 - 팀원 전체	테이블	23분

연구 결과

신생팀에서 발생하는 갈등과 모순

연구자는 C팀에서 갈등과 모순이 어떻게 발생하는지 그 맥락을 파악하고자 활동체계의 주체별로 범주화했다. 〈표 14-3〉은 범주화한 활동체계 주체 간에 갈등과 모순이 발생하는 사건을 표로 정리한 것이다.

〈표 14-3〉 E사 C팀에서 갈등과 모순이 발생하는 사건

순번	주체	갈등요소	내용
1)	H, 팀장	규칙	팀원과 팀원 : 2인자되기 VS 권한해체
2)	Pk, C팀	규칙, 분업	팀원과 팀 : 경력개발 VS 비용절감
3)	H팀, 팀	도구	팀과 팀 : 팀 독립채산제의 모순

:: 팀원과 팀원 : 2인자 되기 VS 권한 해체하기

H는 C팀으로 합쳐지기 전 B2C팀에서 '2인자'의 자리에 있었다. 팀장은 이러한 정보를 H가 속했던 이전 팀의 팀장으로부터 획득했다. 팀장은 정확한 지시와 팀원들 간의 원활한 의사소통을 위해서 직접적인 보고체계를 지향했다. 팀장의 보고체계에 대해 H는 본인의 불편한 마음을 팀장에게 직접 표현하였고 결과적으로 팀장과 H가 팀 보고체계를 놓고 갈등을 겪는 상황을 연출했다. 이러한 현상을 제3세대 문화역사적 활동이론의 활동체계 틀에 대입을 하면 [그림 14-2]와 같다.

[그림 14-2]의 좌측은 H가 주체인 팀 업무보고 활동체계이고 우측은 팀장이 주체인 팀 업무보고 활동체계이다. 좌측의 활동체계에서 규칙은 팀원들의 업무보고를 H가 취합하고 관리하는 것이다. 객체1은 업무 안정성이다. H는 B2C사업 부문에 대한 업무들을 본인이 위계적으로 취합하여 보고하는 도구를 통해 본인의 업무 안정성과 자신과 연결되어 있는 구성원들에 대한

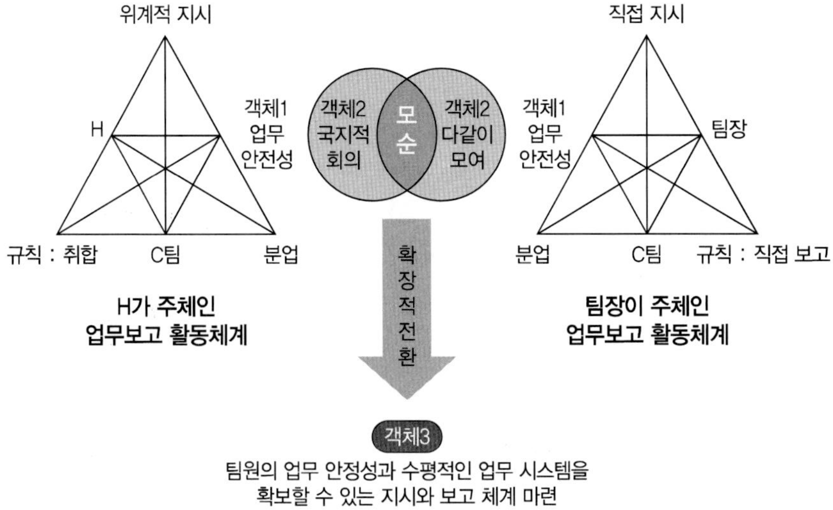

[그림 14-2] 업무보고 체계의 갈등으로 인한 학습 모형

긴밀성을 유지하려 했다. H는 이러한 도구를 이용해 국지적인 회의가 발생하는 객체2의 결과를 양산했다. 이러한 H의 각본 사례는 자주 관찰됐다(이러한 H의 각본을 '2인자 되기'라고 칭하기로 한다).

우측의 활동체계는 팀장이 주체인 업무 활동체계이다. 팀장은 팀이 구성된 지 얼마 되지 않은 시점에서 매출 신장에 대한 경영진의 압박을 받고 있는 상황이었다. 팀장은 새롭게 구성된 팀원들의 업무를 빠르고 효율적으로 개선하기 위해 중간단계 없이 팀장이 직접적으로 업무를 지시하고 보고 받는 규칙을 설정했다. 우측의 활동체계에서 주체는 팀장이고, 객체1은 업무 안정성이다. 직접 지시라는 도구를 활용해 객체1인 업무 안정성을 도모한다. 이는 다 같이 모여 회의를 진행하는 객체2를 연출하는 각본을 구성한다(이러한 각본을 '권한 해체하기'라고 칭하기로 한다). 두 주체의 각본에 초점을 맞춘 '2인자되기'와 '권한 해체하기'의 구조는 [그림 14-3]과 같다.

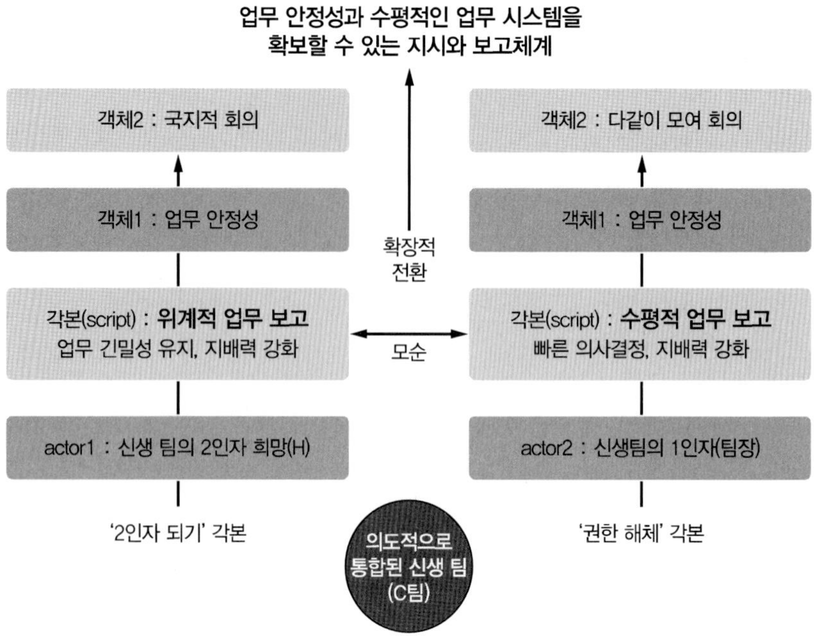

[그림 14-3] 2인자 되기 각본 VS 권한해체 각본

정리하면, 양쪽 활동체계 모두 목표인 객체1은 업무의 안정성이고 그로 인해 나타난 결과인 객체2는 '국지적 회의'와 '다같이 모여 회의'이다. 두 활동체계는 추구하는 목표가 같지만 역사적으로 축적되어온 다른 동기인 '2인자되기'와 '권한해체'의 각본에 의해 다른 결과인 각각의 객체2가 만들어지게 되고 이는 곧 '모순'의 맥락에 놓이게 되는 것이다. 이러한 모순은 모순을 해결하는 과정 즉, 학습으로 연결되어 C팀의 업무 안정성과 업무 시스템을 확보할 수 있는 확장적 전환의 과정에 놓이게 된다.

:: 팀원과 팀 : 경력 개발 VS 비용 절감

Pk는 기존 B2B사업팀에서 교육운영 전반을 담당했고 팀장, N매니저와 가장 오랫동안 호흡을 맞춘 팀 구성원이다. 1년 전만 하더라도 Pk의 주 업무는 전문성을 요하는 일이 많았다. 새롭게 합쳐진 C팀은 단기적인 팀 실적 개선을 이유로 Pk의 전문 업무 영역인 집체교육, 고용보험환급과정 등의 사업에 집중할 수 없게 되었다. Pk의 업무는 단순한 사업 지원 업무로 변경되었다. 이로 인해 Pk는 본인의 업무 경력에 대해 불안한 감정을 가지게 되었다. 아래는 Pk와 팀장의 업무에 관한 대화 내용이다.

[회의 1] 9월 25일 - 녹취 후 필사

01 Pk : 팀장님, 드릴 말씀 있는데요.

02 팀장 : 어 이야기해.

03 Pk : 9월 28일 S회사 집체교육에 제가 출장을 좀 가면 안되겠습니까?

04 팀장 : Pk가 왜가?

05 Pk : 제가 집체교육 담당자인데 한 번도 가보지 않아서 한 번 가봐야 할 것 같은데, 매출도 9월에 확보해야 하고.

06 팀장 : S회사 집체교육은 내가 예전에 내려가서 계약진행하고 외주까지 완료했는데 지금 와서 Pk가 담당자라는 게 무슨 말이야? 9월 28일도 외주 회사가 아마 잘 알아서 할 거야. 그리고 나도 근처 출장 갈 일이 있어서 내려갔다가 들를지 모르겠고.

07 Pk : 그래도 집체교육 쪽은 제가 담당자인데.

08 팀장 : 우선 알았고, 생각 좀 해보자.

팀장은 사업부 회의에서 출장비용 등 팀의 비용을 개선하라는 지적을 받은 터라 Pk의 태도가 마음에 들지 않았다. 이전에 불편한 이야기가 오고 간 상황에 대해 Pk의 솔직한 이야기를 듣고 싶어 연구자는 조용한 장소(접견실)에서 Pk에게 심층면담을 시도했다. 이야기를 들어보니 Pk의 출장 의도는 중·장기적으로는 C팀의 실적향상과 연결되어 있었다. Pk가 주체인 업무학습 활동과 C팀의 비용절감의 활동은 다음 [그림 14-4]와 같이 표현할 수 있다.

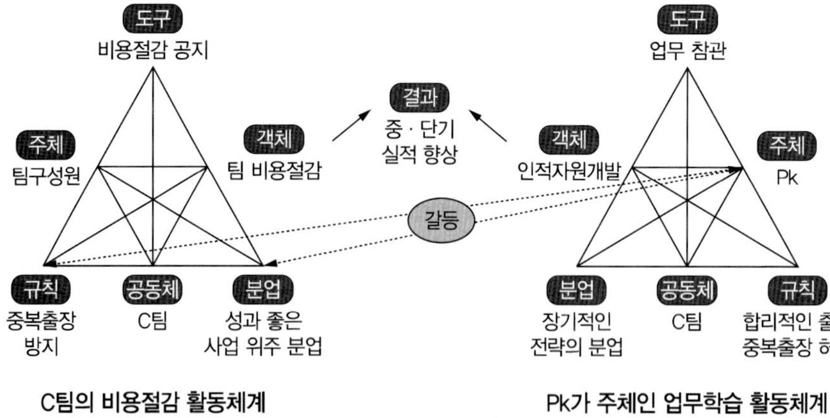

[그림 14-4] 팀원의 업무학습과 팀의 비용절감으로 인한 갈등 모형

[그림 14-4]의 두 활동체계 모두 추구하는 결과는 팀의 실적향상이다. 이를 위해 좌측 C팀의 활동은 중복출장 방지라는 규칙과 성과 좋은 사업 위주로 업무를 분업하고 팀 비용개선이라는 객체를 추구하여 결과를 달성하려고 했고, 우측 Pk가 주체인 활동은 개인의 업무에 대한 학습과 개발을 통해 중장기적으로 팀의 실적에 기여하려고 했다. 두 활동 모두 팀의 성장을 추구했으나 주어진 규칙과 분업에 의해 갈등이 발생했다. 이러한 갈등 상황은 단순하게 '다양한 목소리(multi-voicedness)'의 충돌이 아니라 이웃한 활동체계 간의 구조적 긴장이 역사적으로 축적된 '모순'의 상황인 것이다(Engeström, 2001). 이러한 모순 상황에서 C팀은 중·단기 성과 개선과 개인의 경력개발 및 업무안정성을 모색해야 하는 확장적 전환의 맥락에 놓이게 되는 것이다.

:: 팀과 팀 : 팀 독립채산제의 모순

C팀이 속한 사업부 회의에서 논의된 주된 안건은 '다른 팀의 상품을 우리 팀의 고객에게 판매하려면 어떻게 해야 하는가?' 어떻게 해야 '사업팀들 간에 원활한 협력이 일어나겠는가?'였다. 이에 대해 해당 사업 팀장들은 모두 부정적인 의견을 내 놓았다. 대부분의 팀장들은 타 팀의 상품을 판매하는

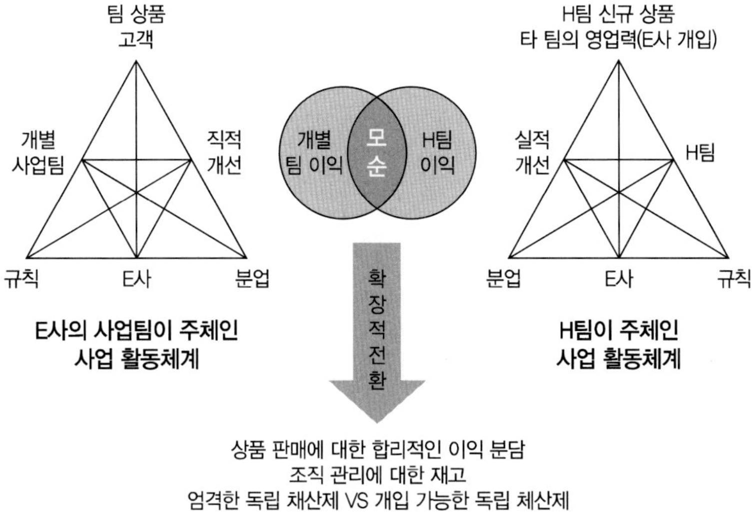

[그림 14-5] E사의 팀 사업 활동체계간의 갈등

것이 우리 팀에 이득이 되지 않으므로 해당 상품을 출시한 팀과 협력할 필요가 없다는 의견이었다. [그림 14-5]는 E사의 각 사업팀들이 주체인 사업 활동체계 간의 갈등 모형이다.

좌측 E사의 개별 사업팀들이 주체인 사업 활동체계에서는 객체1인 실적 개선을 위해 팀에서 구성한 상품을 그들의 고객에게 판매하는 각본을 구성한다. H팀이 주체인 사업 활동체계에서는 새로운 신규상품 판매의 극대화를 위해 E사의 경영진이 개입하여 타 팀의 영업력과 고객을 활용한다는 도구를 구성했는데, 이러한 각본은 H팀의 이익이라는 객체1을 향하고 있다. 두 활동체계 모두 각자 팀의 실적개선이라는 객체1을 향하여 각각 개별 팀 이익과 H팀 이익 이라는 객체2를 달성하게 되는데, 두 가지 객체2 모두 E사의 성과를 확대하는 결과를 지향하지만 다른 도구의 채택과 객체에 의해 팀들 간의 이익이 상충하는 '모순'이 발생한다. 결국, E사는 모순을 해결하기 위한 학습의 맥락에 놓이게 되는 것이다.

활동체계 요소들의 상호작용으로 발생하는 학습과 협력의 양상

앞에서는 이웃한 활동체계 간의 갈등과 모순이 발생하는 양상과 확장학습의 맥락에 놓이게 되는 현상을 살펴보았다. 다음 부분에서는 좀 더 미시적으로 활동체계 내부 요소들 간의 상호작용을 분석하여 갈등과 학습으로 인해 팀의 협력은 어떻게 발생하고 협력을 이루지 못하는 상황은 어떠한 양상으로 나타나는지 살펴볼 것이다. 아래의 〈표 14-4〉는 C팀과 그 구성원들의 활동체계 요소들이 끊임없이 상호작용하는 과정 속에 나타난 협력과 협력을 이루지 못하는 현상들을 표로 정리한 것이다.

〈표 14-4〉 C팀에서 발생한 협력과 협력을 이루지 못하는 사건

분류	소제목	내용
가. 학습으로 인한 협력의 현상	1) 도구와 분업의 갈등을 해결하는 과정에서 소통의 규칙을 만들다.	구성원들 간의 친밀감 부족으로 발생한 도구와 분업의 갈등을 해결하는 과정에서 소통을 원활히 하는 규칙을 만들어 냄.
	2) 확장학습으로 인한 협업의 도구 탄생	갈등으로부터 기인한 확장학습이 팀장과 H의 협력을 이루어내고 마케팅을 강화하는 도구를 탄생시킴.
	3) 콘텐츠 제작에 대한 내러티브	주체와 분업의 갈등을 통해 연대책임이라는 규칙이 생성되고 차별화된 콘텐츠를 만들어 낼 수 있는 환경 조성.
나. 협력을 이루지 못하는 현상	1) 강력한 목표설정 때문에 발생하는 거짓 협동 구조	E사의 실적에 대한 강한 목표설정으로 인해 C팀 구성원들이 거짓으로 협동하는 구조를 만들어 냄.
	2) 단합된 방해로 인한 거짓 협동 구조	팀원들 간의 분업에 대한 담합이 거짓 협동 구조를 발생시킴.
	3) 도구가 객체를 대체	잘 만들어진 서비스 사이트의 시스템이 창의적인 생산물을 생성하는 것을 방해함.

학습으로 인한 협력의 현상

:: 도구와 분업의 갈등을 해결하는 과정에서 소통의 규칙을 만들다

[회의 2] 5월 22일 - 녹취 후 필사

30: 팀장 : 지금 무슨 업무들하고 있는지 잘 모르지?

31: N : 그렇죠 뭐, 대략은 알아도.

32: 팀장 : 누구 하나 문제 생기면 업무 완전 펑크 나겠네.

33: N : 아직까지는 일 하는데 지장은 없으니까.

34: 팀장 : 핸드폰 복합 상품 들어가면 협력해야 하는데….

35: N : 저쪽에서 상품 구성하면 저희 쪽에서는 번들링만 하면 되지 않습니까?

36: 팀장 : 그게 아니지, 번들링 하려면 사이트 서비스 구조하고 이때까지 패키지 상품 어떻게 판매해 왔는지 알아야 할 것 아냐? 저쪽에서도 마찬가지로 휴대폰 관련해서 요금제나 정책 같은 거 알아야 하고.

37: N : 네, 그렇긴 한데. 일하고 있는데 그것 때문에 가서 가르쳐 달라고 하기도 애매하고.

팀장은 빠른 시간 안에 모든 팀원들이 새로운 프로젝트에 집중하길 바랐다. 그러나 B2C사업파트와 B2B사업파트의 팀원들은 서로의 업무에 대해 잘 몰랐다. 팀장은 새로운 규칙들을 활용해 팀 구성원들이 업무에 대해 개방적으로 의사소통할 수 있도록 종용했다. 다음 [그림 14-6]은 이러한 활동을 모형으로 표현한 것이다.

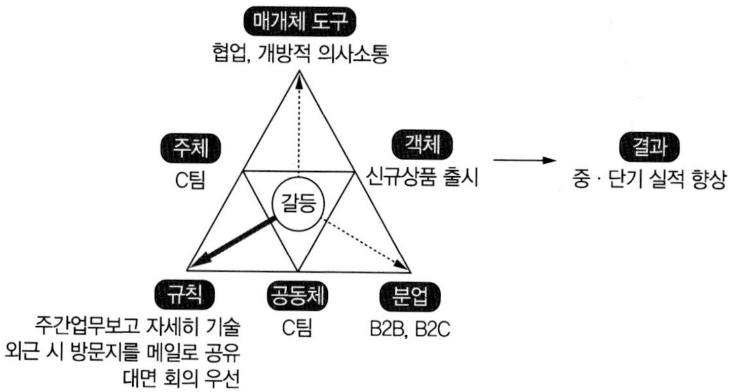

[그림 14-6] 도구와 분업의 갈등이 규칙을 만들어 내는 활동체계 모형

팀장, N, K는 B2C사업파트의 업무를 빠른 시간 안에 알기 위해 주간업무보고서에 자세하게 업무를 기술하는 규칙을 생각해냈다. 또한, 개방적인 의사소통을 위해 외근 시 본인의 행선지와 방문 목적을 전 구성원이 모두 알

수 있도록, 메일로 일정을 공유하도록 했다. 이러한 규칙들은 신규상품 출시를 위한 협업 및 개방적 의사소통이라는 도구와 명확하게 나누어진(B2B, B2C) 분업 간의 갈등으로 발생하게 되었다. C팀의 도구와 분업 간의 갈등이 일어난 배경은 C팀이 과거에 두 팀으로 분리되어 있다가 하나로 합쳐진 역사적인 맥락과 신규상품 출시라는 C팀의 객체 때문이다. 이와 같은 사건은 공동체 구성원 간에 친밀감이 부족한 환경이 조성될 경우, 새롭게 발생한 도구와 기존에 유지되던 분업 간의 갈등으로 소통을 원활하게 하는 규칙이 만들어질 수 있음을 시사한다.

:: 확장학습으로 인한 협업의 도구 탄생

H는 '공동구매'라는 도구를 활용해 고객에게 관심을 받고자 했다. 팀장은 이러한 H의 각본을 확대하는 방법으로 C팀의 목표를 달성하고자 했다. [그림 14-7]은 이러한 현상을 그림으로 나타낸 것이다.

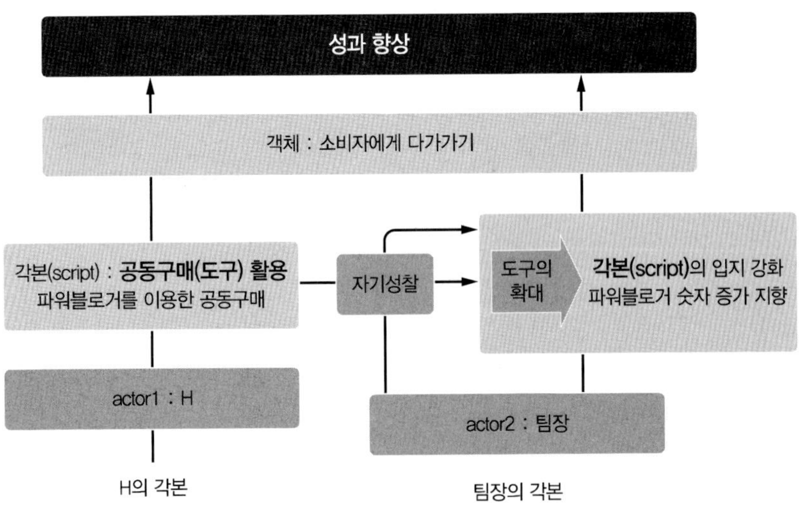

[그림 14-7] 도구의 확대가 각본의 입지를 강화하는 모형

팀장이 H의 도구를 강화한 배경에는 실적 개선이라는 객체가 존재하고 있다. 이 목표를 향해 팀장은 H의 업무방식을 인정하고 협력했는데, 이는 앞서 살펴본 팀장과 H의 업무 방식에 대한 갈등과 모순의 현상(2인자 되기 VS 권한해체)이 확장학습으로 이어져 새로운 변혁을 이루어내는 맥락에 기인하고 있다. 팀장과 H의 업무방식의 갈등과 두 사람이 확장적 변혁(expansive transformation)을 이루어 내는 활동체계 네트워크를 그림으로 표현하면 [그림 14-8]과 같다.

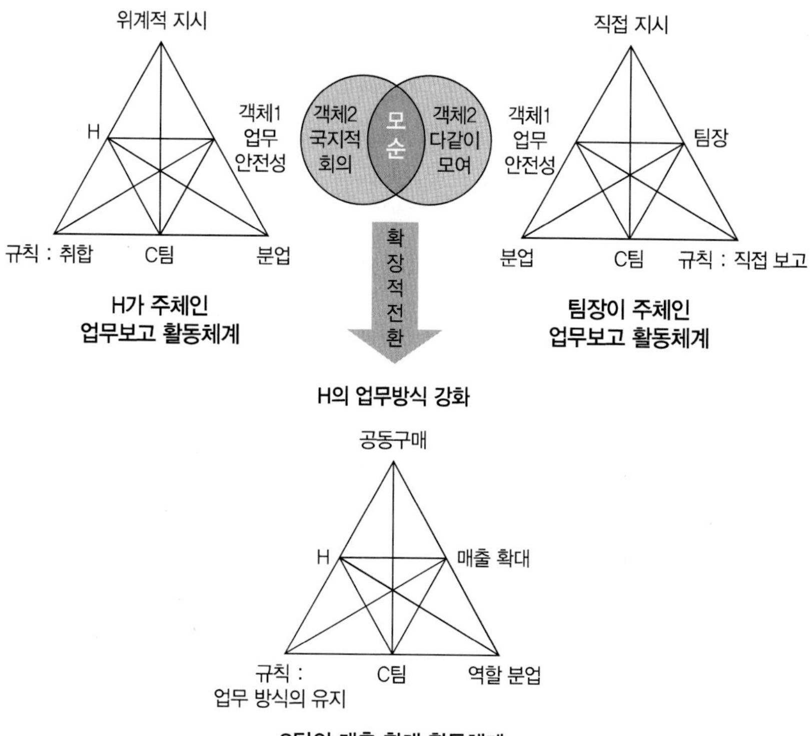

[그림 14-8] 확장학습 모형

:: 콘텐츠 제작에 대한 내러티브

C팀은 B2C 부문의 성과 향상을 위해 새롭게 콘텐츠를 제작하기로 했다. C팀이 구성되기 전에 콘텐츠를 개발하는 방법은 먼저, 콘텐츠 개발팀에서 시장조사를 하고 개발 기획서를 작성한 다음 각 사업팀과 경영진에게 프레

젠테이션을 해서 큰 문제가 없을 경우, 개발에 착수하는 각본으로 진행됐다. 이런 각본은 고객과 시장에 대한 예측이 쉽지 않았다. 실제 콘텐츠를 판매하는 사업팀의 아이디어가 초기 기획에 반영되지 않았다. 콘텐츠 기획서가 만들어지고 난 다음 사업팀 구성원들이 피드백을 할 수 있는 절차가 있었으나, 사업팀의 피드백은 콘텐츠 제작 방향을 뒤집을 수는 없었다. 콘텐츠 개발팀은 내용에 대한 간단한 피드백이나 구성에 대한 참고만 받아들였을 뿐 기획하고 있는 콘텐츠를 만드는 것 자체를 취소하지는 않았고, 사업팀들도 원하던 원하지 않던 콘텐츠개발팀이 만들겠다는 의도에 대해서는 강력하게 제지를 하지 않았다. 그 이유는 결과물에 대한 책임소재 때문이었다. 사업팀 입장에서는 본인들이 콘텐츠를 직접 만드는 것이 아니기 때문에 자신들의 의견이 적극적으로 개입된 콘텐츠가 나중에 좋지 않은 실적으로 이어지면 그 책임을 콘텐츠개발팀이 사업팀에게 떠넘길 수도 있겠다는 생각을 했다. 사업팀에 속해 있던 영업직원들은 이러한 구조가 비효율적이라는 것을 알면서도 제도 개선에 적극적으로 나서지 않았다. 콘텐츠 개발팀의 담당자들도 사업팀의 영업자들과 적극적으로 커뮤니케이션 하지 않았다. 콘텐츠 개발자들 입장에서는 책임지지 않을 사람들의 열정 없는 피드백을 수용할 필요가 없었다. 이러한 콘텐츠 개발에 대한 각본은 두 가지 문제를 발생시켰다. 첫째, 시장상황을 정확하게 분석한 기획서와 결과물을 만들기 어려웠다. 둘째, 제작한 결과물의 판매 결과에 대해 공적을 배분하고 관리하는 것이 어려웠다. 실적이 좋을 경우, 사업팀 구성원들은 본인들이 영업을 잘 했기 때문이라고 이야기했고 콘텐츠개발팀은 본인들이 잘 만들었기 때문이라고 주장했다. E사에서는 결과가 좋을 경우, 물질적인 보상은 사업팀에게 심리적인 보상은 개발팀에게 돌아가게 하는 것이 관례화 되어 있었다. 반대로 콘텐츠 판매 실적이 좋지 못하면 모든 화살이 콘텐츠개발팀으로 향했다. 이런 상황을 인지한 E사의 경영진들은 개발팀과 사업팀을 하나의 조직으로 결합하는 것에 대해 의견을 같이 했다. C팀의 팀장은 사업팀 팀장으로서 이런 의견을 적극적으로 수용했으며, 영업자들이 콘텐츠를 기획하는 것에 적극적으로 참여할 수 있는 기반을 만들고자 했다. 콘텐츠 개발에 대한 책임 소재에 대해 같은 실수를 반복하지 않기 위해 많은 고민을 했다. C팀은 팀의 사활이 걸린 중요한 콘텐츠 제작에 돌입했다. 영업자들의 노하우인 시장과 가격에 대한 시각을 개발자에게 제공하기 위해 영업 매니저들 전체가 참석하는 콘텐츠 기획회의를 3회에 걸쳐 진행했으며, 콘텐츠 제작에 대한 결과물이나 판매 실적이 안 좋을 경우 영업 담당 매니저들이 연대 책임을 지는 방안을 확고히 했다. 혁신적인 제품의 기획을 위해 기존의 관례나 제작 및 운영과 관련한 프로세스를 우선시 하지 않고 창의적인 기획에 초점을 맞췄다.

'콘텐츠 제작에 대한 내러티브'를 살펴보면, C팀이 콘텐츠를 제작함에 있어서 주체는 C팀의 업무별 담당자이고 객체는 고객이 원하는 경쟁력 있는 콘텐츠 제작이다. 주체는 객체를 지향하여 콘텐츠 판매를 통해 매출을 확보하는 결과를 달성한다. C팀의 구성원들은 분업에 대한 책임소재 때문에 업무 담당자들 간에 갈등이 발생했고 이러한 활동체계 요소들 간의 상호작용은 관련자들이 모두 참석하는 전체회의라는 도구를 통해 연대책임이라는 규칙을 탄생시켰다. 이렇게 탄생한 규칙은 경쟁력 있는 콘텐츠를 생산하는 배경이 되었다. 이 사건을 활동체계 모형으로 나타내면 [그림 14-9]와 같다.

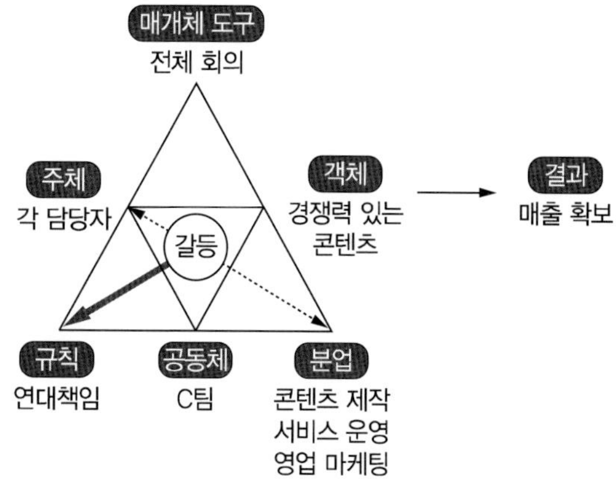

[그림 14-9] 주체와 분업의 갈등으로 발생하는 규칙 모형

협력을 이루지 못하는 현상

:: 강력한 목표 설정 때문에 발생하는 거짓 협동 구조

C팀은 실적 개선을 통해 조직 내부에서 주목 받기를 원했다. 새롭게 팀이 합쳐진 이유가 성과 향상에 있었으며 그 강력한 목표를 달성하는 것이 C팀이 회사 내부로부터 주목 받을 수 있는 지름길이었다. 반면에, 실적 개선을 통하지 않고 경영진으로부터 주목 받을 수 있는 방법으로 택한 도구는 경영진으로부터의 지시에 대한 충실한 이행이었다.

[회의 3] 8월 27일 - 녹취 후 필사

27: 팀장 : 교육 정보 올리는 건 DB 저쪽에서 다 받아 왔어요?

28: H : 네, 그건 받았구요, T팀에 있는 블로그에 있는 걸 저희가 퍼다가 사이트에 올려야 해요. 매일 업데이트 하는 건 아니고 일주일에 한번 정도 올리는 것으로 생각하고 있습니다.

- 중략 -

37: 팀장 : 그럼 daily 업데이트는 없어요?

38: H : daily는 따로 없죠.

39: 팀장 : 우선은 예전에 경영진의 의중은 뭐였냐 하면, 게시판을 활성화 시키라고 했던 것의 가장 중요한 점은 daily 업데이트였어요. 사이트를 살아있는 것처럼 보이기 위해서 매일 업데이트 되는 콘텐츠가 필요하다고 말했던 거에요. 그런데 실제 게시판이 나왔는데 이게 뭔가 매일 매일이 아니다라고 하는 거는 본래 의도하고 다른 거죠.

40: H : 그래서 저희가 생각한 게, 매일 업데이트 되는 거라고 생각한 게 고객들이 들어와서 학습 후기를 쓰는 게 제일 무난하다고 생각했고 그걸 daily로 보고 있었던 거에요.

C팀의 목표는 팀의 성과 향상이다. 경영진의 의중인 살아 있는 것처럼 보

이게 하는 '교육 정보게시판의 매일 업데이트'나 '학습후기 게시판'은 팀의 성과 향상을 위한 도구인 것이다. 팀장과 H는 팀의 성과 향상이라는 객체를 위해 의미 있는 도구를 모색하지 않았다. 이러한 현상을 Engeström은 '거짓 협동 구조'라고 표현했다.

오래된 팀들은 자체 내 역학으로 인해 내부지향적이고 자기방어적인 경향이 강하다. 이 과정에서 그들의 외적 객체 또는 목표는 목표인 듯해 보이는 가짜 목표(Pseudo-objects)나 여러 담론들, 인공물들, 그리고 바쁜 업무들로 대체된다. 그럼으로써 진정한 목표를 가리게 된다(Engeström, 2008).

팀장과 H는 진짜 목표인 '팀의 성과 향상'이라는 객체를 향하지 않고, 그들의 바쁜 업무인 '살아 있는 것처럼 보이는 게시판'과 대안적 인공물인 '학습후기 게시판'으로 객체를 대체했다. 팀장과 H는 '거짓 협동 구조'를 이루고 있는 것이다. 이러한 현상을 단순하게 바라보면 C팀의 거짓 협동구조는 경영진의 의중 즉, 도구(살아 있는 것처럼 보이는 게시판)로부터 비롯된 것처럼 보일 수 있다. 하지만 C팀이 의도적으로 통합된 역사적 맥락을 추적해 보면, 거짓 협동구조가 발생한 근본적인 원인은 성과 향상이라는 강력한 객체에 의해 C팀이 탄생했기 때문이라는 것을 알 수 있다. C팀의 구성원들은 달성하기 힘든 객체에 대한 방어기제로 경영진의 의중에 대해 성찰 없이 복종하는 결과를 양산했다. 이러한 연구결과는 강력한 탑다운 방식의 (객체) 목표 하달은 구성원들의 거짓 협동 구조를 만들어 낼 수도 있다는 것을 시사한다.

:: 단합된 방해로 인한 거짓 협동 구조

C팀은 새롭게 팀이 합쳐지면서 각 사업 부문에 대해 회계와 운영을 담당하는 업무 담당자가 각각 존재하게 되었다. 이 세 직원들의 합리적인 업무 분담 요구가 경영진으로부터 하달되었는데, 팀장은 그 뚜렷한 방안을 찾지 못하고 있는 중이었다.

[회의 4] 8월 27일 - 녹취 후 필사

79: 팀장 : 일전에 내가 이야기를 했었고, 그 다음에 관련자끼리도 이야기를 한 것으로 아는데 그 업무 분담하는 것에 대해서는 지금과 같이 하는 게 가장 좋다라는 판단인가요? -중략-

80: (침묵)

81: 팀장 : 그냥 이야기 한번 들어 보려고, 내가 잘 모르겠으니까… 한 번 의견들 말해 봐요. 나도 뭔가 이야기를 할 수 있어야 되잖아. 현장의 목소리가 이렇다… 그래서 이렇게 생각한다….

팀장은 경영진이 바라보고 있는 C팀의 회계, 서비스 운영 등의 행정인력에 관한 시각을 해당 구성원들에게 설명해 주었다. 팀장의 이야기에 대한 팀 구성원들의 침묵은 경영진이 자신들의 업무 영역을 바라보는 시각을 탐탁지 않게 생각하고 있다는 것을 반증한다.

82: (침묵)

83: Pk : 저 혼자 생각을 했을 경우는 사실 Ps선임님 하고는 업무를 나누기는 좀 어려울 것 같아요. 만약에 업무를 좀 집중해서 해보자고 하시면 저랑 Ku선임님 하고는 좀 조정을 해볼 수 있을 것 같기는 해요. 예를 들면 Ku선임님이 관공서나 CP쪽 계산서 발행이나 회계처리 하는 것을 다 가져가시고, 제가 S사라던가 CS 부분을 다 가져오고 사이트 운영을 가져오면, 아니면….

84: 팀장 : 운영하고 CS를 Pk선임이 맡고 회계 쪽을 Ku가 한다?

85: Pk : 영업 지원은 지금도 제가 K매니저님 부분적으로 도와주고 N매니저님은 이전부터 제가 맡고 있었으니까 그냥 그대로 제가 해도 될 것 같구요.

먼저 Pk가 의견을 제시했다. Ps가 담당하고 있는 B2C쪽의 업무 프로세스는 Pk와 Ku가 맡기에는 너무 동떨어진 일이라고 했다. 반면에 Pk와 Ku의 업무 분담・공유는 가능하다고 했는데 이전과는 조금 다른 입장이었다. 얼마 전 Pk와 Ku의 공통된 입장은 상호간의 업무에 대해 전문성이 있으니 합치기 힘들다는 내용이었다. Pk가 업무의 분배에 대해 보다 긍정적인 입장을 취한 것은 팀장이 경영진들의 의견을 충분히 공유하고 내부 성찰을 유도하는 분위기를 만들었기 때문이다.

86: 팀장 : Ku선임은 어떻게 생각해?
87: Ku : 음… 3개 파트를 다 버무리는 건 어려울 것 같구요, 왜냐하면 B2C 쪽은 전혀 업무를 몰라요.
88: 팀장 : 아… 사업 로직을 전혀 모른다고?
89: Ku : 네.
90: 팀장 : 그것도 문제다.
91: Ku : 매출이 모두 소매이기 때문에….
92: Ps : 그렇죠, 다르죠.
93: Ku : 매출이 전부 개인이기 때문에 예를 들면, 개인이 매출을 취소하면 그 히스토리를 담당자가 전부 알아야 하고 그러려면, 전화를 받는 것부터….
94: Ps : 그렇죠, 맞아요.
95: Ku : 전체적인 히스토리를 알아야하기 때문에 운영이랑 회계랑 분리가 안 된다는 거지요.
96: Ps : 매출 전표를 본인이 다 쳐야 되고 그래서 본인이 다 알지 않으면 안 되기 때문에 업무 공유가 좀 힘든 게 있습니다.

가만히 있던 Ps가 드디어 대화에 참여했다. 본인의 일이 보다 전문적이고 복잡하다는 부분을 강조했다. 이들 세 명은 모두 주어진 각본(본인의 업무)대로만 조정(coordination)되는 것 같았다. 협동(cooperation)과 소통(reflective communication)의 실마리를 찾기가 어려웠다. 조정, 협동, 소통은 Raeithel(1983)과 Fichtner(1984)가 주체-객체-주체 간의 인식론적 관계를 세 가지 발전적 형태로 제시한 개념이다(Engeström, 2008).

조정은 원래 쓰인 각본대로 상호작용하는 흐름을 의미하고, 협동은 행위자들이 자신에게 주어진 역할 수행이나 표출 보다는 공유된 문제에 초점을 맞추어 그 문제를 개념화하고 해결하기 위한 상호 수용 가능한 방법을 찾고자 하는 상호작용 방식을 의미한다. 참여자들은 주어진 각본의 틀에서 벗어나기도 하지만 이 때 대놓고 질문하거나 각본을 재개념화 하지는 않는다. 성찰적 소통은 행위자들이 자신이 속한 조직을 재개념화하고 공유된 목적과 관련하여 서로 교류하는데 초점을 두고 있을 때의 상호작용을 의미한다. 참여자간의 상호작용과 함께 목적과 각본 모두 새롭게 개념화된다.

위 관찰 장면에서 조정을 넘어서 협동의 징조를 보이는 말을 한 사람은 Pk가 유일하지만 Pk 조차도 나중에는 Ku와 Ps의 '방해'에 동조하게 된다.

97: Pk : Ps 선임님 같은 경우는 그래도 H매니저님이나 O씨가 업무를 많이 도와주는데, 저나 Ku 같은 경우는 그게 안 되어 있어서 좀 그렇죠.

98: 팀장 : 어떤 게 안 되어 있는데?

99: Pk : 그러니까 완벽하게 공유가 안 되어 있다는 거지요. 저는 Ku선임님께 제가 맡고 있는 LMS라던가에 대한 설명을 정식으로 알려 드린 적이 없고, 저는 그래도 Ku매니저님 일을 해봐서 조금은 아는데 전체적으로 다 하기에는 모르는 부분도 있고….

Ku는 Pk의 업무를 잘 모르고 Pk는 Ku의 업무를 어느 정도 알고 있다고 Pk가 이야기하고 있다. Pk의 대화 맥락은 자신은 업무의 공유에 대해 노력했으나 Ku는 그렇지 않다는 것을 간접적으로 이야기하는 것이다. 팀장은 이러한 Pk의 자기주도적 성찰처럼 보이는 방해(책임 회피)에 대해 세 명의 공통된 문제 혹은 팀 전체적인 문제로 대화의 맥락을 바꾸어 버렸다.

100: 팀장 : 그럼 B2C같은 경우에는 만약에, Ps 선임이 문제가 생겨서 어쩔 수 없이 회사에 못나와 그러면 업무가 마비되는 거네? 아무도 못하니까? 아니면, H매니저라도 누가 할 수 있나?

101: Ps : 회계처리는 다 제가 하고, H매니저나 O가 해줄 수 있는 거는 고객상

담….

102: 팀장 : 휴… 그것도 문제네. 그러면, Pk가 아파. 그래서 한 3일 못나온데, 그런데 그 기간에 회계 마감을 해야 돼. 그러면 못하는 거네? 물론 그런 경우가 자주 발생하지는 않겠지만 또 없으리란 보장도 없어요. 그럼 Ku 경우도….

103: Ku : 다 마찬가지죠. 서로 공유가 안 되어 있으니까. 서로 공유해 주는 것도 매출 발생하고 거래처 생길 때나 일을 하지 그거를 평상시에 공유해 주기도 힘든 것 같아요.

Ku는 팀장이 이야기 하는 주제에 대해 '힘든 일'이라며 회피했다. 3명 중 누군가가 문제가 생겨 회사에 나올 수 없을 경우, 그 누군가의 업무는 일부분을 제외하고 마비되어 버리는 것이다. 이 중요한 사안의 지적에 대해 Ku는 회피했고 아래의 대화에서 Ps도 다른 방향으로 주제를 변경해 방해에 동참하였다. 103번 대화는 회의 초반 팀장이 유도했던 자기 성찰적인 분위기가 급격하게 '자기 위안' 내지는 '처지 한탄'으로 바뀌어 버리는 시점이다. 이후의 대화는 Pk, Ku, Ps 모두 하나의 목소리로 팀장이 발견한 중요한 객체로의 지향을 무력화시켰다. 이러한 팀 구성원들의 '방해'는 팀장으로 하여금 거짓된 도구를 모색케 하는 계기를 만들었다. 팀장은 결국 경영진이 볼 수 있는 업무 보고서에 세 명의 업무를 자세하게 기술하고 규칙화 시키는 도구를 만들어 냈지만 이 도구는 객체를 향하는 진짜 도구는 아니었다. 앞에서 살펴본 '방해에 대한 집단적 성찰' 사례에서는 방해가 갈등을 유발하여 도구를 강화하는 기제로 작용했지만 [회의 5]에서의 방해는 문제의 핵심에 다가가는 각본을 방해하여 진짜 도구의 생성을 무력화 시키고 결국, 가짜 도구를 만들어 팀이 거짓으로 협력하는 현상을 발생시켰다. [그림 1-10]은 이와 같은 현상을 그림으로 나타낸 것이다.

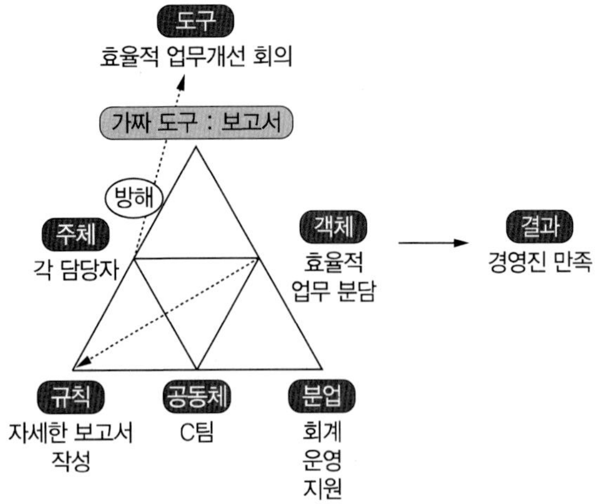

[그림 14-10] 가짜 도구를 만들어 내는 활동체계 모형

:: 도구가 객체를 대체

[회의 5] 8월 22일 - 녹취 후 필사

50: 팀장 : 값을 우리 쪽으로 자동으로 던져줄 수는 없나? 그건 모르지?

51: N : 네. 그런데, 사이트 들어가면 바로 바로 확인할 수는 있어요.

52: 팀장 : 수동으로 누군가가 확인해야한다… 그러면 어쨌든, 고객이 신청 완료 했다는 거는 고객 완료 익일이면 늦어도 알 수 있네.

53: N : 그렇죠.

54: H : 그 정보는 어디서 보나요?

55: 팀장 : 그거는 우리가 전용 페이지 들어가서 확인할 수 있어. 신청한 다음날 확인해서 매출 잡고 강좌 열어주면 되겠네.

56: H : 그걸 수동으로요?

57: 팀장 : 수동으로 할 수 밖에 없을 것 같은데, 양이 아주 많을 것 같지도 않고 또 이름 확인해서 우리 쪽에다 반영하는 게 시간이 많이 걸리는 일도 아니고….

58: H : 물론 많지 않으면 그렇게 할 수 있겠지만 그게 좀… 그리고 만약에 고객이 취소하면 저희가 또 일일이 확인해서 수동으로 또 다 빼줘야 한다는 이야기잖아요.

58번 H의 대화에서도 도구가 객체를 대신하는 맥락이 발견됐다. H는 본인이 기획하고 운영해왔던 도구인 서비스 시스템과 업무 각본에 H자신이 조정되고 있는 것이다. H와 C팀의 객체는 신규 상품의 성공이고 이는 C팀의 실적향상이라는 결과로 이어지는 각본으로 구성되어 있다. H는 객체를 우선하여 도구를 생성하거나 변경하려고 하지 않고 기존의 도구를 객체로 대체해 버렸다. 이를 그림으로 표현하면 [그림 14-11]과 같다.

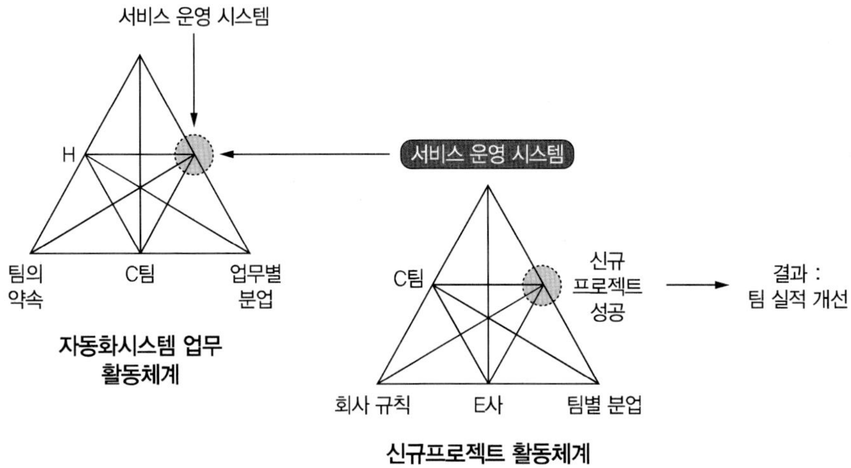

[그림 14-11] 도구가 객체를 대체하는 구조

이와 같은 대체는 매우 흔하다(Engeström, Escalante, 1996; Hasu, Engeström, 2000). C팀의 사례에서와 같이 강력하게 고객을 향하는 혁신의 현장에서도 도구가 객체를 대체하는 장면은 관찰될 수 있는 것이다. 이러한 현상들은 활동체계 요소들 간의 상호작용으로 발생한 학습이 팀 구성원들 간에 협력을 이루지 못하게 하는 경우도 발생시킬 수 있음을 시사한다.

맺음말

연구 결과에 기초하여 다음과 같은 결론을 도출할 수 있었다.

첫 번째, 의도적으로 통합된 신생팀의 갈등 현상은 합쳐지기 이전 팀의 업무 규칙과 팀원들이 암묵적으로 합의한 권력에 의해서 발생할 수 있다. C팀의 경우, 실적 부진의 이유로 B2C사업팀이 B2B사업팀으로 흡수되었기 때문에 B2C사업팀 구성원들의 입지가 상대적으로 낮을 수 밖에 없었다. 그럼에도 불구하고 이전 B2C사업팀 구성원들의 암묵적 합의에 의해 조직의 2인자를 자처했던 H는 C팀의 1인자인 팀장과 업무방식을 두고 대립했다('2인자 되기' 사건). 반면, 신생팀 C팀의 팀장은 수평적인 보고 체계를 통해 H의 권한을 해체하고자 하였다('권한해체' 사건). 이러한 사건들은 조직이 공식적으로 인정한 권한과 규칙 외에도 팀 구성원들의 비공식적인 합의와 문화에 의해 갈등이 발생할 수 있다는 것을 의미한다. 또한, 팀이 학습하고 협력하는 과정에 있어서 매우 중요한 요소로 작용한다는 것을 시사한다. 특히 적대적으로 흡수 통합되는 팀의 경우 그 구성원들의 역할명료성과 권한에 대한 충분한 고려가 뒷받침 되어야 팀 생성 초기 조직 활성화에 도움이 된다는 것을 유추할 수 있다.

두 번째, 성과에 대한 질책성 조직개편의 경우 팀 구성원들의 암묵적 방해와 거짓협동구조로 인해 협력을 이루지 못하는 현상이 발생할 수 있다. C팀의 경우, 업무 연관성을 상세하게 분석하여 조직을 개편한 것이 아니라 피상적인 판단에 의해 비슷해 보이는 업무이기 때문에 팀을 통합한 형태였다. 그 이면에는 실적 부진에 대한 질책의 의미도 포함되어 있었다. 따라서 팀 구성원들은 업무성과에 대한 피해의식과 합의되지 않은 탑다운 방식의 강력한 성과 목표로 인해 업무에 대한 동기가 쉽게 부여되지 않았고 이 요인들은 '거짓협동 구조', '도구가 객체를 대체'하는 사건과 같이 팀의 협력을 방해하는 사건들을 발생시켰다.

이상과 같은 결론을 바탕으로 팀의 구성원으로서 조직의 목표를 위해 협력을 모색하고 있는 기업체의 임직원들과 HRD 분야의 실무자들에게 다음과 같은 실천적 제언을 하고자 한다. 첫째, C팀과 같이 의도적으로 통합된 신생팀일 경우, 팀 구성 초기에 구성원들의 비공식적인 문화와 권력의 흐름을 주의 깊게 탐색할 필요가 있다. 팀장이나 팀의 리더들이 조직의 공식적인 규칙에 의해서만 팀을 관리할 경우 팀원들의 업무 안정성과 명료성이 보장되지 못해 그에 대한 방어 기제로 팀의 목표에 대한 방해가 있을 수 있다. 특히 2인자의 역할과 업무 영역에 있어서, 팀이 구성된 지 얼마 되지 않은 시점에서는 시간을 두고 업무의 안정성을 확보해 주는 것이 팀의 목표 달성에 도움이 될 수 있을 것이다. 둘째, 개방적인 조직을 구성하고 팀들 간의 협력을 도모해야 할 경우 강력한 팀 독립채산제와 질책성 조직개편은 방해가 된다. 팀의 영역을 명확하게 구분 짓고, 독립채산제를 부여하는 것은 통제와 관리의 측면에서 수월할 수는 있겠지만 팀 간의 협력을 도모해야 할 경우는 심각한 갈등을 유발할 수 있다. 개방적인 조직을 구성하기 위해서는 팀이라는 제도를 뛰어 넘는 새로운 형태와 개념이 필요하다. 셋째, 창의적인 제품을 생산하고 서비스하기 위해서는 업무 구조의 유동성을 확보해야 한다. 잘 만들어진 IT시스템이나 업무 구조의 경우 오히려 도구가 객체를 대신하는 현상이 발생하여 팀원들의 창의성을 방해할 수 있다. 넷째, 팀의 협력을 위한 방법들을 도출하기 위해서는 팀원들 간의 많은 대화가 필요하다. 반드시 수직적이거나 형식적인 교육이 전제가 될 필요가 없다. 다양한 주제에 대해 거리낌 없이 이야기할 수 있는 분위기를 만들어 줄 때 우발적인 현상들에 의해 무형식 학습이 진행될 수 있다. 연구 사례에서도 관찰할 수 있었지만 다양한 의견이 충돌하고 팀원들 간의 갈등이 발생할 때 대화를 통한 학습에 의해 협력의 도구들이 만들어진다.

| 미주 |

1 이 장은 김성기(2013). '문화역사적 활동이론을 통한 신생팀의 학습과 협력에 관한 질적 사례 연구: 의도적으로 통합된 E사 C팀의 사례 분석' 〈미래교육연구〉 26권 1호 논문을 수정 보완한 글이다.

권인탁(2008). 문화역사적 활동이론(Cultural-Historical Activity Theory)을 활용한 평생학습도시의 발전전략. 평생교육학연구, 14(2), 1-29.

김광점(2004). 지식경영의 실패요인과 극복방안, 지식과 학습 그리고 혁신. Sigma Insight. 83-102.

문진수(2005). 일터학습과 조직 특성 간의 상관성 연구. 연세대학교 석사학위 논문.

박세일(2007). 평생학습사회 만들기: 교육에서 학습으로. 서울: 한국직업능력개발원.

박재연(2008). 지식창조 및 공유활동 촉진을 위한 대안적 CoP(Communities of Practice) 설계에 관한 질적 사례연구. 한양대학교 박사학위 논문.

박현숙(2007). 평생학습사회를 위한 학습조직 구축에 관한 연구. 한국콘텐츠학회논문지, 7(12), 114-122.

봉현철(2007). 한국 기업 액션러닝 프로그램의 핵심성공요인 탐색: 요인의 내용과 요인간의 관계에 관한 고찰. 경상논총, 25(3), 1-34.

신경림 (2004). 질적 연구 방법론. 서울: 이화여자대학교 출판부.

신경림 · 조명옥 · 양진향 외(2004). 질적 연구 방법론. 이화여자대학교출판부.

오헌석(2002). 직장교육 패러다임의 변천기업교육공학 방안으로서의 팀 효과성 모형에 대한 실증. 기업교육연구, 4(2), 33-56.

이명근 · 김홍묵(2003). 기업교육공학 방안으로서의 팀 효과성 모형에 대한 실증. 기업교육연구, 5(2), 27-42.

이영현(2001). 기업의 학습조직화 촉진방안. 한국직업능력개발원.

이완기, Kellogg, D. (2006). 초등영어 놀이와 게임; 비고츠키의 사회문화적 관점. 서울: 한국문화사.

이윤하(2010). 활동이론에 터한 일터 무형식학습 뿌리내림. 숭실대학교 박사학위논문.

이향수(2004). 정부조직의 지식관리 활동 영향요인에 관한 연구: 민간기업과의 비교를 중심으로. 이화여자대학교 박사학위 논문.

이현주 · 김효근(2007). 도전적 목표가 지식창출에 미치는 영향에 대한 연구: 목표수용과 자발적 노력을 중심으로. 한국경영학회 통합학술대회 자료집, 1-37.

이홍재 · 차용진(2006). 지식창출과 업무성과에 관한 연구: 지식창출영향요인을 중심으로. 한국행정학보, 40(2), 99-124.

임창희 · 가재산(1998). 한국형 팀제를 넘어서. 서울: 삼성경제연구소.

장원섭(2006). 일의 교육학. 서울: 학지사.

장원섭(2011). 인적자원개발: 이론과 실천. 서울: 학지사.

장원섭 · 김윤희 · 임정현 · 이은주 · 다와수릉(2010). 기업의 팀학습 변천과정에 대한 문화역사적 분석. Andragogy Today. 13(1).

장원섭 · 이수용 · 이수연 · 박수연 · 박명식(2010). 성인의 함께 배우기에 관한 질적 사례연구: 공동육아에 참여한 부모들의 공동체적 학습과정을 중심으로. *Andragogy Today: Interdisciplinary Journal of Adult & Continuing Education, 13*(2), 1-29.

장원섭 · 심우정(2005). 기업교육의 패러다임 전환: 훈련에서 학습으로, 그리고 성과에서 가치로. 직업교육연구, 24(1), 89-109.

정홍천 외(2005). 인지 능력이 훈련 및 전이 수행에 미치는 효과. 인지과학, 16(4), 287-303.

최미나(2003). 인적자원개발부서 주도의 실행공동체(CoP) 창출 및 활성화과정에 대한 사례연구. 한양대학교 박사학위 논문.

최미나 · 유영만(2003). 인적자원개발부서 주도의 실행공동체(CoP) 창출 및 활성화 과정에 대한 사례연구. 한국인사 · 조직학회 2003년도 추계 학술연구발표회 발표논문집, 2003. 10.

하미승(2005). 공공부문에 있어서의 지식창출의 결정요인에 대한 연구: 공기업을 중심으로. 한국행정연구, 14(2), 259-296.

하미승(2007). 행정조직에 있어서의 지식창출의 영향요인에 대한 연구: 한국정부의 중앙부처를 대상으로. 한국행정논집, 19(1), 23-53.

한정선 · 이경순(2005). 협력적 지식창출과정의 규명: 활동이론을 통한 e-learning 설계안 작성활동의 분석. 교육공학연구, 21(1), 9-62.

Ancona, D. G. (1991) Outward bound: Strategies for team survival in an organization. *The Academy of Management Journal, 33*, 334-365.

Argote, L., Gurenfeld, D., & Naquin, C. (2001). Group Learning in Organization. in Turner, M. E.(eds.), *Groups at Work: Theory and Research*. New Jersey: Lawrence Erlbaum Associates, Inc.

Argyris, C. & Schön, D. (1996). *Organizational Learning II*. Massachusetts: Addison Wesley, Reading.

Barker, J. R. (1993). Tightening the Iron Cage: Concertive Control in Self-managing Teams. *Administrative Science Quarterly, 38*, 408-437.

Barney, J. B. (1991). Firm Resources and Sustained Competitive Advantage. *Journal of Management, 17*(1), 99-120.

Barton, D. & K. Tusting (2005). *Beyond Community of Practice: Language, Power, and Social Context*. Cambridge: Cambridge University Press.

Blackler, F. (1995). Knowledge, Knowledge Work and Organizations: An Overview and Interpretation. *Organization Studies, 16*(6), 1020-1046.

Blackler, F., Crump, N. & McDonald, S. (1999). Managing Experts and Competing Through Innovation: An Activity Theoretical Analysis. *Organization, 6*(1), 5-31.

Boud, D. & Garrick, J. (1999). *Understanding Learning at Work*. UK: Routledge.

Brown, J. S. & P. Duguid (2000). Organizational Learning and Communities-of-Practice: Toward a Unified View of Working, Learning, and Innovation. in *Strategic Learning in Knowledge Economy: Individual, Collective, and Organizational Learning Process*. Edited by R. Cross & S. Israelit. Boston: Butterworth Heinemann. 143-166.

Brown, J. S. (2002). An Epistemological Perspective on Organizations and Innovation: How Can Organizations Afford Knowing? *The 3rd European Conference on Organizational Knowledge, Learning and Capabilities*. 5-6 April. 2002. Athens, Greece.

Bryant, S. E. (2003). The Role of Transformational and Transactional Leadership in Creating, Sharing and Exploiting Organizational Knowledge. Journal of Leadership and Organizational Studies, 9(4), 32-44.

Cole, M. (1996). *Cultural psychology: A once and future discipline*. Cambridge, MA: Harvard University Press.

Collin, K., & Valleala, U. M. (2005). Interaction among Employees: How Does Learning Take Place in the Social Communities of the Workplace and How Might Such Learning be Supervised? *Journal of Education and Work, 18*(4), 410-420.

Collis, B. & Margaryan, A. (2004). Applying Activity Theory to Computer- supported Collaborative Learning and Work-based Activities in Corporate Settings. *Educational Technology Research & Development, 52*(4), 1042-1629.

Conkin, J. (1997). Designing Organizational Memory: Preserving Intellectual Asset in a Knowledge Economy. Retrieved Mar. 19, 2011, from http://cognexus.org/dom.pdf

Contu, A. & H. Willmott (2003). Re-Embedding Situatedness: The Importance of Power Relations in Learning Theory. *Organization Science, 14*(3), 238-296.

Cook, S., & J. S. Brown (1999). Bridging Epistemologies: The Generative Dance between Organigational Knowledge and Organizational Knowing. *Organization Science, 10*(4), 381-400.

Coopey, J. & J. Burgoyne (2000). Politics and Organizational Learning. *Journal of Management Studies, 37*(6), 869-885.

Craton, P. (1994). *Understanding and Promoting Transformative Learning.* San Francisco: Jossey-Bass.

Davenport, H. T., De Long D. W. & Beers, M. C. (1998). Successful Knowledge Management Projects. *Sloan Management Review*, Winter, 43-57.

Dovey, K. (1997). The Learning Organization and the Organization of Learning: Power, Transformation and the Search for Form in Learning Organizations. *Management Learning, 28*(3), 331-349.

Eisner, W. E. (2001). The enlightened eye: Qualitative inquiry and enhancement of educational practice. New York: Macmillan. 박병기(역)(2001), 질적연구와 교육. 서울: 학이당.

Elkjaer, B. (2001). The Learning Organization: an Undelivered Promise. *Management Learning, 32*(4), 437-452.

Engeström, Y. & Sannino, A. (2010). Studies of Expansive Learning: Foundations, Findings and Future Challenges. *Educational Research Review, 5*, 1-24.

Engeström, Y. (1987). *Learning by Expanding: an Activity-theoretical Approach to Developmental Research*(Helsinki, Orienta-Konsultit).

Engeström, Y. (1996). Developmental Work Research as Educational Research, Nordisk Pedagogik. *Journal of Nordic Educational Research, 16*(5), 131-143.

Engeström, Y. (1999). Learning by Expanding: Ten Years After. Retrieved Dec 1, 2010, from http://lchc.ucsd.edu/MCA/Paper/Engestrom/expanding/intro.htm.

Engeström, Y. (2001). Expansive learning at work: Toward an activity theoretical reconceptualization. *Journal of Education and Work, 14*(1), 133-156.

Engeström, Y. (2008). *From Teams to Knots: Activity-theoretical Studies of Collaboration and Learning at Work.* Cambridge: Cambridge University Press.

Engeström, Y., Miettinen. R., & Punamäki. R. L. (1999). *Perspectives on Activity Theory.* Cambridge: Cambridge University Press.

Foot, K. A. (2001). Cultural-historical Activity Theory as Practice Theory: Illuminating the Development of a Conflicting-monitoring Network. *Communication Theory, 11*(1), 56-83.

Hardaker, G. & Smith, D. (2002). E-Learning, Virtual Markets and Knowledge Creation.

European Business Review, 14(5). 342-350.

Hildreth, M. P. & Kimble, C. (2002). The Duality of Knowledge. *Information Research, 8*(1), 1-20.

Huysman, M. (1999). Balancing Biases: a Critical Review of the Literature on Organizational Learning. in *Organizational Learning and Learning Organization: Developments in Theory and Practice.* edited by Easterby-Smith, M., L. Araujo and J. Burgoyne. London: Sage. 59-74.

Johnson, D. W., & Johnson, R. T. (1994). *Leading the Cooperative School* (2nd ed.). Edina, MN: Interaction Book Company.

Jonassen, D. H. and L. Rohrer-Murphy (1999). Activity Theory as a Framework for Designing Constructivist Learning Environments. *Educational Technology: Research and Development, 47*(1), 61-79.

Kasl, E., V. J. Marsick, & K. Dechant (2000). *Teams as Learners in Strategic Learning in Knowledge Economy: Individual, Collective, and Organizational Learning Process.* Edited by R. Cross & S. Israelit. Boston: Butterworth Heinemann. 253-276.

Kim, J., Joo, K., Schied, F. M. (2010). *The limits of HRD: Retrieving the meaning of workplace learning.* Paper presented at the First Annual Joint North American Conference between the 51st Annual Adult Education Research Conference and 3rd Western Region Research Conference on the Education of Adults, Sacramento, CA: California State University.

Kofman, F. & P. M. Senge (1993). Communities of Commitment: the Heart of Learning Organizations. *Organizational Dynamics, 22*(2). 5-23.

Krogh, G. V., Ichijo, K., & Nonaka (2000). Enabling Knowledge Creation. Oxford: Oxford University Press. 현신의 원천 지식창조 (김문수 & 김선우 역, 2009). 서울: 한국외국어대학교출판부.

Lambert, L., Collay, M., Dietx, M. E., Kent, K., & Richert, A. E. (1997). *Who Will Save Our School?: Teachers as Constructivist Leaders.* Thousand Oaks, CA: Sage Publications.

Lave, J. & E. Wenger (2000). 상황학습 (전평국, 박성선 역). 서울: 교우사.

Lave, J., Wenger, E. (1991). *Situated learning:* Legitimate peripheral participation. New York, NY: Cambridge University Press.

Leont'ev, A. N. (1978). *Activity, consciousness, and personality.*

Lincoln, Y. S., Guba, E. G. (1985). *Naturalistic Inquiry.* Beverly Hills, CA: Sage Publications.

Mezirow, J. (1997). Transformative Learning: Theory to Practice. *New Directions for Adult and Continuing Education, 74,* 5-12.

Moll, Luis C. (Ed.) (1990). *Vygotsky and Education: Instructional Implications and Applications of Sociohistorical Psychology.* Cambridge: Cambridge University Press.

Nardi, B. A. (1996). *Context and consciousness:* Activity and human-computer interaction. Cambridge: MIT Press

Nonaka, I. & Takeuchi, H. (1995). The Knowledge-creating Company. Oxford: Oxford University. 지식창조기업 (장은영 역, 1998). 서울: 세종서적.

Oldham, G. R., & Cummings, A. (1996). Employee Creativity: Personal and Contextual Factors at Work. *Academy of Management Journal, 39*(3), 607-634.

Packer, M. J. (2008). Is Vygotsky relevant? Vygotsky's Marxist psychology. Mind, *Culture, and Activity, 15,* 8-31.

Park, S., Schied, F. M. (2007). The limits of Dewey's philosophy: Cultural historical activity theory and experience. *Paper presented at the 48th Adult Education Research Conference.*

Patriotta, G. (2006). Knowledge-in-the-Making: The 'Construction' of Fiat's Melfi Factory. in *Knowledge Management and Organizational Learning:* a Reader. Edited by L. Prusak & E. Matson. Oxford: Oxford University Press. pp. 70-93.

Raeithel, A. (1983). *Tatigkeit, Arbeit und Praxis.* Frankfurt am Main: Campus.

Ruggles, R. (1998). The State of the Notion: Knowledge Management in Practice. *California Management Review, 40*(3), 80-89.

Sarvary, M. (1999). Knowledge Management and Competition in the Consulting Industry. *California Management Review, 41*(2), 95-107.

Sawchuk, P. H. (2003). *Adult learning and technology in working-class life.* New York, NY: Cambridge University Press.

Schrage, M. (1995). *No more teams:* Mastering the dynamics of creative collaboration. New York: Currency Doubleday.

Senge, P. M. (1990). The Fifth Discipline: *The Art and Practice of the Learning Organization.* New York: Doubleday Currency.

Senge, P. M. (1996). *The Fifth Disciplines.* 제5경영 (안중호 역, 2002). 서울: 세종서적.

Shaw, K. E. (1978). Understanding the curriculum: The approach through case studies. *Journal of Curriculum Studies, 10*(1), 1-17.

Spradley, J. P. (1980). *Participant Observation.* New York: Holt, Rinehart Winston.

Stake, R. (1995). *The Art of Case Research.* Thousand Oaks, CA: Sage Publications.

Vygotsky, L. S. (1978). *Mind in society:* The development of higher psychological processes. (M. Cole, V. John-Steiner, S. Scribner, E. Souberman Eds.). Cambridge, MA: Harvard University Press.

Wenger, E. (1998). *Communities of practice:* Learning, meaning, and identity. New York, NY: Cambridge University Press.

Wenger, E., R. McDermott & W. M. Snyder (2006). COP 혁명 (황숙경 역). 서울: 풀무레.

Wertsch, J. V. (1991). *Voices of the mind:* A sociocultural apreach to mediated action. Cambridge, MA: Hrvard University Press.

Wilson, J. M. et al. (2007). Group Learning. *Academy of Management Review, 32*(4), 1041-1059.

찾아보기

| 인명편 |

| 용어편 |

ㄱ

ㅈ

ㅊ

ㅌ

ㅍ

ㅎ

| 집필진 |

편저자

장원섭 연세대학교 교육학부 교수

장지현 동양미래대학교 교수

김민영 연세대학교 교육연구소 연구원

공저자

김윤희 인사혁신처 사무관

김성기 한양대학교 겸임교수

다와수릉 몽골인적자원연구원 연구원

박명식 연세대학교 교육학과 박사과정

박수연 연세대학교 교육학과 석사

박지영 연세대학교 교육대학원 석사

오석영 명지대학교 교수

유지은 오하이오주립대학교 박사

윤지혜 숭실대학교 입학사정관

이덕현 포스코 인재창조원 매니저

이수연 연세대학교 교육학과 박사과정

이수용 연세대학교 그린기술연구원 팀장

이은주 연세대학교 교육학과 석사

임정현 연세대학교 교육학과 석사

장주희 한국직업능력개발원 부연구위원